Java 程序员面试笔试真题与解析

猿媛之家　编著

机 械 工 业 出 版 社

本书针对当前各大 IT 企业面试笔试中特性与侧重点，精心挑选了三年来近百家顶级 IT 企业的面试笔试真题。这些企业涉及业务包括系统软件、搜索引擎、电子商务、手机 APP、安全关键软件等，所提供的面试笔试真题非常具有代表性与参考性。同时，本书对这些题目进行了合理的划分与归类，并且对其进行了庖丁解牛式的分析与讲解，针对试题中涉及的部分重难点问题，本书都进行了适当地扩展与延伸，力求对知识点的讲解清晰而不紊乱，全面而不啰嗦，使得读者不仅能够通过本书获取到求职的知识，还能更有针对性地进行求职准备，最终收获一份满意的工作。

本书是一本计算机相关专业毕业生面试、笔试的求职用书，同时也适合期望在计算机软、硬件行业大显身手的计算机爱好者阅读。

图书在版编目（CIP）数据

Java 程序员面试笔试真题与解析 / 猿媛之家编著. —北京：机械工业出版社，2016.11（2018.8 重印）
ISBN 978-7-111-55398-4

Ⅰ. ①J… Ⅱ. ①猿… Ⅲ. ①JAVA 语言－程序设计－习题集 Ⅳ. ①TP312.8-44

中国版本图书馆 CIP 数据核字（2016）第 276437 号

机械工业出版社（北京市百万庄大街 22 号 邮政编码 100037）
策划编辑：时 静 责任编辑：时 静
责任校对：张艳霞 责任印制：常天培

涿州市星河印刷有限公司印刷

2018 年 8 月第 1 版 • 第 3 次印刷
184mm×260mm • 22.25 印张 • 538 千字
5501－8000 册
标准书号：ISBN 978-7-111-55398-4
定价：59.00 元

凡购本书，如有缺页、倒页、脱页，由本社发行部调换

电话服务
服务咨询热线：（010）88361066
读者购书热线：（010）68326294
（010）88379203

网络服务
机 工 官 网：www.cmpbook.com
机 工 官 博：weibo.com/cmp1952
教育服务网：www.cmpedu.com
金 书 网：www.golden-book.com

前　　言

程序员求职始终是当前社会的一个热点，而市面上有很多关于程序员求职的书籍，例如《程序员代码面试指南》（左程云著）、《剑指 offer》（何海涛著）、《程序员面试笔试宝典》（何昊编著）、《Java 程序员面试笔试宝典》（何昊编著）、《编程之美》（《编程之美》小组著）、《编程珠玑》（Jon Bentley 著）等，它们都是针对基础知识的讲解，各有侧重点，而且在市场上反映良好。但是，我们发现，当前市面上没有一本专门针对 C/C++程序员、Java 程序员的面试笔试真题的分析与讲解，很多读者朋友们向我们反映，他们经过了精心的准备以后，感觉自己什么知识都会了，但是否真的能够在程序员面试笔试中得心应手，心里却一点底都没有。有时上网搜索一些 IT 企业的面试笔试真题，但这些题大都七零八凑，毫无系统性可言，而且绝大多数都是博主自己做的，答案简单，准确性不高，这就导致读者做完了这些真题，根本就不知道自己做得是否正确。如果下一次这个题目又被考查，可能还是不会。

针对这种情况，我们创作团队经过精心准备，从互联网上的海量面试笔试真题中，选取了当前顶级企业（包括微软、谷歌、百度、腾讯、阿里巴巴、360 和小米等）的面试笔试真题，挑选出其中最典型、考查频率最高、最具代表性的真题，做到难度适宜，兼顾各层次读者的需求，同时对真题进行知识点的分门别类，做到层次清晰、条理分明、答案简单明了，最终形成了这样一本《Java 程序员面试笔试真题与解析》。本书特点鲜明，所选真题以及写作手法具有以下特点：

第一，考查率高；本书中所选真题全是程序员面试笔试常考点，例如语言基础、操作系统、计算机网络、数据结构与算法、海量数据处理等。

第二，行业代表性强；本书中所选真题全部来自于顶级知名企业，它们是行业的风向标，代表了行业的高水准，其中绝大多数真题因为题目难易适中，而且具有非常好的区分度，经常会被众多中小企业全盘照搬，具有代表性。

第三，答案详尽；本书对每一道题目都有非常详细的解答，庖丁解牛，不只是告诉读者答案，还提供了详细的解答过程。授之以鱼的同时还授之以渔，不仅告诉答案，还告诉读者同类型题目再遇到时该如何解答。

第四，分类清晰、调理分明；本书对各个知识点都进行了分门别类，这种写法有利于读者针对个人实际情况做到有的放矢，重点把握。

由于篇幅所限，我们没法将所有的程序员面试笔试真题内容都列入其中，鉴于此，我们猿媛之家在官方网站（www.yuanyuanba.com）上提供了一个读者交流平台，读者朋友们可以在该网站上上传各类面试笔试真题，也可以查找到自己所需要的知识，同时，读者朋友们也可以向本平台提供当前最新、最热门的程序员面试笔试题、面试技巧、程序员生活等相关材料。除此以外，我们还建立了公众号：**猿媛之家**，作为对外消息发布平台，以便最大限度地满足读者需要。欢迎读者关注探讨新技术。

本书主要针对 Java 用户，我们还有专门针对 C/C++用户的图书，同期出版发行。有需要的读者可以在各大电商网站或者实体书店购买。

感谢帮助过我们的父母、亲人、同事、朋友和同学，无论我们遇到了多大的挫折与困难，他们对我们都能不离不弃，一如既往地支持与帮助我们，使我们能够开开心心地度过每一天。在此对以上所有人致以最衷心的感谢。

所有的成长和伟大，如同中药，都是一个时辰一个时辰熬出来的，所有的好书，都是逐字逐句琢磨出来的。在技术的海洋里，我们不是创造者，但我们更愿意去当好一名传播者的角色，让更多的求职者能够通过对本书的系统学习，找到一份自己满意的工作，实现自己的人生理想与抱负。

我们每个人的人生都是一场戏剧，我们每个人都要成为戏剧的主角，而不应该沦为别人戏剧的配角，所以，我建议所有的求职者在求职的道路上，无论遇到了多大的困难，遭遇了多大的挫折，都不要轻言放弃，你们的母校可能不是“985”“211”，你们的学历可能不是本科生、研究生，你们的专业可能也不是计算机相关，但这并不重要，只要你认真努力，立志成为一名程序员，百分之九十以上的企业是完全可以进去的。请记住：**在这个世界上，没有人可以让你仰视，除非你自己跪着。**

由于编者水平有限，书中不足之处在所难免，还望读者见谅。读者如果发现问题或者有此方面的困惑，都可以通过邮箱 yuancoder@foxmail.com联系我们。

猿媛之家

目　录

面试笔试经验技巧篇

想找到一份程序员的工作，一点技术都没有显然是不行的，但是，只有技术也是不够的。面试笔试经验技巧篇主要针对程序员面试笔试中遇到的 13 个常见问题进行了深度解析，并且结合实际情景，给出了一个较为合理的参考答案以供读者学习与应用，掌握这 13 个问题的解答精髓，对于求职者大有裨益。

经验技巧 1　如何巧妙地回答面试官的问题？

所谓“来者不善，善者不来”，程序员面试中，求职者不可避免地需要回答面试官各种刁钻、犀利的问题，回答面试官的问题千万不能简单地回答“是”或者“不是”，而应该具体分析“是”或者“不是”的理由。

回答面试官的问题是一门很深入的学问。那么，面对面试官提出的各类问题，如何才能条理清晰地回答呢？如何才能让自己的回答不至于撞上枪口呢？如何才能让自己的回答结果令面试官满意呢？

谈话是一种艺术，回答问题也是一种艺术，同样的话，不同的回答方式，往往也会产生出不同的效果，甚至是截然不同的效果。在此，编者提出以下几点建议，供读者参考。首先回答问题务必谦虚谨慎。既不能让面试官觉得自己很自卑，唯唯诺诺，也不能让面试官觉得自己清高自负，而应该通过问题的回答表现出自己自信从容、不卑不亢的一面。例如，当面试官提出“你在项目中起到了什么作用”的问题时，如果求职者回答：我完成了团队中最难的工作，此时就会给面试官一种居功自傲的感觉，而如果回答：我完成了文件系统的构建工作，这个工作被认为是整个项目中最具有挑战性的一部分内容，因为它几乎无法重用以前的框架，需要重新设计。这种回答不仅不傲慢，反而有理有据，更能打动面试官。

其次，回答面试官的问题时，不要什么都说，要适当地留有悬念。人一般都有猎奇的心理，面试官自然也不例外，而且，人们往往对好奇的事情更有兴趣、更加偏爱，也更加记忆深刻。所以，在回答面试官问题时，切记说关键点而非细节，说重点而非和盘托出，通过关键点，吸引面试官的注意力，等待他们继续“刨根问底”。例如，当面试官对你的简历中一个算法问题有兴趣，希望了解时，可以如下回答：我设计的这种查找算法，对于 80%以上的情况，都可以将时间复杂度从 O(n)降低到 O(logn)，如果您有兴趣，我可以详细给您分析具体的细节。

最后，回答问题要条理清晰、简单明了，最好使用“三段式”方式。所谓“三段式”，有点类似于中学作文中的写作风格，包括“场景/任务”“行动”和“结果”三部分内容。以面试官提的问题“你在团队建设中，遇到的最大挑战是什么”为例，第一步，分析场景/任务：在我参与的一个 ERP 项目中，我们团队一共四个人，除了我以外的其他三个人中，两个人能力很给力，人也比较好相处，但有一个人却不太好相处，每次我们小组讨论问题的时候，他都不太爱说话，也很少发言，分配给他的任务也很难完成。第二步，分析行动：为了提高团队的综合实力，我决定找个时间和他好好单独谈一谈。于是我利用周末时间，约他一起吃饭，吃饭的时候，顺便讨论了一下我们的项目，我询问了一些项目中他遇到的问题，通过他的回答，我发现他并不懒，也不糊涂，只是对项目不太了解，缺乏经验，缺乏自信而已，所以越来越孤立，越来越不愿意讨论问题。为了解决这个问题，我尝试着把问题细化到他可以完成的程度，从而建立起他的自信心。第三步，分析结果：他是小组中水平最弱的人，但是，慢慢地，他的技术变得越来越厉害了，也能够按时完成安排给他的工作了，人也越来越自信了，也越来越喜欢参与我们的讨论，并发表自己的看法，我们也都愿意与他一起合作了。“三段式”回答的一个最明显的好处就是条理清晰，既有描述，也有结果，有根有据，让面试官一目了然。

回答问题的技巧，是一门大的学问。求职者完全可以在平时的生活中加以练习，提高自己与人沟通的技能，等到面试时，自然就得心应手了。

经验技巧 2　如何回答技术性的问题？

程序员面试中，面试官会经常询问一些技术性的问题，有的问题可能比较简单，都是历年的笔试面试真题，求职者在平时的复习中会经常遇到，应对自然不在话下。但有的题目可能比较难，来源于 Google、Microsoft 等大企业的题库或是企业自己为了招聘需要设计的题库，求职者可能从来没见过或者从来都不能完整地、独立地想到解决方案，而这些题目往往又是企业比较关注的。

如何能够回答好这些技术性的问题呢？编者建议：会做的一定要拿满分，不会做的一定要拿部分分。即对于简单的题目，求职者要努力做到完全正确，毕竟这些题目，只要复习得当，完全回答正确一点问题都没有（编者认识的一个朋友据说把《编程之美》、《编程珠玑》、《程序员面试笔试宝典》上面的技术性题目与答案全都背得滚瓜烂熟了，后来找工作简直成了“offer 杀器”，完全就是一个 Bug，无解了）；对于难度比较大的题目，不要惊慌，也不要害怕，即使无法完全做出来，也要努力思考问题，哪怕是半成品也要写出来，至少要把自己的思路表达给面试官，让面试官知道你的想法，而不是完全回答不会或者放弃，因为面试官很多时候除了关注你的独立思考问题的能力以外，还会关注你技术能力的可塑性，观察求职者是否能够在别人的引导下去正确地解决问题，所以，对于你不会的问题，他们很有可能会循序渐进地启发你去思考，通过这个过程，让他们更加了解你。

一般而言，在回答技术性问题时，求职者大可不必胆战心惊，除非是没学过的新知识，否则，一般都可以采用以下六个步骤来分析解决。

（1）勇于提问

面试官提出的问题，有时候可能过于抽象，让求职者不知所措，或者无从下手，所以，对于面试中的疑惑，求职者要勇敢地提出来，多向面试官提问，把不明确或二义性的情况都问清楚。不用担心你的问题会让面试官烦恼，影响你的面试成绩，相反还对面试结果产生积极影响：一方面，提问可以让面试官知道你在思考，也可以给面试官一个心思缜密的好印象；另一方面，方便后续自己对问题的解答。

例如，面试官提出一个问题：设计一个高效的排序算法。求职者可能丈二和尚摸不到头脑，排序对象是链表还是数组？数据类型是整型、浮点型、字符型还是结构体类型？数据基本有序还是杂乱无序？数据量有多大，1000 以内还是百万以上个数？此时，求职者大可以将自己的疑问提出来，问题清楚了，解决方案也自然就出来了。

（2）高效设计

对于技术性问题，如何才能打动面试官？完成基本功能是必须的，仅此而已吗？显然不是，完成基本功能顶多只能算及格水平，要想达到优秀水平，至少还应该考虑更多的内容，以排序算法为例：时间是否高效？空间是否高效？数据量不大时也许没有问题，如果是海量数据呢？是否考虑了相关环节，例如数据的“增删改查”？是否考虑了代码的可扩展性、安全性、完整性以及鲁棒性？如果是网站设计，是否考虑了大规模数据访问的情况？是否需要考虑分布式系统架构？是否考虑了开源框架的使用？

（3）伪代码先行

有时候实际代码会比较复杂，上手就写很有可能会漏洞百出、条理混乱，所以，求职者可以首先征求面试官的同意，在编写实际代码前，写一个伪代码或者画好流程图，这样做往往会让思路更加清晰明了。

切记在写伪代码前要告诉面试官，他们很有可能对你产生误解，认为你只会纸上谈兵，实际编码能力却不行。只有征得了他们的允许，方可先写伪代码。

（4）控制节奏

如果是算法设计题，面试官都会给求职者一个时间限制用以完成设计，一般为 20min 左右。完成得太慢，会给面试官留下能力不行的印象，但完成得太快，如果不能保证百分百正确，也会给面试官留下毛手毛脚的印象，速度快当然是好事情，但只有速度，没有质量，速度快根本不会给面试加分。所以，编者建议，回答问题的节奏最好不要太慢，也不要太快，如果实在是完成得比较快，也不要急于提交给面试官，最好能够利用剩余的时间，认真仔细地检查一些边界情况、异常情况及极性情况等，看是否也能满足要求。

（5）规范编码

回答技术性问题时，多数都是纸上写代码，离开了编译器的帮助，求职者要想让面试官对自己的代码一看即懂，除了字迹要工整，不能眉飞色舞以外，最好是能够严格遵循编码规范：函数变量命名、换行缩进、语句嵌套和代码布局等，同时，代码设计应该具有完整性，保证代码能够完成基本功能、输入边界值能够得到正确地输出、对各种不合规范的非法输入能够做出合理的错误处理，否则，写出的代码即使无比高效，面试官也不一定看得懂或者看起来非常费劲，这些对面试成功都是非常不利的。

（6）精心测试

在软件界，有一句真理：任何软件都有 bug。但不能因为如此就纵容自己的代码，允许错误百出。尤其是在面试过程中，实现功能也许并不十分困难，困难的是在有限的时间内设计出的算法，各种异常是否都得到了有效的处理，各种边界值是否都在算法设计的范围内。

测试代码是让代码变得完备的高效方式之一，也是一名优秀程序员必备的素质之一。所以，在编写代码前，求职者最好能够了解一些基本的测试知识，做一些基本的单元测试、功能测试、边界测试以及异常测试。

在回答技术性问题时，注意在思考问题的时候，千万别一句话都不说，面试官面试的时间是有限的，他们希望在有限的时间内尽可能地去了解求职者，如果求职者坐在那里一句话不说，不仅会让面试官觉得求职者技术水平不行，思考问题能力以及沟通能力可能都存在问题。

其实，在面试时，求职者往往会存在一种思想误区，把技术性面试的结果看得太重要了。面试过程中的技术性问题，结果固然重要，但也并非最重要的内容，因为面试官看重的不仅仅是最终的结果，还包括求职者在解决问题的过程中体现出来的逻辑思维能力以及分析问题的能力。所以，求职者在与面试官的博弈中，要适当地提问，通过提问获取面试官的反馈信息，并抓住这些有用的信息进行辅助思考，从而博得面试官的欢心，进而提高面试的成功率。

经验技巧 3　如何回答非技术性问题？

评价一个人的能力，除了专业能力，还有一些非专业能力，如智力、沟通能力和反应能力等，所以在 IT 企业招聘过程的笔试面试环节中，并非所有的笔试内容都是 C/C++、数据结构与算法及操作系统等专业知识，也包括其他一些非技术类的知识，如智力题、推理题和作文题等。技术水平测试可以考查一个求职者的专业素养，而非技术类测试则更加强调求职者的综合素质，包括数学分析能力、反应能力、临场应变能力、思维灵活性、文字表达能力和性格特征等内容。考查的形式多种多样，但与公务员考查相似，主要包括行测（占大多数）、性格测试（大部分都有）、应用文和开放问题等内容。

每个人都有自己的答题技巧，答题方式也各不相同，以下是一些相对比较好的答题技巧（以行测为例）：

1）合理有效的时间管理。由于题目的难易不同，所以不要对所有题目都“绝对的公平”、都“一刀切”，要有轻重缓急，最好的做法是不按顺序回答。行测中有各种题型，如数量关系、图形推理、应用题、资料分析和文字逻辑等，而不同的人擅长的题型是不一样的，因此应该首先回答自己最擅长的问题。例如，如果对数字比较敏感，那么就先答数量关系。

2）注意时间的把握。由于题量一般都比较大，可以先按照总时间/题数来计算每道题的平均答题时间，如 10s，如果看到某一道题 5s 后还没思路，则马上放弃。在做行测题目的时候，以在最短的时间内拿到最多分为目标。

3）平时多关注图表类题目，培养迅速抓住图表中各个数字要素间相互逻辑关系的能力。

4）做题要集中精力，只有集中精力、全神贯注，才能将自己的水平最大限度地发挥出来。

5）学会关键字查找，通过关键字查找，能够提高做题效率。

6）提高估算能力，有很多时候，估算能够极大地提高做题速度，同时保证正确率。

除了行测以外，一些企业非常相信个人性格对入职匹配的影响，所以都会引入相关的性格测试题用于测试求职者的性格特性，看其是否适合所投递的职位。大多数情况下，只要按照自己的真实想法选择就行了，不要弄巧成拙，因为测试是为了得出正确的结果，所以大多测试题前后都有相互验证的题目。如果求职者自作聪明，选择该职位可能要求的性格选项，则很可能导致测试前后不符，这样很容易让企业发现你是个不诚实的人，从而首先予以筛除。

经验技巧 4 如何回答快速估算类问题？

有些大企业的面试官，总喜欢使一些“阴招”“损招”，出一些快速估算类问题，对他们而言，这些问题只是手段，不是目的，能够得到一个满意的结果固然是他们所需要的，但更重要的是通过这些题目他们可以考查求职者的快速反应能力以及逻辑思维能力。由于求职者平时准备的时候可能对此类问题有所遗漏，一时很难想起解决的方案。而且，这些题目乍一看确实是毫无头绪，无从下手，完全就是坑求职者的，其实求职者只要从惊慌失措中冷静下来，稍加分析，也就那么回事。因为此类题目比较灵活，属于开放性试题，一般没有标准答案，只要弄清楚了回答要点，分析合理到位，具有说服力，能够自圆其说，就是正确答案，一点都不困难。

例如，面试官可能会问这样一个问题：“请你估算一下一家商场在促销时一天的营业额？”，求职者又不是统计局官员，如何能够得出一个准确的数据呢？求职者家又不是开商场的，如何能够得出一个准确的数据呢？即使求职者是商场的大当家，也不可能弄得清清楚楚明明白白吧？

难道此题就无解了吗？其实不然，本题只要能够分析出一个概数就行了，不一定要精确数据，而分析概数的前提就是做出各种假设。以该问题为例，可以尝试从以下思路入手：从商场规模、商铺规模入手，通过每平方米的租金，估算出商场的日租金，再根据商铺的成本构成，得到全商场日均交易额，再考虑促销时的销售额与平时销售额的倍数关系，乘以倍数，即可得到促销时一天的营业额。具体而言，包括以下估计数值：

1）以一家较大规模商场为例，商场一般按 6 层计算，每层大约长 100m，宽 100m，合计 60000m^2 的面积。

2）商铺规模占商场规模的一半左右，合计 30000m^2。

3）商铺租金约为 40 元/ m^2，估算出年租金为 40×30000×365=4.38 亿。

4）对商户而言，租金一般占销售额 20%左右，则年销售额为 4.38 亿×5=21.9 亿。计算平均日销售额为 21.9 亿/365=600 万。

5）促销时的日销售额一般是平时的 10 倍，所以大约为 600 万*10=6000 万。

此类题目涉及面比较广，例如：估算一下北京小吃店的数量？估算一下中国在过去一年方便面的市场销售额是多少？估算一下长江的水的质量？估算一下一个行进在小雨中的人 5min 内身上淋到的雨的质量？估算一下东方明珠电视塔的质量？估算一下中国去年一年一共用掉了多少块尿布？估算一下杭州的轮胎数量？但一般都是即兴发挥，不是哪道题记住答案就可以应付得了的。遇到此类问题，一步步抽丝剥茧，才是解决之道。

经验技巧 5 如何回答算法设计问题？

程序员面试中的很多算法设计问题，都是历年来各家企业的“炒现饭”，不管求职者以前对算法知识学习得是否扎实，理解得是否深入，只要面试前买本《程序员面试笔试宝典》（编者早前编写的一本书，由机械工业出版社出版），学习上一段时间，牢记于心，应付此类题目完全没有问题，但遗憾的是，很多世界级知名企业也深知这一点，如果纯粹是出一些毫无技术含量的题目，对于考前“突击手”而言，可能会占尽便宜，但对于那些技术好的人而言是非常不公平的。所以，为了把优秀的求职者与一般的求职者能够更好地区分开来，他们会年年推陈出新，越来越倾向于出一些有技术含量的“新”题，这些题目以及答案，不再是以前的陈谷子烂芝麻了，而是经过精心设计的好题。

在程序员面试中，算法的地位就如同是 GRE 或托福考试在出国留学中的地位一样，必须但不是最重要的，它只是众多考核方面中的一个而已，不一定就能决定求职者的生死。虽然如此，但并非说就不用去准备算法知识了，因为算法知识回答得好，必然会成为面试的加分项，对于求职成功，百利而无一害。那么如何应对此类题目呢？很显然，编者不可能将此类题目都在《程序员面试笔试宝典》中一一解答，一来由于内容众多，篇幅有限，二来也没必要，今年考过了，以后一般就不会再考了，不然还是没有区分度。编者以为，靠死记硬背肯定是行不通的，解答此类算法设计问题，需要求职者具有扎实的基本功以及良好的运用能力，编者无法左右求职者的个人基本功以及运用能力，因为这些能力需要求职者“十年磨一剑”地苦学，但编者可以提供一些比较好的答题方法和解题思路，以供求职者在面试时应对此类算法设计问题。“授之以鱼不如授之以渔”，岂不是更好？

（1）归纳法

此方法通过写出问题的一些特定的例子，分析总结其中一般的规律。具体而言就是通过列举少量的特殊情况，经过分析，最后找出一般的关系。例如，某人有一对兔子饲养在围墙中，如果它们每个月生一对兔子，且新生的兔子在第二个月后也是每个月生一对兔子，问一年后围墙中共有多少对兔子。

使用归纳法解答此题，首先想到的就是第一个月有多少对兔子，第一个月的时候，最初的一对兔子生下一对兔子，此时围墙内共有两对兔子。第二个月仍是最初的一对兔子生下一对兔子，共有 3 对兔子。到第三个月除最初的兔子新生一对兔子外，第一个月生的兔子也开始生兔子，因此共有 5 对兔子。通过举例，可以看出，从第二个月开始，每一个月兔子总数都是前两个月兔子总数之和，$U_{n+1}=U_n+U_{n-1}$，一年后，围墙中的兔子总数为 377 对。

此种方法比较抽象，也不可能对所有的情况进行列举，所以，得出的结论只是一种猜测，还需要进行证明。

（2）相似法

正如编者“年年岁岁花相似，岁岁年年仍单身”一样，此方法考虑解决问题的算法是相似的。如果面试官提出的问题与求职者以前用某个算法解决过的问题相似，此时此刻就可以触类旁通，尝试改进原有算法来解决这个新问题。而通常情况下，此种方法都会比较奏效。

例如，实现字符串的逆序打印，也许求职者从来就没遇到过此问题，但将字符串逆序肯定在求职准备的过程中是见过的。将字符串逆序的算法稍加处理，即可实现字符串的逆序打印。

（3）简化法

此方法首先将问题简单化，例如改变一下数据类型、空间大小等，然后尝试着将简化后的问题解决，一旦有了一个算法或者思路可以解决这个被“阉割过”的问题，再将问题还原，尝试着用此类方法解决原有问题。

例如，在海量日志数据中提取出某日访问 xxx 网站次数最多的那个 IP。很显然，由于数据量巨大，直接进行排序不可行，但如果数据规模不大时，采用直接排序不失为一种好的解决方法。那么如何将问题规模缩小呢？于是想到了 Hash 法，Hash 往往可以缩小问题规模，然后在“阉割过”的数据里面使用常规排序算法即可找出此问题的答案。

（4）递归法

为了降低问题的复杂度，很多时候都会将问题逐层分解，最后归结为一些最简单的问题，这就是递归。此种方法，首先要能够解决最基本的情况，然后以此为基础，解决接下来的问题。

例如，在寻求全排列的时候，可能会感觉无从下手，但仔细推敲，会发现后一种排列组合往往是在前一种排列组合的基础上进行的重新排列，只要知道了前一种排列组合的各类组合情况，只需将最后一个元素插入到前面各种组合的排列里面，就实现了目标：即先截去字符串 s[1…n]中的最后一个字母，生成所有 s[1…n–1]的全排列，然后再将最后一个字母插入到每一个可插入的位置。

（5）分治法

任何一个可以用计算机求解的问题所需的计算时间都与其规模有关。问题的规模越小，越容易直接求解，解题所需的计算时间也越少。而分治法正是充分考虑到这一内容，将一个难以直接解决的大问题，分割成一些规模较小的相同问题，以便各个击破，分而治之。分治法一般包含以下三个步骤：

1）将问题的实例划分为几个较小的实例，最好具有相等的规模。

2）对这些较小的实例求解，而最常见的方法一般是递归。

3）如果有必要，合并这些较小问题的解，以得到原始问题的解。

分治法是程序员面试常考的算法之一，一般适用于二分查找、大整数相乘、求最大子数组和、找出伪币、金块问题、矩阵乘法、残缺棋盘、归并排序、快速排序、距离最近的点对、导线与开关等。

（6）Hash 法

很多面试笔试题目，都要求求职者给出的算法尽可能高效。什么样的算法是高效的？一般而言，时间复杂度越低的算法越高效。而要想达到时间复杂度的高效，很多时候就必须在空间上有所牺牲，用空间来换时间。而用空间换时间最有效的方式就是 Hash 法、大数组和位图法。当然，此类方法并非包治百病，有时，面试官也会对空间大小进行限制，那么此时，求职者只能再去思考其他的方法了。

其实，凡是涉及大规模数据处理的算法设计中，Hash 法就是最好的方法之一。

（7）轮询法

在设计每道面试笔试题时，往往会有一个载体，这个载体便是数据结构，例如数组、链表、二叉树或图等，当载体确定后，可用的算法自然而然地就会暴露出来。可问题是很多时候并不确定这个载体是什么。当无法确定这个载体时，一般也就很难想到合适的方法了。

编者建议，此时，求职者可以采用最原始的思考问题的方法——轮询法，在脑海中轮询各种可能的数据结构与算法，常考的数据结构与算法一共就那么几种（见表 1），即使不完全一样，也是由此衍生出来的或者相似的，总有一款适合考题的。

表 1　最常考的数据结构与算法知识点

数据结构	算法	概念
链表	广度（深度）优先搜索	位操作
数组	递归	设计模式
二叉树	二分查找	内存管理（堆、栈等）
树	排序（归并排序、快速排序等）	
堆（大顶堆、小顶堆）	树的插入/删除/查找/遍历等	
栈	图论	
队列	Hash 法	
向量	分治法	
Hash 表	动态规划	

此种方法看似笨拙，其实实用，只要求职者对常见的数据结构与算法烂熟于心，一点都没有问题。

为了更好地理解这些方法，求职者可以在平时的准备过程中，应用此类方法去答题，做得多了，自然对各种方法也就熟能生巧了，面试的时候，再遇到此类问题，也就能够收放自如了。当然，千万不要相信有着张无忌般的运气，能够在一夜之间练成乾坤大挪移这一绝世神功，称霸武林，算法设计功力的练就是平时一点一滴的付出和思维的磨练。方法与技巧也许只是给面试打了一针“鸡血”、喂一口“大补丸”，不会让自己变得从容自信，真正的功力还是需要一个长期的积累过程的。

经验技巧 6　如何回答系统设计题？

应届生在面试的时候，偶尔也会遇到一些系统设计题，而这些题目往往只是测试一下求职者的知识面，或者测试求职者对系统架构方面的了解，一般不会涉及具体的编码工作。虽然如此，对于此类问题，很多人还是感觉难以应对，也不知道从何说起。

如何应对此类题目呢？在正式介绍基础知识之前，首先罗列几个常见的系统设计相关的面试笔试题，如下所示：

1）设计一个 DNS 的 Cache 结构，要求能够满足每秒 5000 次以上的查询，满足 IP 数据的快速插入，查询的速度要快（题目还给出了一系列的数据，比如站点数总共为 5000 万、IP 地址有 1000 万等）。

2）有 N 台机器，M 个文件，文件可以以任意方式存放到任意机器上，文件可任意分割成若干块。假设这 N 台机器的宕机率小于 1/3，想在宕机时可以从其他未宕机的机器中完整导出这 M 个文件，求最好的存放与分割策略。

3）假设有三十台服务器，每台服务器上面都存有上百亿条数据（有可能重复），如何找出这三十台机器中，根据某关键字，重复出现次数最多的前 100 条？要求使用 Hadoop 来实现。

4）设计一个系统，要求写速度尽可能快，并说明设计原理。

5）设计一个高并发系统，说明架构和关键技术要点。

6）有 25T 的 log(query->queryinfo)，log 在不断地增长，设计一个方案，给出一个 query 能快速返回 queryinfo。

以上所有问题中凡是不涉及高并发的，基本可以采用 Google 的三个技术解决，即 GFS、MapReduce 和 Bigtable，这三个技术被称为“Google 三驾马车”，Google 只公开了论文而未开源代码，开源界对此非常有兴趣，仿照这三篇论文实现了一系列软件，如 Hadoop、HBase、HDFS 及 Cassandra 等。

在 Google 这些技术还未出现之前，企业界在设计大规模分布式系统时，采用的架构往往是 database+sharding+cache，现在很多公司（比如 taobao、weibo.com）仍采用这种架构。在这种架构中，仍有很多问题值得去探讨。如采用什么数据库，是 SQL 界的 MySQL 还是 NoSQL 界的 Redis/TFS，两者有何优劣？采用什么方式 sharding（数据分片），是水平分片还是垂直分片？据网上资料显示，weibo.com 和 taobao 图片存储中曾采用的架构是 Redis/MySQL/TFS+sharding+cache，该架构解释如下：前端 cache 是为了提高响应速度，后端数据库则用于数据永久存储，防止数据丢失，而 sharding 是为了在多台机器间分摊负载。最前端由大块大块的 cache 组成，要保证至少 99%（该数据在 weibo.com 架构中的是自己猜的，而 taobao 图片存储模块是真实的）的访问数据落在 cache 中，这样可以保证用户访问速度，减少后端数据库的压力。此外，为了保证前端 cache 中的数据与后端数据库中的数据一致，需要有一个中间件异步更新（为什么使用异步？理由简单：同步代价太高。异步有缺点，如何弥补?）数据，这个有些人可能比较清楚，新浪有个开源软件叫 Memcachedb（整合了 Berkeley DB 和 Memcached），正是完成此功能。另外，为了分摊负载压力和海量数据，会将用户微博信息经过分片后存放到不同节点上（称为“Sharding”）。

这种架构优点非常明显：简单，在数据量和用户量较小的时候完全可以胜任。但缺点是扩展性和容错性太差，维护成本非常高，尤其是数据量和用户量暴增之后，系统不能通过简单地增加机器解决该问题。

鉴于此，新的架构应运而生。新的架构仍然采用 Google 公司的架构模式与设计思想，以下将分别就此内容进行分析。

GFS 是一个可扩展的分布式文件系统，用于大型的、分布式的、对大量数据进行访问的应用。它运行于廉价的普通硬件上，提供容错功能。现在开源界有 HDFS（Hadoop Distributed File System），该文件系统虽然弥补了数据库+sharding 的很多缺点，但自身仍存在一些问题，比如：由于采用 master/slave 架构，因此存在单点故障问题；元数据信息全部存放在 master 端的内存中，因而不适合存储小文件，或者说如果存储大量小文件，那么存储的总数据量不会太大。

MapReduce 是针对分布式并行计算的一套编程模型。其最大的优点是：编程接口简单，自动备份（数据默认情况下会自动备三份），自动容错和隐藏跨机器间的通信。在 Hadoop 中，MapReduce 作为分布计算框架，而 HDFS 作为底层的分布式存储系统，但 MapReduce 不是与 HDFS 耦合在一起的，完全可以使用自己的分布式文件系统替换掉 HDFS。当前 MapReduce 有很多开源实现，如 Java 实现 Hadoop MapReduce，C++实现 Sector/sphere 等，甚至有些数据库厂商将 MapReduce 集成到数据库中了。

BigTable 俗称“大表”，是用来存储结构化数据的，编者觉得，BigTable 在开源界最火爆，其开源实现最多，包括 HBase、Cassandra 和 levelDB 等，使用也非常广泛。

除了 Google 的这“三驾马车”以外，还有其他一些技术可供学习与使用：

Dynamo：亚马逊的 key-value 模式的存储平台，可用性和扩展性都很好，采用 DHT（Distributed Hash

Table）对数据分片，解决单点故障问题，在 Cassandra 中，也借鉴了该技术，在 BT 和电驴这两种下载引擎中，也采用了类似算法。

虚拟节点技术：该技术常用于分布式数据分片中。具体应用场景是：有一大块数据（可能 TB 级或者 PB 级），需按照某个字段（key）分片存储到几十（或者更多）台机器上，同时想尽量负载均衡且容易扩展。传统的做法是：Hash(key) mod N，这种方法最大的缺点是不容易扩展，即增加或者减少机器均会导致数据全部重分布，代价太大。于是新技术诞生了，其中一种是上面提到的 DHT，现在已经被很多大型系统采用，还有一种是对“Hash(key) mod N”的改进：假设要将数据分布到 20 台机器上，传统做法是 Hash(key) mod 20，而改进后，N 取值要远大于 20，比如是 20000000，然后采用额外一张表记录每个节点存储的 key 的模值，比如：

node1：0~1000000

node2：1000001~2000000

……

这样，当添加一个新的节点时，只需将每个节点上部分数据移动给新节点，同时修改一下该表即可。

Thrift：Thrift 是一个跨语言的 RPC 框架，分别解释“RPC”和“跨语言”如下：RPC 是远程过程调用，其使用方式与调用一个普通函数一样，但执行体发生在远程机器上；跨语言是指不同语言之间进行通信，比如 C/S 架构中，Server 端采用 C++编写，Client 端采用 PHP 编写，怎样让两者之间通信，Thrift 是一种很好的方式。

本篇最前面的几道题均可以映射到以上几个系统的某个模块中，如：

1）关于高并发系统设计，主要有以下几个关键技术点：缓存、索引、数据分片及锁粒度尽可能小。

2）题目 2 涉及现在通用的分布式文件系统的副本存放策略。一般是将大文件切分成小的 block（如 64MB）后，以 block 为单位存放三份到不同的节点上，这三份数据的位置需根据网络拓扑结构配置，一般而言，如果不考虑跨数据中心，可以这样存放：两个副本存放在同一个机架的不同节点上，而另外一个副本存放在另一个机架上，这样从效率和可靠性上，都是最优的（这个 Google 公布的文档中有专门的证明，有兴趣的可参阅一下）。如果考虑跨数据中心，可将两份存在一个数据中心的不同机架上，另一份放到另一个数据中心。

3）题目 4 涉及 BigTable 的模型。主要思想是将随机写转化为顺序写，进而大大提高写速度。具体是：由于磁盘物理结构的独特设计，其并发的随机写（主要是因为磁盘寻道时间长）非常慢，考虑到这一点，在 BigTable 模型中，首先会将并发写的大批数据放到一个内存表（称为“memtable”）中，当该表大到一定程度后，会顺序写到一个磁盘表（称为“SSTable”）中，这种写是顺序写，效率极高。此时可能有读者问，随机读可不可以这样优化？答案是：看情况。通常而言，如果读并发度不高，则不可以这么做，因为如果将多个读重新排列组合后再执行，系统的响应时间太慢，用户可能接受不了，而如果读并发度极高，也许可以采用类似机制。

经验技巧 7 如何解决求职中的时间冲突问题？

对于求职者而言，求职季就是一个赶场季，一天少则几家、十几家企业入校招聘，多则几十家、上百家企业招兵买马，企业多，选择项自然也多，这固然是一件好事情，但由于招聘企业实在是太多，自然而然会导致另外一个问题的发生：同一天企业扎堆，且都是自己心仪或欣赏的大牛企业的现象。如果不能够提前掌握企业的宣讲时间、地点，是很容易迟到或错过的。但有时候即使掌握了宣讲时间、笔试和面试时间，还是有可能错过，为什么呢？时间冲突，人不可能具有分身术，也不可能同一时间做两件不同的事情，所以，很多时候就必须有所取舍了。

到底该如何取舍呢？该如何应对这种时间冲突的问题呢？在此，编者将自己的一些想法和经验分享出来，以供读者参考：

1）如果多家心仪企业的校园宣讲时间发生冲突（前提是只宣讲，不笔试，否则请看后面的建议），此时最好的解决方法是和同学或朋友商量好，各去一家，然后大家进行信息共享。

2）如果多家心仪企业的笔试时间发生冲突，此时只能选择其一，毕竟企业的笔试时间都是考虑到了成百上千人的安排，需要提前安排考场、考务人员和阅卷人员等，不可能为了某一个人而轻易改变。所以，最好选择自己更有兴趣的企业参加笔试。

3）如果多家心仪企业的面试时间发生冲突，不要轻易放弃。对于面试官而言，面试任何人都是一样的，因为面试官谁都不认识，而面试时间也是灵活性比较大的，一般可以通过电话协商。求职者可以与相关工作人员（一般是企业的 HR）进行沟通，以某种理由（例如学校的事宜、导师的事宜或家庭的事宜等，前提是必须能够说服人，不要给出的理由连自己都说服不了）让其调整时间，一般都能协调下来。但为了保证协调的成功率，一般要接到面试通知后第一时间联系相关工作人员变更时间，这样他们协调起来也更方便。

正如世界上没有能够包治百病的药物一样，以上这些建议在应用时，很多情况下也做不到全盘兼顾，当必须进行多选一的时候，求职者就要对此进行评估了，评估的项目可以包括：对企业的中意程度、获得 offer 的概率及去工作的可能性等。评估的结果往往具有很强的参考性，求职者依据评估结果做出的选择一般也会比较合理。

经验技巧 8 如果面试问题曾经遇见过，是否要告知面试官？

其实面试中，大多数题目都不是凭空想象出来的，而是有章可循，只要求职者肯花时间，耐得住寂寞，复习得当，基本上在面试前都会见过相同的或者类似的问题（当然，很多知名企业每年都会推陈出新，这些题目是很难完全复习到位的）。所以，在面试中，求职者曾经遇见过面试官提出的问题也就不足为奇了。那么，一旦出现这种情况，求职者是否要如实告诉面试官呢？

选择不告诉面试官的理由比较充分：首先，面试的题目 60%～70%都是陈谷子烂芝麻，见过或者见过类似的不足为奇，难道要一一告知面试官吗？如果那样的话，估计就没有几个题不用告知面试官了，面试官估计也就要等着失业了。其次，即使曾经见过该问题了，也是自己辛勤耕耘、努力奋斗的结果，很多人复习不用功或者方法不到位，也许从来就没见过，而这些题也许正好是拉开求职者差距的分水岭，是面试官用来区分求职者实力的内容，为什么要告知面试官呢？偷偷的一个人乐不好吗？最后，一旦告知面试官，面试官很有可能会不断地加大面试题的难度来“为难”你，对你的面试可能没有半点好处。

同样，选择告诉面试官的理由也比较充分：第一，如实告诉面试官，不仅可以彰显出求职者个人的诚实品德，还可以给面试官留下良好的印象，说不定能够在面试中加分。第二，有些问题，即使求职者曾经复习过，但也无法保证完全回答正确，如果向面试官如实相告，没准还可以规避这一问题，避免错误的发生。第三，求职者如果见过该问题，也能轻松应答，题目简单倒也无所谓，一旦题目难度比较大，求职者却对面试官有所隐瞒，就极有可能给面试官造成一种求职者水平很强的假象，进而导致面试官的判断出现偏差，后续的面试有可能向着不利于求职者的方向发展。

其实，仁者见仁，智者见智，这个问题并没有固定的答案，需要根据实际情况来决定。针对此问题，一般而言，如果面试官不主动询问求职者，求职者也不用主动告知面试官真相。但如果求职者觉得告知面试官真相对自己更有利的时候，也可以主动告知。

经验技巧 9 在被企业拒绝后是否可以再申请？

很多企业为了能够在一年一度的招聘季节中，提前将优秀的程序员锁定到自己的麾下，往往会先下手为强。他们通常采取的措施有以下两种：第一种，招聘实习生；第二种，多轮招聘。

招聘开始后，往往是几家欢喜几家愁，提前拿到企业绿卡的，于是对酒当歌、欢天喜地，而没有被选上的，担心从此与这家企业无缘了，于是整日囧字写在脸上，忧心忡忡，感叹生不逢时。难道一次失望的表现就永远会被企业拉入黑名单了吗？难道一次失败的经历就会永远被记录在个人历史的耻辱柱上了吗？

答案当然是否定的，对心仪的女孩表白，即使第一次被拒绝了，都还可以一而再再而三地表白呢？多次表白后成功的案例比比皆是，更何况是求职找工作。一般而言，企业是不会记仇的，尤其是知名的大企业，对此都会有明确的表示。如果在企业的实习生招聘或在企业以前的招聘中不幸被 pass 掉了，一般是不会被拉入企业的黑名单的。在下一次招聘中，和其他求职者，具有相同的竞争机会（有些企业可能会要求求职者等待半年到一年时间再能应聘该企业，但上一次求职的糟糕表现不会被计入此次招聘中）。

对心仪的对象表白被拒绝了，不是一样还可以继续表白吗？也许是在考验，也许是在等待，也许真的是拒绝，但无论出于什么原因，此时此刻都不要对自己丧失信心。工作也是如此，以编者身边的很多同学和朋友为例，很多人最开始被一家企业拒绝了，过了一段时间，又发现他们已成为该企业的员工。所以，即使被企业拒绝了也不是什么大不了的事情，以后还有机会的，有志者自有千计万计，无志者只感千难万难，关键是看你愿意成为什么样的人了。

经验技巧 10 如何应对自己不会回答的问题？

在面试的过程中，求职者对面试官提出的问题并不是每个问题都能回答上来，计算机技术博大精深，很少有人能对计算机技术的各个分支学科了如指掌，而且抛开技术层面的问题，在面试那种紧张的环境中，回答不上来的情况也容易出现。面试的过程是一个和面试官“斗智斗勇”的过程，遇到自己不会回答的问题时，错误的做法是保持沉默或者支支吾吾、不懂装懂，硬着头皮胡乱说一通，这样会使面试气氛很尴尬，很难再往下继续进行。

其实面试遇到不会的问题是一件很正常的事情，没有人是万事通，即使对自己的专业有相当的研究与认识，也可能会在面试中遇到感觉没有任何印象、不知道如何回答的问题。在面试中遇到实在不懂或不会回答的问题，正确的办法是本着实事求是的原则，态度诚恳，告诉面试官不知道答案。例如，“对不起，不好意思，这个问题我回答不出来，我能向您请教吗?”

征求面试官的意见时可以说说自己的个人想法，如果面试官同意听了，就将自己的想法说出来，回答时要谦逊有礼，切不可说起没完。然后应该虚心地向面试官请教，表现出强烈的学习欲望。

所以，遇到自己不会的问题时，正确的做法是：“知之为知之，不知为不知”，不懂就是不懂，不会就是不会，一定要实事求是，坦然面对。最后也能给面试官留下诚实、坦率的好印象。

经验技巧 11 如何应对面试官的“激将法”语言？

“激将法”是面试官用以淘汰求职者的一种惯用方法，它是指面试官采用怀疑、尖锐或咄咄逼人的交流方式来对求职者进行提问的方法。例如，“我觉得你比较缺乏工作经验”“我们需要活泼开朗的人，你恐怕不合适”“你的教育背景与我们的需求不太适合”“你的成绩太差”“你的英语没过六级”“你的专业和我们不对口”“为什么你还没找到工作”或“你竟然有好多门课不及格”等，很多求职者遇到这样的问题，会很快产生我是来面试而不是来受侮辱的想法，往往会被“激怒”，于是奋起反抗。千万要记住，面试的目的是要获得工作，而不是要与面试官争个高低，也许争辩取胜了，却失去了一份工作。所以对于此类问题求职者应该进行巧妙的回答，一方面化解不友好的气氛，另一方面得到面试官的认可。

具体而言，受到这种“激将”时，求职者首先应该保持清醒的头脑，企业让你来参加面试，说明你已经通过了他们第一轮的筛选，至少从简历上看，已经表明你符合求职岗位的需要，企业对你还是感兴

趣的。其次，做到不卑不亢，不要被面试官的思路带走，要时刻保持自己的思路和步调。此时可以换一种方式，如介绍自己的经历、工作和优势，来表现自己的抗压能力。

针对面试官提出的非名校毕业的问题，比较巧妙的回答是：比尔盖茨也并非毕业于哈佛大学，但他一样成为了世界首富，成为举世瞩目的人物。针对缺乏工作经验的问题，可以回答：每个人都是从没经验变为有经验的，如果有幸最终能够成为贵公司的一员，我将很快成为一个经验丰富的人。针对专业不对口的问题，可以回答：专业人才难得，复合型人才更难得，在某些方面，外行的灵感往往超过内行，他们一般没有思维定势，没有条条框框。面试官还可能提问：你的学历对我们来讲太高了。此时也可以很巧妙地回答：今天我带来的 3 张学历证书，您可以从中挑选一张您认为合适的，其他两张，您就不用管了。针对性格内向的问题，可以回答：内向的人往往具有专心致志、锲而不舍的品质，而且我善于倾听，我觉得应该把发言机会更多地留给别人。

面对面试官的“挑衅”行为，如果求职者回答得结结巴巴，或者无言以对，抑或怒形于色、据理力争，那就掉进了对方所设的陷阱，所以当求职者碰到此种情况时，最重要的一点就是保持头脑冷静，不要过分较真，以一颗平淡的心对待。

经验技巧 12 如何处理与面试官持不同观点这个问题？

在面试的过程中，求职者所持有的观点不可能与面试官一模一样，在对某个问题的看法上，很有可能两个人相去甚远。当与面试官持不同观点时，有的求职者自作聪明，立马就反驳面试官，例如，“不见得吧！”“我看未必”“不会”“完全不是这么回事！”或“这样的说法未必全对”等，其实，虽然也许确实不像面试官所说的，但是太过直接的反驳往往会导致面试官心理的不悦，最终的结果很可能是“逞一时之快，失一份工作”。

就算与面试官持不一样的观点，也应该委婉地表达自己的真实想法，因为我们不清楚面试官的度量，碰到心胸宽广的面试官还好，万一碰到了“小心眼”的面试官，他和你较真起来，吃亏的还是自己。

所以回答此类问题的最好方法往往是应该先赞同面试官的观点，给对方一个台阶下，然后再说明自己的观点，用“同时”“而且”过渡，千万不要说“但是”，一旦说了“但是”“却”就容易把自己放在面试官的对立面去。

经验技巧 13 什么是职场暗语？

随着求职大势的变迁发展，以往常规的面试套路，因为过于单调、简明，已经被众多“面试达人”们挖掘出了各种“破解秘诀”，形成了类似“求职宝典”的各类“面经”。所谓“道高一尺，魔高一丈”，面试官们也纷纷升级面试模式，为求职者们制作了更为隐蔽、间接、含混、“下套”的面试题目，让那些早已流传开来的“面试攻略”毫无用武之地，一些蕴涵丰富信息但以更新面目出现的问话屡屡“秒杀”求职者，让求职者一头雾水，掉进了陷阱里面还以为吃到肉了，例如，“面试官从头到尾都表现出对我很感兴趣的样子，营造出马上就要录用我的氛围，为什么我最后还是悲剧了？”“为什么 HR 会问我一些与专业、能力根本无关的怪问题，我感觉回答得也还行，为什么最后还是被拒了？”其实，这都是没有听懂面试“暗语”，没有听出面试官“弦外之音”的表现。“暗语”已经成为一种测试求职者心理素质、挖掘求职者内心真实想法的有效手段。理解这些面试中的暗语，对于求职者而言，不可或缺。

以下是一些常见的面试暗语，求职者一定要弄清楚其中蕴含的深意，不然可能“躺着也中枪”，最后只能铩羽而归。

（1）请把简历先放在这，有消息我们会通知你的

面试官说出这句话，则表明他对你已经“兴趣不大”，为什么一定要等到有消息了再通知呢？难道

现在不可以吗？所以，作为求职者，此时一定不要自作聪明、一厢情愿地等待着他们有消息通知你，因为他们一般不会有消息了。

（2）我不是人力资源的，你别拘束，咱们就当是聊天，随便聊聊

一般来说，能当面试官的人都是久经沙场的老将，都不太好对付。表面上彬彬有礼，看上去笑眯眯、很和气的样子，说起话来可能偶尔还带点小结巴，但没准儿一肚子“坏水”，巴不得下个套把你套进去。所以，作为求职者，千万不能被眼前的这种“假象”所迷惑，而应该时刻保持高度警觉，面试官不经意间问出来的问题，看似随意，很可能是他最想知道的。所以千万不要把面试过程当作聊天，当作朋友之间的侃大山，不要把面试官提出的问题当作是普通问题，而应该对每一个问题都仔细思考，认真回答，心理上 Hold 住，切忌不经过大脑的随意接话和回答。

（3）是否可以谈谈你的要求和打算

面试官在翻阅了求职者的简历后，说出这句话，很有可能是对求职者有兴趣，此时求职者应该尽量全方位地表现个人水平与才能，但也不能像王婆卖瓜那样引起对方的反感。

（4）面试时只是“例行公事”式的问答

如果面试时只是“例行公事”式的问答，没有什么激情或者主观性的赞许，此时希望就很渺茫了。但如果面试官对你的专长问得很细，而且表现出一种极大的关注与热情，那么此时希望会很大，作为求职者，一定要抓住机会，将自己最好的一面展示在面试官面前。

（5）你好，请坐

简单的一句话，从面试官口中说出来其含义就大不同了。一般而言，面试官说出此话，求职者回答“你好”或“您好”不重要，重要的是求职者是否“礼貌回应”和“坐不坐”。有的求职者的回应是“你好”或“您好”后直接落座，也有求职者回答“你好，谢谢”或“您好，谢谢”后落座，还有求职者一声不吭就坐下去，极个别求职者回答“谢谢”但不坐下来。前两种方法都可接受，后两者都不可接受。通过问候语，可以体现一个人的基本修养，直接影响在面试官心目中的第一印象。

（6）面试官向求职者探过身去

在面试的过程中，面试官会有一些肢体语言，了解这些肢体语言对于了解面试官的心理情况以及面试的进展情况非常重要。例如当面试官向求职者探过身去时，一般表明面试官对求职者很感兴趣；当面试官打呵欠或者目光呆滞、游移不定，甚至打开手机看时间或打电话、接电话时，一般表明面试官此时有了厌烦的情绪；而当面试官收拾文件或从椅子上站起来，一般表明此时面试官打算结束面试。针对面试官的肢体语言，求职者也应该迎合他们：当面试官很感兴趣时，应该继续陈述自己的观点；当面试官厌烦时，此时最好停下来，询问面试官是否愿意再继续听下去；当面试官打算结束面试，领会其用意，并准备好收场白，尽快地结束面试。

（7）你从哪里知道我们的招聘信息的

面试官提出这种问题，一方面是在评估招聘渠道的有效性，另一方面是想知道求职者是否有熟人介绍。一般而言，熟人介绍总体上会有加分，“不看僧面看佛面”，但是也不全是如此。如果是一个在单位里表现不佳或者其推荐的历史记录不良的熟人介绍，则会起到相反的效果。而大多数面试官主要是为了评估自己企业发布招聘广告的有效性，顺带评估 HR 敬业与否。

（8）你念书的时间还是比较富足的

表面上看，这是对他人的高学历表示赞赏，但同时也是一语双关，如果“高学历”的同时还搭配上一个“高年龄”，就一定要提防面试官的质疑：比如有些人因为上学晚或者工作了以后再回来读的研究生，毕业年龄明显高出平均年龄。此时一定要向面试官解释清楚，否则，面试官如果自己揣摩的话，往往会向不利于求职者的方向思考，例如求职者年龄大的原因是高考复读过、考研用了两年甚至更长时间或者是先工作后读研等，如果面试官有了这种想法，最终的求职结果也就很难说了。

（9）你有男/女朋友吗？对异地恋爱怎么看待

一般而言，面试官都会询问求职者的婚恋状况，一方面是对求职者个人问题的关心，另一方面，对于女性而言，绝大多数面试官不是看中求职者的美貌性感、温柔贤惠，特意来刺探你的隐私，他提出是

否有男朋友的问题，很有可能是在试探你是否近期要结婚生子，将会给企业带来什么程度的负担。“能不能接受异地恋”，很有可能是考查你是否能够安心在一个地方工作，或者是暗示该岗位可能需要长期出差，试探求职者如何在感情和工作上做出抉择。与此类似的问题还有“如果求职者已婚，面试官会问是否生育，如果已育可能还会问小孩谁带？”所以，如果面试官有这一层面的意思，尽量要当场表态，避免将来的麻烦。

（10）你还应聘过其他什么企业

面试官提出这种问题是在考核你的职业生涯规划，同时顺便评估下你被其他企业录用或淘汰的可能性。当面试官对求职者提出此种问题，表明面试官对求职者是基本肯定的，只是还不能下决定是否最终录用。如果你还应聘过其他企业，请最好选择相关联的岗位或行业回答。一般而言，如果应聘过其他企业，一定要说自己拿到了其他企业的 offer，如果其他的行业影响力高于现在面试的企业，无疑可以加大你自身的筹码，有时甚至可以因此拿到该企业的顶级 offer，如果行业影响力低于现在面试的企业，如果回答没有拿到 offer，则会给面试官一种误导：连这家企业都没有给你 offer，我们如果给你 offer 了，岂不是说明我们不如这家企业。

（11）这是我的名片，你随时可以联系我

在面试结束，面试官起身将求职者送到门口，并主动与求职者握手，提供给求职者名片或者自己的个人电话，希望日后多加联系，此时，求职者一定要明白，面试官已经对自己非常肯定了，这是被录用的前兆，因为很少有面试官会放下身段，对一个已经没有录用可能的求职者还如此“厚爱”。很多面试官在整个面试过程中会一直塑造出一种即将录用求职者的假象，表态也很暧昧，例如“你来到我们公司的话，有可能会比较忙”等模棱两可的表述，但如果面试官亲手将名片呈交，言谈中也流露出兴奋、积极的意向和表情，一般是表明了一种接纳你的态度。

（12）你担任职务很多，时间安排得过来吗？

对于有些职位，例如销售等，学校的积极分子往往更具优势，但在应聘研发类岗位时，却并不一定吃香。面试官提出此类问题，其实就是对一些在学校当“领导”的学生的一种反感，大量的社交活动很有可能占据学业时间，从而导致专业基础不牢固等。所以，针对上述问题，求职者在回答时，一定要告诉面试官，自己参与组织的“课外活动”并没有影响到自己的专业技能。

（13）面试结束后，面试官说“我们有消息会通知你的”

一般而言，面试官让求职者等通知，有多种可能性：没戏了；给你面试的人不是负责人，拿不了主意，还需要请示领导；公司对你不是特别满意，希望再多面试一些人，把你当作备胎，如果有比你更好的就不用你了，没有的话会找你；公司需要对面试过并留下来的人进行重新选择，可能会安排二次面试。所以，当面试官说这话时，表明此时成功的可能性不大，至少这一次不能给予肯定的回复，相反如果对方热情地和你握手言别，再加一句“欢迎你应聘本公司”的话，此时一般十有八九能和他作同事了。

（14）我们会在几天后联系你

一般而言，面试官说出这句话，表明了面试官对求职者还是很感兴趣的，尤其是当面试官仔细询问你所能接受的薪资情况等相关情况后，否则他们会尽快结束面谈，而不是多此一举。

（15）面试官认为该结束面试时的暗语

一般而言，求职者自我介绍之后，面试官会相应地提出各类问题，然后转向谈工作。面试官先会把工作内容和职责介绍一番，接着让求职者谈谈今后工作的打算和设想，然后，双方会谈及福利待遇问题，这些都是高潮话题，谈完之后你就应该主动作出告辞的姿态，不要盲目拖延时间。

面试官认为该结束面试时，往往会说以下暗示的话语来提醒求职者：

1）我很感激你对我们公司这项工作的关注。

2）真难为你了，跑了这么多路，多谢了。

3）谢谢你对我们招聘工作的关心，我们一旦做出决定就会立即通知你。

4）你的情况我们已经了解。你知道，在做出最后决定之前我们还要面试几位申请人。

此时，求职者应该主动站起身来，露出微笑，和面试官握手告辞，并且谢谢他，然后有礼貌地退出面试室。适时离场还包括不要在面试官结束谈话之前表现出浮躁不安、急欲离去或另去赴约的样子，过早地想离场会使面试官认为你应聘没有诚意或做事情没有耐心。

（16）如果让你调到其他岗位，你愿意吗

有些企业招收岗位和人员较多，在面试中，当听到面试官说出此话时，言外之意是该岗位也许已经“人满为患”或“名花有主”了，但企业对你兴趣不减，还是很希望你能成为企业的一员。面对这种提问，求职者应该迅速做出反应，如果认为对方是个不错的企业，你对新的岗位又有一定的把握，也可以先进单位再选岗位；如果对方情况一般，新岗位又不太适合自己，最好当面回答不行。

（17）你能来实习吗

对于实习这种敏感的问题，面试官一般是不会轻易提及的，除非是确实对求职者很感兴趣，相中求职者了。当求职者遇到这种情况时，一定要清楚面试官的意图，他希望求职者能够表态，如果确实可以去实习，一定及时地在面试官面前表达出来，这无疑可以给予自己更多的机会。

（18）你什么时候能到岗

当面试官问及到岗的时间时，表明面试官已经同意给 offer 了，此时只是为了确定求职者是否能够及时到岗并开始工作。如果确有难题千万不要遮遮掩掩，含糊其辞，说清楚情况，诚实守信。

针对面试中存在的这种暗语，求职者在面试过程中，一定不要“很傻很天真”，要多留一个心眼，多推敲面试官的深意，仔细想想其中的“潜台词”，从而将面试官的那点“小伎俩”掌控在股掌之中。

面试笔试真题练习篇

面试笔试真题练习篇主要针对近 3 年以来近百家顶级 IT 企业的面试笔试真题而设计，这些企业涉及业务包括系统软件、搜索引擎、电子商务、手机 APP 和安全关键软件等，面试笔试真题难易适中，覆盖面广，非常具有代表性与参考性。本篇对这些真题进行了合理的划分与归类（包括 Java 语言基础知识、操作系统、计算机网络与通信、数学知识、数据库、系统设计题和海量数据处理等内容），并且对其进行了庖丁解牛式的分析与讲解，针对真题中涉及的部分重难点问题，本篇都进行了适当的扩展与延伸，力求对知识点的讲解清晰而不紊乱，全面而不啰嗦，使得读者能够通过本书不仅获取到求职的知识，同时更有针对性地进行求职准备，最终能够收获一份满意的工作。

第 1 章　Java 语言基础

1.1 Java 语言基础知识

1.1.1 基本概念

【真题 1】 Java 语言具有哪些特点？

答案：SUN 公司对 Java 语言的描述如下："Java is a simple, object-oriented, distributed, interpreted, robust, secure, architecture neutral, portable, high-performance, multithreaded, and dynamic language"。具体而言，Java 语言具有以下几个方面的优点：

1）Java 为纯面向对象的语言（《Java 编程思想》提到 Java 语言是一种 "Everything is object" 的语言），它能够直接反映现实生活中的对象，例如火车、动物等，因此，通过它，开发人员更容易编写程序。

2）平台无关性。Java 语言可以一次编译，到处运行。无论是在 Windows 平台还是在 Linux、MacOS 等其他平台上对 Java 程序进行编译，编译后的程序在其他平台上都可以运行。由于 Java 为解释型语言，编译器会把 Java 代码变成 "中间代码"，然后在 JVM（Java Virtual Machine，Java 虚拟机）上解释执行。由于中间代码与平台无关，所以，Java 语言可以很好地跨平台执行，具有很好的可移植性。

3）Java 提供了很多内置的类库，这些类库简化了开发人员的程序设计工作，同时缩短了项目的开发时间。例如，Java 语言提供了对多线程支持，提供了对网络通信的支持，最重要的一点是提供了垃圾回收器，使开发人员从对内存的管理中解脱出来。

4）Java 语言提供了对 Web 应用开发的支持，例如 Applet、Servlet 和 JSP 可以用来开发 Web 应用程序，Socket、RMI 可以用来开发分布式应用程序的类库。

5）Java 语言具有较好的安全性和健壮性。Java 语言经常被用在网络环境中，为了增强程序的安全性，Java 语言提供了一个防止恶意代码攻击的安全机制（数组边界检测和 byte code 校验等）。Java 的强类型机制、垃圾回收器、异常处理和安全检查机制使得使用 Java 语言编写的程序有很好的健壮性。

6）Java 语言去除了 C++语言中难以理解、容易混淆的特性，例如头文件、指针、结构、单元、运算符重载、虚拟基础类、多重继承等，使得程序更加严谨、简洁。

【真题 2】 Java 整型的字节序是（　　）。

A．Little-Endian（小端）　　B．Big-Endian（大端）

C．由运行程序的 CPU 决定　　D．由编译程序的 CPU 决定

答案：B。

字节序是指多字节数据在计算机内存中存储或者网络传输时各字节的存储顺序。通常有 Little-Endian（小端）与 Big-Endian（大端）两种方式。以下将分别对这两种方式进行介绍。

（1）Little-Endian

Little-Endian（小端）是指低位字节存放在内存的低地址端，高位字节存放在内存的高地址端。例如，当按照小端模式存储时，十六进制数字表示 0x12 34 56 78 在内存中的存储方式为：

低地址 ------------------>高地址

0x78 | 0x56 | 0x34 | 0x12

（2）Big-Endian

Big-Endian（大端）是指高位字节存放在内存的低地址端，低位字节存放在内存的高地址端。例如，当按照大端模式存储时，十六进制数字表示 0x12 34 56 78 在内存中的存储方式为：

低地址 ----------------->高地址

0x12 | 0x34 | 0x56 | 0x78

为什么要区分大小端呢？因为在计算机系统中，所有的存储都是以字节（一个字节占用 8 bit）为单位进行存储的，但是在大部分编程语言中，除了占 1 个字节的 char 数据类型外，还有占多个字节的其他数据类型，例如，在 Java 语言中，short 类型占 2 个字节，int 类型占 4 个字节。那么如何存储这些占用多个字节的数据呢？既可以使用大端的方式存储，也可以使用小端的方式来存储。不同的编程语言，不同的处理器可能会采用不同的存储方式。

Java 是一种跨平台的语言，Java 字节序指的是在 Java 虚拟机中多字节类型数据的存放顺序，Java 字节序是 Big-Endian（大端）。所以，选项 B 正确。

既然 Java 语言的字节序是 Big-Endian（大端），那么如何获知 Java 语言的字节序呢？可以通过查看字节数组在内存中存放的方式来获知。示例代码如下：

```
import java.io.*;
public class Test
{
    public static void main(String[] args) throws IOException
    {
        byte[] arr = new byte[4];
        arr[0] = 0x78;
        arr[1] = 0x56;
        arr[2] = 0x34;
        arr[3] = 0x12;
        ByteArrayInputStream bais = new ByteArrayInputStream(arr);
        DataInputStream dis = new DataInputStream(bais);
        System.out.println(Integer.toHexString(dis.readInt()));
    }
}
```

程序的运行结果为：

```
78563412
```

从上面的运行结果可以看出，高位字节（78）存储在低位地址，显然是大端。

虽然 Java 使用的是大端，在一些情况下有可能也需要获取 CPU 是大端还是小端，Java 提供了一个类库可以用来获取 CPU 是大端还是小端：java.nio.ByteOrder.nativeOrder()。

【真题 3】 下面关于 Java 语言的描述中，正确的是（　　）。

A．可以使用 goto 跳出循环　　B．关键字 final 修饰的类无法被继承

C．String 对象的内容是无法修改的　　D．Java 类可以实现多个接口

答案：B、C、D。

对于选项 A，在 Java 语言中，goto 是保留关键字，没有 goto 语句，也没有任何使用 goto 关键字的地方。当然，在特定情况下，通过特定的手段，也是可以实现 goto 功能的。因此，选项 A 错误。

对于选项 B，被 final 修饰的类是不能被继承的。因此，选项 B 正确。

对于选项 C，因为 String 是不可变量，所以，String 的内容是不能被修改的。因此，选项 C 正确。

对于选项 D，虽然 Java 语言不支持多重继承，但是可以通过实现多个接口的方式间接地实现多重继承。因此，选项 D 正确。

【真题 4】 以下不是 Object 类的方法的是（　　）。

A．hashCode()　　B．finalize()　　C．notify()　　D．hasNext()

答案：D。

Object 类是类层次结构的根，在 Java 语言中，所有的类从根本上而言都继承自这个类。而且，Object 类是 Java 语言中唯一没有父类的类，而其他所有的类，包括标准容器类，例如数组，都继承了 Object 类。

具体而言，Object 类的方法见表 1–1。

表 1–1　Object 类的方法

方 法 名	返 回 类 型	方 法 描 述
clone()	Object	创建并返回此对象的一个副本
equals(Object obj)	boolean	判断 obj 对象是否与此对象相等
finalize()	void	当垃圾回收器确定不存在对该对象的更多引用时，由对象的垃圾回收器调用此方法
getClass()	Class<?>	返回此 Object 的运行时类
hashCode()	int	返回该对象的散列码值
notify()	void	唤醒在此对象监视器上等待的单个线程
notifyAll()	void	唤醒在此对象监视器上等待的所有线程
toString()	String	返回该对象的字符串表示
wait()	void	在其他线程调用此对象的 notify()方法或 notifyAll()方法前，使当前线程等待
wait(long timeout)	void	在其他线程调用此对象的 notify()方法或 notifyAll()方法，或者超过指定的时间量前，使当前线程等待
wait(long timeout, int nanos)	void	在其他线程调用此对象的 notify()方法或 notifyAll()方法，或者其他某个线程中断当前线程，或者已超过某个实际时间量前，使当前线程等待

由此可见，Object 类没有 hasNext()方法。所以，选项 D 正确。

【真题 5】 Math.round(12.5)的返回值等于（　　），Math.round(–12.5)的返回值等于（　　）。

答案：13，–12。

Math 类主要提供了下面 5 个与取整相关的方法：

1）static double ceil(double a)：返回大于等于 a 的最小整数。

2）static double floor(double a)：返回小于等于 a 的最大整数。

3）static double rint(double a)：四舍五入方法，返回与 a 的值最相近的整数，为 double 类型。

4）static long round(double a)：四舍五入方法，返回与 a 的值最相近的长整型数。

5）static int round(float a)：四舍五入方法，返回与 a 的值最相近的整型数。

对于本题而言，round 是一个四舍五入的方法，12.5 的小数部分为 0.5，当对其执行 Math.round()操作时，结果需要入，所以，结果为 13；–12.5 的小数部分也为 0.5，当对其执行 Math.round()操作时，结果也需要入，由于–12>–13，因此，结果四舍五入后为–12。

【真题 6】 下列关于 Java 语言基础知识的描述中，正确的是（　　）。

A．类是方法和变量的集合体　　B．抽象类或接口可以被实例化

C．数组是无序数据的集合　　D．类成员数据必须是公有的

答案：A。

对于选项 A，类可以被理解为变量和方法的集合体。因此，选项 A 正确。

对于选项 B，抽象类是不能被实例化的，只有实现了抽象类的具体类才能被实例化。接口也不能被实例化，只有实现了接口方法的类才能被实例化。因此，选项 B 错误。

对于选项 C，数组是一些相同类型数据的集合，而描述中没有提到相同类型，不是很合理。因此，选项 C 错误。

对于选项 D，类的数据类型可以是公开的，也可以是私有的，由于面向对象封装的特点，一般会把成员数据设计为私有的，然后提供公有的方法对其访问。因此，选项 D 错误。

【真题 7】 有如下代码：

```
public class Test
{
        public static void main(String[] args)
        {
            class A
            {
                public int i=3;
            }
            Object o = (Object)new A();
            A a = (A)o;
            System.out.println("i = "+ a.i);
        }
}
```

上述程序运行后的结果是（　　）。

A．i=3　　B．编译失败

C．运行结果为 ClassCastException　　D．i=0

答案：A。

类 A 是 main 方法内部的一个内部类，执行 new A()的时候初始化了一个 A 的对象，这个对象的属性 i 的值为 3，经过类型转换后，最终，a 是这个对象的引用，因此，输出结果为 i=3。所以，选项 A 正确。

【真题 8】 下列描述中，正确的是（　　）。

A．Java 程序经编译后会产生 Machine Code（机器码）

B．Java 程序经编译后会产生 Byte Code（字节码）

C．Java 程序经编译后会产生 DLL（动态链接库）

D．以上描述都不正确

答案：B。

Java 语言为解释性语言，运行的过程为：源代码经过 Java 编译器编译成字节码（Byte Code），然后由 JVM（Java Virtual Machine，Java 虚拟机）解释执行。而 C/C++语言为编译型语言，源代码经过编译和链接后生成可执行的二进制代码。因此，Java 语言的执行速度比 C/C++语言慢，但是 Java 语言能够跨平台执行，而 C/C++语言不能够跨平台执行。

所以，Java 程序经编译后会产生 Byte Code（字节码），选项 B 正确，而选项 A、选项 C 和选项 D 描述都不正确。

【真题 9】 Java 语言是从（　　）语言改进重新设计 。

A．BASIC　　B．C++　　C．Pascal　　D．Ada

答案：B。

对于选项 A，BASIC 语言是一种为了让用户容易控制计算机开发的语言，其特点是简单易懂，且可以用解释和编译两种方法执行。

对于选项 B，C++语言是一种静态数据类型检查的、支持多重编程范式的通用程序设计语言，它支持过程化程序设计、数据抽象、面向对象程序设计、泛型程序设计等多种程序设计风格。

对于选项 C，Pascal 语言是为提倡结构化编程而发明的语言。

对于选项 D，Ada 语言是美国军方为了整合不同语言开发的系统而发明的一种语言，其最大的特点是实时性，在 ADA95 中已加入面向对象内容。

Java 语言是一种面向对象语言，从语法结构上看，与 C++语言类似。所以，选项 B 正确。

【真题 10】 下列关于 Java 语言的描述中，正确的是（　　）。

A．Java 语言容许单独的过程与函数存在　　B． Java 语言容许单独的方法存在

C．Java 语言中的方法属于类中的成员　　D．Java 语言中的方法必定隶属于某一类（对象）

答案：D。

Java 语言是纯面向对象的语言，任何变量与方法都必须定义在类中，方法与变量不能脱离类的定义而单独存在，因此，选项 A 和选项 B 错误，选项 D 正确。在 Java 语言中，方法有两种：静态方法（类的方法）与非静态方法（实例的方法），因此，选项 C 错误，因为方法有可能属于实例成员，而不属于类成员。

【真题 11】 下列关于按值传递与按引用传递的描述中，正确的是（　　）。

A．按值传递不会改变实际参数的数值　　B．按引用传递能改变实际参数的参考地址

C．按引用传递能改变实际参数的内容　　D．按引用传递不能改变实际参数的参考地址

答案：A、C、D。

按值传递指的是在方法调用时，传递的参数是实参值的副本。按引用传递指的是在方法调用时，传递的参数是实参的引用，也可以理解为实参所对应的内存空间的地址。

为了理解 Java 语言中的值传递与引用传递，首先给出下面的示例代码：

```
public class Test{
    public static void testPassParameter(StringBuffer ss1, int n)
    {
        ss1.append(" World");
        n=8;
    }
    public static void main(String[] args)
    {
        int i=1;
        StringBuffer s1=new StringBuffer("Hello");
        testPassParameter(s1,i);
        System.out.println(s1);
        System.out.println(i);
    }
}
```

程序的运行结果为：

```
Hello World
1
```

从运行结果可以看出，int 作为参数时，对形参值的修改不会影响到实参，对于 StringBuffer 类型的参数，对形参对象内容的修改影响到了实参。为了便于理解，int 类型的参数可以理解为按值传递，StringBuffer 类型的参数可以理解为引用传递。

为了便于理解，Java 课本中会经常提到在 Java 应用程序中永远不会传递对象，而只传递对象引用，因此，是按引用传递对象。从本质上来讲，引用传递还是通过值传递来实现的，Java 语言中的引用传递实际上还是值传递（传递的是地址的值）。如图 1–1 所示。

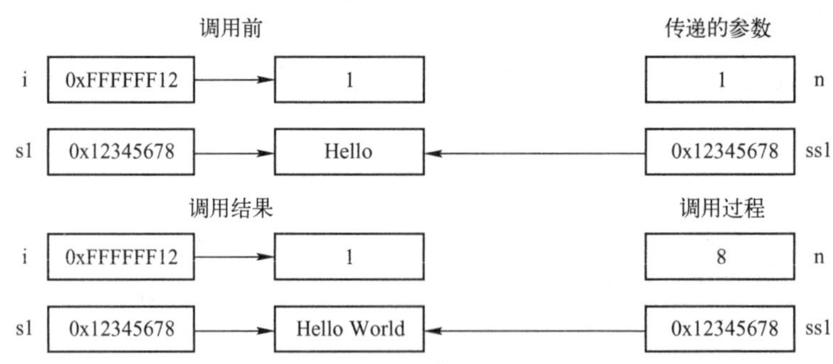

图 1-1　引用传递

首先按照传统的分析方法来理解按值传递和按引用传递：

为了便于理解，假设 1 和“Hello”存储的地址分别为 0xFFFFFF12 和 0x12345678。在调用方法 testPassParameter 时，由于 i 为基本类型，因此，参数是按值传递的，此时会创建一个 i 的副本，该副本与 i 有相同的值，把这个副本作为参数赋值给 n，作为传递的参数。而 StringBuffer 由于是一个类，因此，按引用传递，传递的是它的引用（可以理解为传递的是存储“Hello 的地址”），如图 1-1 所示，在 testPassParameter 内部修改的是 n 的值，这个值与 i 是没关系的。但是在修改 ss1 时，修改的是 ss1 这个地址指向的字符串的内容，由于形参 ss1 与实参 s1 指向的是同一块存储空间，因此，修改 ss1 后，s1 指向的字符串也被修改了。

再从另外一个角度出发来对引用传递进行详细分析：

对于变量 s1 而言，它是一个字符串对象的引用，引用的字符串的值是“Hello”，而变量 s1 的值为 0x12345678（可以理解为是“Hello”的地址，或者“Hello”的引用），那么在方法调用时，参数传递的其实就是 s1 值的一个副本（0x12345678），如图 1-1 所示，ss1 的值也为 0x12345678。如果在方法调用的过程中通过 ss1（字符串的引用或地址）来修改字符串的内容，因为 s1 与 ss1 指向同一个字符串，所以，通过 ss1 对字符串的修改对 s1 也是可见的。但是方法中对 ss1 值的修改对 s1 是没有影响的，如下例所示：

```
public class Test
{
    public static void testPassParameter(StringBuffer ss1)
    {
        ss1 = new StringBuffer("World");
    }
    public static void main(String[] args)
    {
        StringBuffer s1 = new StringBuffer("Hello");
        testPassParameter(s1);
        System.out.println(s1);
    }
}
```

程序的运行结果为：

```
Hello
```

对运行结果分析可知，在 testPassParameter 方法中，依然假设“Hello”的地址为 0xFFFFFF12（实际上是 s1 的值），在方法调用的时候，首先把 s1 的副本传递给 ss1，此时 ss1 的值也为 0xFFFFFF12，通过调用 ss1=new StringBuffer("World")语句实际上是改变了 ss1 的值(ss1 指向了另外一个字符串“World”)，但是对形参 ss1 值的改变对实参 s1 没有影响，虽然 ss1 被改变“World”的引用（或者“World”的地址），s1

还是代表字符串“Hello”的引用（或可以理解为 s1 的值仍然是“Hello”的地址）。从这个角度出发来看，StringBuffer 从本质上来讲还是值传递，它是通过值传递的方式来传递引用的。

对于本题，通过以上分析可知，值传递只是传递了一个值的副本，对形参值的改变不会影响实参的值，因此，选项 A 正确。由于参数的地址也是以值的方式传递的，因此，无法改变实参的地址，只能改变实参地址指向的对象的值，因此，选项 B 错误，选项 C 和选项 D 正确。

【真题 12】 下列关于形式参数的描述中，正确的是（　　）。

A．形式参数可被视为局部变量　　B．形式参数不可以是对象

C．形式参数为方法被调用时真正被传递的参数　　D．形式参数可被字段修饰符修饰

答案：A。

形参全称为“形式参数”，是在定义方法名和方法体的时候使用的参数，目的是用来接收调用该方法时传递的参数。它的作用范围是整个方法体，是在方法调用时的一个临时变量。实参出现在主调方法中，在方法调用的时候把实参的值赋给对应的形参，在被调用方法的内部只能使用形参，不能使用实参。

具体而言，实参和形参的主要区别如下：

1）形参的作用范围为方法内部，当方法调用结束后，形参的生命周期也就结束了，因此，在方法外不能使用形参，它只有在被调用时才分配内存单元，调用结束后会立刻释放内存空间，而实参不能在调用方法的内部使用。

2）在方法调用的时候，只能把实参的值传送给形参，而不能把形参的值反向地传送给实参。因此，在方法调用过程中，对形参值的改变不会影响实参的值。

本题中，对于选项 A，形参的作用范围只在这个方法内，因此，可以被看作 Local Variable（局部变量）。因此，选项 A 正确。

对于选项 B，形参可以是原始的数据类型（例如 int、long、char）等，也可以是对象（例如 String、List 或自定义对象类型）。因此，选项 B 不正确。

对于选项 C，在方法调用时，真正被传递的参数为实参。因此，选项 C 不正确。

对于选项 D，形参不能被字段修饰符（例如 public、protected、private 等）修饰。因此，选项 D 不正确。

【真题 13】 以下关于 Java 语言中的引用的描述中，正确的是（　　）。

A．引用实际上就是指针　　B．引用本身是 Primitive

C．一个对象只能被一个引用所指引　　D．引用就是对象本身

答案：B。

对于选项 A，在编程语言中，指针指向一块内存，它的内容是所指内存的地址；而引用是某块内存的别名。Java 语言中没有明确的指针定义，但实质上每一个 new 语句返回的都是一个指针的引用，只不过在大多时候，Java 语言并不用关心如何操作这个“指针”。虽然引用在底层是通过指针实现的，但是引用和指针不能等同，例如指针可以执行比较运算和整数加减运算，而引用却不行。所以，选项 A 错误。

对于选项 B，引用本身存储的对象的地址信息（虽然与指针不是完全相同），而这个地址信息是存储在栈中的，在声明后就会立刻在栈上给分配存储空间。在方法调用传递引用的时候，对形参引用的值本身所做的修改对实参不可见，因此，从本质上来讲，引用也是原始数据类型（Primitive）。所以，选项 B 正确。

对于选项 C，一个对象可以被多个引用同时指引，例如 String s="abc"; String s1=s;。所以，选项 C 错误。

对于选项 D，引用只是对象的一个别名，或理解为对象的地址。所以，选项 D 错误。

【真题 14】 下列关于 Java 语言基础知识的描述中，错误的有（　　）。

A．能被 java.exe 成功运行的 java class 文件必须有 main()方法

B．J2SDK 就是 Java API

C．Appletviewer.exe 可利用 jar 选项运行.jar 文件

D．能被 Appletviewer 成功运行的 java class 文件必须有 main()方法

答案：B、C、D。

对于选项 A，在 Java 语言中，main 方法是程序的入口方法，所有程序的执行都是从 main 方法开始的，如果没有 main 方法，程序是无法执行的。所以，选项 A 正确。

对于选项 B，J2SDK 是 Java 的开发环境包，它包含 JDK（开发工具包）和JRE（运行时环境包）。而 Java API 是一些预先定义的类库，目的是提供应用程序与开发人员基于某软件或硬件的以访问一组例程的能力。所以，选项 B 错误。

对于选项 C 与选项 D，Appletviewer 是一种执行 HTML 文件上 Java 小程序的 Java 浏览器。实质上就是一个 Applet 浏览器，Applet 本身是没有 main 方法的。可以使用 jdk 工具里面的 appletviewer.exe 来运行 Applet，或者使用浏览器运行，它不能运行 jar 包文件。所以，选项 C 和选项 D 错误。

【真题 15】 Java 程序中的起始类名称必须与存放该类的文件名相同。（　　）

答案：正确。

【真题 16】 写出下面程序运行的结果：

```
public class Test {
    static boolean f(char c) {
        System.out.print(c);
        return true;
    }
    public static void main(String[] argv) {
        int i = 0;
        for (f('A'); f('B') && (i < 2); f('C')) {
            i++;
            f('D');
        }
    }
}
```

答案：ABDCBDCB。

for 循环语句的基本结构为：

```
for(表达式 1;表达式 2;表达式 3)
{
    循环体
}
```

它的执行过程如下：

1）首先执行初始化语句：表达式 1（只会被执行一次）。

2）然后执行表达式 2，如果表达式 2 的结果为 false，则结束循环，否则，执行循环体，然后执行表达式 3。

3）循环执行步骤 2)，直到表达式 2 的结果为 false 时，则退出循环，或者循环体内有退出循环的语句（return 或 break）。

对于本题而言，执行步骤如下：

1）首先执行 foo('A')，输出字符'A'。

2）接着执行 foo('B') && (i < 2)，输出字符'B'，且这个表达式的结果为 true，因此，执行循环体 i++（执行后 i 的值变为 1），接着输出字符'D'，然后执行 foo('C')，输出字符'C'。

3）重复第 2）步，由于此时 i 的值为 1，所以循环条件为 true，接着会输出字符'B'、'D'、'C'。结束这一次循环后，i 的值变为 2；然后继续执行循环条件 foo('B') && (i < 2)，首先执行 foo('B')输出字符'B'，

因为 foo('B')执行的结果为 true，所以，需要继续执行判断语句 i < 2，显然返回值为 false，此时循环结束。

因此，程序的运行结果为 ABDCBDCB。

【真题 17】 &和&&的区别是什么？

答案：&是按位与操作符，a&b 是把 a 和 b 都转换成二进制数后，然后再进行按位与的运算。而&&为逻辑与操作符，a&&b 就是当且仅当两个操作数均为 true 时，其结果才为 true，只要有一个为 false，a&&b 的结果就为 false。

此外，&&还具有短路的功能，在参与运算的两个表达式中，只有当第一个表达式的返回值为 true 时，才会去计算第二个表达式的值，如果第一个表达式的返回值为 false，则此时&&运算的结果就为 false，同时，不会去计算第二个表达式的值。例如 if(i!=0 && i++>10)，当 i 的值为 0 时，表达式 i!=0 的返回值为 false，因此，此时将不会执行第二个表达式 i++>10 的判断。

【真题 18】 下面的 Java 代码保存在 B.java 文件中是否合法？

```
class A{
    public static void main(String args[]){
        System.out.println("Hello World");
    }
}
```

答案：是合法的。

虽然文件名被命名为 B.java 是合法的，但是这段代码在 Eclipse 环境下是无法运行的。因为 Eclipse 在运行的时候会首先编译 B.java 文件，然后会在 B.class 文件中找 Java 的入口方法（main 方法），显然是找不到的，因为通过 javac B.java 命令编译后只会产生一个 A.class 文件（Java 在编译的时候，会对每个类生成一个.class 文件，.class 的文件名与类名相同）。在命令行下，可以通过 java A 命令来运行这个程序。

【真题 19】 有以下代码：

```
for (int i = 4; i > 0; i--){
    int j = 0;
    do {
        j++;
        if (j == 2) {
            break;
        }
    } while (j <= i);
    System.out.print(j);
}
```

程序的运行结果是（　　）

A. 4 3 2 1　　B. 1 2 3 2　　C. 2 2 1 1　　D. 2 2 2 2

答案：D。

do/while 循环是 while 循环的变体。在检查条件是否为真之前，该循环首先会执行一次代码块，然后检查条件是否为真，如果条件为真，就会重复这个循环。

for 循环语句的基本结构如下：

```
for（表达式 1;表达式 2;表达式 3）
{
    循环体
}
```

它的执行过程如下：

1）执行初始化语句：表达式 1（只会被执行一次）。

2）执行表达式 2，如果表达式 2 的结果为 false，则结束循环，否则，执行循环体，然后执行表达式 3。

3）循环步骤 2)，直到表达式 2 的结果为 false 时退出循环，或者循环体内有退出循环的语句（return 或 break）。

对于本题而言，第一次进入 for 循环体时，i=4；然后进入 do/while 循环体，此时 j=0，然后这个循环一直执行 j++，直到 j=2 或 j>i 的时候退出循环体，显然会先满足 j=2 的条件退出循环体，此时 j 的值为 2，因此，输出 2。下一次 for 循环的时候，i=3，同理输出结果仍然为 2。下一次 for 循环的时候，i=2，同理输出结果为 2。下一次 for 循环的时候，i=1，同理也会输出 2，此时执行 for 循环的 i--操作，i 的值变为 0，不满足 i>0 的条件，因此，for 循环结束，所以，输出结果为 2 2 2 2，选项 D 正确。

【真题 20】 以下关于可变长参数的定义中，正确的是（　　）。

A．public void f(String[] aa, String... a){}　　B．public void f(String a, double b , String... a){}

C．public void f(String... a){}　　D．public void f(String... a , String[] aa){}

答案：A、C。

在 Java 语言中，可以使用省略号...来实现可变参数，可变参数通常有如下几个特点：

1）只能作为最后一个参数出现。如果参数个数不定，当其后边还有相同类型参数时，Java 语言无法区分传入的参数属于前一个可变参数还是后面的参数，所以，只能让可变参数位于最后一项。

2）只能位于变量的类型和变量名之间。

3）编译器为可变参数隐含创建一个数组，在调用的时候，可以用数组的形式来访问可变参数，如下例所示：

```
public class Test{
    public static void main(String[] args){
        print(1,2);
    }
    public static void print(int... args) {
        for (int i = 0; i < args.length; i++) {
            System.out.println(args[i]);
        }
    }
}
```

程序的运行结果为：

```
1
2
```

对于本题而言，对于选项 A 与选项 C，满足变参的要求。所以，选项 A 与选项 C 正确。

对于选项 B，有两个名字相同的参数。所以，选项 B 错误。

对于选项 D，变参不是作为最后一个参数出现的。所以，选项 D 错误。

【真题 21】 以下关于随机数的描述中，正确的是（　　）。

A．Math.random()可以生成[0,1]内的任意小数

B．Random.next(10)可以生成[0, 10]内的任意整数

C．new java.util.Random().nextInt(11)可以生成[0,10]内的任意整数

D．new java.util.Math().random()可以生成[0,1)内的任意小数

答案：C。

对于选项 A，Math 类的 random 方法的功能是生成[0, 1)的小数，不能生成 1。因此，选项 A 错误。

对于选项 B，Random 类没有 next 这个方法。因此，选项 B 错误。

对于选项 C，nextInt(n)方法的功能是生成[0, n)的整数，所以，nextInt(11)可以生成[0, 11)，即[0, 10]的整数。因此，选项 C 正确。

对于选项 D，java.util 包下没有 Math 类，Math 类属于 java.lang 包。因此，选项 D 错误。

【真题 22】 下面程序是否存在问题？如果存在，请指出问题所在，如果不存在，说明输出结果。

```
package package1;
import java.util.Date;
public class Test extends Date
{
    private void test()
    {
        System.out.println(super.getClass().getName());
    }
    public static void main(String[] args)
    {
        new Test().test();
    }
}
```

答案：不存在问题，输出结果为 package1.Test。

Java 语言提供了获取类名的方法：getClass().getName()，开发人员可以调用这个方法来获取类名。那么通过调用父类的 getClass().getName()方法来获取父类的类名是可行的吗？为了解答这个问题，首先来做一个实验。给出下面的程序：

```
class A{}
public  class Test extends A
{
    public void test()
    {
        System.out.println(super.getClass().getName());
    }
    public static void main(String[] args)
    {
        new Test().test();
    }
}
```

程序的运行结果为：

```
Test
```

为什么输出的结果不是“A”而是“Test”呢？主要原因在于 Java 语言中任何类都继承自 Object 类，getClass()方法在 Object 类中被定义为 final 与 native，而子类不能覆盖该方法。因此，this.getClass()和 super.getClass()最终都调用的是 Object 类中的 getClass()方法。而 Object 类中的 getClass()方法的释义是：返回此 Object 的运行时类。由于在上面代码中实际运行的类是 Test 而不是 A，因此，程序输出结果为 Test。那么如何才能在子类中得到父类的名字呢？可以通过 Java 的反射机制，使用 getClass().getSuperclass().getName()。代码如下所示：

```
class A{}
public  class Test extends A
{
    public void test()
```

```
        {
            System.out.println(this.getClass().getSuperclass().getName());
        }
        public static void main(String[] args)
        {
            new Test().test();
        }
    }
```

程序的运行结果为：

```
    A
```

对于本题而言，调用 super.getClass().getName()也会得到当前运行类的名字，即 package1.Test。

【真题 23】 有如下代码：

```
    public class Test{
        public static void hello() {System.out.println("hello"); }
        public static void main(String[] args) {     ((Test) null).hello();     }
    }
```

上面程序（　　）正常运行。

A．不能　　　　B．能　　　　C．不确定

答案：B。

在 Java 语言中，给任何对象赋值为 null 都是合法的， null 可以被强制转换为任意类型的对象，转换的结果还是 null，因此，无法调用对象的方法，但是可以调用类的方法（因为类的方法是不依赖于对象而存在的）。

对于本题而言，((Test) null) 可以把 null 转换为 Test 类型的对象（转换后的值为 null），由于 hello 是一个静态方法，因此，可以直接调用，输出结果为“hello”。所以，选项 B 正确。

【真题 24】 有以下代码：

```
    package com;
    public class Test {
        public static void main(String[] args)   {
            Test test = new Test();
        }
    }
```

下面可以获得 Class 对象的有（　　）。

A．Class　c　=　test.class;

B．Class　c　=　new Class();

C．Class　c　=　Test.class;

D．Class　c　=　test.getClass();

E．Class　c　=　Class.forName(“com.Test”);

F．Class　c　=　Class.forName(“Test”);

答案：C、D、E。

在 Java 语言中，主要有如下几种方法可以用来获取 Class 对象：

1）调用对象的 getClass 方法，选项 D 就是采用这种方法。所以，选项 D 正确。

2）调用 Class.forName()方法，这个方法的参数为类的全名（包名.类名），选项 E 就是使用这种方法。所以，选项 E 正确。

3）使用.class 语法来获得 Class 对象，具体而言，就是调用类的.class 来获取 Class 对象，选项 C 就是采用这种方法。所以，选项 C 正确。

【真题 25】 编译 Java 应用程序源文件将产生相应的字节码文件，这些字节码文件的扩展名为（　　）。

A．.class　　　　B．.java　　　　C．.html　　　　D．.exe

答案：A。

对于选项 A 与选项 B，Java 程序源文件的后缀为.java，编译生成中间代码文件的后缀名为.class。所以，选项 A 正确，选项 B 错误。

对于选项 C，在 Web 应用程序的开发中，静态网页文件的后缀为.html。所以，选项 C 错误。

对于选项 D，一般情况下，Windows 操作系统中可执行文件的后缀为.exe。所以，选项 D 错误。

【真题 26】 如果一个 Java Applet 源程序文件只定义有一个类，该类的类名为 MyApplet，那么类 MyApplet 必须是类（　　）的子类，并且存储该源程序文件的文件名为（　　）。

答案：Applet，MyApplet.java。

Applet 指的是 Java 小应用程序，是能够嵌入到一个 HTML 页面中，并且可通过 Web 浏览器下载和执行的一种 Java 类。它不需要 main()方法，由 Web 浏览器中内嵌的 Java 虚拟机调用执行。

Applet 程序开发必须继承 Applet 类。由于只定义了一个类，因此，这个类所在的文件名必须与类名相同，文件名只能是 MyApplet.java。

【真题 27】 开发与运行 Java 程序的三个主要步骤为（　　）、（　　）和（　　）。

答案：编写源程序，编译生成字节码，解释执行。

具体而言，Java 应用程序的开发过程如下所示：首先编写代码，代码文件的后缀为.java，然后编译源代码，用 javac 命令把源代码编译成中间代码（.class 文件），最后用 java 命令运行中间代码。

【真题 28】 如果一个 Java Applet 程序文件中定义有 4 个类，则使用 Sun 公司的 JDK 编译器（　　）编译该源程序文件将产生（　　）个文件名，与类名相同而扩展名为（　　）的字节码文件。

答案：Javac，4，.class。

在 Java 语言中，不管在一个文件中定义几个类，使用 javac 命令编译后，每个类都会生成一个.class 文件（.class 文件的名字为类名）。

【真题 29】 假设 x = 5，y = 6，则 x < y 和 x >= y 的逻辑值分别为（　　）和（　　）。

答案：true，false。

本题中，由于 x=5，y=6，所以，x<y 是成立的，因此，逻辑值为 true，而 x >= y 不成立，因此，逻辑值为 false。

【真题 30】 下列代码会在（　　）出错。

```
1) public void modify(){
2)        int i, j, k;
3)        i = 100;
4)        while ( i > 0 ) {
5)              j = i * 2;
6)              System.out.println("The value of j is" + j);
7)              k = k + 1;
8)              i--;
9)        }
10) }
```

A．line 4　　　　B．line 6　　　　C．line 7　　　　D．line 8

答案：C。

由于使用了没有初始化的变量 j，因此会出错。

【真题 31】 下列说法正确的是（　　）。

A．java.lang.Clonable 是类　　　　B．java.lang.Runnable 是接口

C．Double 对象在 java.lang 包中　　　　D．Double a = 1.0 是正确的 Java 语句

答案：B、C、D。

【真题 32】 下列关于 JDK 版本的描述中，正确的是（　　）。

A．JDK 1.7 中，switch 操作可以支持 String 类型

B．JDK1.7 中，支持二进制字面量

C．JDK1.8 中，支持 Lambda 表达式

D．JDK1.8 中，可以在接口的方法中添加默认实现

答案：A、B、C、D。

本题考查对 JDK 新特性的理解。

对于选项 A，JDK1.7 增加了在 switch 语句中支持 String 的特性。所以，选项 A 正确。

对于选项 B，JDK1.7 支持二进制字面量，写法为：int binary = 0b1001。所以，选项 B 正确。

对于选项 C，JDK1.8 增加了对 Lambda 表达式的支持。所以，选项 C 正确。

对于选项 D，JDK1.8 通过使用关键字 default 可以给接口中的方法添加默认实现。所以，选项 D 正确。

为了更好地说明 JDK 各个版本之间的差异，下面重点介绍 JDK1.7 与 JDK1.8 中一些其他的新特性。

JDK1.7 的部分新特性如下：

1）switch 可以接受 String 类型。随着 Java 语言的发展，在 Java7 中，switch 开始支持 String 类型。以下是一段支持 String 类型的示例代码：

```
public class Test {
    public void test(String str) {
        switch(str) {
            case "computer":
                System.out.println("computer ");
                break;
            case "book":
                System.out.println("book");
                break;
            case "iphone":
                System.out.println("iphone ");
                break;
            default:
                System.out.println("default");
        }
    }
}
```

从本质上来讲，switch 对字符串的支持，其实是对 int 类型值的匹配。它的实现原理如下：通过对 case 后面的 String 对象调用 hashCode()方法，得到一个 int 类型的 hash 值，然后用这个 hash 值来唯一标识这个 case。当进行匹配的时候，首先调用这个字符串的 hashCode()方法，获取到一个 hash 值（int 类型），用这个 hash 值来匹配所有的 case，如果没有匹配成功，则说明不存在，如果匹配成功，则会接着调用字符串的 equals()方法进行匹配。由此可以看出，String 变量不能为 null，同时，switch 的 case 子句中使用的字符串也不能为 null。

2）可以在 catch 代码块中捕获多个异常类型，如下面代码所示：

```
try{
    //可能会抛出 Exception1 和 Exception2 异常的代码
} catch (Exception1 | Exception2   e) {
    //处理异常的代码
}
```

3）对数值字面量进行了改进 。

① 增加了二进制字面量的表示（0B001、0b111）。整数类型（例如 byte、short、int 与 long 等）也可以使用二进制数来表示。要指定一个二进制字面量，可以给二进制数字添加前缀 0b 或者 0B。相比于十六进制或者八进制，二进制字面量可以使数据之间的关系更加清晰。

② 在数字中可以添加分隔符，例如 123_456，下划线只能被用在数字中间，编译的时候这些下划线会被编译器去掉。这样做的好处是避免了一些难以通过观察代码来发现的细微错误。例如数字 10000000000 和数字 1000000000，不仔细看很难发现两个数字中谁少了一个 0 或多了一个 0，但对于 10_000_000_000 和 1_000_000_000 却不然。

4）使用泛型的时候增加了类型推断机制。

在 Java7 以前，实例化一个 HashMap 对象的写法如下：

```
Map<String, String> trades = new HashMap <String, String> ();
```

而 Java7 引进了类型推断机制，因此，可以采用更加简洁的写法，如下所示：

```
Map<String, String> trades = new HashMap <> ();
```

5）增加了 try-with-resources 语句（try-with-resources 语句是一个声明了一个或多个资源的 try 语句。这里的一个资源指的是在使用完成后，必须关闭释放的对象。try-with-resources 语句可以确保在该语句执行之后关闭每个资源），确保了每个资源都在生命周期结束后被关闭，因此，在读取文件结束后，不需要显式地调用 close 方法。示例代码如下：

```
try (InputStream fis = new FileInputStream("input.txt");){
    while(fis.read()!=-1)
        System.out.println(fis.read());
}
catch (Exception e) {
    e.printStackTrace();
}
```

同理，在使用 JDBC 访问数据库时，Statement 对象也可以采用同样的写法。

6）增加了 fork/join 框架用来增强对处理多核并行计算的支持，它的应用场景为：如果一个应用能被分解成多个子任务，并且组合多个子任务的结果就能够获得最终的答案，在这种情况下，就可以使用 fork/join 框架。

具体而言，fork 就是把一个大任务切分为若干个子任务并行地执行，join 就是合并这些子任务的执行结果，最后得到这个大任务的结果。例如，当需要计算 1+2+….+10000 的值时，可以把这样一个大的任务分割成 10 个小的子任务，每个子任务分别对其中的 1000 个数进行求和，最终汇总这 10 个子任务的结果即为最终结果。

以上讲解的都是 JDK1.7 的新特性，下面重点讲解 JDK1.8 的部分新特性。

1）增加了对 Lambda 表达式的支持。Lambda 表达式是一个匿名函数（指的是没有函数名的函数），它基于数学中的 λ 演算得名，直接对应于其中的 Lambda 抽象。Lambda 表达式可以表示闭包（注意和数学传统意义上的不同）。

Lambda 表达式允许把函数作为一个方法的参数。Lambda 表达式的基本语法如下：

```
(parameters) -> expression
```

或

```
(parameters) ->{ statements; }
```

Lambda 的使用如下例所示：

```
Arrays.asList( 1, 7, 2 ).forEach( i -> System.out.println( i ) );
```

以上这种写法中，i 的类型是由编译器推测出来的，当然，也可以显式地指定类型，如下例所示：

```
Arrays.asList( 1, 7, 2 ).forEach( ( Integer i ) -> System.out.println( i ) );
```

在 Java8 以前，Java 语言通过匿名函数的方法来代替 Lambda 表达式。

对于列表的排序，如果列表里面存放的是自定义的类，通常需要指定自定义的排序方法，传统的写法如下：

```
import java.util.Arrays;
import java.util.Comparator;
class Person
{
    public Person(String name, int age)
    {
        this.name = name;
        this.age = age;
    }
    private String name;
    private int age;
    public int getAge() {return age;}
    public String getName() {return name;}
    public String toString() {return name + ":" + age;        }
}
public class Test
{
    public static void main(String[] args)
    {
        Person[] people = { new Person("James", 25), new Person("Jack", 21) };
        // 自定义类排序方法，通过年龄进行排序
        Arrays.sort(people, new Comparator<Person>()
        {
            @Override
            public int compare(Person a, Person b)
            {
                return a.getAge() - b.getAge();
            }
        });
        for (Person p : people)
        {
            System.out.println(p);
        }
    }
}
```

采用 Lambda 表达式后，写法如下：

```
Arrays.sort(people, (Person a, Person b) -> a.getAge()-b.getAge());
```

或

```
Arrays.sort(people, (a, b) -> a.getAge()-b.getAge());
```

显然，采用 Lambda 表达式后，代码会变得更加简洁。

Lambda 表达式是通过函数式接口（只有一个方法的普通接口）来实现的。函数式接口可以被隐式地转换为 Lambda 表达式。为了与普通的接口区分开（普通接口中可能会有多个方法），JDK1.8 新增加了一种特殊的注解@FunctionalInterface。下面给出一个函数式接口的定义：

```
@FunctionalInterface
interface fun {
    void f();
}
```

2）接口增加了方法的默认实现和静态方法。JDK1.8 通过使用关键字 default 可以给接口中的方法添加默认实现，此外，接口中还可以定义静态方法，示例代码如下：

```
interface Inter8{
    void f();
    default void g() {
        System.out.println("this is default method in interface");
    }
    static void h(){
        System.out.println("this is static method in interface");
    }
}
```

那么，为什么要引入接口中方法的默认实现呢？

其实，这样做的最重要的一个目的就是为了实现接口升级。在原有的设计中，如果想要升级接口，例如给接口中添加一个新的方法，会导致所有实现这个接口的类都需要被修改，这给 Java 语言已有的一些框架进行升级带来了很大的麻烦。如果接口能支持默认方法的实现，那么可以给这些类库的升级带来许多便利。例如，为了支持 Lambda 表达式，Collection 中引入了 foreach 方法，可以通过这个语法增加默认的实现，从而降低了对这个接口进行升级的代价，不需要对所有实现这个接口的类进行修改。

3）方法引用。方法引用指的是可以直接引用 Java 类或对象的方法。它可以被看成是一种更加简洁易懂的 Lambda 表达式，使用方法引用后，上例中的排序代码就可以使用下面更加简洁的方式来编写：

```
Arrays.sort(people, Comparator.comparing(Person::getAge));
```

方法引用共有下面 4 种形式：

① 引用构造方法：ClassName::new。

② 引用类静态方法：ClassName::methodName。

③ 引用特定类的任意对象方法：ClassName::methodName。

④ 引用某个对象的方法：instanceName::methodName。

下面给出一个使用方法引用的例子：

```
import java.util.Arrays;
import java.util.Comparator;
import java.util.function.Supplier;
class Person {
    private   String name;
    privateint age;
    public Person(){}
    public Person(String name, int age) {
        this.name = name;
```

```
            this.age = age;
        }
        publicstatic Person getInstance( final Supplier< Person > supplier ) {
    return supplier.get();
        }
        publicvoid setAge(int age){   this.age=age;}
        publicint getAge() {return age;}
        public String getName() {return name;}
        publicstaticint compareByAge(Person a, Person b) { return b.age-a.age;}
        public String toString() {return name + ":" + age;}
    }
    class CompareProvider {
    publicint compareByAge(Person a, Person b) {
    return a.getAge()-b.getAge();
        }
    }
    publicclass Test2 {
        publicstaticvoid main(String[] args) {
            //引用是构造方法
            Person p1 = Person.getInstance( Person::new );
            p1.setAge(19);
            System.out.println("测试引用构造方法："+p1.getAge());
            Person[] people = { new Person("James", 25), new Person("Jack", 21) };
            //引用特定类的任意对象方法
            Arrays.sort(people, Comparator.comparing(Person::getAge));
            System.out.println("测试引用特定类的任意对象方法：");
            for (Person p : people) {
                System.out.println(p);
            }
            //引用类静态方法
            Arrays.sort(people, Person::compareByAge);
            System.out.println("测试引用类静态方法：");
            for (Person p : people) {
                System.out.println(p);
            }
            //引用某个对象的方法
            Arrays.sort(people, new CompareProvider()::compareByAge);
            System.out.println("测试引用某个对象的方法：");
            for (Person p : people) {
                System.out.println(p);
            }
        }
    }
```

程序的运行结果为：

```
测试引用构造方法：19
测试引用特定类的任意对象方法：
Jack:21
James:25
测试引用类静态方法：
James:25
```

```
Jack:21
测试引用某个对象的方法:
Jack:21
James:25
```

4）注解（Annotation）。

① JDK1.5 中引入了注解机制，但是有一个限制：相同的注解在同一位置只能声明一次。JDK1.8 引入了重复注解机制后，相同的注解在同一个地方可以声明多次。

备注：注解为开发人员在代码中添加信息提供了一种形式化的方法，它使得开发人员可以在某个时刻方便地使用这些数据（通过解析注解来使用这些数据）。注解的语法比较简单，除了@符号的使用以外，它基本上与 Java 语言的语法一致，Java 语言内置了三种注解方式，它们分别是：@Override（表示当前方法是覆盖父类的方法）、@Deprecated（表示当前元素是不赞成使用的）、@SuppressWarnings（表示关闭一些不当的编译器警告信息）。需要注意的是，它们都定义在 java.lang 包中。

② JDK1.8 对注解进行了扩展。使得注解被使用的范围更广，例如可以给局部变量、泛型和方法异常等提供注解。

5）类型推测。JDK1.8 加强了类型推测机制，这种机制可以使得代码更为简洁，假如有如下类的定义：

```
class List<E> {
    static <Z> List<Z> nil() { ... };
    static <Z> List<Z> cons(Z head, List<Z> tail) { ... };
    E head() { ... }
}
```

在调用时，可以使用下面的代码：

```
List<Integer> l = List.nil();   //通过赋值的目标类型来推测泛型的参数
```

在 Java7 中，这种写法将会产生编译错误，正确写法如下：

```
List< Integer > l = List.< Integer >nil();
```

同理，在调用 cons 方法时的写法为：

```
List.cons(5, List.nil());   //通过方法的第一个参数来推测泛型的类型
```

而不需要显式地指定类型：List.cons(5, List.<Integer>nil());

6）参数名字。JDK1.8 通过在编译的时候增加–parameters 选项，以及增加反射 API 与 Parameter.getName()方法实现了获取方法参数名的功能。

示例代码如下：

```
import java.lang.reflect.Method;
import java.lang.reflect.Parameter;
publicclass Test
{
    publicstaticvoid main(String[] args) {
        Method method;
        try {
                method = Test.class.getMethod( "main", String[].class );
                for( final Parameter parameter: method.getParameters() ) {
                        System.out.println( "Parameter: " + parameter.getName() );
                }
```

```
            } catch (Exception e) {
                e.printStackTrace();
            }
        }
    }
```

如果使用命令 javac Test.java 来编译并运行以上程序，程序的运行结果为 Parameter: args0。

如果使用命令 javac Test.java –parameters 来编译并运行以上程序，程序的运行结果为 Parameter: args。

7）新增 Optional 类。在使用 Java 语言进行编程时，经常需要使用大量的代码来处理空指针异常，而这种操作往往会降低程序的可读性。JDK1.8 引入了 Optional 类来处理空指针的情况，从而增强了代码的可读性。下面给出一个简单的例子：

```
public class Test {
    public static void main(String[] args) {
        Optional<String> s1 = Optional.of("Hello");
        //判断是否有值
        if(s1.isPresent())
            System.out.println(s1.get());//获取值
        Optional<String> s2 = Optional.ofNullable(null);
        if(s2.isPresent())
            System.out.println(s2.get());
    }
}
```

这里只是介绍了 Optional 简单的使用示例，读者如果想要了解更多相关内容，可以查看 Java 手册来详细了解 Optional 类的使用方法。

8）新增 Stream 类。JDK1.8 新增加了 Stream 类，从而把函数式编程的风格引入到 Java 语言中，Stream 的 API 提供了非常强大的功能，使用 Stream 后，可以写出更加强大、更加简洁的代码（例如可以代替循环控制语句）。示例代码如下：

```
import java.util.ArrayList;
import java.util.Iterator;
import java.util.List;
import java.util.Map;
import java.util.Optional;
import java.util.stream.Collectors;
class Student
{
    private String name;
    private Integer age;
    public Student(String name,int age)
    {
        this.name=name;
        this.age=age;
    }
    public String getName() {return name;}
    public Integer getAge() {return age;}
}
publicclass Test {
    publicstaticvoid main(String[] args) {
        List<Student> l=new ArrayList<>();
        l.add(new Student("Wang",10));
```

```
            l.add(new Student("Li",13));
            l.add(new Student("Zhang",10));
            l.add(new Student("Zhao",15));
            System.out.println("找出年龄为 10 的第一个学生：");
            Optional<Student> s=l.stream().filter(stu -> stu.getAge().equals(10)).findFirst();
            if(s.isPresent())
                System.out.println(s.get().getName()+","+s.get().getAge());
            System.out.println("找出年龄为 10 的所有学生：");
            List<Student> searchResult=l.stream().filter(stu -> stu.getAge().equals(10)).collect (Collectors.toList());
            for(Student stu:searchResult)
                System.out.println(stu.getName()+","+stu.getAge());
            System.out.println("对学生按年龄分组：");
            Map<Integer,List<Student>> map=l.stream().collect(Collectors.groupingBy(Student::getAge));
            Iterator<Map.Entry<Integer,List<Student>>> iter = map.entrySet().iterator();
            while (iter.hasNext())
            {
                Map.Entry<Integer, List<Student>> entry = (Map.Entry<Integer, List<Student>>)
iter.next();
                int age=entry.getKey();
                System.out.print(age+":");
                List<Student> group=entry.getValue();
                for(Student stu:group)
                    System.out.print(stu.getName()+"   ");
                System.out.println();
            }
        }
    }
```

程序的运行结果为：

```
找出年龄为 10 的第一个学生：
Wang,10
找出年龄为 10 的所有学生：
Wang,10
Zhang,10
对学生按年龄分组：
10:Wang   Zhang
13:Li
15:Zhao
```

此外，Stream 类还提供了parallel、map、reduce 等方法，这些方法用于增加对原生类并发处理的能力，有兴趣的读者可以参考 Java 官方文档学习。

9）日期新特性。在 JDK1.8 以前，处理日期相关的类主要有如下三个：

① Calendar：实现日期和时间字段之间转换，它的属性是可变的。因此，它不是线程安全的。

② DateFormat：格式化和分析日期字符串。

③ Date：用来承载日期和时间信息，它的属性是可变的。因此，它不是线程安全的。

这些 API 使用起来很不方便，而且有很多缺点，以如下代码为例：

```
Date date = new Date(2015,10,1);
System.out.println(date);
```

在 Date 类传入参数中，月份为 10 月，但输出却为 Mon Nov 01 00:00:00 CST 3915。

JDK1.8 对日期相关的 API 进行了改进，提供了更加强大的 API。新的 java.time 主要包含了处理日期、时间、日期/时间、时区、时刻（Instants）和时钟（Clock）等操作。下面给出一个使用示例：

```
import java.time.Clock;
import java.time.Instant;
import java.time.LocalDate;
import java.time.LocalDateTime;
import java.time.LocalTime;
import java.time.ZoneId;

public class Test {
public static void main( String[] args ) {
        //Clock 类通过指定一个时区，可以获取到当前的时刻、日期与时间
        Clock c = Clock.system(ZoneId.of("Asia/Shanghai")); //上海时区
        System.out.println("测试 Clock：");
        System.out.println(c.millis());
        System.out.println(c.instant());

        // Instant 使用方法
        System.out.println("测试 Instant：");
        Instant ist = Instant.now();
        System.out.println(ist.getEpochSecond());//精确到秒
        System.out.println(ist.toEpochMilli()); //精确到毫秒

        //LocalDate 以 ISO-8601 格式显示的日期类型，无时区信息
        LocalDate date = LocalDate.now();
        LocalDate dateFromClock = LocalDate.now( c );
        System.out.println("测试 LocalDate：");
        System.out.println( date );
        System.out.println( dateFromClock );

        //LocalTime 是以 ISO-8601 格式显示时间类型，无时区信息
        final LocalTime time = LocalTime.now();
        final LocalTime timeFromClock = LocalTime.now( c );
        System.out.println("测试 LocalTime：");
        System.out.println( time );
        System.out.println( timeFromClock );

        //LocalDateTime 以 ISO-8601 格式显示的日期和时间
        final LocalDateTime datetime = LocalDateTime.now();
        final LocalDateTime datetimeFromClock = LocalDateTime.now(c);
        System.out.println("测试 LocalDateTime：");
        System.out.println( datetime );
        System.out.println( datetimeFromClock );
    }
}
```

程序的运行结果为：

```
测试 Clock：
1445321400809
2015-10-20T06:10:00.809Z
```

```
测试 Instant：
1445321400
1445321400821
测试 LocalDate：
2015-10-20
2015-10-20
测试 LocalTime：
14:10:00.822
14:10:00.822
测试 LocalDateTime：
2015-10-20T14:10:00.822
2015-10-20T14:10:00.822
```

10）增加了调用 JavaScript 的引擎。JDK1.8 增加 API 使得可以通过 Java 程序来调用 JavaScript 代码，使用示例如下：

```
import javax.script.*;
publicclass Test {
    publicstaticvoid main( String[] args ) throws ScriptException {
            ScriptEngineManager manager = new ScriptEngineManager();
            ScriptEngine engine = manager.getEngineByName( "JavaScript" );
            System.out.println( engine.getClass().getName() );
            System.out.println( engine.eval( "function f() { return 'Hello'; }; f() + ' world!';" ) );
    }
}
```

程序的运行结果为：

```
jdk.nashorn.api.scripting.NashornScriptEngine
Hello world!
```

11）Base64。Base64 编码是一种常见的字符编码，可用来作为电子邮件或 Web Service 附件的传输编码。JDK1.8 把 Base64 编码添加到了标准类库中。示例代码如下：

```
import java.nio.charset.StandardCharsets;
import java.util.Base64;
public class Test {
public static void main( String[] args ) {
        String str = "Hello world";
        String encodStr = Base64.getEncoder().encodeToString( str.getBytes( StandardCharsets.UTF_8 ) );
        System.out.println( encodStr );
        String decodStr = new String(Base64.getDecoder().decode( encodStr ),StandardCharsets.UTF_8 );
        System.out.println( decodStr );
    }
}
```

程序的运行结果为：

```
SGVsbG8gd29ybGQ=
Hello world
```

12）并行数组。JDK1.8 增加了对数组并行处理的方法（parallelXxx），下面以排序为例介绍其用法。

```
import java.util.Arrays;
public class Test {
```

```
        public static void main( String[] args ) {
            int[] arr = {1,5,8,3,19,40,6};
            Arrays.parallelSort( arr );
            Arrays.stream( arr ).forEach(i -> System.out.print( i + " " ) );
            System.out.println();
        }
    }
```

【真题 33】 foreach 的作用是什么？

答案：foreach 语句是 java5 的新增的特征之一，是 for 循环语句的简化版本。foreach 的使用可以大大地简化对集合、数组的遍历，给开发人员带来很大的便利。

具体而言，foreach 可以被看作是 for 的子集，能用 foreach 实现的流程控制一定能用 for 实现，但是，需要注意的是，有些 for 语句就无法用 foreach 来实现。而且，foreach 只能进行顺序遍历，无法采用索引的形式来访问数组。

foreach 的语句格式如下：

```
for(类型元素变量 x：遍历对象 obj){
    //使用 x
}
```

foreach 并不是一个 Java 的关键字，习惯上把这种特殊的 for 语句的格式称为“foreach”语句。

下面给出一个使用 foreach 方法遍历数组的例子：

```
public class Test {
    public static void main(String[] args) {
        int[] arr={1,2,3};
        //遍历一维数组
        for(inti:arr){
            System.out.println(i);
        }
        int arr1[][]={{1,2},{3,4}};
        //遍历二维数组
        for(int[] i:arr1)        {
            for(int j:i)
                System.out.println(j);
        }
    }
}
```

【真题 34】 写代码获取年月日、小时分秒，获取从 1970 年到现在的毫秒数及格式化日期。

答案：System.currentTimeMillis 产生一个当前的毫秒，这个毫秒其实就是自 1970 年 1 月 1 日 0 时起的毫秒数，Date()就相当于 Date(System.currentTimeMillis())，因为 Date 类还有构造方法 Date(long date) 以表示自从标准基准时间（称为“历元（epoch)”，即 1970 年 1 月 1 日 00:00:00 GMT）以来的指定毫秒数。得到了这个毫秒数，也就可以计算出现在的年、月、日、周、时、时区等信息，但是这不是用户自己去计算的，因为有 Calendar，Calendar 最终输出的结果就是年、月、日、周、时、时区等。

SimpleDateFormat 是一个以与语言环境相关的方式来格式化和分析日期的具体类，它允许进行格式化（日期—>文本）、分析（文本—>日期）和规范化。SimpleDateFormat 使得可以选择任何用户定义的日期–时间格式的模式。

通过以上分析，写出示例代码如下：

```
import java.text.SimpleDateFormat;
import java.util.Date;

public class Test {
    public static void main(String[] args) throws Exception
    {   //获取 1970 年 1 月 1 日到现在的毫秒数
        long l = System.currentTimeMillis();
        System.out.println(l);
        //获取年月日时分秒
        Date date = new Date(l);
        System.out.println(date);
        //格式化输出日期
        SimpleDateFormat dateFormat = new SimpleDateFormat("yyyy-MM-dd HH:mm:ss");
        System.out.println(dateFormat.format(date));
    }
}
```

程序的运行结果为：

```
1443624645840
Wed Sep 30 22:50:45 CST 2015
2015-09-30 22:50:45
```

【真题 35】 如何编写一个 JUnit Test？

答案：JUnit Test 主要用来测试一个小单元的代码（例如，测试一个方法，测试一个类）。对每个单元的代码编写单元测试用例是一个好的编程习惯，它可以帮助开发人员在开发的前期发现代码中的 Bug。目前有两个主流的 JUnit 测试框架版本：JUnit3 和 JUnit4，其中，JUnit3 通过“test”关键字来表示测试方法，而 JUnit4 通过注解（Annotation）来识别测试方法。

下面给出一个 JUnit Test 的例子，首先，实现一个计算器的类如下：

```
public class Calculator {
public int multi(int... n) {
        int result = 1;
        for (int i : n) {
            result *= i;
        }
        return result;
    }
}
```

下面介绍一种通过 Eclipse 创建一个 JUnit Test 来测试上面类的方法。

创建 JUnit test 的方法如下：在 Eclipse 中选择 New->JUnit Test Case，接着输入名字：TestCalculator，编写如下测试用例：

```
import static org.junit.Assert.*;
import org.junit.Test;
public class TestCalculator {
    @Test
    public void test() {
        Calculator c = new Calculator();
        assertEquals(30, c.multi(2,3,5));
    }
```

```
        }
```

运行时选择 Run As->JUnit Test，就可以得到如下的运行结果：

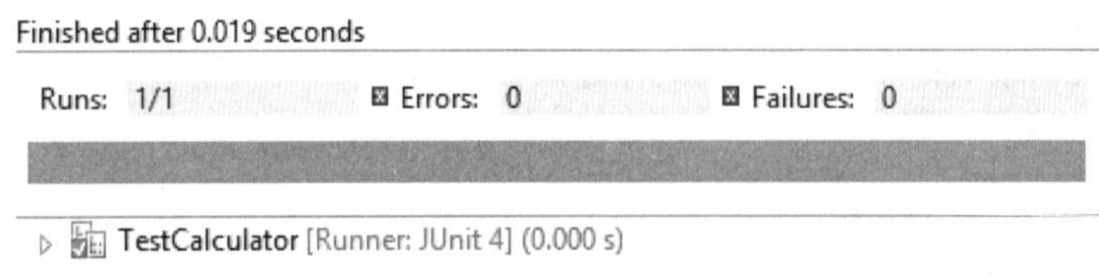

【真题 36】 SimpleDateFormat 类的作用是什么？

答案：SimpleDateFormat 是一个以国别敏感的方式格式化和分析数据的具体类，主要用来对日期和字符串进行转换，同时可以指定字符串的格式，因此，在项目开发中经常被用到。下面给出用“yyyy/MM/dd HH:mm:ss”形式来显示当前时间的代码：

```
import java.text.SimpleDateFormat;
import java.util.Date;
public class Test {
    public static void main(String[] args)
    {
        SimpleDateFormat sysForm = new SimpleDateFormat("yyyy/MM/dd HH:mm:ss");
        Date curdate= new Date();
        System.out.println(sysForm.format(curdate));
    }
}
```

程序的运行结果为：

```
2015/10/13 19:13:23
```

需要注意的是，DateFormat 类和 SimpleDateFormat 类不都是线程安全的，在多线程环境下，调用 format()方法和 parse()方法应该使用同步代码来避免问题。

1.1.2 访问修饰符

【真题 37】 访问修饰符作用范围由大到小是（　　）。

A．private-protected-default-public　　B．public-protected-default-private

C．private-default-protected-public　　D．public-default-protected-private

答案：B。

在 Java 语言中，类的权限访问修饰符有以下几种：private、default（package）、protected 和 public。以下将具体对这几个权限访问修饰符进行介绍。

1）私有权限（private）：private 可以修饰数据成员、构造方法和方法成员，不可以修饰类（此处指外部类，不考虑内部类）。被 private 修饰的成员，只能在定义它们的类中使用，在其他类中不能调用。

2）默认权限（default）：类、数据成员、构造方法和方法成员等都能够使用默认权限，即不被 private、protected 和 public 修饰。默认权限即同包权限，同包权限的元素只能在定义它们的类中以及同包的类中被调用。

3）受保护权限（protected）：protected 可以修饰数据成员、构造方法和方法成员，不可以修饰类（此处指外部类，不考虑内部类）。被 protected 修饰的类只能在定义它的类和子类中才能访问。

4）公共权限（public）：public 可以修饰类、数据成员、构造方法和方法成员。被 public 修饰的成员，可以在任何一个类中被调用，不管同包或不同包，是权限最大的一个修饰符。

以上几种修饰符的作用范围见表 1-2（表中√表示可访问，×表示不可访问）。

表 1-2　修饰符的作用范围

范　　围	private	default	protected	public
同一类	√	√	√	√
同一包中的类	×	√	√	√
当前类或者子类	×	×	√	√
所有	×	×	×	√

由表 1-2 可知，访问修饰符的作用范围由大到小依次是 public、protected、default 和 private。所以，选项 B 正确。

【真题 38】 以 public 修饰的类如下所示：public class Car{…}，则类 Car（　　）。

A．可被其他程序包中的类使用　　B．不能被其他类继承

C．不能被任意其他类使用　　D．仅能被本程序包中的类使用

答案：A。

对于选项 A 与选项 C，被 public 修饰的类的作用域最大，可以被程序中任意的类使用。因此，选项 A 正确，选项 C 错误。

对于选项 B，只有当一个类被 final 修饰时，才不能被其他类继承。因此，选项 B 错误。

对于选项 D，当作用域为 default 时（不被 public 修饰），仅能被本程序包中的类使用。因此，选项 D 错误。

【真题 39】 以下关于被访问控制符 protected 修饰的成员变量的描述中，正确的是（　　）。

A．可以被三种类所引用：该类自身、与它在同一个包中的其他类、在其他包中的该类的子类

B．只能被同一个包中的类访问

C．可以被两种类访问和引用：该类本身、该类的所有子类

D．只能被该类自身所访问和修改

答案：A。

【真题 40】 以下不允许作为类及类成员访问控制符的是（　　）。

A．private　　B．protected　　C．static　　D．public

答案：C。

在 Java 语言中，类的权限访问修饰符有以下几种：private、default（package）、protected 和 public，而 static 用来修饰类成员变量或属性。所以，选项 C 错误。

【真题 41】 下面不是 Java 类访问控制关键字的是（　　）。

A．private　　B．protected　　C．this　　D．public

答案：C。

在 Java 语言中，类的权限访问修饰符有以下几种：private、default（package）、protected 和 public。而关键字 this 用来指向当前实例对象，它的一个非常重要的作用就是用来区分对象的成员变量与方法的形参（当一个方法的形参与成员变量有着相同名字的时候，就会覆盖成员变量）。为了能够对关键字 this 有一个更好的认识，首先创建一个类 People，示例如下：

```
class People
{
    String name;
    //正确的写法
```

```
        public People(String name) { this.name=name;}
        //错误的写法
         public People(String name) {name=name;}
    }
```

上例中，第一个构造方法使用 this.name 来表示左边的值为成员变量，而不是这个构造方法的形式参数。对于第二个构造方法，由于在这个方法中形参与成员变量有着相同的名字，因此，对于语句 name=name，等号左边和右边的两个 name 都代表的是形式参数。在这种情况下，只有通过 this 才能访问到成员变量。

所以，本题的答案为 C。

【真题 42】 有如下代码：

```
    public class Person
    {
        private String name="Person";
        int age=0;
    }
    public class Child extends Person
    {
        public String grade;
        public static void main(String[] args)
        {
            Person p = new Child();
            System.out.println(p.name);
        }
    }
```

以上代码的运行结果是（　　）。

A．Person　　B．没有输出　　C．编译出错　　D．运行出错

答案：C。

由于 name 被 private 修饰，因此，它对 Person 的实例以及 Child 类都不可见。因此，p.name 的写法是错误的，会导致编译报错。如果把 private String name="Person"中的 private 改成 protected，那么程序将会输出 Person。所以，选项 C 正确。

所以，本题的答案为 C。

【真题 43】 在 Java 程序中定义一个类，类中有一个没有访问权限修饰的方法，下面关于此方法的描述中，正确的是（　　）。

A．类的子类和同包类能访问它　　B．类外的任何方法都能访问它

C．类外的任何方法都不能访问它　　D．只有类和同包类才能访问它

答案：D。

1.1.3 包（packet）

【真题 44】 以下关于 import java.util 包的描述中，错误的是（　　）。

A．Vector 类放在/java/util/目录下　　B．Vector 类属于 java.util 包

C．Vector 类放在 java.util 文件中　　D．Vector 类是 Sun 公司的产品

答案：C。

在 Java 语言中，包是一个比较抽象的逻辑概念，它的宗旨是把.java 文件（Java 源文件）、.class 文件（编译后的文件）以及其他 resource 文件（例如.xml 文件、.avi 文件、.mp3 文件、.txt 文件等）有条理地进行组织，以供使用。它类似于 Linux 系统的文件系统，有一个根，然后从根开始有目录和文件，目

录中嵌套有目录。

对于本题而言，java.util 是包名，实质上是一个目录结构，在这个包中，Java 语言提供了一些实用的方法和数据结构。例如，日期（date）类、日历（Calendar）类用于产生和获取日期及时间，随机数（Random）类用于产生各种类型的随机数，除此以外，还提供了堆栈（Stack）、向量（Vector）、位集合（Bitset）以及散列表（Hashtable）等类。因此，选项 C 错误，因为 java.util 不是一个文件，而是一个/java/util 目录。

【真题 45】 创建一个名为 MyPackage 包的语句是（　　），该语句应该放在程序中位置为（　　）。

答案：package MyPackage;，程序第一句。

具体而言，package 主要有两个作用：第一，提供多层命令空间，解决命名冲突，通过使用 package，使得处于不同 package 中的类可以存在相同的名字。第二，对类按功能进行分类，使项目的组织更加清晰。当开发一个有非常多的类的项目时，如果不使用 package 对类进行分类，而是把所有的类都放在一个 package 下，这样的代码不仅可读性差，而且可维护性也不好，会严重影响开发效率。

package 的用法如下（源文件所在目录为当前目录）：在每个源文件的开头（必须在开头）加上"package packagename;"。

【真题 46】 下面说法正确的是（　　）。

A．如果源代码中有 package 语句，则该语句必须被放在代码的第一行（不考虑注释和空格）

B．如果源代码中有 main()方法，则该方法必须被放在代码的第一行

C．如果源代码中有 import 语句，则该语句必须被放在在代码的第一行（不考虑注释和空格）

D．如果某文件的源代码中定义了一个 public 的接口，则接口名和文件名可以不同

答案：A。

package 是 Java 语言所特有的内容，它的作用就是把若干类按包结构进行分类管理，最重要的用途是为了解决同名但作用不同的类同时存在的问题。

import 语句允许开发人员在编译时将其他类的源代码包含到源文件中，具体而言，import 语句包括 import 关键字、以点(.)分隔的包路径、类名或星号(*)。需要注意的是，每条 import 语句只可以对应一个包。

在 Java 语言中，package 语句必须作为 Java 源文件的第一条语句，指明该文件中定义的类所在的包。所以，如果代码中有 package 语句，则必须放在最前面，即该语句必须放在代码的第一行（不考虑注释和空格）。因此，选项 A 正确，选项 B 和选项 C 错误。

对于选项 D，Java 类或接口有如下命名规则：被 public 修饰的类或者接口必须与文件名相同。因此，选项 D 错误。

【真题 47】 下列关于 package 和 import 语句的描述中，错误的是（　　）。

A．同一个类中 package 语句可以出现 1 次或多次

B．同一个类中 import 语句可以出现 1 次或多次

C．同一个类中 import 语句必须出现在该类的第一行（不含注释）

D．同一个类中 package 语句必须出现在该类的第一行（不含注释）

答案：A、C。

1.1.4　main 方法

【真题 48】 main 方法的声明格式包括什么？

答案：public static void main(String[] args)。

【真题 49】 下列关于 Java 语言中 main 方法的描述中，正确的是（　　）。

A．Java 程序的 main 方法必须写在类里面

B．Java 程序中可以有多个 main 方法

C．Java 程序的 main 方法中，如果只有一条语句，可以不用大括号{}括起来

D．Java 程序中类名必须与文件名一样

答案：A、B。

在 Java 语言中，main 方法是程序的入口方法，一个程序要想运行必须要有 main 方法，但是只有满足特定条件的 main 方法才能作为程序的入口方法。

本题中，对于选项 A，由于 Java 语言是纯面向对象语言，所以，所有的属性与方法都必须定义在类里面，而且，main 方法也不例外。因此，选项 A 正确。

对于选项 B，Java 程序可以定义多个 main 方法，但是只有 public static void main(String[] args)方法才是 Java 程序的入口方法，其他 main 方法都不是，并且这个入口方法必须被定义在类名与文件名相同的被 public 修饰的类中，如下例所示（Test.java）：

```
class T{
    public static void main(String[] args) {
        System.out.println("T main");
    }
}
public class Test {
    // 程序入口方法
    public static void main(String[] args) {
        System.out.println("Test main");
    }
}
```

程序的运行结果为：

```
Test main
```

从上例可以看出，这个程序中定义了多个 main 方法，但是只有满足特定条件的 main 方法才能作为程序的入口方法。因此，选项 B 正确。

对于选项 C，在 Java 语言中，不管方法体里有几条语句，所有的方法体都必须用大括号{}括起来。因此，选项 C 错误。

对于选项 D，在 Java 语言中，一个文件内部可以有多个类的存在，但只有被 public 修饰的类的名字与文件的名字相同，其他类的名字可以根据需求随意起名字。因此，选项 D 错误。

【真题 50】 下面关于 main 方法的方法头的定义中，合法的是（　　）。

A．public　static　void　main()　　B．public static void main(String　args[])

C．public　void　main(String　arg[])　　D．public static int　main(String　[] arg)

答案：B。

【真题 51】 有如下代码：

```
class A
{
        public int f(int a)
        {
            return a+1;
        }
}
class B extends A
{
        public int f(int a, char c)
        {
            return a+2;
        }
```

```
        public static void main(String[] args)
        {
            B b=new B();
            System.out.println(b.f(0));
        }
    }
```

当编译并运行上面程序时（文件名为 Test.java），输出结果是（　　）。

A．编译错误　　B．运行错误　　C．1　　D．2

答案：B。

public static void main(String[] args)为 Java 程序的入口方法，JVM 在运行程序的时候，会首先查找 main 方法。需要注意的是，只有与文件名相同的类中的 main 方法才能作为整个程序的入口方法。

对于本题而言，文件 Test.java 中没有 Test 类，因此，这个类里面的 main 方法被看作是一个普通的方法，而不是程序的入口方法。所以，在运行的时候，由于 JVM 找不到程序的入口方法，程序会运行错误。所以，选项 B 正确。

如果本题把文件名由 Test.java 改为 B.java，那么此时程序的运行结果就为 1。

【真题 52】 有如下代码：

```
class A
{
    public A()
    {
        System.out.println("A");
    }
}
class B extends A
{
    public B()
    {
        System.out.println("B");
    }
    public static void main(String[] args)
    {
        B b=new B();
    }
}
```

上述程序将（　　）。

A．不确定　　B．通过编译，输出为 AB

C．通过编译，输出为 B　　D．通过编译，运行时错误

答案：A。

本题中，当这个程序所在的 Java 文件名为 B.java 时，运行结果为 AB，否则，编译能通过，运行时会出错，因为找不到程序的入口方法 main。所以，选项 A 正确。

1.2 面向对象技术

1.2.1 基本概念

【真题 53】 面向对象的三大特性是（　　）、（　　）、（　　）。

答案：继承，封装，多态。

以下将分别对这几种特性进行介绍。

1）继承：继承是一种联结类的层次模型，并且允许和鼓励类的重用，它提供了一种明确表述共性的方法。对象的一个新类可以从现有的类中派生，这个过程称为类继承。新类继承了原始类的特性，新类称为原始类的派生类（子类），而原始类称为新类的基类（父类）。派生类可以从它的基类那里继承方法和实例变量，并且子类可以修改或增加新的方法使之更适合特殊的需要。

2）封装：封装是指将客观事物抽象成类，每个类对自身的数据和方法实行保护。类可以把自己的数据和方法只让可信的类或者对象操作，对不可信的进行信息隐藏。

3）多态：多态是指允许不同类的对象对同一消息作出响应。多态包括参数化多态和包含多态。多态性语言具有灵活、抽象、行为共享和代码共享的优势，很好地解决了应用程序方法同名问题。

【真题 54】 以下关于类的描述中，正确的是（　　）。

A．只要没有定义不带参数的构造方法，JVM 都会为类生成一个默认构造方法

B．局部变量的作用范围仅仅在定义它的方法内，或者是在定义它的控制流块中

C．使用其他类的方法仅仅需要引用方法的名字即可

D．在类中定义的变量称为类的成员变量，在其他类中可以直接使用

答案：B。

对于选项 A，只要类中定义了构造方法（不管有没有参数），JVM 都不会提供默认构造方法。因此，选项 A 错误。

对于选项 B，变量的作用域指的是可以使用此变量的名称来引用它的程序区域，变量声明在程序中的位置决定了该变量的作用域。局部变量在方法或方法中的一个代码块中声明，它的作用域为它所在的代码块（代码块是整个方法或方法中的某块代码，即以括号{}包括的代码）。所以，局部变量仅在定义它的方法或块内可见。因此，选项 B 正确。

对于选项 C，在使用其他类的方法的时候，需要用“类名.方法”来引用，不能直接通过方法名字引用。因此，选项 C 错误。

对于选项 D，只有被 static 修饰的变量才是类的成员变量，但是当类中的变量被 private 修饰的时候，其他类是无法直接使用的。因此，选项 D 错误。

【真题 55】 下列关于 Java 语言中关键字 super 的说法中，正确的是（　　）。

A．关键字 super 是在子类对象中指代其父类对象的引用

B．子类通过关键字 super 只能调用父类的属性，而不能调用父类的方法

C．子类通过关键字 super 只能调用父类的方法，而不能调用父类的属性

D．关键字 super 不仅可以指代子类的直接父类，还可以指代父类的父类

答案：A。

在 Java 语言中，关键字 this 指的是对当前对象的引用，关键字 super 指的是当前对象里面的父对象的引用。当引用当前对象的某个方法或某个成员时，通常会使用 this，而通过 super 可以调用父类的构造方法、父类的方法和属性。如下例所示：

```
class Base{
        public int status=0;
        Base(int status){this.status=status;}
        public void print(){      System.out.println("base");}
}
class Sub extends Base{
        public int status;
        Sub(int status)    {
                super(status-1);
```

```
            this.status=status;
        }
        public void printSub()  {
            System.out.println("sub");
            System.out.println("status="+status);
        }
        public void printBase() {
            super.print();
            System.out.println("status="+super.status);
        }
    }
    public class Test {
        public static void main(String args[])      {
            Sub s=new Sub(2);
            s.printBase();
            s.printSub();
        }
    }
```

程序的运行结果为：

```
base
status=1
sub
status=2
```

通过以上分析可知，选项 A 正确，选项 B 和选项 C 错误，对于选项 D，super 只能表示父类的引用，不能表示父类的父类。因此，选项 D 错误。

【真题 56】 下列关于实例方法的描述中，正确的是（　　）。

A．实例方法可直接调用超类的类方法　　B．实例方法可直接调用超类的实例方法

C．实例方法可直接调用其他类的实例方法　D．实例方法可直接调用本类的类方法

答案：D。

超类（Super Class）也叫作父类，在 Java 语言中，指的是被继承的类，而继承的类称为子类。当超类的实例方法或类方法为 private 时，是不能被子类调用的。同理，当其他类的实例方法为 private 时，也不能被直接调用。所以，选项 D 正确。

【真题 57】 下列关于类方法的调用的描述中，错误的有（　　）。

A．在类方法中可用 this 来调用本类的类方法

B．在类方法中调用本类的类方法时可直接调用

C．在类方法中只能调用本类中的类方法

D．在类方法中绝对不能调用实例方法

答案：A、C、D。

对于选项 A，在 Java 语言中，每当一个对象创建后，Java 虚拟机都会给这个对象分配一个引用自身的指针，这个指针的名字就是 this，this 是对当前类对象的引用，对象只有被实例化后才存在。而类方法是被 static 修饰的方法，是不依赖于对象而存在的方法。所以，this 只能在类中的非静态方法中使用，静态方法和静态的代码块中绝对不能出现 this 的用法。因此，选项 A 错误。

对于选项 B，显然，类方法可以直接调用类方法。因此，选项 B 正确。

对于选项 C，类方法可以调用任意类的类方法，只要有权限访问。因此，选项 C 错误。

对于选项 D，从实际应用的角度出发，类方法是属于类的，所有对象公用的，而实例方法只供实例

化的对象来使用，因此，类方法调用实例方法是没有意义的；从语法的角度出发，被 static 修饰的类方法是在类被加载的时候完成的，此时还没有任何实例化对象被初始化，实例的方法还不存在，因此，无法完成调用。无论从哪个角度出发考虑，都不推荐在类方法中调用实例方法。但这并不是说类方法绝对不能调用实例方法，如果有对象被实例化了，在这种情况下，实例化的对象就存在了，此时通过类方法调用实例化的方法也是可以的，如下例所示：

```
public class Test
{
    public static void main(String[] args)
    {
        String a = "hello";
        //print(a); //没有实例化对象，编译错误
        Test t=new Test();
        t.print(a); //有实例化对象，可以执行
    }
    public void print(String str)
    {
        System.out.println(str);
    }
}
```

因此，选项 D 错误。

所以，本题的答案为 A、C、D。

【真题 58】 下列关于类方法的描述中，正确的是（　　）。

A．在类方法中可用 this 来调用本类的类方法

B．在类方法中调用本类的类方法时可直接调用

C．在类方法中只能调用本类中的类方法

D．在类方法中绝对不能调用实例方法

答案：B。

【真题 59】 有如下代码：

```
public class Outer
{
    public void  someOuterMethod()
    {
        // Line 3
    }
    public class Inner{}
    public static void  main(String[]argv)
    {
        Outer o = new Outer();
        // Line 8
    }
}
```

内部类里面实例化了一个实例的是（　　）。

A．new Inner(); // At line 3

B．new Inner(); // At line 8

C．new Outer.Inner(); // At line 8

D．new o.Inner(); // At line 8

答案：A。

在 Java 语言中，可以把一个类定义到另外一个类的内部，在类里面的这个类就叫作内部类，外面的类叫作外部类。在这种情况下，这个内部类可以被看成外部类的一个成员（与类的属性和方法类似）。还有一种类被称为顶层（Top-level）类，指的是类定义代码不嵌套在其他类定义中的类。

内部类主要有以下四种：静态内部类（Static Inner Class）、成员内部类（Member Inner Class）、局部内部类（Local Inner Class）和匿名内部类（Anonymous Inner Class）。它们的定义方法如下：

```
class outerClass{
        static class innerClass{}    //静态内部类
}
```

```
class outerClass{
        class innerClass{}    //成员内部类（普通内部类）
}
```

```
class outerClass {
        public void menberFunction()        {
                class innerClass {
                } // 局部内部类
        }
}
```

```
public class MyFrame extends Frame
{ // 外部类
        public MyFrame()        {
                addWindowListener(new WindowAdapter()
                { // 匿名内部类
                        public void windowClosing(WindowEvent e)                {
                                dispose();
                                System.exit(0);
                        }
                });
        }
}
```

静态内部类是指被声明为 static 的内部类，它可以不依赖于外部类实例而被实例化，而通常的内部类需要在外部类实例化后才能实例化。静态内部类不能与外部类有相同的名字，不能访问外部类的普通成员变量，只能访问外部类中的静态成员和静态方法（包括私有类型）。

一个静态内部类，如果去掉“static”关键字，就成为成员内部类。成员内部类为非静态内部类，它可以自由地引用外部类的属性和方法，无论这些属性和方法是静态的还是非静态的。但是它与一个实例绑定在了一起，不可以定义静态的属性和方法。只有在外部的类被实例化后，这个内部类才能被实例化。需要注意的是，非静态内部类中不能有静态成员。

局部内部类指的是定义在一个代码块内的类，它的作用范围为其所在的代码块，是内部类中最少使用到的一种类型。局部内部类像局部变量一样，不能被 public、protected、private 以及 static 修饰。对一个静态内部类，去掉其声明中的“static”关键字，将其定义移入其外部类的静态方法或静态初始化代码段中就成为局部静态内部类。对一个成员类，将其定义移入其外部类的实例方法或实例初始化代码中就成为局部内部类。局部静态内部类与静态内部类的基本特性相同。局部内部类与内部类的基本特性相同。

匿名内部类是一种没有类名的内部类，不使用关键字 class、extends 和 implements，没有构造方法，它必须继承（Extends）其他类或实现其他接口。匿名内部类的一般好处是代码更加简洁、紧凑，但带来的问题是易读性下降。它一般应用于 GUI（Graphical User Interface，图形用户界面）编程中实现事件处理等。

对于本题而言，它是一个普通的内部类，这个内部类必须在外部类实例化以后才能实例化，因此，对于选项 A 而言，someOuterMethod 是 Outer 的实例方法，可以访问 Inner 类，因为在调用 someouterMethod 时，外部类一定是已经被实例化了，因此，选项 A 正确。对于选项 B、选项 C 和选项 D，它们都试图在没有实例化外部类的情况下直接去实例化内部类，因此，是错误的。如果把这个内部类改成静态内部类，那么，选项 B 和选项 C 就正确了。

所以，本题的答案为 A。

【真题 60】 下面程序是否存在问题？如果存在，请指出问题所在，如果不存在，说明输出结果。

```
public class HelloB extends HelloA
{
    public HelloB()
    {
        System.out.println("HelloB");
    }
    {
        System.out.println("I'm B class");
    }
    static
    {
        System.out.println("static B");
    }
    public static void main(String[] args)
    {
        new HelloB();
    }
}
class HelloA
{
    public HelloA()
    {
        System.out.println("HelloA");
    }
    {
        System.out.println("I'm A class");
    }
    static {
        System.out.println("static A");
    }
}
```

答案：不存在问题，程序的运行结果为：

```
static A
static B
I'm A class
HelloA
I'm B class
HelloB
```

在 Java 语言中，当实例化对象时，对象所在类的所有成员变量首先要进行初始化，只有当所有类成员完成初始化后，才会调用对象所在类的构造函数创建对象。

Java 程序的初始化一般遵循以下三个原则（以下三原则优先级依次递减）：①静态对象（变量）优先于非静态对象（变量）初始化，其中，静态对象（变量）只初始化一次，而非静态对象（变量）可能会初始化多次；②父类优先于子类进行初始化；③按照成员变量定义顺序进行初始化，即使变量定义散布于方法定义中，它们依然在任何方法（包括构造函数）被调用之前先初始化。

Java 程序初始化工作可以在许多不同的代码块中完成（例如静态代码块、构造函数等），它们执行的顺序如下：父类静态变量、父类静态代码块、子类静态变量、子类静态代码块、父类非静态变量、父类非静态代码块、父类构造函数、子类非静态变量、子类非静态代码块和子类构造函数。

根据以上分析可知，本题中，当代码运行时，首先执行父类静态代码块，输出 static A；接着执行子类静态代码块，输出 static B；执行父类非静态代码块，输出 I'm A class；执行父类构造函数，输出 HelloA；执行子类非静态代码块，输出 I'm B class，最后执行子类构造函数，输出 HelloB。

【真题 61】 下面代码的运行结果是（　　）。

```
class Base{
    int num = 1;
    public Base()    {
        this.print();
        num = 2;
    }
    public void print()    {
        System.out.println("Base.num = " + num);
    }
}
class Sub extends Base{
    int num = 3;
    public Sub()    {
        this.print();
        num = 4;
    }
    public void print()    {
        System.out.println("Sub.num = " + num);
    }
}
public class Test {
    public static void main(String[] args)    {
        Base b = new Sub();
        System.out.println(b.num);
    }
}
```

答案：程序的运行结果为：

```
Sub.num = 0
Sub.num = 3
2
```

由于子类可以覆盖父类的方法，因此，同样的方法会在父类与子类中有着不同的表现形式。在 Java 语言中，基类的引用变量不仅可以指向基类的实例对象，也可以指向其子类的实例对象。同样，接口的引用变量也可以指向其实现类的实例对象。而程序调用的方法在运行期才动态绑定（绑定指的是将一个方法调用和一个方法主体连接到一起），就是引用变量所指向的具体实例对象的方法，也就是内存里正在运行的那个对象的方法，而不是引用变量的类型中定义的方法。通过这种动态绑定的方法实现了多态。

需要注意的是，只有方法有多态的概念，属性是没有多态的概念的。

对于本题而言，在执行语句 Base b = new Sub()时，会首先调用父类的构造方法，而在父类构造方法中调用了 print()方法。根据多态的特性，此时实例化的是 Sub 类的对象，因此，会调用 Sub 类的 print 方法。由于此时 Sub 类中的初始化代码 int num = 3 还没有执行，因此，num 的默认值为 0，所以，输出为 Sub.num = 0，接着把父类的 num 初始化为 2。然后会调用子类的构造方法，根据初始化的顺序可知，在调用子类构造方法时，非静态的变量会先执行初始化动作，所以，此时子类 Sub 的 num 值为 3，因此，调用 print 方法会输出 Sub.num = 3。接着输出 b.num，由于 b 的类型为 Base，而属性没有多态的概念。因此，此时会输出父类中的 num 值：3。

【真题 62】 下面类中可以被继承的是（　　）。

A．Number　　B．Thread　　C．Double　　D．Math　　E．ClassLoader

答案：A、B、E。

在 Java 语言中，被 final 关键字修饰的类是不能被继承的，由于 Double 和 Math 都是被 final 修饰的类，因此，它们不能被继承。所以，选项 C 与选项 D 错误。Thread、Number 和 ClassLoader 都没有被 final 修饰，因此，它们可以被继承。所以，选项 A、选项 B 和选项 E 正确。

所以，本题的答案为 A、B、E。

【真题 63】 有如下代码：

```
class ReadOnlyClass {
    private   Integer age = 20;
    public Integer getAge() { return age; }
}
```

现给定一个 ReadOnlyClass 的对象 roc，能否把这个对象的 age 值改成 30？

答案：从正常编程的角度出发分析会发现，在本题中，age 属性被修饰为 private，而且这个类只提供了获取 age 的 public 的方法，而没有提供修改 age 的方法，因此，这个类是一个只读的类，无法修改 age 的值。但是 Java 语言还有一个非常强大的特性：反射机制，所以本题中，可以通过反射机制来修改 age 的值。

在运行状态中，对于任意一个类，都能够知道这个类的所有属性和方法；对于任意一个对象，都能够调用它的任意一个方法和属性；这种动态获取对象的信息以及动态调用对象的方法的功能称为 Java 语言的反射机制。Java 反射机制容许程序在运行时加载、探知、使用编译期间完全未知的 Class。换句话说，Java 可以加载一个运行时才得知名称的 Class，获得其完整结构。

在 Java 语言中，任何一个类都可以得到对应的 Class 实例，通过 Class 实例就可以获取类或对象的所有信息，包括属性（Field 对象）、方法（Method 对象）或构造方法（Constructor 对象）。对于本题而言，在获取到 ReadOnlyClass 类的 Class 实例后，就可以通过反射机制获取到 age 属性对应的 Field 对象，然后可以通过这个对象来修改 age 的值，实现代码如下：

```
import java.lang.reflect.Field;
class ReadOnlyClass {
    private Integer age = 20;
    public Integer getAge() {
        return age;
    }
}
public class Test {
    public static void main(String[] args) throws Exception {
        ReadOnlyClass pt = new ReadOnlyClass();
        Class<?> clazz = ReadOnlyClass.class;
```

```
                Field field = clazz.getDeclaredField("age");
                field.setAccessible(true);
                field.set(pt, 30);
                System.out.println(pt.getAge());
        }
    }
```

程序的运行结果为：

```
30
```

1.2.2 构造方法

【真题 64】 下列关于构造方法的描述中，错误的是（　　）。

A．Java 语言规定构造方法没有返回值，但不用 void 声明

B．Java 语言规定构造方法名与类名必须相同

C．Java 语言规定构造方法不可以重载

D．Java 语言规定构造方法不能直接被调用

答案：C。

构造方法是一种特殊的方法，用来在对象实例化时初始化对象的成员变量。在 Java 语言中，构造方法具有以下特点：

1）构造方法必须与类的名字相同，并且不能有返回值（返回值也不能为 void）。

2）每个类可以有多个构造方法。当开发人员没有提供构造方法时，编译器在把源代码编译成字节码的过程中会提供一个没有参数的默认构造方法，但该构造方法不会执行任何代码。如果开发人员提供了构造方法，那么编译器就不会再创建默认的构造方法。

3）构造方法可以有 0 个、1 个或 1 个以上的参数。

4）构造方法总是伴随着 new 操作一起调用，不能由程序的编写者直接调用，必须要由系统调用。构造方法在对象实例化时会被自动调用，且只运行一次，而普通的方法是在程序执行到它时才被调用，可以被该对象调用多次。

5）构造方法的主要作用是完成对象的初始化工作。

6）构造方法不能被继承，因此，它不能被覆盖，但是构造方法能够被重载，可以使用不同的参数个数或参数类型来定义多个构造方法。

7）子类可以通过关键字 super 来显式地调用父类的构造方法。当父类没有提供无参数的构造方法时，子类的构造方法中必须显式地调用父类的构造方法。如果父类中提供了无参数的构造方法，此时子类的构造方法就可以不显式地调用父类的构造方法，在这种情况下，编译器会默认调用父类的无参数的构造方法。当有父类时，在实例化对象时，会首先执行父类的构造方法，然后才执行子类的构造方法。

8）当父类和子类都没有定义构造方法时，编译器会为父类生成一个默认的无参数的构造方法，给子类也生成一个默认的无参数的构造方法。此外，默认构造器的修饰符只与当前类的修饰符有关（例如，如果一个类被定义为 public，那么它的构造方法也是 public）。

从以上分析可知，选项 A 和选项 B 正确，选项 C 错误。

对于选项 D，在 Java 语言中，当类在实例化时，会自动调用构造方法，而不能显式地调用构造方法。因此，选项 D 正确。

【真题 65】 构造方法调用的时间是（　　）。

A．定义类时　　B．创建对象时　　C．使用对象的变量时　　D．调用对象方法时

答案：B。

对于选项 A，类在定义时只是定义了一个引用类型，并不会调用构造方法。因此，选项 A 错误。

对于选项 B，一般情况下构造方法只在对象被创建时才被调用，例如通过 new 创建一个新对象时会

调用构造方法。因此，选项 B 正确。

对于选项 C，由于在使用对象变量时对象已经存在，因此，也不会去调用构造方法创建新的对象。因此，选项 C 错误。

对于选项 D，由于调用对象方法的前提是这个对象已经存在，因此，在调用方法时不会去调用构造方法。因此，选项 D 错误。

【真题 66】 下列关于类的构造方法的描述中，正确的是（　　）。

A．类中的构造方法不可省略

B．构造方法必须与类同名，但方法不能与 class 同名

C．构造方法在一个对象被 new 时执行

D．一个类只能定义一个构造方法

答案：C。

对于选项 A，类中的构造方法是可以省略的，当省略时，编译器会提供一个默认的构造方法以供使用。因此，选项 A 错误。

对于选项 B，构造方法必须与类名相同，但是方法名也可以与类名相同。如下例所示：

```
public class Test{
    public Test(){      System.out.println("construct");}
    public void Test(){      System.out.println("call Test");}
    public static void main(String[] args) {
        Test a = new Test(); //调用构造方法
        a.Test();   //调用 Test 方法
    }
}
```

程序的运行结果为：

```
construct
call Test
```

因此，选项 B 错误。

对于选项 C，当一个对象被 new 时必定会调用构造方法。因此，选项 C 正确。

对于选项 D，由于构造方法也可以重载，因此，一个类可以定义多个构造方法。因此，选项 D 错误。

【真题 67】 下列关于构造方法的描述中，正确的是（　　）。

A．构造方法必须用 void 声明返回类型

B．构造方法名必须与类名相同

C．构造方法可以被程序调用

D．如果编程人员没在类中定义构造方法，程序将报错

答案：B。

构造方法是一种特殊的方法，主要用来在创建对象时初始化对象，即为对象成员变量赋初始值。

本题中，对于选项 A 与选项 B，构造方法必须与类的名字相同，并且不能有返回值（返回值也不能为 void 类型）。因此，选项 A 错误，选项 B 正确。

对于选项 C，构造方法是在对象被创建时由编译器调用的，程序员无法直接调用构造方法。因此，选项 C 错误。

对于选项 D，如果程序员没有提供构造方法，编译器会提供一个默认的构造方法。因此，选项 D 错误。

【真题 68】 下面有关子类继承父类构造方法的描述中，正确的是（　　）。

A．创建子类的对象时，先调用子类自己的构造方法，然后调用父类的构造方法

B．子类会继承父类的构造方法

C．子类必须通过关键字 super 调用父类的构造方法

D．子类无法继承父类的构造方法

答案：D。

对于选项 A，当创建子类对象时，必定会首先调用父类的构造方法，然后再调用子类的构造方法。因此，选项 A 错误。

对于选项 B 与选项 D，由于构造方法是不能被继承的，因此，选项 B 错误，选项 D 正确。

对于选项 C，当子类没有显式地调用构造方法的时候，编译器会自动调用父类的无参数的构造方法，因此，子类可以不通过 super()方法调用父类的构造方法。因此，选项 C 错误。

【真题 69】 有如下代码：

```
class Base {
        Base() {      System.out.print("Base");}
}
public class Alpha extends Base {
        public static void main(String[] args)        {
                new Alpha();
                new Base();
        }
}
```

上述代码的输出结果是（　　）。

A．Base　　B．BaseBase　　C．运行失败　　D．编译失败

答案：B。

在本题中，当调用 new Alpha()时，会首先调用父类的无参数的构造方法，输出 Base，然后调用 Alpha 类的构造方法（编译器提供了一个默认的构造方法），接着在调用 new Base()时，也会调用 Base 类的构造方法，输出 Base。所以，选项 B 正确。

【真题 70】 有如下代码：

```
class A {
        A() { }
}
class B extends A {
}
```

关于上述代码，以下描述正确的是（　　）。

A．B 类的构造方法一定是 public　　B．B 类的构造方法应该没有参数

C．B 类的构造方法应该调用 this()　　D．B 类的构造方法应该调用 super()

答案：B、C、D。

对于选项 A，默认构造器的修饰符只与当前类的修饰符有关。如果类 B 是 public 的，那么默认构造方法就是 public 的。如果类 B 是默认的访问权限，则构造方法与它相同，也是默认访问权限。因此，选项 A 错误。

对于选项 B，编译器提供的默认构造方法是没有参数的。因此，选项 B 正确。

对于选项 C，在其他构造方法中可以使用 this()来调用类的默认构造方法，因此，选项 C 正确。

对于选项 D，在继承中，子类会默认调用父类的无参数的构造方法。因此，选项 D 正确。

【真题 71】 下面是 People 和 Child 类的定义，每个构造方法都输出编号。在执行 new Child("c")时，

程序的运行结果是（　　）。

```
class People{
        String name;
        public People() {System.out.print(1); }
        public People(String name) {
                System.out.print(2);
                this.name = name;
        }
}
class Child extends People{
        People father;
        public Child(String name) {
                System.out.print(3);
                this.name = name;
                father = new People(name + ":F");
        }
        public Child()    {System.out.print(4); }
}
```

A．312　　　　B．32　　　　C．432　　　　D．132

答案：D。

本题中，在调用 new Child("c")时，由于 Child 继承了 People，但是 Child 类的构造方法中没有显式地调用父类的构造方法，因此，编译器会默认调用父类的无参数的构造方法，因此，首先会输出 1，接着才会调用 Child 类的构造方法输出 3，在 Child 的构造方法中，调用 new People(name + ":F")语句会调用 People 类的有参数的构造方法，输出 2。所以，选项 D 正确。

【真题 72】 有如下代码：

```
public class Test
{
        public static void main(String argv[])
        {
            Test h = new Test();
        }
        protected Test()
        {
            for(int i =0; i <10; i ++)
            {
                System.out.println(i);
            }
        }
}
```

当编译并运行上面程序时，输出结果是（　　）。

A．编译错误，构造方法不能被声明为 protected

B．运行错误，构造方法不能被声明为 protected

C．编译并运行输出 0 到 10

D．编译并运行输出 0 到 9

答案：D。

一般而言，构造方法都是被 public 修饰的，这个构造方法对所有的类都是可见的。当构造方法被

protected 修饰时，只有当前类、当前包和子类可见。当构造方法被 private 修饰时，该方法只对本类可见，常被用来实现单例模式。

对于本题而言，定义了一个 protected 的构造方法，由于 main 方法在这个类内部，因此，这个构造方法对 main 方法是可见的，故会调用这个构造方法，输出 0 到 9。因此，选项 D 正确。

【真题 73】 有如下代码：

```
class A extends B{
    public A(){
        super();
    }
}
```

以下关于 super 用法的描述中，正确的是（　　）。

A．用来调用类 A 中定义的 super()方法　　B．用来调用类 B 中定义的 super()方法

C．用来调用类 B 中的无参构造方法　　D．用来调用类 B 中第一个出现的构造方法

答案：C。

在 Java 语言中，子类可以通过 super 关键字来显式地调用父类的构造函数，示例代码如下：

```
class B
{
    public B(){System.out.println("construct B");}
}
class C extends B
{
    public C() { super();  }
}
public class Test {
    public static void main(String args[])
    {
        new C();
    }
}
```

程序的运行结果为：

```
construct B
```

super 为 Java 语言的关键字，自定义的方法名不能是 super。所以，选项 C 正确。

【真题 74】 下面关于构造方法的描述中，正确的是（　　）。

A．构造方法不能被重写　　B．构造方法不能被继承

C．构造方法不能被重载　　D．构造方法不能声明为 private

答案：A、B。

构造方法是一个类特有的方法，每个类都有自己的构造方法，它是不能被继承的，因此，构造方法不能被重写，但是，可以定义多个参数不同的构造方法，即可以重载构造方法。因此，选项 A 和选项 B 正确，选项 C 错误。

对于选项 D，构造方法可以定义为 private，在单例模式中，通过把构造方法定义为 private 可以阻止显式地实例化对象，因此，选项 D 错误。

【真题 75】 下面代码的运行结果为（　　）。

```
public class Ex
```

```
{
    public static void main(String[] args)
    {
        Fx f=new Fx(5);
    }
    Ex() { System.out.println("Ex,no-args");}
    Ex(int i) {System.out.println("Ex,int"); }
}
class Fx extends Ex
{
     Fx()  {
            super();
            System.out.println("Fx,no-args");
     }
    Fx(int i) {
            this();
            System.out.println("Fx,int");
    }
}
```

答案：Ex,no-args

Fx,no-args
Fx,int

只有当子类的构造方法没有调用父类的构造方法时，编译器才会默认地去调用父类中无参数的构造方法。对于本题而言，类 Fx 中无参数的构造方法显然已经调用了父类的构造方法，而 Fx 类中带参数的构造方法也通过调用无参数的构造方法间接调用了父类的构造方法，因此，编译器不会在调用 Fx 类有参数的构造方法时再去调用父类的构造方法。在调用 Fx f=new Fx(5)时，先调用 Fx 的构造方法，在这个方法中，首先调用无参数的构造方法，在无参数的构造方法中，首先调用父类的无参数的构造方法输出 Ex,no-args，接着在类 Fx 无参数的构造方法中输出 Fx,no-args，最后调用类 Fx 有参数的构造方法，输出 Fx,int。

【真题 76】 构造方法、成员变量初始化以及静态成员变量初始化三者的先后顺序是________。

答案：静态成员变量，成员变量，构造方法。

当类第一次被加载的时候，静态变量会首先初始化，接着编译器会把实例变量初始化为默认值，然后执行构造方法。

Java 程序的初始化一般遵循以下三个原则（以下三原则优先级依次递减）：①静态对象（变量）优先于非静态对象（变量）初始化，其中，静态对象（变量）只初始化一次，而非静态对象（变量）可能会初始化多次；②父类优先于子类进行初始化；③按照成员变量定义顺序进行初始化，即使变量定义散布于方法定义中，它们依然在任何方法（包括构造方法）被调用之前先初始化。

Java 程序初始化工作可以在许多不同的代码块中完成（例如静态代码块、构造方法等），它们执行的顺序如下：父类静态变量、父类静态代码块、子类静态变量、子类静态代码块、父类非静态变量、父类非静态代码块、父类构造方法、子类非静态变量、子类非静态代码块和子类构造方法。

【真题 77】 不通过构造方法（　　）创建对象。

A．可以　　B．不可以　　C．不确定

答案：A。

在 Java 语言中，最常用的创建对象的方法为使用 new 创建一个对象，这种方式通过调用类的构造方法来完成对象的创建，除此之外，还有如下几种创建对象的方法：

1）调用对象的 clone 方法，需要以下几个步骤才能使用 clone 方法：

① 实现 clone 的类首先需要继承 Cloneable 接口。Cloneable 接口实质上是一个标识接口，没有任何接口方法。

② 在类中重写 Object 类中的 clone 方法。

③ 在 clone 方法中调用 super.clone()。无论 clone 类的继承结构是什么，super.clone()都会直接或间接调用 java.lang.Object 类的 clone()方法。

示例代码如下：

```
class Obj implements Cloneable{
    private int aInt=0;
    public Obj() {
        System.out.println("construct");
    }
    public int getAInt() {return aInt;}
    public void setAInt(int int1) { aInt = int1;}
    public void changeInt() {this.aInt=1;}
    public Object clone() {
        Object o=null;
        try{
            o = (Obj)super.clone();
        } catch (CloneNotSupportedException e){
            e.printStackTrace();
        }
        return o;
    }
}
public class Test{
    public static void main(String[] args){
        Obj a=new Obj();
        Obj b=(Obj)a.clone();
        b.changeInt();
        System.out.println("a:"+a.getAInt());
        System.out.println("b:"+b.getAInt());
    }
}
```

程序的运行结果为：

```
construct
a:0
b:1
```

从以上程序运行结果可以看出，在调用 a.clone()方法时，系统创建了新的对象，但是没有调用构造方法。

2）通过反射机制来创建对象，如下例所示：

```
class Person{
    String name="Jack";
    public Person(){
        System.out.println("construct");
    }
```

```
        public String toString(){       return name;}
    }
    public class Test{
        public static void main(String[] args){
            Class classType;
            try{
                classType = Class.forName("Person");
                Person p = (Person)classType.newInstance();
                System.out.println(p);
            } catch (Exception e) {
                e.printStackTrace();
            }
        }
    }
```

程序的运行结果为：

```
construct
Jack
```

从以上运行结果可以看出，这种方法也调用了构造方法。

3）通过反序列化的方式创建对象，示例代码如下：

```
import java.io.FileInputStream;
import java.io.FileOutputStream;
import java.io.ObjectInputStream;
import java.io.ObjectOutputStream;
import java.io.Serializable;
public class People implements Serializable{
    private String name;
    public People() {
        this.name = "lili";
        System.out.println("construct");
    }
    public String toString()  {return this.name;}
    public static void main(String[] args) {
        People p = new People();
        System.out.println(p);
        ObjectOutputStream oos = null;
        ObjectInputStream ois = null;
        try {
            FileOutputStream fos = new FileOutputStream("perple.out");
            oos = new ObjectOutputStream(fos);
            oos.writeObject(p);
            oos.close();
        } catch (Exception ex) {}
        People p1;
        try {
            FileInputStream fis = new FileInputStream("perple.out");
            ois = new ObjectInputStream(fis);
            p1 = (People) ois.readObject();
            System.out.println(p1);
```

```
                    if(p!=p1)
                        System.out.println("two different object");
                    ois.close();
                } catch (Exception ex) {}
            }
        }
```

程序的运行结果为：

```
construct
lili
lili
two different object
```

从以上运行结果可以看出，用反序列化的方式创建对象也不需要调用构造方法。

所以，本题的答案为 A。

1.2.3 抽象类与继承

【真题 78】 下列有关继承的描述中，正确的是（　　）。

A．子类能继承父类的非私有方法和属性　　B．子类能继承父类的所有方法和属性

C．子类只能继承父类的公有方法和属性　　D．子类能继承父类的方法，而不是属性

答案：A。

本题中，继承是从已有的类中派生出新的类，新的类能吸收已有类的数据属性和行为，并能扩展新的能力，子类能继承父类的公有和受保护的方法和属性，但是不能继承私有方法和属性。所以，选项 A 正确，选项 B、选项 C 与选项 D 错误。

【真题 79】 以下关于继承的描述中，正确的是（　　）。

A．在 Java 语言中类只允许单一继承

B．在 Java 语言中一个类只能实现一个接口

C．在 Java 语言中，一个类不能同时继承一个类和实现一个接口

D．在 Java 语言中接口只允许单一实现

答案：A。

继承指的是从已有的类中派生出新的类，新的类能吸收已有类的数据属性和行为，并能扩展新的能力。在 Java 语言中，继承是使用已存在的类的定义作为基础建立新类的技术，新类的定义可以增加新的数据或新的功能，也可以使用父类的功能，但不能选择性地继承父类。类只允许单继承，但是为了实现类似于 C++语言中多继承的特性，Java 语言引入了接口的概念，虽然 Java 语言只允许继承一个类，但是却可以同时实现多个接口，因此，也就间接地实现了多继承。

从以上分析可知，选项 A 正确，选项 B 和选项 D 错误。

对于选项 C，一个类只能继承一个类，在继承的同时，还可以实现多个接口。因此，选项 C 错误。

【真题 80】 下列关于 abstract 的描述中，正确的是（　　）。

A．abstract 修饰符可修饰属性、方法和类

B．抽象方法的方法体必须用一对大括号括住

C．抽象方法的方法体（大括号）可有可无

D．声明抽象方法不可写出大括号

答案：D。

抽象方法是指在类中存在没有方法体的方法，在 Java 语言中，当用 abstract 来修饰一个方法时，该方法就是抽象方法。由此可见，抽象方法不能用大括号{}括住（一旦有大括号就表明这个方法有了方法体）。因此，选项 D 正确，选项 B 和选项 C 错误。对于选项 A，abstract 只能修饰类和方法，不能修饰字

段。因此，选项 A 错误。

【真题 81】 以下不能用来修饰外部接口的有（　　）。

A. private　　B. public　　C. abstract　　D. static

答案：A、D。

在 Java 语言中，接口是一系列方法的声明，是一些方法特征的集合，一个接口只有方法的特征，没有方法的实现，因此，这些方法可以在不同的地方被不同的类实现，而这些实现可以具有不同的行为（功能）。外部接口只能被 public 和 abstract 这两个关键字修饰，而内部接口却可以被 private、protected 和 static 修饰。所以，选项 B 和选项 C 正确，选项 A 与选项 D 错误。

【真题 82】 下列选项中，能用来修饰 interface 方法的有（　　）。

A. private　　B. public　　C. protected　　D. final　　E. 不加修饰符

答案：B、E。

接口中所有的成员方法都是 public、abstract 的，而且只能被这两个关键字修饰。当然也可以不加修饰。

【真题 83】 接口和抽象类有什么区别？

答案：接口（interface）和抽象类（abstract class）是支持抽象类定义的两种机制（注意，该句中前后两个抽象类的意义不一样，前者表示的是一个实体，后者表示的是一个概念）。二者具有很大的相似性，甚至有时候是可以互换的。但同时，二者也存在很大的区别。

具体而言，接口是公开的，里面不能有私有的方法或变量，是用于让别人使用的，而抽象类是可以有私有方法或私有变量的，如果一个类中包含抽象方法，那么这个类就是抽象类。在 Java 语言中，可以通过把类或者类中的某些方法声明为 abstract（abstract 只能用来修饰类或者方法，不能用来修饰属性）来表示一个类是抽象类。接口就是指一个方法的集合，接口中的所有方法都没有方法体，在 Java 语言中，接口是通过关键字 interface 来实现的。

包含一个或多个抽象方法的类就必须被声明为抽象类，抽象类可以声明方法的存在而不去实现它，被声明为抽象的方法不能包含方法体。在抽象类的子类中，实现方法必须含有相同的或者更高的访问级别（public->protected->private）。抽象类在使用的过程中不能被实例化，但是可以创建一个对象使其指向具体子类的一个实例。抽象类的子类为父类中所有的抽象方法提供具体的实现，否则，它们也是抽象类。接口可以被看作是抽象类的变体，接口中所有的方法都是抽象的，可以通过接口来间接地实现多重继承。接口中的成员变量都是 static、final 类型，由于抽象类可以包含部分方法的实现，所以，在一些场合下抽象类比接口存在更多的优势。

接口与抽象类的相同点如下：

1）都不能被实例化。

2）接口的实现类或抽象类的子类都只有实现了接口或抽象类中的方法后才能被实例化。

接口与抽象类的不同点如下：

1）接口只有定义，不能有方法的实现，而抽象类可以有定义与实现，即其方法可以在抽象类中被实现。

2）实现接口的关键字为 implements，继承抽象类的关键字为 extends。一个类可以实现多个接口，但一个类只能继承一个抽象类，因此，使用接口可以间接地达到多重继承的目的。

3）接口强调特定功能的实现，其设计理念是“like-a”关系，而抽象类强调所属关系，其设计理念为“is-a”关系。

4）接口中定义的成员变量默认为 public、static 和 final，只能够有静态的不能被修改的数据成员，而且，必须给其赋初值，其所有的成员方法都是 public、abstract 的，而且只能被这两个关键字修饰。而抽象类可以有自己的数据成员变量，也可以有非抽象的成员方法，而且，抽象类中的成员变量默认为 default，当然也可以被定义为 private、protected 和 public，这些成员变量可以在子类中被重新定义，也可以被重新赋值，抽象类中的抽象方法（其前有 abstract 修饰）不能用 private、static、synchronized 和 native 等访问修饰符修饰，同时方法必须以分号结尾，并且不带花括号{}。所以，当功能需要累积时，使用抽象类，不需要累积时，使用接口。

5）接口被运用于实现比较常用的功能，便于日后维护或者添加删除方法，而抽象类更倾向于充当公共类的角色，不适用于日后重新对里面的代码进行修改。

【真题 84】 描述 Java 语言中抽象基类和接口各自主要的使用场景。

答案：接口是一种特殊形式的抽象类，使用接口完全有可能实现与抽象类相同的操作，但一般而言，抽象类多用于在同类事物中有无法具体描述的方法的场景，所以，当子类和父类之间存在逻辑上的层次结构时，推荐使用抽象类，而接口多用于不同类之间，定义不同类之间的通信规则。因此，当希望支持差别较大的两个或者更多对象之间的特定交互行为时，应该使用接口。使用接口能大大降低软件系统的耦合度。

【真题 85】 接口能否继承接口？抽象类是否可实现（implements）接口？抽象类是否可继承实体类？

答案：接口可以继承接口，抽象类可以实现接口，抽象类可以继承实体类。

【真题 86】 在接口中，以下定义正确的是（　　）。

A．void f();　　B．public double f();　　C．public final double f();

D．static void f(double d1);　　E．protected void f(double d1);

答案：A、B。

接口就是指一个方法的集合，接口中的所有方法都没有方法体，在 Java 语言中，接口是通过关键字 interface 来实现的。接口中定义的成员变量默认为 public、static 和 final，只能够有静态的不能被修改的数据成员，而且，必须给其赋初值，其所有的成员方法都是 public、abstract 的，而且只能被这两个关键字修饰。

显然，选项 A 和选项 B 是正确的。

对于选项 C，接口中的方法不能被 final 修饰。因此，选项 C 错误。

对于选项 D，接口中的方法不能被 static 修饰。因此，选项 D 错误。

对于选项 E，接口中的方法不能被 protected 修饰。因此，选项 E 错误。

【真题 87】 不能用来修饰外部 interface 的有（　　）。

A．private　　B．public　　C．final　　D．static

答案：A、C、D。

由于接口的目的就是让其他的类来实现，如果没有被实现，接口就没有存在的意义了，因此，它不能被 private 和 final 修饰，否则无法被实现。同理，接口也不能被 static 修饰。所以，选项 A、选项 C 和选项 D 正确。

【真题 88】 有如下代码：

```
public interface Usb {
}
public abstract class Interface {
}
```

以下关于接口的使用中，正确的是（　　）。

A．public interface Usb1 extends Usb {}

B．public interface Usb1 extends Interface {}

C．public interface Usb1 implements Usb {}

D．public interface Usb1 implements Interface {}

答案：A。

如果一个类中包含抽象方法，那么这个类就是抽象类。在 Java 语言中，可以通过把类或者类中的某些方法声明为 abstract 来表示一个类是抽象类。接口就是指一个方法的集合，接口中的所有方法都没有方法体，在 Java 语言中，接口是通过关键字 interface 来实现的。

在实际使用时，接口可以继承接口，抽象类可以实现接口，抽象类也可以继承具体类。

通过以上分析可知，选项 A 是正确的，因为接口可以继承接口。

对于选项 B，接口不能继承抽象类，因为接口中所有的方法不能有方法体，而抽象类中的方法是可以有方法体的。因此，选项 B 错误。

对于选项 C，implements 关键字是指子类要实现接口中定义的方法，因为接口中的方法是没有方法体的，所以接口不能用来实现接口。因此，选项 C 错误。

对于选项 D，implements 只能用来实现接口，而 Interface 是个抽象类，对于抽象类只能用 extends 来实现。因此，选项 D 错误。

【真题 89】 下面关于类和接口的描述中，正确的是（　　）。

A．类不能被 private 修饰　　B．接口中可定义变量，并且变量的值不能修改

C．类可以被 protected 修饰　　D．接口不能实例化

答案：B、C、D。

对于选项 A，当一个类作为内部类使用时，可以被 private 修饰。因此，选项 A 错误。

对于选项 B，接口中定义的成员变量默认为 public、static 和 final，只能够有静态的、不能被修改的数据成员，而且，必须给其赋初值。因此，选项 B 正确。

对于选项 C，内部类可以被 protected 修饰。因此，选项 C 正确。

对于选项 D，由于接口中的方法都没有具体的实现，因此是不能被实例化的，只有当一个类实现了接口中的所有方法后，这个类才能被实例化。因此，选项 D 正确。

【真题 90】 在 Java 语言中，下面关于抽象类的描述中，正确的是（　　）。

A．声明抽象类必须带有关键字 abstract

B．如果一个类中有一个方法被声明为抽象的，那么这个类必须是抽象类

C．抽象类的方法都必须是抽象的

D．抽象类可以被实例化

答案：A、B。

在 Java 语言中，可以通过把类或者类中的某些方法声明为 abstract 来表示一个类是抽象类。抽象类是不能被实例化的。显然，选项 A 正确，选项 D 错误。

对于选项 B，只要类中有抽象方法，这个类就必须被声明为抽象类，否则，这个类就能被实例化了，然后去调用抽象方法，这显然是不合理的。因此，选项 B 正确。

对于选项 C，从抽象类的定义可以看出，抽象类没有要求所有的方法是抽象的，抽象类中的方法也可以有方法体，只要这个方法没被 abstract 修饰。因此，选项 C 错误。

【真题 91】 在 Java 语言中，已定义两个接口 B 和 C，要定义一个实现这两个接口的类，以下语句正确的是（　　）。

A．interface A implements B,C　　B．interface A extends B,C

C．class A implements B,C　　D．class A implements B,implements C

答案：C。

只有类才能实现接口，而实现接口的关键字为 implements，当实现多个接口的时候，只需要一个关键字 implements，多个接口用逗号隔开即可。因此，选项 C 正确，选项 D 错误。

对于选项 A，只有类才能实现接口，而接口是不能实现接口的。因此，选项 A 错误。

对于选项 B，接口只能继承接口，而不能继承类。因此，选项 B 错误。

【真题 92】 （　　）方法是一种仅有方法头，没有具体方法体和操作实现的方法，该方法必须在抽象类中定义。（　　）方法是不能被当前类的子类重新定义的方法。

答案：抽象（abstract），final。

在 Java 语言中，可以通过把方法声明为 abstract 来表示这个方法是抽象方法，抽象方法是没有方法

体的，子类只有实现了父类的抽象方法，才能被实例化。被 final 修饰的方法是不能被子类重写的。

【真题 93】 在 Java 程序中，通过类的定义只能实现（　　）重继承，但通过接口的定义可以实现（　　）重继承关系。

答案：单，多。

在 Java 语言中，只允许单重继承，也就是说，任何一个类都只能有一个父类，但是 Java 语言引入了接口的概念，一个类可以同时实现多个接口，从而间接地实现了多重继承。

【真题 94】 对于 abstract 声明的类，下面说法正确的是（　　）。

A．不可以被继承　　B．可以实例化　　C．子类为 abstract

D．只能被继承　　E．可以被抽象类继承

答案：D、E。

被声明为 abstract 的类为抽象类，由于抽象类中存在没有方法体的方法，因此，它不能被实例化，只有实现了抽象方法的子类才能被实例化。所以，选项 A 和选项 B 错误。

abstract 类的子类可以是 abstract，此时子类就无法实例化，abstract 类的子类也可以不是 abstract，此时子类可以被实例化。所以，选项 C 错误，选项 E 正确。

对于选项 D，对于一个声明为 abstract 的类，由于无法实例化，如果要想使用它，那么必须继承这个类并实现抽象方法，所以，选项 D 正确。

【真题 95】 有如下代码：

```
interface IFTest{
    public static final String name; //1
    void f();    //2
    public void g();    //3
}
abstract class ABTest implements IFTest {    //4
    public void f(){
    }
}
```

以下关于上述代码的描述中，正确的是（　　）。

A．第 1 行错误，没有给变量赋值　　B．第 2 行错误，方法没有修饰符

C．第 4 行错误，没有实现接口的全部方法　　D．第 3 行错误，没有方法的实现

答案：A。

对于选项 A，接口中定义的成员变量默认为 public、static 和 final，只能够有静态的、不能被修改的数据成员，而且，必须给其赋初值，而 name 没有被初始化，因此，是错误的。所以，选项 A 正确。

对于选项 B，方法 f 采用默认的修饰符，因此，没有错误。所以，选项 B 错误。

对于选项 C，由于 ABTest 是抽象类，抽象类中允许有抽象方法，因此，可以不用实现接口 IFTest 中的全部方法，4 行没有错误。所以，选项 C 错误。

对于选项 D，接口中的方法不允许有方法体，因此，第 3 行写法是正确的。所以，选项 D 错误。

【真题 96】 为什么 Java 语言不支持多重继承？

答案：Java 语言不支持多重继承，但是可以通过实现多个接口的方式来间接地实现多重继承。那么为什么 Java 语言没有被设计为支持多重继承的语言呢？一般认为主要有如下两个原因：

1）C++语言实现了多重继承，而 Java 语言没有，这显然不是因为技术无法实现的原因，而是为了程序的结构能够更加清晰从而便于维护。假设 Java 语言支持多重继承，类 C 继承自类 A 和类 B，如果类 A 和类 B 中都有自定义的方法 f()，那么当在代码中调用类 C 的 f()方法时，无法确定是调用类 A 还是类 B 的方法，将会产生二义性。这种实现将非常不利于系统的维护。但是 Java 语言却可以通过实现多个接口的方式间接地支持多重继承，由于接口只有方法体，没有方法实现，假设类 C 实现了接口 A 和接口

B，即使它们都有方法 f()，但由于接口 A 和接口 B 中方法的定义没有实现，只有类 C 中才会有一个方法的实现，因此，也就不存在二义性了。

2）多重继承会使类型转换、构造方法的调用顺序变得非常复杂，当然也会影响到性能。

由于在实际情况下没有必须使用多重继承的场景，因此，为了设计简单，同时拥有好的性能，Java 语言最终没有支持多重继承。

【真题 97】 Java 外部接口的修饰符可以为（　　）。

A．static　　B．protected　　C．final　　D．abstract

答案：D。

【真题 98】 下列关于 abstract 的描述中，正确的是（　　）。

A．abstract 修饰符可以修饰属性、方法和类　　B．声明抽象方法，大括号可有可无

C．抽象方法的 body 部分必须用一对大括号{ }　　D．声明抽象方法不可写出大括号

答案：D。

在 Java 语言中，被 abstract 修饰的方法为抽象方法，这种方法是没有方法体的（也就是说，没有大括号{}；一旦有大括号{}，就说明这个方法有方法体）。因此，选项 B 和选项 C 错误，选项 D 正确。

对于选项 A，abstract 只能用来修饰方法和类，不能修饰属性。因此，选项 A 错误。

【真题 99】 在集合框架中，要实现对集合里的元素进行自定义排序，要实现的接口是（　　）。

A．Cloneable　　B．Thread　　C．Serializable　　D．Comparator

答案：D。

在 Java 语言中，如果要对集合对象或数组对象进行排序，就需要实现 Comparator 接口的 compare 方法，从而实现自定义类的比较。下面给出一个对自定义的类进行排序的例子（通过年龄大小按行排序），实现代码如下：

```
import java.util.ArrayList;
import java.util.Collections;
import java.util.Comparator;
import java.util.List;
class Student{
        private String name;
        private int age;
        public Student(String name,int age){
                this.name=name;
                this.age=age;
        }
        public String getName(){return name;}
        public void setName(String name) {this.name = name;}
        public int getAge() {return age;}
        public void setAge(int age) {  this.age = age;     }
}
class StudentComparator implements Comparator<Student>{
       @Override
       public int compare(Student s1, Student s2)       {
            if(s1.getAge()>s2.getAge())
            return 1;
            else
            return -1;
       }
}
public class Example{
```

```
        public static void main(String[] args) {
            List<Student> stus=new ArrayList<Student>();
            stus.add(new Student("name1",5));
            stus.add(new Student("name2",6));
            stus.add(new Student("name3",4));
            Collections.sort(stus, new StudentComparator());
            for(Student stu:stus)
            {
                System.out.println(stu.getName());
            }
        }
    }
```

程序的运行结果为：

```
name3
name1
name2
```

本题中，对于选项 A，当一个类需要实现复制功能时，需要实现 Cloneable 接口。所以，选项 A 错误。

对于选项 B，当需要实现一个线程时可以继承 Thread 类。所以，选项 B 错误。

对于选项 C，Runnable 是用来实现多线程的接口。所以，选项 C 错误。

对于选项 D，Serializable 是用来实现序列化的接口。在对 Student 的对象进行排序时，使用的是自定义的比较方法。所以，选项 D 正确。

1.2.4 多态

【真题 100】 Java 语言提供了两种用于多态的机制，分别是（　　）与（　　）。

答案：重载，覆盖。

多态是面向对象程序设计中代码重用的一个重要机制，它表示当同一个操作作用在不同对象时，会有不同的语义，从而会产生不同的结果。在 Java 语言中，多态主要有以下两种表现方式：

（1）重载（Overload）

重载是指同一个类中有多个同名的方法，但这些方法有着不同的参数，因此，在编译时就可以确定到底调用的是哪个方法，它是一种编译时多态。重载可以被看作一个类中的方法多态性。

（2）覆盖（Override）

子类可以覆盖父类的方法，因此，同样的方法会在父类与子类中有着不同的表现形式。在 Java 语言中，基类的引用变量不仅可以指向基类的实例对象，也可以指向其子类的实例对象。同样，接口的引用变量也可以指向其实现类的实例对象。而程序调用的方法在运行期才动态绑定（绑定指的是将一个方法调用和一个方法主体连接到一起），即引用变量所指向的具体实例对象的方法，也就是内存里正在运行的那个对象的方法，而不是引用变量的类型中定义的方法。通过这种动态绑定的方法实现了多态。由于只有在运行时才能确定调用的是哪个方法，因此，通过方法覆盖实现的多态也可以被称为运行时多态。如下例所示：

```
class Base
{
    public Base()        {g(); }
    public void f()      {System.out.println("Base f()");}
    public void g()      {System.out.println("Base g()");}
}
```

```
class Derived extends Base
{
      public void f(){System.out.println("Derived f()");      }
      public void g()    {System.out.println("Derived g()"); }
}
public class Test
{
      public static void main(String[] args)
      {
            Base b=new Derived();
            b.f();
            b.g();
      }
}
```

程序的运行结果为：

```
Derived g()
Derived f()
Derived g()
```

上例中，由于子类 Derived 的 f()方法和 g()方法与父类 Base 的方法同名，因此，Derived 的方法会覆盖父类 Base 的方法。在执行 Base b = new Derived()语句时，会调用 Base 类的构造方法，而在 Base 的构造方法中，执行了 g()方法，由于 Java 语言的多态特性，此时会调用子类 Derived 的 g()方法，而非父类 Base 的 g()方法，因此，会输出 Derived g()。由于实际创建的是 Derived 类的对象，后面的方法调用都会调用子类 Derived 的方法。

【真题 101】 Overload 和 Override 的区别是什么？Overload 的方法是否可以改变返回值的类型？

答案：Overload（重载）和 Override（覆盖）是 Java 多态性的不同表现。其中，重载是在一个类中多态性的一种表现，是指在一个类中定义了多个同名的方法，它们或有不同的参数个数或有不同的参数类型。在使用重载时，需要注意以下几点：

1）重载是通过不同的方法参数来区分的，例如不同的参数个数、不同的参数类型或不同的参数顺序。

2）不能通过方法的访问权限、返回值类型和抛出的异常类型来进行重载。

3）对于继承来说，如果基类方法的访问权限为 private，那么就不能在派生类中对其进行重载，如果派生类也定义了一个同名的函数，这只是一个新的方法，不会达到重载的效果。

Override 是指派生类函数覆盖基类函数，覆盖一个方法并对其重写，以达到不同的作用。在使用覆盖时，需要注意以下几点：

1）派生类中的覆盖方法必须要和基类中被覆盖的方法有相同的函数名和参数。

2）派生类中的覆盖方法的返回值必须和基类中被覆盖方法的返回值相同。

3）派生类中的覆盖方法所抛出的异常必须和基类中被覆盖的方法所抛出的异常一致或是其子类。

4）基类中被覆盖的方法不能为 private，否则，其子类只是定义了一个方法，并没有对其覆盖。

重载与覆盖的区别主要有以下几点：

1）覆盖是子类和父类之间的关系，是垂直关系；重载是同一个类中方法之间的关系，是水平关系。

2）覆盖只能由一个方法或一对方法产生关系；方法的重载是多个方法之间的关系。

3）覆盖要求参数列表相同；重载要求参数列表不同。

4）覆盖关系中，调用方法体是根据对象的类型（对象对应存储空间类型）来决定；而重载关系是根据调用时的实参表与形参表来选择方法体的。

如果在一个类中定义了多个同名的方法，它们或有不同的参数个数或有不同的参数类型，则称为方法的重载。Overload 的方法可以改变返回值的类型，但是 Override 方法不能改变返回值类型。

【真题 102】 为什么不能通过返回值来对方法进行重载？

答案：如果使用返回值对方法进行重载，那么在调用的时候会产生二义性，调用者无法确定到底该调用哪个方法。如下例所示：

```
class Test
{
    public float f(int a, int b)      {return a+b;}
    public int f(int a, int b){ return a+b+1;     }
    public static void main(String[] args)
    {
        Test t=new Test();
        t.add(1, 2); //调用哪个方法？
    }
}
```

在调用方法 t.add(1, 2)的时候，无法确定到底该调用哪个方法。因此，无法通过返回值对方法进行重载。

【真题 103】 下面有关方法覆盖的描述中，不正确的是（　　）。

A．覆盖的方法一定不能是 private 的

B．方法覆盖要求覆盖和被覆盖的方法必须具有相同的访问权限

C．覆盖的方法不能比被覆盖的方法抛出更多的异常

D．方法覆盖要求覆盖和被覆盖的方法有相同的名字、参数列以及返回值

答案：B。

覆盖（Override）是指派生类方法覆盖基类方法，覆盖一个方法并对其重写，以起到不同的作用。在使用覆盖时需要注意以下几点：

1）派生类中的覆盖方法必须要和基类中被覆盖的方法有相同的函数名和参数。

2）派生类中的覆盖方法的返回值必须和基类中被覆盖方法的返回值相同。

3）基类中被覆盖的方法不能为 private，否则，其子类只是定义了另外一个方法，并没有对其覆盖。

4）子类方法不能缩小父类方法的访问权限。

5）子类方法不能抛出比父类方法更多的异常。

由此可见，覆盖方法与被覆盖的方法可以有不同的访问权限。所以，选项 A、选项 C 和选项 D 正确，而选项 B 错误。

【真题 104】 为了区分类中重载的同名的不同的方法，要求（　　）。

A．采用不同的形式参数列表　　B．采用不同的返回值类型

C．调用时用类名或者对象名做前缀　　D．采用不同的参数名

答案：A。

重载是在一个类中多态性的一种表现，是指在一个类中定义了多个同名的方法，它们或有不同的参数个数，或有不同的参数类型。在使用重载时，需要注意以下几点：

1）重载是通过不同的方法参数来区分的，例如不同的参数个数、不同的参数类型或不同的参数顺序。

2）不能通过方法的访问权限、返回值类型和抛出的异常类型来进行重载。

本题中，对于选项 A，重载采用不同的形式参数列表。所以，选项 A 正确。

对于选项 B，重载不能用返回值来区分。所以，选项 B 错误。

对于选项 C，重载是在一个类中多态性的表现，因此，所有重载的方法都属于同一个类，它们使用不同的参数列表来区分，无法通过对象前缀区分。所以，选项 C 错误。

对于选项 D，如果不同名的参数有相同的类型，也无法区分。所以，选项 D 错误。

【真题 105】 有如下代码：

```
class Super
{
    public Integer getLenght()
    {
        return new Integer(4);
    }
}
public class Sub extends Super
{
    public Long getLenght()
    {
        return new Long(5);
    }
    public static void main(String[] args)
    {
        Super super = new Super();
        Sub sub = new Sub();
        System.out.println(super.getLenght().toString() + "," +sub.getLenght());
    }
}
```

上述代码的输出结果是（　　）。

A．4,5　　B．4,4　　C．5,4　　D．编译失败

答案：D。

如果有两个方法的方法名相同，但参数不一致，那么一个方法是另一个方法的重载。如果在子类中定义了一个方法，其方法名称、返回值类型及参数列表正好与父类中某个方法的名称、返回值类型及参数列表一致，那么，此时子类的方法覆盖了父类的方法。

本题是典型的方法 Override（覆盖），它要求子类中的方法必须与父类完全相同（相同的方法名、相同的参数列表及相同的返回值）。

对于本题而言，父类中定义了一个 getLenght 方法，子类中也有同样的方法，但是却有着不同的返回值，因此，编译错误。所以，选项 D 正确。

【真题 106】 类 Test 定义如下：

```
1. public class Test{
2.   public float f（float a，float b）{ return 0;}
3.
4. }
```

将选项（　　）中代码插入第 3 行是不合法的。

A．public float f（float a, float b,float c）{ return 0;}

B．public float f（float c,float d）{ return 0;}

C．public int f（int a,int b）{ return 0;}

D．private float f（int a,int b,float c）{ return 0;}

答案：B。

对于选项 A，这个方法有三个参数，而题目中给出的方法只有两个参数。因此，选项 A 是合法的。

对于选项 B，这个方法与题目中给出的方法同名而且有相同的参数类表，二者是相同的方法，所以，

这个方法被加入 Test 中是不合法的。因此，选项 B 是不合法的。

对于选项 C，这个方法的参数类型为 int，而题目中的参数类型为 float。因此，选项 C 是合法的。

对于选项 D，这个方法参数的个数与类型与题目中的方法都不同。因此，选项 D 是合法的。

【真题 107】 有如下代码：

```
public class X {
    public X f() { return this;}
}
public class Y extends X {
}
```

以下能添加到 Y 类的定义中的方法是（　　）。

A．public void f() {}　　B．private void f() {}

C．public void f(String s) {}　　D．private Y f() { return null; }

E．public X f() { return new Y(); }

答案：C、E。

对于选项 A，与父类的方法名和参数都相同，但是返回值不用，所以，语法错误。因此，选项 A 错误。同理，选项 B 错误。

对于选项 C，这个方法与父类方法有不同的参数，因此，类 Y 会从父类继承 f 方法，这个选项定义的方法可以看成 f 类的重载类。因此，选项 C 正确。

对于选项 D，父类方法为 public，这个选项定义的方法为 private，缩小了访问权限。因此，选项 D 错误。

对于选项 E，方法定义完全符合覆盖的要求，虽然返回值类型为 X，但由于 Y 为 X 的子类，故返回 Y 的实例化对象也是正确的。因此，选项 E 正确。

【真题 108】 选项（　　）中代码可以替换题目中//add code here 的内容，同时不产生编译错误。

```
public abstract class Example
 {
    public int constInt = 5;
    //add code here
    public void method()
    {
    }
}
```

A．public abstract void method(float a);　　B．constInt = constInt + 7;

C．public int method();　　D．public abstract void method1() {}

答案：A。

如果一个类中包含抽象方法，那么这个类就是抽象类。在 Java 语言中，可以通过把类或者类中的某些方法声明为 abstract 来表示一个类是抽象类。

只要包含一个抽象方法的类就必须被声明为抽象类，抽象类可以声明方法的存在而不去实现它，被声明为抽象的方法不能包含方法体。

对于选项 A，定义了一个方法，这个方法与已有的方法有不同的参数，可以作为方法的重载。因此，选项 A 正确。

对于选项 B，任何执行语句必须存在于一个代码块中（方法体、静态快等），不能单独存在于类的定义中。因此，选项 B 错误。

对于选项 C，这个方法与已知的方法名以及参数相同，因此，会导致编译错误。因为无法通过返回值来进行重载。此外，这个方法没有被声明为 abstract，说明它不是抽象方法，必须有方法体，但选项 C 的写法也没有方法体。因此，选项 C 错误。

对于选项 D，使用关键字 abstract 修饰的方法为抽象方法，不能有方法体，也就是说不能有{}。因此，选项 D 错误。

【真题 109】 有如下代码：

```
class Super
{
        protected float getNum(){return 2.0f;}
  }
  public class Sub extends Super
  {
        //(1)
  }
```

下面可放在(1)处的代码有（　　）。

A．float getNum(){return 1.0f;}

B．public void getNum(){}

C．private void getNum(double d){}

D．public double Getnum(){return 5.0d;}

E．public float getNum(){return 1;}

答案：C、D、E。

对于选项 A，在 Java 语言中。默认的作用域为 default，由于父类的方法为 default，如果定义为 private 会导致方法有更低的可见性。所以，选项 A 错误。

对于选项 B，方法名、参数列表与父类相同，但是返回值不同。所以，选项 B 错误。

对于选项 C，定义的方法与父类虽然同名，但是有不同的参数列表，因此，这相当于从父类继承了一个方法 getNum，然后通过定义另外一个参数列表不同的方法重载了 getNum 方法。所以，选项 C 正确。

对于选项 D，在 Java 语言中，是区分大小写的，因此，选项 D 覆盖定义了一个新的方法，与父类的方法没关系。所以，选项 D 正确。

对于选项 E，满足 Override 的要求，因此，覆盖了父类的方法。所以，选项 E 正确。

【真题 110】 有如下代码：

```
public    class    Test
{
      public    Test (int    x,int    y,int    z){}
}
```

以下选项中，重载了 Test 构造方法的有（　　）。

A．Test (){}

B．protected　int　Test (){}

C．private　Test (int　z,int　y,byte　z){}

D．public　void　Test (byte　x,byte　y,byte　z){}

E．public　Object　Test (int　x,int　y,int　z){}

答案：A、C。

重载是类中多态性的一种表现，是指在一个类中定义了多个同名的方法，它们有不同的参数个数或有不同的参数类型。在使用重载时，需要注意以下几点：

1）重载是通过不同的方法参数来区分的，例如不同的参数个数、不同的参数类型或不同的参数顺序。

2）不能通过方法的访问权限、返回值类型和抛出的异常类型来进行重载。

3）对于继承来说，如果基类方法的访问权限为 private，那么就不能在派生类对其重载，如果派生类也定义了一个同名的方法，这只是一个新的方法，不会达到重载的效果。

下面通过一个例子来详细说明这一点：

```
class A
{
    public void f() { System.out.println(this.getClass().getName()); }
}
class B extends A
{
    public void f(int i) { System.out.println(this.getClass().getName()+i); }
}
public class Test
{
    public static void main(String[] args)
    {
        B b = new B();
        //类 B 从类 A 中继承了方法 f()
        b.f();
        //类 B 中又定义了另外一个带参数的方法 f(int i)
        //在类中存在两个方法名为 f 的方法
        b.f(4);
    }
}
```

程序的运行结果为：

```
B
B4
```

从上面例子可以看出，虽然类 B 没有定义方法 f()，但它从父类 A 中继承了方法 f()。而且在类 B 中又定义了一个方法 f(int i)，由此可以看出，类 B 中其实有两个名字为 f 的方法，由于它们的参数不同，由此构成了重载。因此，在这种继承的情况下，从本质上来讲，重载还是发生在一个类中。如果把类 B 中定义的方法改成 public void f()。在这种情况下，这个方法与父类 A 中的方法名相同，参数相同，返回值相同，此时就构成了覆盖（Override），而且它们发生在父类与子类之间。

对于本题而言，显然，选项 A 和选项 C 满足重载的要求。对于其他选项定义的方法都有返回值，而题目中的方法却没有返回值（构造方法不能有返回值），因此，不是重载（不能用返回值来区分重载），因为重载的方法必须要有相同的返回值。

【真题 111】 有如下代码：

```
class A{
        protected int method (int a, int b) { return 0; }
}
```

以下在 A 的子类中使用正确的是（　　）。

A．public int method (int a, int b) { return 0; }

B．private int method (int a, int b) { return 0; }

C．private int method (int a, char b) { return 0; }

D．static protected int method (int a, int b) { return 0; }

E．public short method (int a, int b) { return 0; }

答案：A、C。

多态指的是允许不同类的对象对同一消息做出响应，即同一消息可以根据发送对象的不同而采用多种不同的行为方式（发送消息就是函数调用）。实现多态的方法是动态绑定（Dynamic Binding），动态绑定指的是在执行期间判断所引用对象的实际类型，根据其实际的类型调用其相应的方法。

在 Java 语言中，Override（覆盖、重写）是实现多态的关键技术，在子类中定义与父类相同的方法，同时有自己不同于父类的实现，在使用的时候可以用父类的引用指向不同的子类，从而在运行时决定调用哪个子类的方法。多态的实现有如下要求：

1）子类方法与父类方法名字相同。

2）子类方法与父类方法有相同的参数列表（相同的参数个数与类型），如果参数列表不一样，则不是重写，而是重载。

3）当方法名与参数列表相同的时候，返回值必须相同。

4）子类重写的方法的可见性必须大于或等于父类方法的可见性。

5）不能用子类的静态方法隐藏父类的实例方法。

6）不能用子类的实例方法隐藏父类的静态方法。

显然，选项 A 是正确的。

对于选项 B，如果方法被 private 修饰，那么该方法的可见性就会被降低。因此，选项 B 错误。

对于选项 C，这个方法参数有不同的类型，相当于从父类继承 method 方法后又重载了这个方法。因此，选项 C 正确。

对于选项 D，不能用类方法来隐藏父类实例方法。因此，选项 D 错误。

对于选项 E，方法名和方法参数与父类相同，但是返回值却不同。因此，选项 E 错误。

【真题 112】 下列方法中，与方法 public void add(int a){}为合理的重载方法的是（　　）。

A．public int add(int a)　　B．public void add(long a)

C．public void add(int a,int b)　　D．public void add(float a)

答案：B、C、D。

1.3 关键字

1.3.1 标识符命名规则

【真题 113】 以下不是合法标识符的是（　　）。

A．STR　　B．x3ab　　C．void　　D．abcd

答案：C。

在 Java 语言中，变量名、方法名和数组名统称为标识符，Java 语言规定标识符只能由字母（a～z，A～Z）、数字（0～9）、下划线（_）和$组成，并且标识符的第一个字符必须是字母、下划线或$。而且，标识符也不能包含空白字符（换行符、空格和制表符）。此外，Java 语言的关键字也不能作为标识符来使用。

以上这四个选项都符合变量的命名规则，但是，选项 C 中的 void 是 Java 语言的关键字，因此，它不能被用作标识符使用。所以，选项 C 不正确。

所以，本题的答案为 C。

【真题 114】 下列标识符命名原则中，正确的是（　　）。

A．变量和方法名的首写字母大写　　B．类名的首字母小写

C．接口名的首写字母小写　　D．常量完全大写

答案：D。

Java 标识符可以是字母、数字、$或_(下划线)，但不可用数字开头，且不可以是 Java 的关键字；

标识符在语法层面给出了如何定义一个合法的标示符。在实际使用的时候为了增加程序的可读性，Java 还根据不同的类型提供了几个命名的原则（不是强制的，只是为了增强程序的可读性，降低程序的维护成本）：

包名：全部小写（例如 mypacket）。

类名：每个单词的首字母大写（例如 MyClass）。

变量名：第一个字母小写，以后每个单词的首字母大写（例如 firstName）。

常量：全部使用大写字母，单词间用下划线隔开（例如 MAX_LEN）。

从上面分析可知，选项 D 正确，选项 A 和选项 B 错误。接口也可以看作一种特殊的类，所以，接口名的首字母也大写，因此，选项 C 错误。

所以，本题的答案为 D。

【真题 115】 在 Java 语言中，下面可以用作正确的变量名称的是（　　）。

A．1x　　B．age　　C．extends　　D．implements

答案：B。

对于选项 A，这个名称是以数字开头的，因此，它不符合定义规则。所以，选项 A 错误。

对于选项 B，符合定义规则。所以，选项 B 正确。

对于选项 C 和选项 D，它们是 Java 中的关键字，extends 是类继承的关键字，implements 是实现接口的关键字，它们不能用来作为变量名称。所以，选项 C 和选项 D 错误。

【真题 116】 以下是合理的标识符的有（　　）。

A．_sys1_lll　　B．2mail　　C．$change　　D．class

答案：A、C。

【真题 117】 下列标识符中，不合法的有（　　）。

A．if　　B．$aa　　C．12　　D．a.txt

答案：A、C、D。

【真题 118】 下面变量名中合法的有（　　）。

A．2var　　B．var2　　C．_var　　D．_1_

E．$var　　F．#var

答案：B、C、D、E。

1.3.2 常考关键字

【真题 119】 下列选项中，是 Java 语言中的关键字的是（　　）。

A．public　　B．Static　　C．main　　D．if

答案：A、C、D。

对于选项 A，public 是作用域修饰符，表明属性变量或方法对所有类或对象都是可见的，所有类或对象都可以直接访问。所以，选项 A 正确。

对于选项 B，在 Java 语言中，变量名是区分大小写的。例如 Count 与 count 被认为是两个不同的标识符，而非相同的标识符。Static 不是 Java 的关键字，而 static 是 Java 的关键字，用来修饰方法或属性，表明方法或属性是属于类的方法或属性。所以，选项 B 不正确。

对于选项 C，Java 程序的入口方法为 main，因此，main 也是 Java 的关键字。所以，选项 C 正确。

对于选项 D，if 为流程控制的关键字。所以，选项 D 正确。

【真题 120】 下面不是 Java 语言关键字的是（　　）。

A．integer　　B．float　　C．double　　D．default

答案：A。

关键字是计算机语言里事先定义的、有特别意义的标识符，Java 语言有 51 个保留关键字：数据类型字 boolean、int、long、short、byte、float、double、char、class、interface，流程控制字 if、else、do、 while、for、switch、case、default、break、continue、return、try、catch、finally，修饰符字 public、protected、private、final、void、static、strictfp、abstract、transient、synchronized、volatile、native，动作字 package、import、throw、throws、extends、implements、this、super、instanceof、new，保留字 true、false、null、goto、const。其中，const 和 goto 虽然被保留但未被使用，不能使用保留关键字来命名类、方法或变量。

本题中，对于选项 A，integer 不是 Java 语言的关键字，而 Integer 却是 Java 语言的关键字。所以，选项 A 不正确。

对于选项 B 与选项 C，float 和 double 是 Java 语言的两个基本数据类型，因此，它们都是 Java 的关键字。所以，选项 B 与选项 C 正确。

对于选项 D，在 switch 语句中，default 分支是一个用来匹配当不满足前面所有分支条件时的特殊的分支，因此，它也是 Java 语言的关键字。所以，选项 D 正确。

所以，本题的答案为 A。

【真题 121】 下面关键字中，可以用来修饰接口中的变量的是（　　）。

A．static　　B．private　　C．synchronized　　D．protected

答案：A。

Java 接口是一系列方法的声明，是一些方法特征的集合。由于一个接口只有方法的声明，但没有方法的实现，因此，这些方法可以在不同的地方被不同的类实现，而这些实现可以具有不同的行为（功能）。而通常，接口中定义的成员变量默认为 public、static、final，只能够有静态的、不能被修改的数据成员，而且必须给其赋初值，其所有的成员方法都是 public、abstract 的，而且只能被这两个关键字修饰。

从以上分析可知，只有关键字 static 可以用来修饰接口中的变量。因此，选项 A 正确。

【真题 122】 用于声明一个类为抽象类的关键字是（　　），用于将一个类修饰为最终类的关键字是（　　）。

答案：abstract，final。

当一个类被声明为 final 时，此类不能被继承，所有方法都不能被重写。

如果一个类中包含抽象方法，那么这个类就是抽象类。在 Java 语言中，可以通过把类或者类中的某些方法声明为 abstract 来表示一个类是抽象类。

【真题 123】 final、finally 和 finalize 的区别是什么？

答案：final、finally 和 finalize 的区别如下：

1）final 用于声明属性、方法和类，分别表示属性不可变、方法不可覆盖、类不可被继承（不能再派生出新的子类）。

final 属性：被 final 修饰的变量不可变，由于不可变有两重含义，一是引用不可变，二是对象不可变。那么 final 到底指的是哪种含义呢？下面通过一个例子来进行说明。

<table>
<tr>
<td>

```
public class Test
{
    public static void main(String[] arg)
    {
        final StringBuffer s=new StringBuffer
("Hello");
        s.append(" world");
        System.out.println(s);
    }
}
```

</td>
<td>

```
public class Test
{
    public static void main(String[] arg)
    {
        final StringBuffer s=new StringBuffer
("Hello");
        s=new StringBuffer("Hello world");
    }
}
```

</td>
</tr>
<tr>
<td>运行结果为：
Hello world</td>
<td>编译期间错误</td>
</tr>
</table>

从以上例子中可以看出，final 指的是引用的不可变性，即它只能指向初始时指向的那个对象，而不

关心指向对象内容的变化。所以，被 final 修饰的变量必须被初始化。一般可以通过以下几种方式对其进行初始化：①在定义的时候初始化；②final 成员变量可以在初始化块中初始化，但不可在静态初始化块中初始化；③静态 final 成员变量可以在静态初始化块中初始化；④在类的构造器中初始化，但静态 final 成员变量不可以在构造方法中初始化。

final 方法：当一个方法声明为 final 时，该方法不允许任何子类重写这个方法，但子类仍然可以使用这个方法。另外还有一种被称为 inline（内联）的机制，当调用一个被声明为 final 的方法时，直接将方法主体插入到调用处，而不是进行方法调用（类似于 C++语言中的 inline），这样做能提高程序的效率。

final 参数：用来表示这个参数在这个方法内部不允许被修改。

final 类：当一个类被声明为 final 时，此类不能被继承，所有方法都不能被重写。但这并不表示 final 类的成员变量也是不可改变的，要想做到 final 类的成员变量不可改变，必须给成员变量增加 final 修饰。值得注意的是，一个类不能既被声明为 abstract，又被声明为 final。

2）finally 作为异常处理的一部分，它只能用在 try/catch 语句中，并且附带着一个语句块，表示这段语句最终一定被执行，经常被用在需要释放资源的情况下。示例 1：不使用 finally 的代码如下：

```
Connection conn;
Statement stmt;
try
{
        String url="jdbc:sqlserver://localhost:1433;DatabaseName=dbName";
        conn = DriverManager.getConnection(url, "username", "password");
        stmt = conn.createStatement();
        stmt.executeUpdate(update);   //执行一条 update 语句，此时出现异常
        stmt.close();
        conn.close();
} catch (Exception e) {
}
```

在上面的程序片段中，如果程序在运行过程中没有发生异常，那么数据库的连接能够得到释放，程序运行没有问题。如果在执行 update 语句时出现异常，后面的 close()方法将不会被调用，数据库的连接将得不到释放。如果有大量的这种程序运行，可能会耗光数据库的连接资源。通过使用 finally 可以保证任何情况下数据库的连接资源都能够被释放。示例 2：使用 finally 代码如下：

```
Connection conn = null;
Statement stmt = null;
try
{
      String url="jdbc:sqlserver://localhost:1433;DatabaseName=dbName";
      conn = DriverManager.getConnection(url, "username", "password");
      stmt = conn.createStatement();
      stmt.executeUpdate("select * from table"); // 执行一条 update 语句，此时出现异常
      stmt.close();
      conn.close();
} catch (Exception e)
{
      // exception handling.
} finally
{
      if (stmt != null)
```

```
                try {
                        stmt.close();
                } catch (SQLException e) {
                }
        if (conn != null)
                try {
                        stmt.close();
                } catch (SQLException e) {
                }
}
```

在上面的代码中，不管程序运行是否会出现异常，finally 中的代码一定会执行，这样能够保证在任何情况下数据库的连接都能被释放。

3）finalize 是 Object 类的一个方法，在垃圾收集器执行的时候会调用被回收对象的 finalize()方法，可以覆盖此方法来实现对其他资源的回收，例如关闭文件等。需要注意的是，一旦垃圾回收器准备好释放对象占用的空间，将首先调用其 finalize()方法，并且在下一次垃圾回收动作发生时，才会真正回收对象占用的内存。

【真题 124】 final、finally、finalize 三个关键字的区别是（　　）。

A．finally 用在异常处理中，提供 finally 块来执行任何清除操作

B．final 可以修饰类、方法和变量

C．finalize 是一个方法名，在垃圾回收器将对象从内存中清除出去之前做一些必要的清理工作

D．finally 和 finalize 都是用异常处理的方法

答案：A、B、C。

【真题 125】 下面程序是否存在问题？如果存在，请指出问题所在，如果不存在，请说明输出结果。

```
public class Test
{
        public static String result = "";
        public static void f(int i)
        {
                try
                {
                        if (i == 1)
                        {
                                throw new Exception( "exception message");
                        }
                } catch (Exception e)
                {
                        result += "2";
                        return;
                } finally
                {
                        result += "3";
                }
                result += "4";
        }
        public static void main(String[] args)
        {
                f(0);
                f(1);
```

```
            System.out.println(result);
        }
    }
```

答案：不存在问题，输出结果为 3423。

在 Java 语言的异常处理中，finally 语句块的作用就是为了保证无论出现什么情况，finally 块里的代码一定会被执行。由于当程序执行到 return 的时候，意味着结束对当前函数的调用并跳出这个函数体，任何语句要执行都只能在 return 前执行（除非碰到 exit 函数），因此，finally 块里的代码也是在 return 前执行的。此外，如果 try-finally 或者 catch-finally 中都有 return，则 finally 块中的 return 语句将会覆盖别处的 return 语句，最终返回到调用者那里的是 finally 语句块中 return 的值。下面通过一个例子（示例 1）来说明这个问题。

```
public class Test
{
    public static inttestFinally()
    {
        try
        {
            return 1;
        }catch(Exception e)
        {
            return 0;
        }finally
        {
            System.out.println("execute finally");
        }
    }
    public static void main(String[] args)
    {
        int result=testFinally();
        System.out.println(result);
    }
}
```

程序的运行结果为：

```
execute finally
1
```

从上面例子中可以看出，在执行 return 语句前确实执行了 finally 块中的代码。紧接着，在 finally 块里面放置 return 语句，例子（示例 2）如下：

```
public class Test
{
    public static inttestFinally()
    {
        try
        {
            return 1;
        }catch(Exception e)
        {
            return 0;
```

```
            }finally
            {
                System.out.println("execute finally");
                return 3;
            }
        }
        public static void main(String[] args)
        {
            int result=testFinally();
            System.out.println(result);
        }
    }
```

程序的运行结果为：

```
execute finally
3
```

从以上运行结果可以看出，当 finally 块中有 return 语句时，将会覆盖函数中其他 return 语句。此外，由于在一个方法内部定义的变量都存储在栈中，当这个函数运行结束后，其对应的栈就会被回收，此时，在其方法体中定义的变量将不存在了，因此，return 在返回的时候不是直接返回变量的值，而是复制一份，然后返回。因此，对于基本类型的数据，在 finally 块中改变 return 的值对返回值没有任何影响，而对于引用类型的数据，就有影响。

下面通过一个例子（示例 3）来说明这个问题。

```
public class Test
{
    public static int testFinally1()
    {
        int result=1;
        try
        {
            result=2;
            return result;
        }catch(Exception e)
        {
            return 0;
        }finally
        {
            result=3;
            System.out.println("execute finally1");
        }
    }
    public static StringBuffer testFinally2()
    {
        StringBuffer s=new StringBuffer("Hello");
        try{
            return s;
        }catch(Exception e)
        {
            return null;
        }finally
```

```
            {
                s.append(" World");
                System.out.println("execute finally2");
            }
        }
        public static void main(String[] args)
        {
            int resultVal=testFinally1();
            System.out.println(resultVal);
            StringBuffer resultRef=testFinally2();
            System.out.println(resultRef);
        }
    }
```

程序的运行结果为：

```
execute finally1
2
execute finally2
Hello World
```

程序在执行到 return 语句的时候，会首先将返回值存储在一个指定的位置，然后执行 finally 代码块，最后再返回。在方法 testFinally1 中调用 return 前，首先把 result 的值 2 存储在一个指定的位置，然后执行 finally 块中的代码，此时修改 result 的值将不会影响到程序的返回结果。testFinally2 中，在调用 return 前，首先把 s 存储到一个指定的位置，由于 s 为引用类型，因此，在 finally 块中修改 s 将会修改程序的返回结果。

引申：出现在 Java 程序中的 finally 代码块是否一定会执行？

答案：不一定会执行。

下面给出两个 finally 代码块不会执行的例子。

1）当程序在进入 try 语句块之前就出现异常时，会直接结束，不会执行 finally 块中的代码。如下例所示：

```
public class Test
{
    public static void testFinally()
    {
        inti=5/0;
        try{
            System.out.println("try block");
        }catch(Exception e)
        {
            System.out.println("catch block");
        }finally
        {
            System.out.println("finally block");
        }
    }
    public static void main(String[] args){
        testFinally();
    }
}
```

程序的运行结果为：

```
Exception in thread "main" java.lang.ArithmeticException: / by zero
	at Test.testFinally(Test.java:3)
	at Test.main(Test.java:13)
```

程序在执行 inti=5/0 时会抛出异常，导致没有执行 try 块，因此，finally 块也就不会被执行。

2）当程序在 try 块中强制退出时，也不会执行 finally 块中的代码，如下例所示：

```
public class Test
{
	public static void testFinally()
	{
		try
		{
			System.out.println("try block");;
			System.exit(0);
		}catch(Exception e)
		{
			System.out.println("catch block");
		}finally
		{
			System.out.println("finally block");
		}
	}
	public static void main(String[] args)
	{
		testFinally();
	}
}
```

程序的运行结果为：

```
try block
```

上例在 try 块中通过调用 System.exit(0)方法强制退出了程序，因此，导致 finally 块中的代码没有被执行。

从上面分析可以看出：在 try/catch/finally 语句执行的时候，try 块首先执行，如果有异常发生，则进入 catch 块来匹配异常，当匹配成功后则执行 catch 块中的代码，不管有无异常发生，都会执行 finally 块的代码（即使 catch 块中有 return 语句，finally 中的代码仍会执行）；当有异常发生后，catch 和 finally 块进行处理后程序就结束了，就算 finally 块后面有代码也不会执行，如果没有异常发生时，在执行完 finally 块的代码后，后面的代码还会继续执行。

对于本题而言，在调用 foo(0)方法的时候，没有异常，因此，直接执行 finally 块后面的代码块，方法的返回值为“34”；在调用 foo(1)方法的时候，产生异常，因此，只会执行 catch 块和 finally 块中的代码，方法返回值为“23”。因此，这个程序的运行结果为 3423。

【真题 126】 有如下代码：

```
public class Test
{
	public static void main(String[] args)
	{
		try {  return;}
```

```
                finally
                {
                        System.out.println("Finally");
                }
        }
}
```

上述代码的输出结果是（　　）。

A．Finally　　B．编译失败

C．运行时抛出异常　　D．代码正常运行但没有任何输出

答案：A。

本题中，对于异常处理而言，即使有 return 语句存在，也得保证 finally 块中的语句能运行，所以，语句 System.out.println("Finally")最终会被执行，因此，程序的运行结果为 Finally。所以，选项 A 正确。

【真题 127】 有如下代码：

```
public class Test
{
        public static int testException(int i)throws Exception
        {
                try
                {
                        return i / 5;
                }
                catch (Exception e)
                {
                        throw new Exception("exception in a aMethod");
                }
                finally{
                        System.out.printf("finally");
                }
        }
        public static void main(String[] args)
        {
                try
                {
                        testException(0);
                }
                catch (Exception ex)
                {
                        System.out.printf("exception in main");
                }
                System.out.printf("finished");
        }
}
```

以上这段代码编译运行后，输出的结果是（　　）。

A．finallyexception in mainfinished　　B．finallyfinished

C．exception in mainfinally　　D．finallyexception in mainfinished

答案：B。

在 Java 语言的异常处理中，finally 语句块的作用就是为了保证无论出现什么情况，finally 语句块里

的代码一定会被执行。由于当程序执行到 return 语句的时候就意味着结束对当前方法的调用并跳出这个方法体，因此，任何语句要执行都只能在 return 语句前执行（除非碰到 exit 方法），所以，finally 块里的代码也是在 return 前执行的。此外，如果 try-finally 或者 catch-finally 中都有 return 语句，则 finally 块中的 return 语句将会覆盖别处的 return 语句，最终返回到调用者那里的是 finally 中 return 的值。

对于本题而言，在调用 testException 方法时不会抛出异常，虽然 testException 方法体内调用 return 返回这个方法，但是 Java 虚拟机要保证 finally 块的代码必须执行，因此，在调用 testException 方法时会输出 finally，接着方法调用结束后，在 main 方法中会输出 finished。因此，选项 B 正确。

【真题 128】 如果下列的方法能够正常运行，在控制台上将显示（　　）。

```
public void example()
{
    try
    {
        unsafe();
        System.out.println("Test 1");
    }
    catch(SafeException e)
    {
        System.out.println("Test 2");
    }
    finally
    {
        System.out.println("Test 3");
    }
    System.out.println("Test 4");
}
```

A．Test 1　　B．Test 2　　C．Test 3　　D．Test 4

答案：A、C、D。

【真题 129】 有如下代码：

```
public class TestException
{
    public static void main(String[] args)
    {
        try
        {
            System.out.println("hello ");
            System.exit(0);
        }
        finally
        {
            System.out.println("world");
        }
    }
}
```

以上程序的运行结果为（　　）。

A．hello　　B．world　　C．helloworld　　D．不能编译

答案：A。

【真题 130】 以下关于关键字 break 的描述中，正确的是（　　）。

A．只中断最外层的循环　　B．只中断最内层的循环

C．借助于标号，可以实现任何外层循环中断　　D．只中断某一层的循环

答案：C。

关键字 break 的作用是直接强行跳出当前循环，不再执行剩余部分代码。当循环中遇到 break 语句时，忽略循环体中任何其他语句和循环条件测试，程序控制在循环后面语句重新开始。所以，当多层循环嵌套，并且 break 语句出现在嵌套循环中的内层循环时，它将仅仅只是终止了内层循环的执行，而不影响外层循环的执行。

由于 break 只能跳出当前的循环，那么如何才能实现跳出多重循环呢？可以在多重循环的外面定义一个标识，然后在循环体里使用带有标识的 break 语句即可跳出多重循环。

程序示例如下：

```
public class Test
{
    public static void main(String[] args)
    {
        out:
        for(int i=0;i<5;i++)
        {
            for(int j=0;j<5;j++)
            {
                if(j>=2)
                    break out;
                System.out.println(j);
            }
        }
        System.out.println("break");
    }
}
```

程序的运行结果为：

```
0
1
break
```

上例中，当内部循环执行到 j 等于 2 时，程序跳出双重循环，执行 System.out.println("break")语句。

从以上分析可以看出，break 可以借助标记跳出多重循环，选项 C 正确。

【真题 131】 以下声明中，能够防止方法覆盖的有（　　）。

A．final void f() {}　　B．void final f() {}　　C．static void f() {}

D．static final void f() {}　　E．final abstract void f() {}

答案：A、D。

当一个方法声明为 final 时，该方法不允许任何子类覆盖这个方法，但子类仍然可以使用这个方法。另外，还有一种被称为 inline（内联）的机制，当调用一个被声明为 final 的方法时，直接将方法主体插入到调用处，而不是进行方法调用（类似于 C++语言中的内联 inline），这样做能提高程序的效率。

从上面分析可知，本题的答案为 A、D。

对于选项 B，void 与 final 的位置写反了，因此，语法错误。所以，选项 B 错误。

对于选项 C，没有被 final 修饰，因此，写法错误。所以，选项 C 错误。

对于选项 E，被声明为 abstract 的方法不能被 final 修饰，因为被 abstract 修饰的方法是抽象方法，

没有方法体，只有子类实现了这个方法才有意义，而被 final 修饰的方法不能被继承，这两个关键字是矛盾的，因此，不能同时使用。所以，选项 E 错误。

【真题 132】 关键字 static 的作用是什么？

答案：关键字 static 主要有两种作用：第一，为某特定数据类型或对象分配单一的存储空间，而与创建对象的个数无关。第二，希望某个方法或属性与类而不是对象关联在一起，也就是说，在不创建对象的情况下可以通过类来直接调用方法或使用类的属性。具体而言，static 在 Java 语言中主要有四种使用情况：成员变量、成员方法、代码块和内部类。以下将分别对这 4 种情况进行介绍。

（1）static 成员变量

虽然 Java 语言中没有全局的概念，但可以通过 static 关键字来达到全局的效果。Java 类提供了两种类型的变量：用 static 关键字修饰的静态变量和没有 static 关键字的实例变量。静态变量属于类，在内存中只有一个副本（所有实例都指向同一个内存地址），只要静态变量所在的类被加载，这个静态变量就会被分配空间，因此，就可以被使用了。对静态变量的引用有两种方式，分别为“类.静态变量”和“对象.静态变量”。

实例变量属于对象，只有对象被创建后，实例变量才会被分配空间，才能被使用，它在内存中存在多个副本。只能用“对象.静态变量”的方式来引用。以下是静态变量与实例变量的使用例子。

```
public class TestAttribute
{
    public static int staticInt=0;
    public int nonStaticInt=0;
    public static void main(String[] args)
    {
        TestAttribute t=new TestAttribute();
        System.out.println("t.staticInt="+t.staticInt);
        System.out.println("TestAttribute.staticInt="+TestAttribute.staticInt);
        System.out.println("t.nonStaticInt="+t.nonStaticInt);
        System.out.println("对静态变量和实例变量分别+1");
        t.staticInt++;
        t.nonStaticInt++;
        TestAttribute t1=new TestAttribute();
        System.out.println("t1.staticInt="+t1.staticInt);
        System.out.println("TestAttribute.staticInt="+TestAttribute.staticInt);
        System.out.println("t1.nonStaticInt="+t1.nonStaticInt);
    }
}
```

上例的运行结果为：

```
t.staticInt=0
TestAttribute.staticInt=0
t.nonStaticInt=0
对静态变量和实例变量分别+1
t1.staticInt=1
TestAttribute.staticInt=1
t1.nonStaticInt=0
```

从上例可以看出，静态变量只有一个，被类拥有，所有的对象都共享这个静态变量，而实例对象是与具体对象相关的。需要注意的是，与 C++语言不同的是，在 Java 语言中，不能在方法体中定义 static 变量。

（2）static 成员方法

与变量类似，Java 类同时也提供了 static 方法与非 static 方法。static 方法是类的方法，不需要创建对象就可以被调用，而非 static 方法是对象的方法，只有对象被创建出来后才可以被使用。

static 方法中不能使用 this 和 super 关键字，不能调用非 static 方法，只能访问所属类的静态成员变量和成员方法，因为当 static 方法被调用的时候，这个类的对象可能还没被创建，即使已经被创建了，也无法确定调用哪个对象的方法。同理，static 方法也不能访问非 static 类型的变量。

static 的一个很重要的用途是实现单例模式。单例模式的特点是该类只能有一个实例。为了实现这一功能，必须隐藏类的构造方法，即把构造方法声明为 private，并提供一个创建对象的方法。由于构造对象被声明为 private，外界无法直接创建这个类型的对象，只能通过该类提供的方法来获取类的对象，要达到这样的目的只能把创建对象的方法声明为 static。程序示例如下：

```
class Singleton
{
    private static Singleton  instance = null;
    private Singleton (){}
    public static Singleton  getInstance()
    {
        if( instance == null )
        {
            instance = new Singleton ();
        }
        return instance;
    }
}
```

用 public 修饰的 static 变量和方法本质上都是全局的，如果在 static 变量前用 private 修饰，则表示这个变量可以在类的静态代码块或者类的其他静态成员方法中使用，但是不能在其他类中通过类名来直接引用。

（3）static 代码块

static 代码块（静态代码块）在类中是独立于成员变量和成员函数的代码块。它不在任何一个方法体内，JVM 在加载类的时候会执行 static 代码块，如果有多个 static 代码块，JVM 将会按顺序来执行。static 代码块经常被用来初始化静态变量。需要注意的是，这些 static 代码块只会被执行一次，如下例所示：

```
public class Test
{
    private static int a;
    static
    {
        Test.a = 4;
        System.out.println(a);
        System.out.println("static block is called");
    }
    public static void main(String[] args) {
    }
}
```

程序的运行结果为：

```
4
static block is called
```

（4）static 内部类

static 内部类是指被声明为 static 的内部类，它可以不依赖于外部类实例对象而被实例化，而通常的内部类需要在外部类实例化后才能被实例化。静态内部类不能与外部类有相同的名字，不能访问外部类的普通成员变量，只能访问外部类中的静态成员和静态方法（包括私有类型）。如下例所示：

```
public class Outer
{
    static int n = 5;
    static class Inner
    {
        void accessAttrFromOuter()
        {
            System.out.println("Inner:Outer.n=" + n);
        }
    }
    public static void main(String[] args)
    {
        Outer.Inner nest = new Outer.Inner();
        nest.accessAttrFromOuter();
    }
}
```

程序的运行结果为：

```
Inner:Outer.n=5
```

需要注意的是，只有内部类才能被定义为 static。

【真题 133】 有如下代码：

```
public class Test {
    public int f()      {return 1 % 5;    }
    public static void main(String[] args) {
        System.out.println(f());
    }
}
```

编译运行结果是（　　）。

A．编译错误　　B．运行错误　　C．正常运行，输出 1　　D．正常运行，输出 0

答案：A。

在 Java 语言中，被声明为 static 的方法为静态方法，静态方法内部只能调用静态方法，不能调用非静态方法，原因是静态方法是类的方法，是不依赖于对象而存在的，在不创建对象的时候就可以调用。而非静态方法是对象的方法，只有对象被实例化后才存在。因此，当静态方法调用非静态方法的时候，就会出现编译错误。所以，选项 A 正确。

【真题 134】 有如下代码：

```
public class Test {
    public int f(){
        static int i = 0;
        i++;
        return i;
    }
```

```
            public static void main(String args[]) {
                        Test test = new Test();
                        test.f();
                        int j = test.f();
                        System.out.println(j);
            }
}
```

上述代码的输出结果是（　　）。

A．0　　B．2　　C．1　　D．编译失败

答案：D。

在 Java 语言中，方法名称、成员变量都可以用关键字 static 修饰，但是局部变量不能用 static 修饰，也就是说，方法体中的变量是不能被 static 修饰的。本题中，将局部变量 i 定义为 static，因此，上述程序会报编译错误。正确的做法是把 static int i = 0 改成 int i = 0，或者把 static int i = 0 定义为成员变量。所以，选项 D 正确。

【真题 135】 有如下代码：

```
public class Test{
        public static void main(String [] args){
                static int num [] =new int[10];
                System.out.println(num[10]);
        }
}
```

下面说法正确的是（　　）。

A．程序编译失败

B．程序编译成功，运行时抛出异常

C．程序编译成功，运行时输出结果为 0

D．如果将 System.out.println(num[10])修改为 System.out.println(num[9])，输出结果将为 0

答案：A。

由于 static 不能修饰局部变量，因此，编译失败。所以，选项 A 正确。

【真题 136】 是否可以用 volatile 来修饰数组？

答案：可以使用 volatile 来修饰数组。在这种情况下，volatile 是用来修饰指向数组的这个引用，而不是数组的内容。也就是说，如果一个线程修改了这个数组的引用，使其指向其他的数组，在 volatile 的保证下，其他线程可以马上获取到这个变化。而如果一个线程修改了数组的内容，由于数组的内容没有被 volatile 修饰，因此，这个修改有可能对其他线程不可见（其他的线程可能会从缓存中读取）。

【真题 137】 关键字 volatile（　　）保证线程安全。

A．能　　B．不能　　C．不确定

答案：B。

volatile 是一个类型修饰符（Type Specifier），它被设计用来修饰被不同线程访问和修改的变量。对于不被 volatile 修饰的成员变量，编译器有可能会对这个变量进行优化，在读取数据的时候可能从缓存里去读取，如果其它线程已经修改了这个数据，则无法读取到修改后的数据，在使用了关键字 volatile 修饰成员变量后，当系统每次使用到它的时候，都是直接从对应的内存当中提取，而不会利用缓存。

需要注意的是，由于 volatile 不能保证操作的原子性，因此，一般情况下，volatile 不能代替 synchronized（同步的）。此外，使用 volatile 会阻止编译器对代码的优化，因此，它会降低程序的执行效率。除非迫不得已，否则，能不使用 volatile，则尽量不要使用 volatile。

由此可见，关键字 volatile 的主要目的是防止编译器做优化，每次读取数据的时候都从内存里读取，

而不是从缓存里读取，这样能保证读取到最新被修改的数据，而不能保证线程安全。所以，选项 B 正确。

所以，本题的答案为 B。

【真题 138】 有如下代码：

```
public static int f(int i)
{
        int result = 0;
        switch (i)
        {
            case 1:     result = result + i;
            case 2:     result = result + i * 2;
            case 3:     result = result + i * 3;
        }
        return result;
}
```

当输入为 2 时，返回值是（　　）。

A．0　　B．2　　C．4　　D．10

答案：D。

在使用 switch 的时候，需要特别注意的问题是：一般必须在 case 语句结尾添加 break 语句。因为一旦通过 switch 语句确定了入口点，就会顺序执行后面的代码，直到遇到关键字 break。否则，会执行满足这个 case 之后的其他 case 语句而不管 case 是否匹配，直到 switch 结束或者遇到 break 为止。如果在 switch 中省略了 break 语句，那么匹配的 case 值后的所有情况（包括 default 情况）都会被执行。

对于本题而言，当输入为 2 时，会匹配 case 2 的情况，此时会执行 result = result + i * 2，执行结束后，result 的值为 4，由于没有 break 语句跳出 switch 语句，此时会继续执行 case 3 中的代码 result = result + i * 3（result=4，i=2），执行完 result=10。所以，选项 D 正确。

【真题 139】 在 Java 语言中，如果父类中的某些方法不包含任何逻辑，并且需要由子类重写，应该使用关键字（　　）来声明父类的这些方法。

A．static　　B．final　　C．abstract　　D．void

答案：C。

对于选项 A，被 static 修饰的方法是指这个方法是类的方法。因此，选项 A 错误。

对于选项 B，被 final 修饰的方法是不允许子类重写的。因此，选项 B 错误。

对于选项 C，被 abstract 修饰的方法是没有方法体的，也就是说没有任何逻辑。这个方法需要子类来重写。因此，选项 C 正确。

对于选项 D，void 一般用来作为返回值使用，表示没有返回值。因此，选项 D 错误。

【真题 140】 下面关于关键字 synchronized 的描述中，错误的是（　　）。

A．保证两个或多个进程同时启动和结束

B．保证任何时候只有一个线程访问一个方法或对象

C．允许两个进程并行运行但其之间相互通信

D．保证两个或多个线程同时启动和结束

答案：A、C、D。

关键字 synchronized 的主要功能是保证任何时候都只有一个线程访问一个方法或对象。所以，选项 B 正确，选项 A、选项 C、选项 D 错误。

【真题 141】 在 Java 语言中，下列不能派生出子类的类为（　　）。

A．public class Test{}　　B．class Test{}

C．abstract class Test{}　　D．final class Test{}

答案：D。

在 Java 语言中，被 final 关键字修饰的类是不能被继承的。所以，选项 D 正确。

【真题 142】 在类声明中，声明一个类不能再被继承的关键字是（　　）。

A．private　　B．abstract　　C．final　　D．static

答案：C。

对于选项 A，关键字 private 是一个作用域修饰符，被关键字 private 修饰过的变量或方法只有当前类或对象具有访问权限。所以，选项 A 不正确。

对于选项 B，在 Java 语言中，可以通过把类或者类中的某些方法声明为 abstract 来表示一个类是抽象类。所以，选项 B 不正确。

对于选项 C，被 final 修饰的变量为常量，当一个方法被声明为 final 时，该方法不允许任何子类重写；当一个类被声明为 final 时，此类不能被继承，所有方法都不能被重写。所以，选项 C 正确。

对于选项 D，关键字 static 主要有两种作用：第一，为某特定数据类型或对象分配单一的存储空间，而与创建对象的个数无关。第二，希望某个方法或属性与类而不是对象关联在一起，也就是说，在不创建对象的情况下可以通过类来直接调用方法或使用类的属性。因此，被 static 修饰的属性（方法）是类的属性（方法），不属于任何对象。所以，选项 D 不正确。

【真题 143】 下面关于关键字 abstract 的描述中，正确的是（　　）。

A．关键字 abstract 可以修饰类或方法

B．final 类的方法都不能是 abstract，因为 final 类不能有子类

C．abstract 类不能实例化

D．abstract 类的子类必须实现其超类的所有 abstract 方法

答案：A、B、C。

在 Java 语言中，关键字 abstract 主要用来定义抽象类或抽象方法。

对于选项 A，在 Java 语言中，关键字 abstract 只能修饰类或方法，代表抽象方法或抽象类。所以，选项 A 正确。

对于选项 B，在 Java 语言中，关键字 final 可以用来修饰类、方法和变量（包括成员变量和局部变量）。具体而言，final 具有以下性质：①当用 final 修饰一个类时，表明这个类不能被继承；②当 final 修饰方法时，这个方法不能被子类重写；③当 final 修饰变量时，如果是基本数据类型的变量，则其数值一旦被初始化之后便不能更改，如果是引用类型的变量，则在对其初始化之后便不能再让其指向另一个对象。因此，被 final 修饰的方法是不能被继承的，该方法不能为 abstract。所以，选项 B 正确。

对于选项 C，由于抽象类中存在没有方法体的方法，因此，不能被实例化。所以，选项 C 正确。

对于选项 D，子类可以实现超类所有的方法（这个子类能被实例化），子类也可以是一个抽象类，此时这个子类可以实现超类的 abstract 方法，也可以不实现。所以，选项 D 错误。

1.4 基本类型与运算符

1.4.1 基本类型

【真题 144】 在 Java 语言中，基本数据类型包括（　　），字符类型（　　），布尔类型 boolean，数值类型（　　）。

答案：浮点型 float、double，char，byte、short、int、long。

Java 语言中只有 8 种基本数据类型，分别为 byte、short、int、long、float、double、char、boolean。在方法调用传参时，这 8 种基本数据类型都是按值传递的，除此之外，所有的数据类型都是按引用传递的。

由以上分析可知，本题的答案为：浮点型 float、double，char，byte、short、int、long。

【真题 145】 二进制数 11101 转化为十进制数是（　　）。

A. 23　　B. 17　　C. 26　　D. 29

答案：D。

本题中，二进制数 11101 对应的十进制数表示为 1*2^0 + 0*2^1 + 1*2^2 + 1*2^3 + 1*2^4 = 29，所以，选项 D 正确。除了人工转换外，在 Java 语言中，也可以用如下方法把一个二进制数转换为十进制数：Integer.valueOf("11101",2)。

【真题 146】 在 Java 编程中，什么数据类型适合用来表示价格？

答案：在初学 Java 的时候，我们知道 float 和 double 都表示浮点数。但是由于 float 和 double 所表示的浮点数是近似值，不是精确的值，因此，二者不适合作为价格的数据类型。Java 语言提供了另外一种数据类型 BigDecimal，可以表示精确的浮点数，适合用作财务计算的数据类型。但是需要注意的是，在使用 BigDecimal 的时候，BigDecimal 有多个重载的构造方法能表示精确的值，只有用参数为 String 类型的构造方法才能表示，示例代码如下：

```
import java.math.BigDecimal;
public class Test
{
    public static void main(String args[]){
        double d1 = 2.15;
        double d2 = 1.10;
        System.out.println("double 类型运算结果："+(d1 - d2));

        BigDecimal bd1 = new BigDecimal("2.15");
        BigDecimal bd2 = new BigDecimal("1.10") ;
        System.out.println("BigDecimal 类型运算结果:"+bd1.subtract(bd2));

        BigDecimal bd3 = new BigDecimal(2.15);
        BigDecimal bd4 = new BigDecimal(1.10) ;
        System.out.println("BigDecimal 类型错误使用方法运算结果: " + (bd3.subtract(bd4)));
    }
}
```

程序的运行结果为：

```
double 类型运算结果：1.0499999999999998
BigDecimal 类型运算结果:1.05
BigDecimal 类型错误使用方法运算结果:
1.049999999999999822364316059974953532218933105468750
```

【真题 147】 在 64 位 JVM 中，int 占几个字节？

答案：4 个字节。

由于 Java 语言是跨平台的，可以一次编译多次运行。因此，int 类型的长度是固定的，与平台无关，与 JVM 也无关。

【真题 148】 原生类中的数据类型均可任意转换。（　　）

答案：错误。

在 Java 语言中，有很多数据类型可以进行转换，但是也有部分无法转换，例如 int 类型与 boolean 类型之间就无法进行转换。

【真题 149】 下列表达式正确的是（　　）。

A. byte b = 128;　　B. boolean flag = null;

C. float f = 0.9239;　　D. long a = 2147483648L;

答案：D。

在选项 A 中，byte 能表示的取值范围为[-128, 127]，因此，不能表示 128。在选项 B 中，boolean 的取值只能是 true 或 false，不能为 null。在选项 C 中，0.9239 为 double 类型，需要进行数据类型转换。只有选项 D 的写法正确。所以，本题的答案为 D。

【真题 150】 以下不是基本数据类型的类型有（　　）。

A．int　　B．String　　C．Byte　　D．Float

答案：B、C、D。

Java 语言一共提供了 8 种原始的数据类型（byte、short、int、long、float、double、char 和 boolean），这些数据类型不是对象，而是 Java 语言中不同于类的特殊类型，这些基本类型的数据变量在声明之后就会立刻在栈上分配内存空间。此外，Java 语言还提供了对这些原始数据类型的包装类（字符类型 Character，布尔类型 Boolean，数值类型 Byte、Short、Integer、Long、Float、Double）。

本题中，Byte、Float 是包装类类型，String 是存储字符串的类，只有 int 是基本数据类型。所以，选项 B、选项 C、选项 D 正确。

【真题 151】 int 和 Integer 的区别是什么？

答案：int 和 Integer 的区别如下：

1）int 是 Java 语言提供的 8 种基本的原始数据类型之一，当作为对象的属性时，它的默认值为 0。而 Integer 是 Java 为 int 提供的封装类，默认值为 null。由此可见，int 无法区分未赋值与赋值为 0 的情况，而 Integer 却可以区分这两种情况。

2）int 是基本数据类型，在使用的时候是值传递；而 Integer 是引用传递。

3）int 只能用来运算，而 Integer 可以做更多的事情，因为 Integer 提供了很多有用的方法。

4）当需要往容器（例如 List）里存放整数时，无法直接存放 int，因为 List 里面放的都是对象，所以，在这种情况下只能使用 Integer。

【真题 152】 在 Java 语言的基本数据类型中，字符型、整型分别占用字节数为（　　）、（　　）。

答案：2，4。

Java 语言一共提供了 8 种原始的数据类型（byte、short、int、long、float、double、char 和 boolean），这些数据类型不是对象，而是 Java 语言中不同于类的特殊类型，这些基本类型的数据变量在声明之后就会立刻在栈上分配内存空间。除了这 8 种基本的数据类型外，其他的类型都是引用类型（例如类、接口、数组等），引用类型类似于 C++语言中的引用或指针的概念，它以特殊的方式指向对象实体，这类变量在声明时不会被分配内存空间，只是存储了一个内存地址而已。

表 1-3 是 Java 语言中基本数据类型及其描述。

表 1-3　基本数据类型及其描述

数据类型	字节长度	范　围	默认值	包装类
int	4	[-2147483648, 2147483647] (-231~231-1)	0	Integer
short	2	[-32768, 32767]	0	Short
long	8	[-9223372036854775808,9223372036854775807] (-263~263-1)	0L 或 0l	Long
byte	1	[-128, 127]	0	Byte
float	4	32 位 IEEE754 单精度范围	0.0F 或 0.0f	Float
double	8	64 位 IEEE754 双精度范围	0.0	Double
char	2	Unicode[0,65535]	u0000	Character
boolean	1	true 和 false	false	Boolean

对于 boolean 类型占用空间的大小问题，从理论上讲，只需要 1bit 就够了，但在设计的时候，为了

考虑字节对齐等因素，一般会考虑使其占用一个字节。由于 Java 规范没有明确的规定，因此，不同的 JVM 可能会有不同的实现。

【真题 153】 下面不是 Java 语言的原始数据类型的有（　　）

A. int　　B. Boolean　　C. Double　　D. char

答案：B、C。

Java 语言一共提供了 8 种原始的数据类型（byte、short、int、long、float、double、char 和 boolean），这些数据类型不是对象，而是 Java 语言中不同于类的特殊类型，这些基本类型的数据变量在声明之后就会立刻在栈上分配内存空间。除了这 8 种基本的数据类型外，其他的类型都是引用类型（例如类、接口、数组等），引用类型类似于 C++语言中的引用或指针的概念，它以特殊的方式指向对象实体，这类变量在声明时不会被分配内存空间，只是存储了一个内存地址而已。

此外，Java 语言还提供了对这些原始数据类型的包装类（字符类型 Character，布尔类型 Boolean，数值类型 Byte、Short、Integer、Long、Float、Double）。

包装类型和原始类型有许多不同点：首先，原始数据类型在传递参数的时候都是按值传递，而包装类型是按引用传递的。当包装类型和原始类型用作某个类的实例数据时，对象引用实例变量的默认值为 null，而原始类型实例变量的默认值与它们的类型有关，例如数字是 0（包括 byte、short、int、long 等类型），boolean 是 false，浮点（包括 float、double）是 0.0f。

通过以上分析可知，Boolean 和 Double 是基本数据类型 boolean 和 double 的包装类，而不是 Java 语言的简单数据类型，所以，选项 B 与选项 C 正确。

【真题 154】 以下是合法的 byte 类型的数据的是（　　）。

A. −129　　B. 127　　C. 128　　D. (int)-130

答案：B。

在 Java 语言中，byte 只占了一个字节（8 位），它的取值范围为[−128, 127]，因此，只有选项 B 是合法的，byte 的包装类为 Byte，也可以通过下面的代码来查看 byte 的最大值和最小值：

```
System.out.println(Byte.MAX_VALUE);
System.out.println(Byte.MIN_VALUE);
```

【真题 155】 有如下代码：

```
byte b = (byte)129;
```

那么，变量 b 的值为（　　）。

A. −126　　B. −127　　C. −128　　D. −129

答案：B。

在 Java 语言中，byte 只占了一个字节，它的取值范围为[−128, 127]。当数字为 127 时，是 byte 的最大值，没有溢出。如果把 128 强制转换为 byte，此时会溢出，相当于最小的负数-128。所以，129 被强制转换为 byte 后的值就是-127。所以，选项 B 正确。

【真题 156】 以下表达式中，正确的是（　　）。

A. Byte=128;　　B. Boolean=null;

C. Long l=0xfffl;　　D. Double=0.9239d;

答案：C。

【真题 157】 以下表达式中，正确的有（　　）。

A. double a = 1.0;　　B. Double a = new Double(1.0);

C. byte a = 340;　　D. Byte a = 120;

答案：A、B、D。

【真题 158】 有下面两个赋值语句：

（1）a = Integer.parseInt("12");

（2）b = Integer.valueOf("12").intValue();

以下关于上述代码的描述中，正确的是（　　）。

A．a 是整数类型变量，b 是整数类对象　　B．a 是整数类对象，b 是整数类型变量

C．a 和 b 都是整数类对象，并且值相等　　D．a 和 b 都是整数类型变量，并且值相等

答案：D。

在 Java 语言中，Integer 是 int 的封装类，Integer 的 parseInt 方法用来将字符串参数解析为有符号的整数。这个方法的原型为：

```
public static int parseInt(String s,int radix) throws NumberFormatException
public static int parseInt(String s) throws NumberFormatException
```

其中，参数 s 用来表示待转换的字符串，radix 用来表示字符串 s 代表的整数的进制。当传入的字符串无法被转换为 int 类型的时候（例如 s=" "），就会抛出异常。

valueOf 方法的原型如下：

```
public static Integer valueOf(int i)
```

这个方法返回一个表示指定的 int 值的 Integer 实例。

```
public static Integer valueOf(String s)   throws NumberFormatException
```

这个方法返回保存指定的 String 值的 Integer 对象。

而 Integer 类的 intValue 方法以 int 类型返回该 Integer 的值。

由此可见，语句 a = Integer.parseInt("12");是把字符串“12”转换为 int 类型，返回值为 12。对于语句 b = Integer.valueOf("12").intValue()，首先把字符串“12”转换为 Integer 实例（实例中整型的值为 12），然后调用 intValue 方法，以 int 类型返回 Integer 的值 12，因此，a 和 b 的类型都是 int 型，值都是 12。所以，选项 D 正确。

【真题 159】 在整型数据类型中，需要内存空间最少的是（　　）。

A．short　　B．long　　C．int　　D．byte

答案：D。

在 Java 语言中，short 类型占用 2 个字节，long 类型占用 8 个字节，int 类型占用 4 个字节，byte 类型占用 1 个字节。表 1-4 是 Java 语言中常见类型的基本情况。

表 1-4　基本类型占用内存情况

基本类型	大小	最小值	最大值
boolean	—	—	—
char	16bit	Unicode 0	Unicode 2^16-1
byte	8bit	-128	+127
short	16bit	-2^15	+2^15-1
int	32bit	-2^31	+2^31-1
long	64bit	-2^63	+2^63-1
float	32bit	IEEE 754	IEEE 754
double	64bit	IEEE 754	IEEE 754
void	—	—	—

备注：IEEE 754 浮点单精度数字格式定义了一个用于存储浮点数的比特布局。在空比特布局中，1 个 bit 留作符号位，8 个 bit 留作指数，23 个 bit 留作尾数。

所以，选项 D 正确。

【真题 160】 在 Java 语言中，char 型采用 Unicode 编码方案，每个 Unicode 码占用（　　）字节内存空间，这样，无论是中文字符还是英文字符，都是占用（　　）字节内存空间。

答案：2，2。

在 Java 语言中，默认使用 Unicode 编码方式，即每个字符占用两个字节，无论是中文字符还是英文字符，都会占用两个字节。

引申：虽然 String 是由 char 所组成的，但是它采用了一种更加灵活的方式来存储，即英文占用一个字符，中文占用两个字符，采用这种存储方式的一个重要作用就是可以减少所需的存储空间，提高存储效率。

【真题 161】 Unicode 是用 16 位来表示一个字的。（　　）

答案：正确。

Java 语言采用了 Unicode 编码，一个 Unicode 用 16 位（两个字节）来表示。

1.4.2 运算符

【真题 162】 有如下代码：

```
public class Test
{
    public static void main(String args[])
    {
        int i;
        i = 6;
        System.out.print(i);
        System.out.print(i++);
        System.out.print(i);
    }
}
```

以上程序的运行结果是（　　）。

A．666　　B．667　　C．677　　D．676

答案：B。

在编程的时候，经常会用到变量的自增或自减操作，尤其在循环语句中用得最多。以自增为例，有两种自增方式：前置与后置，即++i 和 i++，它们的不同点在于后置的 i++是在程序执行完毕后自增，而前置的++i 是在程序开始执行前进行自增。

对于本题而言，整型变量 i 被初始化为 6，第一个输出为 6，第二个输出 i++，因为这是后置++操作，所以输出结果为 6，输出后 i 的值变为 7，故最后一个输出操作的值为 7。所以，选项 B 正确。

【真题 163】 下列运算符合法的是（　　）。

A．&&　　B．<>　　C．while　　D．:=

答案：A。

计算机的最基本用途之一就是执行数学运算，作为一门计算机语言，Java 也提供了一套丰富的运算符来操纵变量。可以把运算符分成以下几组：算术运算符（+、-、*、/、%、++、--等）、关系运算符（==、!=、>、<、>=、<=等）、位运算符（&、|、^、~、<<、>>、>>>等）、逻辑运算符（&&、||、！等）、赋值运算符（=、+=、-=、*=、/=、(%)=、<<=、>>=、&=、&=、|=等）、其他运算符（条件运算符?:、instanceof 运算符等）。

本题中，对于选项 A，&&是逻辑操作符，x&&y 的运算逻辑如下：当 x 和 y 均为 true 时，其结果是 true，否则，结果是 false。所以，选项 A 正确。

对于选项 B，<>不是 Java 语言的运算符，其作用是用来表示泛型，例如 List<String>表示这个列表中存放的是 String 类型的变量。所以，选项 B 不正确。

对于选项 C，while 是 Java 语言的关键字，用于流程控制，它不是运算符。所以，选项 C 不正确。

对于选项 D，:=不是 Java 语言的运算符。所以，选项 D 不正确。

【真题 164】 有如下代码：

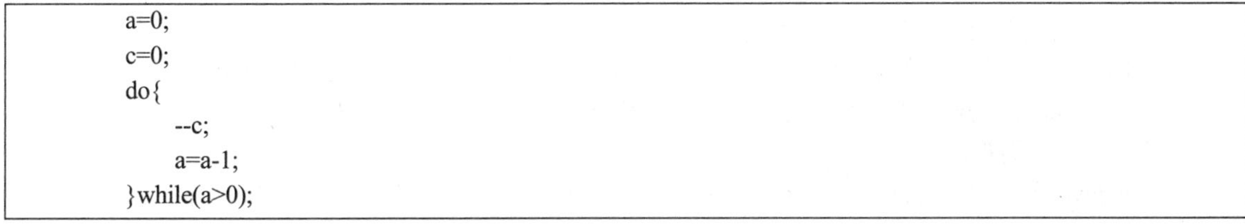

```
a=0;
c=0;
do{
    --c;
    a=a-1;
}while(a>0);
```

当执行完以上代码后，变量 c 的值是（　　）。

A. −2　　B. 1　　C. −1　　D. 死循环

答案：C。

do while 循环首先会执行一次代码块，然后再检查循环条件是否为真，如果条件为真，就会重复这个循环，否则，结束循环。

对于本题而言，变量 c 被初始化为 0，由于 do while 循环的性质，此时会首先进入循环体执行--c 运算，运算完之后，变量 c 的值变为−1，然后执行 a=a-1 语句，执行完毕后，变量 a 的值变为−1，紧接着，判断变量 a 与 0 的大小关系，由于不满足 a>0 这一循环条件，此时循环结束，c 的值为−1。所以，选项 C 正确。

【真题 165】 表达式 4&7 的运算结果是（　　）。

A. 4　　B. 1　　C. 6　　D. 7

答案：A。

在 Java 语言中，&（与）是二进制与操作运算符，其功能是参与运算的两数对应的二进位进行与操作。只有对应的两个二进位均为 1 时，结果位才为 1，否则为 0。

本题中，十进制数字 7 的二进制表示为 0111，十进制数字 4 的二进制表示为 0100，因此，这两个制数相与的结果为 0100，对应的十进制数为 4。所以，选项 A 正确。

【真题 166】 有如下代码：

```
long temp=(int)3.9;
temp%=2;
```

那么，变量 temp 的最终值是（　　）。

A. 0　　B. 1　　C. 2　　D. 4

答案：B。

在 Java 语言中，当参与运算的两个变量的数据类型不同时，就需要进行隐式的数据类型转换，转换的原则为：从低精度向高精度转换，即优先级满足 byte<short<char<int< long<float<double。例如，不同数据类型的值在进行运算时，short 类型数据能够自动转换为 int 型，int 类型数据能够自动转换为 float 等。反之，则需要通过强制类型转换来实现。在 Java 语言中，类型转换可以分为以下几种类型：

（1）类型自动转换

低级数据类型可以自动转换为高级数据类型，表 1-5 给出常见的自动转换的条件。

表 1-5　自动转换条件

操作数 1 类型	操作数 2 类型	转换后的类型
long	byte short char int	long
int	byte short char	int
float	byte short int char long	float
double	byte short int long char float	double

当类型自动转换时，需要注意以下几点内容：

1）char 类型的数据转换为高级类型（例如 int、long 等），会转换为对应的 ASCII 码。

2）byte、char、short 类型的数据在参与运算的时候，会自动转换为 int 型。但当使用+=运算的时候，就不会产生类型的转换。

3）在 Java 语言中，另外一个与 C/C++语言不同的地方是，基本数据类型与 boolean 类型是不能相互转换的。

总之，当有多种类型的数据混合运算时，系统首先自动将所有数据转换成容量最大的那一种数据类型，然后再进行计算。

（2）强制类型转换

当需要从高级类型转换为低级数据类型的时候，就需要进行强制类型转换，表 1-6 给出可以进行强制类型转换的条件。

表 1-6　强制转换条件

原操作数类型	转换后操作数类型
byte	char
char	byte
short	byte char
int	byte short char
long	byte short char
float	byte short char int long
Double	byte short char int long

需要注意的是，在进行强制类型转换的时候可能会丢失精度。

对于本题而言，赋值语句 long temp=(int)3.9 的过程如下：首先，把浮点数 3.9 强制转化为 int 类型，在转换的过程中会直接丢掉小数部分，转换结果为 3，接着在赋值给 long 型变量 temp 的时候，会隐式地将该值转换为 long 类型，由于是从低精度向高精度转换，所以，在转换过程中不会有精度丢失，转换结果仍然为 3；接着执行语句 temp%=2，该语句等价于 temp=temp%2，用来求 temp 除以 2 的余数，3%2，显然，结果为 1。所以，选项 B 正确。

【真题 167】 Java 语言中字符使用 Unicode 编码，每个 Unicode 码占用（　　）比特位。

A．4　　B．16　　C．8　　D．64

答案：B。

在 Java 语言中，所有的字符都采用 Unicode 编码，用两个字节来编码一个字符，即每个 Unicode 码占用 16 比特位。所以，选项 B 正确。

【真题 168】 数字 0.6332 的数据类型是（　　）。

A．Float　　B．double　　C．float　　D．Double

答案：B。

在 Java 语言中，默认声明的小数是 double 类型的，因此，在对 float 类型的变量进行初始化时，需要对其进行类型转换。float 类型的变量有两种初始化方法：float f=1.0f 或 float f=(float)1.0。与此类似的是，在 Java 语言中，直接写的整型数字是 int 类型的，当给数据类型为 long 的变量直接赋值时，int 类型的值无法表示一个非常大的数字，因此，在赋值的时候可以通过如下的方法来赋值：long l=26012402244L。

本题中，0.6332 的数据类型是 double，所以，选项 B 正确。

【真题 169】 有如下代码：

```
int n = 999;
n--;
++n;
System.out.println( n++ );
```

以上程序中，程序的运行结果为（　　）。

A．98　　B．999　　C．1000　　D．1001

答案：B。

在编程的时候，经常会用到变量的自增或自减操作，尤其在循环中用得最多。以自增为例，有两种自增方式：前置与后置，以变量 i 为例，即++i 和 i++，它们的不同点在于后置 i++是在程序执行完毕后自增，而前置++i 是在程序开始执行前进行自增。

对于本题而言，整型变量 n 初始化为 999，执行完 n--后，n 的值变为 998，接着执行++n 后 n 的值变为 999，最关键的一步输出 n++，这个输出语句的执行过程为首先输出 n 的值，然后再执行 n 的递增操作，因此，程序输出为 999，输出后 n 的值变为 1000。所以，选项 B 正确。

【真题 170】 a=a+b 与 a+=b 有什么不同？

答案：在 Java 语言中，当参与运算的两个数是 byte、short 或 int 时，它们首先会都被转换为 int 类型，然后再进行计算。然后把计算的结果赋值给用来存储结果的变量。如果用来存储结果变量的类型是 byte 或 short，这意味着需要把 int 类型转换为 byte 或 short 类型。a+=b 会隐式地把运算结果转换为 a 的类型。而 a=a+b 不会把 a+b 运算结果的类型隐式转换为 a 的类型。

如下例所示：

```
class Test
{
    public static void main(String[] args)
    {
        short a=1;
        short c=2;
        int b=2;
        a+=b;//运算结果隐式转换为 short
        System.out.println("a="+a);
        //a=a+c; //编译错误，因为 a+c 结果为 int 类型,不能隐式转为 int
        a=(short)(a+c);
        System.out.println("a="+a);
    }
}
```

程序的运行结果为：

```
a=3
a=5
```

【真题 171】 下面程序是否存在问题？如果存在，请指出问题所在，如果不存在，说明输出结果。

```
public class Test
{
    public static void main(String[] args)
    {
        Test t = new Test();
        int i = 0;
        t.increase(i);
        i = i++;
        System.out.println(i);
    }
    void increase(int i)
    {
        i++;
    }
}
```

答案：不存在问题，输出结果为 0。

本题中，首先对方法 increase 的调用是值传递，因此，对形参的修改不会影响到实参的值，在执行完 increase 方法的调用后，main 方法中 i 的值仍然为 0。本题的难点是要理解 i=i++的执行结果。

后置 i++是在程序执行完毕后自增，实现原理为：①把变量 i 的值取出来，放在一个临时变量（先记作 tmp）里；②变量 i 执行自增操作；③把临时变量 tmp 的值作为自增运算的结果返回。

i=i++的实现原理实际上等价于下面的一段（3 行）代码：

1）tmp=i; //把 i 的值保存到 tmp，tmp=0

2）i=i+1; //执行自增操作，i=1

3）i=tmp; //自增操作的返回值 0 赋值给 i，此时 i=0

从上面分析可以发现，在执行完语句 i= i++后，变量 i 的值保持不变。因此，程序的运行结果为 0。

【真题 172】 使 i + 1 <i 的数（　　）。

A．存在　　B．不存在　　C．不确定

答案：A。

假设变量 i 为 int 类型，当 i 为 int 能表示的最大整数时，i+1 就会溢出变成负数了，此时就满足 i + 1 <i。如下例所示：

```
public class Test
{
    public static void main(String args[])
    {
        int i=Integer.MAX_VALUE;
        if(i>i+1)
        {
            System.out.println("存在");
        }
    }
}
```

程序输出结果为：

```
存在
```

【真题 173】 有如下代码：

```
public class Test
```

```
    {
        public int test()
        {
            int i;
            i++;
            return i;
        }
        public static void main(String args[])
        {
            Test test = new Test();
            test.test();
            System.out.println(new Test().test());
        }
    }
```

当编译和运行上面程序时，下面选项中，描述正确的是（　　）。

A．编译并输出 0　　B．编译错误　　C．编译并输出 null　　D．运行错误

答案：B。

在 Java 语言中，变量在使用前必须初始化，否则将无法编译通过。上述代码定义了变量 i，但是在没有初始化的情况下，就使用了，因此，会产生编译错误。所以，选项 B 正确。

【真题 174】 有如下代码：

```
public class Test
{
    static int i;
    public int test()
    {
        i++;
        return i;
    }
    public static void main(String args[])
    {
        Test test = new Test();
        test.test();
        System.out.println(new Test().test());
    }
}
```

编译运行后，输出结果是（　　）。

A．0　　B．1　　C．2　　D．3

答案：C。

被关键字 static 修饰的属性表示这个属性是类的属性，是所有对象共享的，这个类中定义了一个类的属性 i（这个类的属性会被默认初始化为 0）。在 main 方法中，首先实例化了一个对象，并调用了 test 方法，当调用结束后，变量 i 的值变为 1，接着在 System.out.println 语句内又创建了一个对象，并调用了 test 方法，由于 i 是所有对象共享的，因此，等到调用结束后，i 的值由 1 变成 2，故返回值为 2，输出结果为 2。所以，选项 C 正确。

【真题 175】 如果 x＝1，y＝2，z＝3，则表达式 y+＝z--/++x 的值是（　　）。

A．3　　B．3.5　　C．4　　D．4.5

答案：A。

对于本题而言，在执行语句 y+=z--/++x 的时候，z--是在这个表达式计算结束后才执行自减操作，因此，在这个表达式中，z 的值为 3，在表达式计算完成后，z 的值变为 4，而++x 则不同，会首先执行 x 自增操作，x 的值变为 2，然后参与运算，因此，上面表达式等价于 y+=3/2，显然，3/2=1（运算结果需要被转换为 int 类型，丢弃掉小数部分），y 的值变为 3。所以，选项 A 正确。

【真题 176】 假设 i=2，那么表达式 (i++)/3 的值为（　　）。

答案：0。

【真题 177】 有如下定义：Short a =128; byte b =(byte)a;，则经过强制类型转换以后，变量 a 和变量 b 的值分别为（　　）。

A．128，-128　　B．128，127　　C．128，128　　D．编译错误

答案：D。

在 Java 语言中，Short 是 short 的包装类（虽然 Java 语言是一个纯面向对象的语言，但是，Java 语言中的基本数据类型却不是面向对象的，从而导致了实际使用中的诸多不便，为了解决这个问题，在设计类时，为每个基本数据类型设计了一个对应的类进行代表，这样 8 种与基本数据类型对应的类统称为包装类），本题中，变量 a 是 Short 类的对象，而 byte 是 Java 语言的 8 种基本类型之一。由于无法将一个对象转换为基本类型，因此，本题中示例会编译错误。如果把 Short 改成 short，则能编译通过。所以，选项 D 正确。

【真题 178】 有如下代码：

```
Integer i=new Integer(4);
Long l=new Long(4);
Double d=new Double(4.0);
```

下面选项中，返回结果为 true 的是（　　）。

A．i==d　　B．d==l　　C．i==l　　D．i.equals(d)
E．d.equals(l)　　F．i.equals(l))　　G．l.equals(4L)

答案：G。

在 Java 语言中，判等符“==”用来比较对象的地址是否相同，进行比较的对象必须是类型相同的对象。对于本题而言，变量 i、l 和 d 是不同类型的对象，因此，在使用判等符“==”比较的时候，编译器会报错。因此，选项 A、选项 B 和选项 C 错误。

equals 方法用来比较对象的值是否相同。Integer 类的 equals 方法的描述为：只有当参数不为 null 而且参数为 Integer 类型且有相同的 int 值的时候，才返回 true，否则，返回 false。Long 类与 Double 类的 equals 方法的描述类似。

对于选项 D、选项 E 和选项 F，调用方法的对象与参数的类型都不相同，因此，返回值为 false。所以，选项 D、选项 E 和选项 F 错误。

对于选项 G，对象 l 的类型为 Long，而 4L 的类型也为 Long，它们有相同的值，因此，返回值为 true。所以，选项 G 正确。

【真题 179】 有如下代码：

```
int x=8,y=2,z;
x=++x*y;
z=x/y++;
```

在执行完后，变量 x 和变量 y 的值分别是（　　）。

A．16，3　　B．18，4　　C．18，2　　D．18，3

答案：D。

前置自增运算符++与后置自增运算符++有本质的区别，它们的相同点都是为自身加 1，不同点是前

置自增运算符++是先加 1，再使用操作数的值，后置自增运算符++是先使用操作数的值，再加 1。

本题中，在执行语句 x=++x*y 的时候，首先，变量 x 的值变为 9，然后，乘以 y，y 的值为 2，得到 x 的值为 18，在执行语句 z=x/y++的时候，首先会执行 z=x/y，运算结束后再执行 y++，运行结束后 y 的值为 3。所以，选项 D 正确。

【真题 180】 执行下列代码后的结果是什么？int x, a=2, b=3, c=4; x=++a+b+++c++;

答案：a=3，b=4，c=5，x=10。

【真题 181】 有如下代码：

```
public class Test {
    public static void main(String[] args) {
        System.out.println(Math.min(Integer.MIN_VALUE, 0));
        System.out.println(Math.min(Double.MIN_VALUE, 0.0d));
    }
}
```

程序的运行结果为（　　）。

答案：-2147483648

0.0

Math 类的 min 方法用来返回参数中两个值的最小值。对于 Integer 而言，由于它的 MIN_VALUE 是一个负数（-2147483648），因此，Math.min(Integer.MIN_VALUE, 0)的返回值为-2147483648。但是对于 Double 而言，它的 MIN_VALUE 不是负数，而是最小的 double 类型的正数，它的值为 2^(-1074)，显然，这个值大于 0，因此，Math.min(Double.MIN_VALUE, 0.0d)的返回值为 0。

【真题 182】 对于 1.0 / 0.0 的返回值，下面说法正确的是（　　）。

A．抛出异常　　B．输出 Infinity　　C．编译错误　　D．以上都不正确

答案：B。

Double 类提供了三个属性：POSITIVE_INFINITY（正无穷大），NEGATIVE_INFINITY（负无穷大）、NaN（不是一个数字）。在内存中，浮点数是无法等于 0 的，因此，本题中，被除数 0.0 表示的是一个极小的浮点数，所以，1.0 / 0.0 的返回值为正无穷大 Double.POSITIVE_INFINITY，输出对应的字符串为 Infinity。所以，选项 B 正确。

为了更加深入地理解上述描述内容，下面给出另外一个例子：

```
public class Test {
    public static void main(String[] args) {
        System.out.println(1.0 / 0.0);
        System.out.println(Double.isInfinite(1.0 / 0.0));
        System.out.println(Double.NEGATIVE_INFINITY);
        System.out.println(Double.POSITIVE_INFINITY);
    }
}
```

程序的运行结果为：

```
Infinity
true
-Infinity
Infinity
```

【真题 183】 有如下代码：

```
class Test {
```

```
        class Dog  {
            private String name;
            private int age;
            private int step;
            Dog(String s,int a){
                name = s;
                age = a;
                step = 0;
            }
            public void run(Dog fast) {    fast.step++;}
        }
        public static void main (String args[]){
            Test a = new Test();
            Dog d = a.new Dog("Tom",3);
            d.step = 25;
            d.run(d);
            System.out.println(d.step);
        }
    }
```

程序的运行结果为（　　）。

答案：26。

1.5 数组

【真题 184】 下列关于数组的描述中，错误的有（　　）。

A．数组是一种对象　　B．数组是一种原生类

C．int arr=[]={1,2,3,4}　　D．数组的大小可以随意改变

答案：B、C、D。

在 Java 语言中，除了 8 种基本数据类型，其他的类型都是对象，因此，选项 A 正确，选项 B 错误。选项 C 的写法有语法错误，正确的写法应该为：int arr[]={1,2,3,4}。对于选项 D，数组的大小是在定义的时候确定的，一旦确定后就不能任意改变了，所以，选项 D 错误。

所以，本题的答案为 B、C、D。

【真题 185】 以下描述中，能够创建一个数组实例的是（　　）。

A．int[] arr = new int [10];　　B．float fa = new float [10];

C．char[] ca = “hello”;　　D．int ia[][] = {1, 2, 3} {4, 5, 6};

答案：A。

数组可以看成是多个相同数据类型数据的组合。在 Java 语言中，使用关键字 new 创建数组对象，格式为：数组名 =new 数组元素类型[数组元素个数];，例如 int[] arr = new int[5];。二维数组可以看成是以数组为元素的数组。例如 int a[][] = {{1,2},{3,4,5,6},{7,8,9}};。

本题中，对于选项 A，定义了一个数组实例 arr，并给其分配了可以存放 10 个 int 变量大小的存储空间。因此，选项 A 正确。

对于选项 B，声明了一个 float 类型的变量，但把一个 float 数组类型的实例赋值给它。因此，选项 B 错误。

对于选项 C，声明了一个 char 数组类型的变量，但把一个字符串类型的变量赋值给它。因此，选项 C 错误。

对于选项 D，正确的写法应为 int ia [][] = {{4, 5, 6} ,{1, 2, 3}}。因此，选项 D 错误。

【真题 186】 下面语句中，正确地声明一个整型的二维数组的有（　　）。

A．int　arr[][] = new　int[][];　　B．int　arr[20][10] = new　int[][];

C．char　a[][] = new　char[10][10];　　D．int　[][]a = new　int[10][20];

E．int　[]a[] = new　int[10][10];

答案：C、D、E。

在 Java 语言中，二维数组有以下三种声明的方法：

1）type arrayName[][];

2）type[][] arrayName;

3）type[] arrayName[];

需要注意的是，在声明二维数组时，方括号[]必须为空。

二维数组也可以使用初始化列表的方式来进行初始化，它的一般形式如下：

```
type arrayName[][]={{c11,c12,c13..},{c21,c22,c23..},{c31,c32,c33…}…};
```

也可以通过 new 关键字来给数组申请存储空间，使用方法如下：

```
type arrayname[][]=new type[行数][列数];
```

与 C/C++语言不同的是，在 Java 语言中，二维数组的第二维的长度可以不同。假如要定义一个二维数组，该二维数组有两行，第一行有两列，第二行有三列，定义方法如下：

1）int [][] arr = {{1,2},{3,4,5}};

2）int[][] a =new int[2][];
　a[0]=new int[]{1,2};
　a[1]=new int[]{3,4,5};

对于选项 A，在申请空间的时候没有指定行数与列数。因此，选项 A 错误。

对于选项 B，在二维数组声明的部分不能写行数与列数。因此，选项 B 错误。

对于选项 C、选项 D 与选项 E，描述都是正确的。

【真题 187】 在 Java 语言中，以下定义数组的语句正确的是（　　）。

A．int t[10]=new int[];　　B．char a[]="abc";

C．int t[]=new int[20];　　D．double d=new double[20];

答案：C。

在 Java 语言中，一维数组的声明方式为：

```
type arrayName[] 或 type[] arrayName
```

其中，type 既可以是基本的数据类型，也可以是类，arrayName 表示数组的名字，[]用来表示这个变量的类型为一维数组。与 C/C++语言不同的是，在 Java 语言中，数组被创建后会根据数组存放的数据类型初始化成对应的初始值（例如，int 类型会初始化为 0，对象会初始化为 null）。另外一个不同之处是 Java 数组在定义的时候，并不会给数组元素分配存储空间，因此，[]中不需要指定数组的长度。对于使用上面方式定义的数组在使用的时候还必须为之分配空间，分配方法如下：

```
arrayName = new type[arraySize];    // arraySize 表示数组的长度
```

在完成数组的声明后，需要对其进行初始化，下面介绍两种初始化方法：

1）int[] a= new int[5];　　//动态创建了一个包含 5 个整型值的数组，默认初始化为 0

2）int[] a={1,2,3,4,5};　　//声明一个数组类型变量并初始化

当然，在使用的时候也可以把数组的声明和初始化分开来写，例如：

1）int[] a;　　//声明一个数组类型的对象 a

a=new int[5]; //给数组 a 申请可以存放 5 个 int 类型大小的空间，数组元素的默认值为 0

2）int[] a; //声明一个数组类型的对象 a

a=new int[]{1,2,3,4,5}; //给数组申请存储空间，并初始化为默认值

由此可见，只有选项 C 满足题意要求。所以，选项 C 正确。

【真题 188】 下面能够生成 5 个空字符串的语句有（　　）。

A．String a[]=new String[5];for(int i=0;i<5;a[i++]="");

B．String a[]={"", "", "", "", ""};

C．String []a=new String[5];for(int i=0;i<5;a[i++]=null);

D．String a[5];

答案：A、B。

对于选项 A，首先声明了一个字符串数组类型的变量 a，这个数组的大小为 5，接着给这 5 个数组元素都初始化为“”，在此过程中生成了 5 个空字符串。所以，选项 A 正确。

对于选项 B，声明了一个大小为 5 的字符串数组，并给每个元素都初始化为“”，在此过程中也生成了 5 个空字符串。所以，选项 B 正确。

对于选项 C，声明了一个大小为 5 的字符串数组，但是数组中每个元素都被初始化为 null，在此过程中没有生成任何字符串。所以，选项 C 错误。

对于选项 D，只是声明了一个大小为 5 的字符串数组，并没有对字符串进行初始化，因此，字符串的值都为 null，而不是“”。所以，选项 D 错误。

【真题 189】 以下声明数组的方式中，正确的是（　　）。

A．int[1][4] arr;　　B．char[3] [] arr;　　C．char [] arr [] ;

D．String[][] arr;　　E．Object arr[][];　　F．short arr[][3];

答案：C、D、E。

在 Java 语言中，二维数组有如下三种声明的方法：

1）type arrayName[][];

2）type[][] arrayName;

3）type[] arrayName[];

需要注意的是，在声明二维数组时，其中方括号[]中内容必须为空。

由此可见，只有选项 C、选项 D 和选项 E 是正确的。

【真题 190】 有如下代码：

```
public class Test
{
    public static void main(String argv[])
    {
        int[] arr = new int[5];
        System.out.println(arr[5]);
    }
}
```

当编译并运行上面程序时，输出结果是（　　）。

A．编译错误　　B．运行错误　　C．输出“null”　　D．输出 0

答案：B。

在 Java 语言中，数组下标是从 0 开始的，所以，一个大小为 n 的数组，它的有效下标是 0~n-1。如果下标不在这个范围内，就会发生错误。

本题中，首先申请了一个长度为 5 的数组，数组的下标为 0～4，当使用 arr[5]访问数组元素的时候，由于访问地址不在数组能够访问的合法地址范围内，此时就发生了数组越界，会抛出

java.lang.ArrayIndexOutOfBoundsException 异常，导致程序出现运行错误。所以，选项 B 正确。

【真题 191】 设有数组定义：int arr[ ] = { 10 , 20 , 30 , 40 , 50 , 60 , 70};，则执行以下几个语句后的输出结果是（　　）。

```
int   s = 0 ;
for ( int   i = 0 ; i < arr.length ; i + + )
        if   ( i % 2 == 0 )
        {
              s += arr[i] ;
        }
System.out.println( s );
```

答案：160。

这个程序的功能是把数组下标为偶数的项相加：10+30+50+70=160。

【真题 192】 有如下代码：

```
public class Person
{
        static int arr[] = new int[10];
        public static void main(String a[])
        {
                System.out.println(arr[1]);
        }
}
```

下面语句正确的是（　　）。

A．编译时将产生错误　　B．编译时正确，运行时将产生错误
C．输出零　　D．输出空

答案：C。

【真题 193】 执行下列代码后： String[] s = new String[10];，以下描述正确的是（　　）。

A．s[10] 为 ""　　B．s[9] 为 null　　C．s[0] 为未定义　　D．s.length 为 10

答案：B、D。

1.6 字符串

【真题 194】 有如下代码：

```
String s="xbcde";
System.out.println(s.charA.t(4));
```

以下针对上述代码段的描述中，正确的是（　　）。

A．输出字符 e　　B．什么都没有，抛出 ArrayIndexOutOfBoundsException
C．输出字符 d　　D．代码编译不成功，因为 charA.t()方法不属于 String 类

答案：D。

在 Java 语言中，String 是一个特殊的包装类数据，本题中，由于 String 类中没有 charA.t()方法，因此，会编译失败，所以，选项 D 正确。

正确的方法应该是 charAt，charAt(int index)方法是一个能够用来检索特定索引下的字符的方法，charAt()方法返回指定索引位置的 char 值。索引范围为 0~length()-1，其中，length()返回的是字符串的长度，例如 str.charAt(0)检索字符串 str 中的第一个字符，str.charAt(str.length()-1)检索字符串 str 的最后一个

字符。

【真题 195】 有如下代码：

```
public class Test
{
    public void change(String str, char ch[])
    {
        str = "test ok";
        ch[0] = 'g';
    }
    public static void main(String args[])
    {
        String str = new String("good");
        char[] ch = { 'a', 'b', 'c' };
        Test ex = new Test();
        ex.change(str, ch);
        System.out.print(str + "and");
        System.out.print(ch);
    }
}
```

上面程序的运行结果是（　　）。

A．good and abc　　B．good and gbc　　C．test ok and abc　　D．test ok and gbc

答案：B。

不可变类（Immutable Class）是指当创建了这个类的实例后，就不允许修改它的值的类，也就是说，一个对象一旦被创建出来，在其整个生命周期中，它的成员变量就不能被修改了。它有点类似于常量（Const），即只允许其他程序进行读操作，而不允许其他程序进行修改操作。

在 Java 类库中，所有基本类型的包装类都是不可变类，例如 Integer、Float 等。此外，String 也是不可变类。可能有人会有疑问，既然 String 是不可变类，为什么还可以写出如下代码来修改 String 类型的值呢？

```
public class Test
{
    public static void main(String[] args)
    {
        String s="Hello";
        s+=" world";
        System.out.println(s);
    }
}
```

程序的运行结果为：

```
Hello world
```

表面上看，s+=" world"的作用好像是修改 String 类型对象 s 的值，其实不是，String s="Hello"语句声明了一个可以指向 String 类型对象的引用，这个引用的名字为 s，它指向了一个字符串常量“Hello”。s+=" world"并没有改变 s 所指向的字符串的值（由于“Hello”是 String 类型的对象，而 String 又是不可变量），在这行代码运行后，s 指向了另外一个 String 类型的对象，该对象的内容为“Hello world”。原来的那个字符串常量“Hello”还存在于内存中，并没有被改变。

在 Java 语言中，除了 8 种原始的数据类型（分别为 byte、short、int、long、float、double、char、boolean）

外，其他的类型都是对象，在方法调用的时候，传递的都是引用。从本质上来讲，引用也是按值传递，只不过传递的这个值是对象的引用而已，因此，在方法调用的时候，对形参引用所指对象属性值的修改对实参可见。但是，对引用值本身的修改对实参是不可见的。

回到本题中来，在调用 change 方法的时候，change 方法的形参 str 实际上是实参 str（main 方法中的 str）的一个副本，由于 String 是不可变量，因此，无法通过 str 来修改这个字符串的内容，执行语句 str="test ok"的结果是使形参的 str 指向了另外一个常量字符串（可以理解为修改了形参的值，而不是修改了形参所指向对象的值），但是这个修改对实参是不可见的，调用 change 方法结束后对象的 main 方法中 str 的值还是“good”。而 change 方法的形参 ch 也是实参 ch（main 方法中的 ch 值）的一个副本，但是在这个方法中通过形参 ch 修改了实参 ch 所指向对象的值，即数组元素的值，形参 ch 与实参 ch 指向的是同一个对象，因此，通过形参对这个对象值的修改对实参是可见的，所以，当调用 ex.change 方法后，main 方法中 ch 指向的数组的值变为{‘g’,‘b’,‘c’}，因为该方法只是改变了 ch[0]的值而已，所以，程序最终输出为字符串“good and gbc”。所以，选项 B 正确。

【真题 196】 有如下程序：

```
String str1="hello world";
String str2="hello"+new String("world");
System.out.println (str1==str2);
```

程序的运行结果是（　　）。

答案：false。

在 Java 语言中，除了 8 种基本的数据类型外，其他的类型都为引用类型，因此，语句 str1==str2 的功能是比较 str1 与 str2 这两个字符串的地址是否相同，显然，str1 存储在常量区，而 str2 中的“world”是在堆空间上申请的另外一块存储空间，二者必然有不同的存储地址。因此，程序的运行结果为 false。

【真题 197】 字符串分为两大类：一类是字符串常量（　　）；另一类是字符串变量（　　）。

答案：String，StringBuffer。

在 Java 语言中，String 是不可变类，也就是说，String 对象一旦被创建，其值将不能被改变，而 StringBuffer 是可变类，当对象被创建后，仍然可以对其值进行修改。由于 String 是不可变类，因此，适合在需要被共享的场合中使用，而当一个字符串经常需要被修改时，最好使用 StringBuffer 来实现。如果使用 String 来保存一个经常被修改的字符串，在字符串被修改的时候会比 StringBuffer 多了很多附加的操作，同时会生成很多无用的对象，由于这些无用的对象会被垃圾回收器回收，所以，会影响程序的性能。在规模小的项目里面，这种影响很小，但是在一个规模大的项目里面，这会对程序的运行效率带来很大的负面影响。

【真题 198】 下面关于 String、StringBuilder 以及 StringBuffer 的描述中，正确的是（　　）。

A．对 String 对象的任何改变都不影响到原对象，相关的任何 change 操作都会生成新的对象

B．StringBuffer 是线程安全的

C．StringBuilder 是线程安全的

D．可以修改 StringBuilder 和 StringBuffer 的内容

答案：A、B、D。

String 字符串修改实现的原理如下：当使用 String 类型来对字符串进行修改时，其实现方法是首先创建一个 StringBuffer，然后调用 StringBuffer 的 append 方法，最后调用 StringBuffer 的 toString 方法把结果返回。举例如下：

```
String s="Hello";
s+="World";
```

以上代码与下述代码等价：

```
String s="Hello";
StringBuffer sb=new StringBuffer(s);
s.append("World");
s=sb.toString();
```

由此可以看出，上述过程比使用 StringBuffer 多了一些附加的操作，同时也生成了一些临时的对象，这样会导致程序的执行效率降低。

StringBuilder 也是可以被修改的字符串，它与 StringBuffer 类似，都是字符串缓冲区，但 StringBuilder 不是线程安全的，如果只是在单线程中使用字符串缓冲区，那么 StringBuilder 的效率会更高些。因此，在只有单线程访问的时候，可以使用 StringBuilder，当有多个线程访问时，最好使用线程安全的 StringBuffer。因为 StringBuffer 必要时可以对这些方法进行同步，所以任意特定实例上的所有操作就好像是以串行顺序发生的，该顺序与所涉及的每个线程进行的方法调用顺序一致。

在执行效率方面，StringBuilder 最高，StringBuffer 次之，String 最低。鉴于这一情况，一般而言，如果要操作的数据量比较小，可以使用 String 类；如果是在单线程下操作大量数据，优先使用 StringBuilder 类；如果是在多线程下操作大量数据，优先考虑 StringBuffer 类。

从以上分析可知，StringBuilder 不是线程安全的。所以，选项 A、选项 B 与选项 D 正确。

【真题 199】 "hello" instanceof Object 的返回值是（　　）。

A．"abcd"　　B．true　　C．false　　D．String

答案：B。

instanceof 是 Java 语言中的一个二元运算符，它的作用是判断一个引用类型的变量所指向的对象是否是一个类（或接口、抽象类、父类）的实例，即它左边的对象是否是它右边的类的实例，返回 boolean 类型的数据。

常见的用法如下：result = object instanceof class，如果 object 是 class 的一个实例，那么 instanceof 运算符返回 true。如果 object 不是指定类的一个实例，或者 object 是 null，那么，此时返回 false。

在 Java 语言中，所有类都是 Object 的子类，由于“hello”是字符串类型（String），String 是 Object 的子类，因此，“hello”也是 Object 类，"hello"instanceof Object 的返回值为 true。所以，选项 B 正确。

【真题 200】 String 和 StringBuffer 有什么区别？

答案：String 用于字符串操作，属于不可变类，而 StringBuffer 也是用于字符串操作，不同之处是 StringBuffer 属于可变类。

String 是不可变类，也就是说，String 对象一旦被创建，其值将不能被改变，而 StringBuffer 是可变类，当对象被创建后，仍然可以对其值进行修改。如果一个字符串经常需要被修改的时候，使用 StringBuffer 有更高的效率。

为了更好地说明这一问题，下面分析一个示例。

```
public class Test
{
    public static void testString()
    {
        String s = "Hello";
        String s1 = "world";
        long start = System.currentTimeMillis();
        for (int i = 0; i < 10000; i++)
        {
            s += s1;
        }
        long end = System.currentTimeMillis();
```

```
            long runTime = (end - start);
            System.out.println("testString:" + runTime);
        }
        public static void testStringBuffer()
        {
            StringBuffer s = new StringBuffer("Hello");
            String s1 = "world";
            long start = System.currentTimeMillis();
            for (int i = 0; i < 10000; i++)
            {
                s.append(s1);
            }
            long end = System.currentTimeMillis();
            long runTime = (end - start);
            System.out.println("testStringBuffer:" + runTime);
        }
        public static void main(String[] args)
        {
            testString();
            testStringBuffer();
        }
    }
```

程序的运行结果为：

```
testString:1760
testStringBuffer:3
```

从程序的运行结果可以看出，当一个字符串需要经常被修改的时候，使用 StringBuffer 比使用 String 的性能要好很多。

【真题 201】 有如下代码：

```
public class Test
{
    public static void main(String[] args)
    {
        String a = "hello";
        change(a);
        System.out.println(a);
    }
    public static void change(String name)      {name="world";}
}
```

程序的运行结果是（　　）。

答案："hello"。

本题中，在调用 change 方法的时候，传递的是字符串 a 的引用（或地址），此时，name 与 a 指向同一个字符串，也就是说，对于字符串 a 的地址而言，这个方法调用是值传递。而在方法 change 内部对这个传递的地址（值）进行修改，也就是修改了 name 的指向，这个修改对实参是没有影响的，因此，程序的运行结果为"hello"。

【真题 202】 switch 是否能作用在 byte 上？是否能作用在 long 上？是否能作用在 String 上？

答案：switch 能作用在 byte 上，不能作用在 long 上，从 Java7 开始可以作用在 String 上。

switch 语句用于多分支选择，在使用 switch(expr)的时候，expr 只能是一个枚举常量（内部也是由整型或字符类型实现）或一个整数表达式，其中，整数表达式可以是基本数据类型 int 或其对应的包装类 Integer，当然也包括不同的长度整型，例如 short。由于 byte、short 和 char 都能够被隐式地转换为 int 类型，因此，这些类型以及它们对应的包装类型都可以作为 switch 的表达式。但是，long、float、double 和 String 类型由于不能够隐式地转换为 int 类型，因此，它们不能被用作 switch 的表达式。如果一定要使用 long、float 或 double 作为 switch 的参数，必须将其强制转换为 int 型才可以。

例如，以下对 switch 中参数的使用就是非法的。

```
float a = 0.123;
switch(a) //错误！ a 不是整型或字符类型变量
{
    ...
}
```

另外，与 switch 对应的是 case 语句，case 语句之后可以是直接的常量数值，例如 1、2，也可以是一个常量计算式，例如 1+2 等，还可以是 final 型的变量（final 变量必须是编译时的常量），例如 final int a = 0，但不能是变量或带有变量的表达式，例如 i * 2 等。当然，更不能是浮点型数，例如 1.1，或者 1.2 / 2 等。

```
switch(formWay)
{
    case 2-1 :  //正确
        ...
    case a-2 :  //错误
        ...
    case 2.0 :  //错误
        ...
}
```

随着 Java 语言的发展，在 Java7 中，switch 开始支持 String 类型了。

【真题 203】 下面程序是否存在问题？如果存在，请指出问题所在，如果不存在，说明输出结果。

```
public class Test
{
    public static void main(String[] args)
    {
        String str = new String("good");
        char[] ch = {'a','b','c'};
        Test ex = new Test();
        ex.change(str, ch);
        System.out.print(str +"and");
        System.out.print(ch);
    }
    public void change(String str, char ch[])
    {
        str= "test ok";
        ch[0]= 'g';
    }
}
```

答案：不存在问题，输出结果为 goodandgbc。

在调用 change 方法时，str 和 ch 传递的都是引用，在方法中修改了 ch 指向对象的内容，由于形参与实参指向相同的对象，因此，通过形参对对象内容的修改对实参是可见的。对于 str 来说，修改的是引用本身，也就是说，修改的是引用的值，而不是修改了引用指向的内容。形参引用的值是实参引用值的一个拷贝；从这个角度来讲，引用传递是通过传递引用的值来实现的，可以理解为值传递，对引用本身的修改对实参是不可见的。

【真题 204】 已知有如下定义：String s="hello world";，下面表达式中，不合法的是（　　）。

A．s+="world"　　　　B．char c=s[1]

C．int len=s.length()　　　　D．String t=s.toLowerCase()

答案：B。

对于选项 A，Java 允许 String 类进行+操作，虽然 String 是不变类，但语句 s+="world"会生成一个新的字符串对象，其内容为“hello worldworld”，因此，选项 A 正确。

对于选项 B，在 Java 语言中，String 是一个类，s 是一个字符串对象，而不是数组，因此，没有提供类似于数组根据索引随机访问的功能，因此，选项 B 错误。

对于选项 C，String 类提供了 length()方法来计算字符串的长度，因此，选项 C 正确。

对于选项 D，String 类提供了 toLowerCase()方法，该方法用来把字符串中所有字符转换为小写字母，因此，选项 D 正确。

【真题 205】 有如下代码：

```
String a="Hello";
String b=" Hello";
String c=new String("Hello");
String d=new String("Hello");
```

以上表达式中，返回值为真的有（　　）。

A．a ==b　　　　B．a==c　　　　C．c==d

D．a.equals(b)　　　　E．a.equals(c)　　　　F．c.equals(d)

答案：A、D、E、F。

1）判等运算符“==”用来比较两个变量的值是否相等，也就是用于比较变量所对应内存中存储的数值是否相同，要比较两个基本类型的数据或两个引用变量是否相等，只能使用判等运算符“==”。

具体而言，如果两个变量都是基本数据类型，可以直接使用判等运算符“==”来比较其对应的值是否相等。如果一个变量指向的数据是对象（引用类型），那么，此时涉及两块内存，对象本身占用一块内存（堆内存），变量（对象的引用）也占用一块内存。例如，对于赋值语句 String s = new String("Hello")，变量 s 占用一块存储空间，而“Hello”则存储在另外一块存储空间里，此时，变量 s 所对应的内存中存储的数值就是对象“Hello”占用的那块内存的首地址。对于指向对象类型的变量，如果要比较两个变量是否指向同一个对象，即要看这两个变量所对应的内存中的数值是否相等（这两个对象是否指向同一块存储空间），这时候就可以用“==”运算符进行比较。但是，如果要比较这两个对象的内容是否相等，那么使用“==”运算符就无法实现了。

2）equals 是 Object 类提供的方法之一，每一个 Java 类都继承自 Object 类，所以，每一个对象都具有 equals 这个方法。Object 类中定义的 equals(Object) 方法是直接使用“==”运算符比较两个对象，所以，在没有覆盖 equals(Object) 方法的情况下，equals(Object) 与“==”运算符一样，比较的是引用。

与“==”运算符相比，equals(Object) 方法的特殊之处就在于它可以被覆盖，所以，可以通过覆盖的方法让它不是比较引用而是比较数据内容。例如 String 类的 equals 方法是用于比较两个独立对象的内容是否相同。例如，对于下面的代码：

```
String s1=new String("Hello");
String s2=new String("Hello");
```

两条 new 语句创建了两个对象，然后用 s1、s2 这两个变量分别指向一个对象，这是两个不同的对象，它们的首地址是不同的。即字符串 a 和字符串 b 中存储的数值是不相同的，所以，表达式 a==b 将返回 false，而这两个对象中的内容是相同的，所以，表达式 a.equals(b)将返回 true。

根据以上分析可知，选项 D、选项 E、选项 F 是正确的，因为这些字符串都有着相同的内容。

在 Java 语言中，字符串起着非常重要的作用，字符串的声明与初始化主要有如下两种情况：

1）对于 String s1=new String("abc")语句与 String s2=new String("abc")语句，存在两个引用对象 s1、s2，两个内容相同的字符串对象“abc”，它们在内存中的地址是不同的。只要使用到 new，总会生成新的对象。

2）对于 String s1 = "abc"语句与 String s2 = "abc"语句，在 JVM 中存在着一个字符串池，其中保存着很多 String 对象，并且这些对象可以被共享使用，s1、s2 引用的是同一个常量池中的对象。由于 String 的实现采用了 Flyweight（享元）的设计模式，当创建一个字符串常量的时候，例如 String s = "abc"，会首先在字符串常量池中查找是否已经有相同的字符串被定义，它的判断依据是 String 类 equals(Object obj)方法的返回值。如果已经定义，则直接获取对其的引用，此时不需要创建新的对象，如果没有定义，则首先创建这个对象，然后把它加入到字符串池中，再将它的引用返回。由于 String 是不可变类，一旦创建好就不能被修改，因此，String 对象可以被共享而且不会导致程序的混乱。

从以上分析可知，对于本题而言，字符串 a 和 b 都指向常量池的字符串，因此，有着相同的地址，因此，表达式 a==b 的返回值为 true，字符串 c 和 d 分别指向两个在堆空间上申请的字符串，显然，字符串 c、d 和 a 有着不同的地址，因此，表达式 a==c 和 c==d 的返回值都为 false。

所以，本题的答案为 A、D、E、F。

【真题 206】 有如下程序段：

```
int x=3;
int y=3;
String s1="Hello";
String s2="Hello";
```

则表达式 x==y 与 s2==s1 的结果分别为（　　）。

A. true 与 true　　B. false 与 true　　C. true 与 false　　D. false 与 false

答案：A。

【真题 207】 有如下代码：

```
String str1 = "abcd";
String str2 = "ab" + new String("cd");
System.err.println(str1 == str2);
```

上面程序的运行结果是（　　）。

A. true　　B. false　　C. 不确定　　D. 编译错误

答案：B。

【真题 208】 在 Java 语言中，打印语句 System.out.println("3" + 4)的输出结果是（　　）。

A. 34　　B. 7　　C. 3　　D. 4

答案：A。

本题中，由于“3”是字符串，因此，在执行"3" + 4 的过程中，首先把 4 转换为字符串“4”，然后再执行字符串拼接，结果为“34”，因此，程序的运行结果为 34。所以，选项 A 正确。

如果把题目改成 System.out.println(3+4)，由于+操作两边的变量都是 int 类型，因此，此时会先执行加操作，结果为 7，然后把 7 输出。

【真题 209】 有如下代码：

```
public class Test
{
    public static void main(String[] args)
    {
        String s;
        System.out.println("s=" + s);
    }
}
```

上述代码的输出结果是（　　）。

A．代码得到编译，并输出“s=null”

B．代码得到编译，并输出“s=”

C．由于 String s 没有初始化，代码不能编译通过

D．代码得到编译，但捕获到 NullPointException 异常

答案：C。

在 Java 语言中，任何局部变量只有被初始化后才能被使用，如果没有被初始化就直接使用，是无法编译通过的。本题中，由于 String s 没有初始化，代码不能编译通过。所以，选项 C 正确。

【真题 210】 下列关于 String 和数组的描述中，正确的是（　　）。

A．String 有 length 属性　　B．String 有 length()方法

C．数组有 length 属性　　D．数组有 length()方法

答案：B、C。

String 类的 length()方法可以用来求解字符串的长度，数组的 length 属性用来求解数组的大小，如下例所示：

```
public class Test
{
    public static void main(String argv[])
    {
        int a[]={1};
        System.out.println(a.length);
        String s="Hello";
        System.out.println(s.length());
    }
}
```

程序的运行结果为：

```
1
5
```

因此，选项 B 与选项 C 正确。

【真题 211】 有如下代码：

```
public class Test
{
    public static void stringReplace(String text)
    {
        text=text+"c";
    }
    public static void bufferReplace(StringBuffer text)
    {
```

```
            text=text.append("c");
        }
        public static void main(String args[])
        {
            String textString=new String("ab");
            StringBuffer textBuffer=new StringBuffer("ab");
            stringReplace(textString);
            bufferReplace(textBuffer);
            System.out.println(textString+textBuffer);
        }
    }
```

当编译并运行上面程序时，输出结果是（　　）。

A．编译并运行输出 ab　ab　　　B．编译并运行输出 abc　abc

C．编译并运行输出 ab　abc　　　D．编译并运行输出 abc　ab

答案：C。

String 和 StringBuffer 都是类，在方法调用的时候，二者传递的都是引用值（可以理解为传递的是它们的地址），对于 String 而言，由于 String 是不可变量，一旦赋值后，它的内容就不能被修改了。

从本质上来讲，引用传递是通过值传递实现的（传递了引用的值，或者可以理解为传递的是对象地址的值），对于本题而言，在调用 stringReplace 方法的时候，首先把实参 textString 的值复制给形参 text（textString 是字符串“ab”的引用，或者可以理解为是“ab”的地址），当在方法 stringReplace 内执行语句 text=text+"c"的时候，相当于创建了一个新的字符串对象“abc”，然后 text 指向这个字符串对象，这并没有改变实参 textString 的值，因此，在调用结束后，textString 指向的字符串的值还是“ab”。StringBuffer 不是不可变量，在调用 bufferReplace 方法的时候，先把实参的值 textBuffer 赋值给形参 text（字符串“ab”的引用，或可以理解为地址），在调用 text.append("c")的时候，会直接对 text 指向的字符串后面拼接一个字符串“c”，由于 text 与 textBuffer 指向同一个字符串，因此，这个对形参的修改也会影响到实参的值，调用结束后 textBuffer 的值为“abc”。所以，选项 C 正确。

【真题 212】 对于一些敏感的数据（例如密码），为什么使用字符数组存储比使用 String 更安全？

答案：在 Java 语言中，String 是不可变类，它被存储在常量字符串池中，从而实现了字符串的共享，减少了内存的开支。正因为如此，一旦一个 String 类型的字符串被创建出来，这个字符串就会存在于常量池中直到被垃圾回收器回收为止。因此，即使这个字符串（比如密码）不再被使用，它仍然会在内存中存在一段时间（只有垃圾回收器才会回收这块内容，程序员没有办法直接回收字符串）。此时有权限访问 memory dump（存储器转储）的程序都可能会访问到这个字符串，从而把敏感的数据暴露出去，这是一个非常大的安全隐患。如果使用字符数组，一旦程序不再使用这个数据，程序员就可以把字符数组的内容设置为空，此时这个数据在内存中就不存在了。从以上分析可以看出，与使用 String 相比，使用字符数组，程序员对数据的生命周期有更好的控制，从而可以增强安全性。

【真题 213】 下面程序的运行结果是（　　）。

```
public class Test
{
    public static void main(String args[])
    {
        String str1 = " Hello";
        String str2 = " world";
        System.out.println(new Str(str1, str2));
        System.out.println(str2);
    }
```

```
    }
    class Str
    {
        String s1;
        String s2;
        Str(String str1, String str2)
        {
            s1 = str1;
            s2 = str2;
            str2 += str1;
        }
        public String toString()    {    return s1 + s2;    }
    }
```

答案：Hello world
　　　world

本题中，在调用 new Str(str1,str2)的时候，初始化了一个临时的 Str 的实例（s1=" Hello! ",s2=" world"），当调用 System.out.println 方法输出这个对象的时候，会调用这个对象的 toString 方法，返回 s1+s2，显然，返回值为 Hello world。在这个过程中，str2 的值被初始化以后就没有被修改过，因此，接下来输出 str2 的值：world。

【真题 214】 有如下代码：

```
    public class Test
    {
        public static void changeStr(String str)    {    str = "world";    }
        public static void main(String[] args)
        {
            String str = "hello";
            changeStr(str);
            System.out.println(str);
        }
    }
```

程序的输出是（　　）。

A．hello　　B．world　　C．hello world　　D．world hello

答案：A。

本题中，方法调用的执行过程如图 1-2 所示。

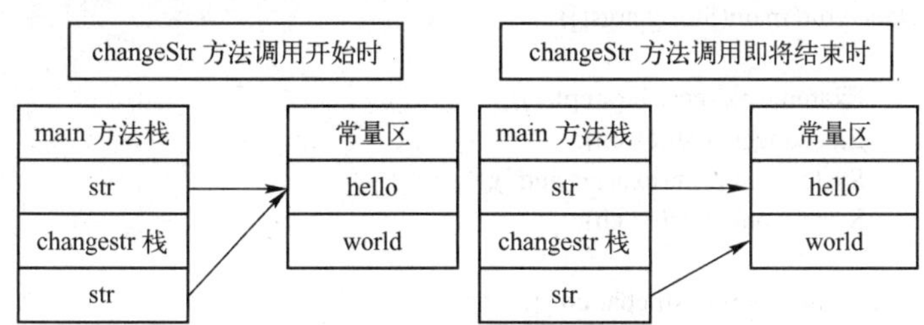

图 1-2　方法调用执行过程

在调用方法 changeStr 时，会把实参的值（main 方法中的 str）赋值给形参（changeStr 方法中的 str），这个赋值可以理解为把字符串“hello”的引用（或地址）赋值给了形参。在方法 changeStr 中执行语句

str="world"的结果是使得 changeStr 中的临时变量 str 指向了另外一个新的字符串，但是这个赋值对实参的值是没有影响的。当方法调用结束后，changeStr 方法中的 str 变量的作用域将结束，因此，也就不存在了，此时，main 方法中的 str 变量的值没有改变，因此，输出的结果为字符串“hello”。所以，选项 A 正确。

【真题 215】 有以下代码：

```
String s="hello";
String t="hello";
char c[] ={'h','e','l','l','o'};
```

下列选项中，返回值为 false 的语句是（　　）。

A．s.equals(t);　　　　B．t.equals(c);

C．t.equals(new String("hello"));　　　　D．s==t;

答案：B。

在 Java 语言中，equals 方法是类 Object 中的方法，因此，对于所有继承于 Object 的类中都会有该方法。在 Object 类中，equals 方法的作用是比较两个对象的引用是否相等，即是否指向同一个对象。它等价于“==”操作，当这两个引用指向同一个对象的引用时，返回 true，否则，返回 false。而 String 类重写了 equals 方法，String 类的 equals 方法用来判断两个引用指向的字符串的内容是否相等，如果相等，则返回 true，否则，返回 false。

对于选项 A，字符串 s 和字符串 t 的内容相同，都为“hello”，因此，返回值为 true。所以，选项 A 错误。

对于选项 B，t 是 String 的对象，而 c 是字符数组的引用。equals 方法的参数为 String 类型，因此，会默认调用 c 的 toString 方法，这个方法会返回 c 对象的信息，而不是“hello”，故返回值为 false。所以，选项 B 正确。

对于选项 C，t 的内容与新创建出来的字符串的内容都是“hello”，因此，返回值为 true。所以，选项 C 错误。

对于选项 D，对于 String 类的对象而言，判等符“==”通常用来表示两个字符串对象的引用是否相等。在执行语句 String s="hello"时，会首先在常量区里存储字符串“hello”，而 s 指向这个对象，在执行语句 String t="hello"时，由于在常量区里已经存在这个字符串，因此，t 也直接指向这个字符串，而不会创建新的字符串，所以，字符串 s 与字符串 t 的值相等。s==t 的返回值为 true，选项 D 错误。

【真题 216】 有如下代码：

```
public class Example
{
    String str=new String(“good”);
    char[] ch={‘a’,’b’,’c’};
    public static void main(String args[])
    {
            Example ex=new Example();
            Ex.change(ex.str,ex.ch);
            System.out.print(ex.str+“and”);
            System.out.print(ex.ch);
    }
    public void change(String str,char ch [])
    {
            str=”test ok”;
            ch [0] = ‘g’;
    }
}
```

程序的运行结果为（　　）。

A．good and abc　　B．good and gbc　　C．test ok and abc　　D．test ok and gbc

答案：B。

【真题 217】下面的表达式中，正确的是（　　）。

A．String s = "你好"; int i = 3; s+=i;

B．String s = "你好"; int i = 3; if(i==s){s+=i};

C．String s = "你好"; int i = 3; s=i+s;

D．String s = "你好"; int i = 3; s=i+;

E．String s = "你好"; int i = (s!=null)&&(s.length>0)?s.length():0;

答案：A、C。

【真题 218】 语句 String s = "Hello world!"声明了什么？

答案：也许大部分人都会认为这个语句只是创建了一个字符串而已，这种回答不是非常准确。

其实，对于 String s = "Hello world!"这条语句，要分以下两种情况来讨论：

（1）在此之前没有定义过字符串常量“Hello world!”

对于这种情况，这行代码其实做了两件事：一是在常量区创建了字符串“Hello world!”，二是声明了一个字符串对象的引用 s，这个变量 s 引用的是常量区中的字符串常量“Hello world!”。这行代码可以等价为以下两行代码：

```
String s;  //声明一个字符串对象的引用
s="Hello world!";  //让 s 指向字符串常量“Hello world!”
```

（2）在此之前已经定义过字符串常量“Hello world!”

如果在执行这行代码之前，已经定义过字符串常量“Hello world!”，那么这行代码不会创建新的字符串，只创建一个字符串对象的引用 s，让 s 指向常量区中已经存在的字符串常量“Hello world!”。

【真题 219】 至少写出 String 中的 10 个常用方法。

答：String 中的常用方法见表 1-7。

表 1-7　String 中的常用方法

返 回 值	方 法 名	方 法 描 述
boolean	startsWith(String prefix)	判断此字符串是否以指定的前缀开始
String	substring(int beginIndex)	返回一个新的字符串，它是此字符串的一个子字符串
String	trim()	返回字符串的副本，忽略前导空白和尾部空白
static String	valueOf(char[] data)	返回 char 数组参数的字符串表示形式
char	charAt(int index)	返回字符串在位置 index 处的字符
String	concat(String str)	将指定字符串连到此字符串的结尾
boolean	contains(CharSequence s)	当且仅当此字符串包含 char 值的指定序列时，才返回 true
boolean	endsWith(String suffix)	判断此字符串是否以指定的后缀结束
byte[]	getBytes()	使用平台默认的字符集将此 String 解码为字节序列，并将结果存储到一个新的字节数组中
int	indexOf(int ch)	返回指定字符在此字符串中第一次出现处的索引
int	length()	返回此字符串的长度
String[]	split(String regex)	根据给定的正则表达式的匹配来拆分此字符串

【真题 220】 怎样实现将 GB2312 编码的字符串转换为 ISO8859-1 编码？

答案：编码是一个非常重要的概念，尤其在网络传输中。通过网络传输一个字符串的流程如下：发送方把字符串转换成 byte 序列进行传输，接收方接收到 byte 序列后，需要把 byte 序列转换成字符串。也许有人认为这个工作非常简单，假如要传输字符串 String s= "中国";，只需要调用 s.getBytes()方法就可以把字符串转换为 byte 数组进行发送，接收方接收到这个 byte 数组 b 后，再调用 new String(b)就可以转换为字符串。getBytes()方法采用系统默认的编码方式把字符串转换为 byte 数组，new String(b)采用系统默认的编码方式把 byte 数组转换为字符串。采用这种方法，当发送方与接收方所在系统默认的编码方式不同时，就会出现乱码。因此，在这种情况下需要使用另外一套接口来显式地指定编码方式，假设字符串采用 utf-8 的编码方式，可以采用下面的写法保证在任何情况下都能正确运行：

发送方通过调用 s.getBytes("utf-8")方法使用 utf-8 编码方式把字符串编码为字节流，接收方接收到字节流后，使用 new String(b, "utf-8")方法进行解码，转换为字符串。

当然，各个编码之间可以相互转换，只不过以 A 方式编码的字符串转换为以 B 方式编码的内容后可能会有乱码，如下代码的功能是把 GB2312 编码的字符串转换为 ISO8859-1 编码：

```
public class Test
{
    public static void main(String[] args) throws Exception
    {
        //这是一个用 GB2312 编码的字符串
        String gb = new String("中国".getBytes(),"gb2312");
        System.out.println(gb);
        //把 GB2312 编码的字符串改为用 ISO8859-1 编码
        //需要先用 GB2312 解码，然后用 ISO8859-1 编码，采用新的编码可能会有乱码
        String ios = new String(gb.getBytes("gb2312"),"ISO-8859-1");
        System.out.println(ios);
        //再转换回用 GB2312 编码，不会有乱码
        gb = new String(ios.getBytes("ISO-8859-1"),"gb2312");
        System.out.println(gb);
    }
}
```

程序的运行结果为：

```
中国
???¨²
中国
```

【真题 221】 为什么要把 String 设计为不变量？

答案：在 Java 编程中，String 是一个非常重要的类，几乎在所有的项目中都会被用到，因此，String 的性能就非常重要。鉴于此，String 被设计为一个不可变量。具体而言，String 被设计为不可变量有如下几个重要的原因：

1）节省空间：在 Java 语言中，为了提供效率与空间使用率，把字符串常量存储在 String pool（池）中，这些字符串可以被共享，为了保证一个用户对字符串的修改不会影响到其他用户的使用，String 被设计为不可变量。

2）提高效率：正是由于 String 会被不同的用户共享，在多线程编程时，String 可能会被不同的线程共享，如果把 String 设计为不可变量，那么它就是线程安全的，就不需要对 String 进行同步，可以显著提高多线程的效率。此外，String 会经常被当作 HashMap 的 key 进行存储，也就需要计算 String 的 hash 值，如果 String 被设计为不可变量，它的 hash 值也会保持不变，就可以把它的 hash 值缓存起来，而不

需要每次都计算 hash 值，可以显著地提高效率。

3）安全因素：由于 String 会经常被用作参数来使用（例如连接数据库时使用的用户名、密码，读写文件时使用的文件名等），如果 String 是可变量，黑客可以通过某种特定的手段对这些参数进行修改，从而修改文件的内容或属性，造成安全隐患。为了安全，String 被设计为不可变量，那么黑客就无法对字符串参数的内容进行修改了。

1.7 异常处理

【真题 222】 以下关于异常的描述中，正确的是（　　）。

A．如果一个方法声明将抛出某个异常，它就必须真的抛出那个异常

B．一旦出现异常，程序运行就终止了

C．在 catch 子句中匹配异常是一种精确匹配

D．可能抛出系统异常的方法是不需要声明异常的

答案：D。

异常是指程序运行时（非编译时）所发生的非正常情况或错误，当程序违反了语义规则时，JVM 就会将出现的错误表示为一个异常并抛出。这个异常可以在 catch 程序块中进行捕获，然后进行处理。而异常处理的目的则是为了提高程序的安全性与健壮性。

Java 语言提供了两种错误的处理类，分别为 Error（错误）和 Exception（异常），且它们拥有共同的父类：Throwable。

Error 表示程序在运行期间出现了非常严重的错误，并且该错误是不可恢复的，由于这属于 JVM 层次的严重错误，所以，这种错误是会导致程序终止执行的。此外，编译器不会检查 Error 是否被处理，因此，在程序中不推荐去捕获 Error 类型的异常，主要原因是运行时异常多是由于逻辑错误导致的，属于应该解决的错误，也就是说，一个正确的程序中是不应该存在 Error 的。OutOfMemoryError、ThreadDeath 等都属于错误。当这些异常发生时，JVM 一般会选择将线程终止。

Exception 表示可恢复的异常，是编译器可以捕捉到的。它包含两种类型：运行时异常（Runtime Exception）和检查异常（Checked Exception）。

1）检查异常是在程序中最经常碰到的异常，所有继承自 Exception 并且不是运行时异常的异常都是检查异常，比如最常见的 IO 异常和 SQL 异常。对于这种异常，都发生在编译阶段，Java 编译器强制程序去捕获此类型的异常，即把可能会出现这些异常的代码放到 try 块中，把对异常的处理的代码放到 catch 块中。这种异常一般在如下几种情况中使用：

① 异常的发生并不会导致程序出错，进行处理后可以继续执行后续的操作。例如，当连接数据库失败后，可以重新连接后进行后续操作。

② 程序依赖于不可靠的外部条件，例如系统 IO。

2）对于运行时异常，编译器没有强制对其进行捕获并处理。如果不对这种异常进行处理，当出现这种异常时，会由 JVM 来处理。在 Java 语言中，最常见的运行时异常有如下几种：NullPointerException（空指针异常）、ArrayStoreException（数据存储异常）、ClassCastException（类型转换异常）、InexOutOfBoundException（数组越界异常）、BufferOverflowException（缓冲区溢出异常）和 ArithmeticException（算术异常）等。

出现运行时异常后，系统会把异常一直往上层抛出，直到遇到处理代码为止。如果没有处理块，则抛到最上层，如果是多线程就由 Thread.run()方法抛出，如果是单线程，就被 main()方法抛出。抛出之后，如果是线程，这个线程也就退出了。如果是主程序抛出的异常，那么整个程序也就退出了。所以，如果不对运行时异常进行处理，后果是非常严重的，一旦发生，要么是线程中止，要么是主程序终止。

在使用异常处理时，还需要注意以下几个问题：

1）Java 异常处理用到了多态的概念，如果在异常处理过程中，首先捕获了基类，然后再捕获子类，

那么捕获子类的代码块将永远不会被执行。因此，在进行异常捕获的时候，正确的写法是：首先捕获子类，然后再捕获基类的异常信息。如下例所示：

<table>
<tr><th>正确的写法</th><th>错误的写法</th></tr>
<tr><td><pre>try
{
   //access db code
}
catch(SQLException e1)
{
    //deal with this exception
}
catch(Exception e2){}</pre></td><td><pre>try
{
   //access db code
}
catch(Exception e1)
{
    //deal with this exception
}
catch(SQLException e2){}</pre></td></tr>
</table>

2）尽早抛出异常，同时对捕获的异常进行处理，或者从错误中恢复，或者让程序继续执行。对捕获的异常不进行任何处理是一个非常不好的习惯，这样的代码将非常不利于调试。当然，也不是抛出异常越多越好，对于有些异常类型，例如运行时异常，实际上根本不必处理。

3）可以根据实际的需求自定义异常类，这些自定义的异常类只要继承自 Exception 类即可。

4）异常能处理就处理，不能处理就抛出。对于一般异常，如果不能进行行之有效地处理，最好转换为运行时异常抛出。对于没有处理的异常，最终 JVM 会进行处理。

本题中，对于选项 A，一个方法声明了抛出一个异常只表明这个方法有可能会抛出这个异常，而不是一定会抛出这个异常。因此，选项 A 错误。

对于选项 B，如果出现的异常被捕获到，并进行相应的处理后，程序可以继续运行，而不会终止。因此，选项 B 错误。

对于选项 C，异常匹配不是一种精确的匹配，使用了多态的概念。假如异常 A 是异常 B 的子类，如果有异常 A 抛出，在捕获异常的代码中，不仅可以匹配异常 A，而且也可以匹配异常 B。因此，选项 C 错误。

对于选项 D，对于可能抛出的运行时异常，编译器没有强制对其进行声明，只有检查异常（例如 IOException），编译器才会强制要求在方法中声明。因此，选项 D 正确。

【真题 223】 请给出 Java 异常类的继承体系结构，以及 Java 异常的分类，且为每种类型的异常各举几个例子。

答案：Java 语言提供了两种错误的处理类，分别为 Error 和 Exception，且它们拥有共同的父类：Throwable。

它们的继承关系如图 1-3 所示。

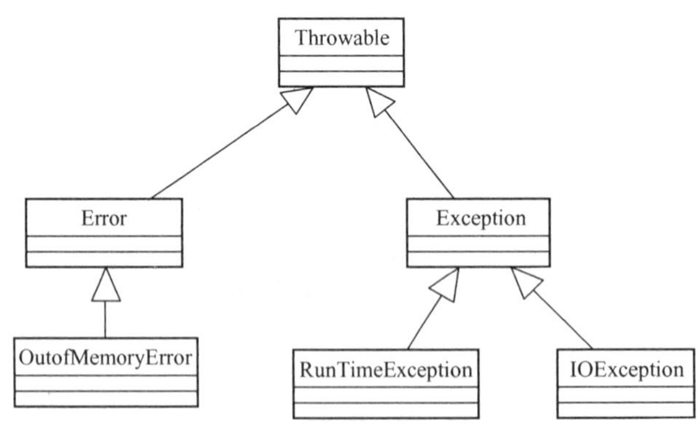

图 1-3 Java 异常的继承关系

由于有很多种检查异常，这里只画了 IOException 作为代表。

【真题 224】 以下能使用 throw 抛出异常的有（　　）。

A．Throwable　　B．Event　　C．Object　　D．Error

E．Exception　　F．RuntimeException

答案：A、D、E、F。

异常是指程序运行时（非编译时）所发生的非正常情况或错误，当程序违反了语义规则时，JVM 就会将出现的错误表示为一个异常并抛出。这个异常可以在 catch 程序块中进行捕获，然后进行处理。而异常处理的目的则是为了提高程序的安全性与健壮性。

Java 语言把异常当作对象来处理，并定义了一个基类（java.lang.Throwable）作为所有异常的超类。在 Java API 中，已经定义了许多异常类，这些异常类分为两大类，Error（错误）和 Exception（异常）。

违反语义规则包括以下两种情况：一种是 Java 类库内置的语义检查，例如，当数组下标越界时，会引发 IndexOutOfBoundsException；当访问 null 的对象时，会引发 NullPointerException；另一种情况是 Java 语言允许开发人员扩展这种语义检查，开发人员可以创建自己的异常类（所有的异常都是 Java.lang.Thowable 的子类），并自由选择在何时用 throw 关键字抛出异常。

对于本题而言，其中 Throwable 为异常处理的基类，Error、Exception 和 RuntimeException 都是 Throwable 的子类，因此，都能使用 throw 抛出。所以，选项 A、选项 D、选项 E 与选项 F 正确。

【真题 225】 有如下代码<% int i = Integer.parseInt(request.getParemeter(“value”)) %>，下面描述正确的有（　　）。

A．不会有错

C．当 value＝" "时会报错

B．当 value 与 int 类型不匹配时会报错

D．为了安全起见应该将该段代码放在 try{}和 catch(){}之间

答案：B、C、D。

使用 parseInt()方法用于解析参数中的字符串，并返回对应的整数，parseXxx()是一个静态方法，可以有一个或两个参数。Ingeger 类的 parseInt 方法会抛出 NumberFormatException 异常（当传入的参数不能够被转成 int 时），因此，一般情况下都会把对这个方法的调用放到 try catch 之间。所以，选项 B、选项 C 与选项 D 正确。

【真题 226】 下面对于异常处理的描述中，正确的是（　　）。

A．捕获异常是通过 try、catch 等关键字来实现，这是一种积极的异常处理方式

B．try 必须跟 catch 连用，而 finally 是可有可无的

C．catch 之后的( )用于接收异常对象，因此需要指定异常类型和变量名称，比如 catch(Exception e)

D．对于 finally 代码块而言，仅当执行 try 语句并没有触发异常时才执行，如果发生异常则进入 catch 代码块，不再执行 finally 代码块

E．在 JDK 1.7 中，允许在 catch 中捕获多个类型异常，如 catch(NullPointerException e1| ClassCastException e2)

答案：A、C。

在 Java 语言中，使用 try/catch/finally 对异常进行处理，Java 编译器只允许如下三种组合方式：

1）try/catch

2）try/finally

3）try/catch/finally

其中，try 块只能有一个，finally 块是可选的，最多只能有一个 finally 块，catch 块可以有多个，它们执行的顺序为 try->catch->finally，当然，如果没有异常发生，那么 catch 块是不会执行的；当有多个 catch 块的时候，如果 try 块中出现异常，异常是按照 catch 块的先后顺序进行匹配的，一旦异常类型被一个 catch 块匹配，则不会与后面的 catch 块进行匹配；最后，finally 块在任何情况下都会执行的，无论有没有发生异常，它总会在这个异常处理结构的最后运行。即使在 try 块内用 return 返回了，在返回前，finally 总是要执行，以便能够在异常处理最后做一些清理工作，例如关闭数据库连接等。

本题中，对于选项 A，通过 try/catch 可以捕获运行期间出现的错误，进行处理后可以使程序继续运行，因此，是一种积极的异常处理方式。所以，选项 A 正确。

对于选项 B，try 后面可以不跟 catch，而直接跟 finally。所以，选项 B 错误。

对于选项 C，由于 catch 存在的作用是为了匹配异常类型，所以，catch 必须指定异常类型和变量名称。所以，选项 C 正确。

对于选项 D，finally 块在任何情况下都会执行。所以，选项 D 错误。

对于选项 E，当需要捕获多种不同类型的异常的时候，传统的写法为：

```
catch (IOException e1) {
}
catch (Exception e2) {
}
```

为了降低代码的重复度，JDK1.7 引入了新的写法：如果用一个 catch 块处理多个异常，可以用管道符（|）将它们分开，即 catch(IOException | Exception e){}，由此可以看出，“|”前面的异常是不能单独制定变量名的。所以，选项 E 错误。

所以，本题的答案为 A、C。

【真题 227】 以下关于异常处理机制的描述中，正确的有（　　）。

A．catch 部分捕捉到异常情况时，才会执行 finally 部分

B．不论程序是否发生错误及捕捉到异常情况，都会执行 finally 部分

C．当 try 区段的程序发生异常时，才会执行 catch 区段的程序

D．以上都是

答案：B、C。

对于选项 A 与选项 B，不管有无异常，finally 块都会执行。所以，选项 A 错误，选项 B 正确。

对于选项 C，catch 代码块的作用是在异常出现时对异常情况进行处理，因此，只有当异常出现的时候，才会执行 catch 块的代码。所以，选项 C 正确。

所以，本题的答案为 B、C。

【真题 228】 下面关于 java.lang.Exception 类的描述中，正确的是（　　）。

A．该类是一个公共类　　　　B．该类实现了 Throwable 接口

C．该类是 Throwable 类的子类　　　　D．该类可以序列化

答案：A、C、D。

对于选项 A，在 Java 语言中，java.lang.Exception 类是所有异常的直接或间接父类，即 Exception 类是所有异常的根类。java.lang.Throwable 类是在 Java 语言中所有错误和异常的超类。Exception 类的定义为 public class Exception extends Throwable，而 Throwable 的定义为 public class Throwable extends Object implements Serializable。由此可见，Exception 是公共类（被 public 修饰）。因此，选项 A 正确。

对于选项 B 与选项 C，Exception 是 Throwable 的子类，Throwable 是类而不是接口。因此，选项 B 错误，选项 C 正确。

对于选项 D，由于 Throwable 实现了 Serializable 接口，因此，可以被序列化。如果一个类能被序列化，那么它的子类也能够被序列化。因此，Exception 类也可以被序列化。因此，选项 D 正确。

所以，本题的答案为 A、C、D。

【真题 229】 f()方法定义如下所示，try 中可以捕获三种类型的异常，如果在该方法运行中产生了一个 IOException，那么，此时的输出结果是（　　）。

```
public void f(){
        try {
```

```
                    // method that may cause an Exception
                }
                catch (java.io.FileNotFoundException ex) {
                    System.out.print("FileNotFoundException!");
                }
                catch (java.io.IOException ex) {
                    System.out.print("IOException!");
                }
                catch (java.lang.Exception ex) {
                    System.out.print("Exception!");
                }
            }
```

A. IOException!　　B. FileNotFoundException!IOException!

C. IOException!Exception!　　D. FileNotFoundException!IOException!Exception!

答案：A。

在 Java 语言中，通常是通过 try/catch 来处理异常的，当 try 块中的代码出现异常后，将会匹配 catch 块中的异常，一旦匹配成功，就会执行 catch 块的代码进行异常处理。

通常，可以有多个 catch 语句，也就是说，可以用来匹配多个异常，但是当每次执行的时候，最多只会匹配一个异常，每当匹配到其中一个异常后，仅会执行 catch 块中匹配上的那个异常，而其他的 catch 块将不会被执行。对于本题而言，如果抛出 IOException 异常后，FileNotFoundException 不是 IOException 的父类，接着异常 IOException 匹配成功，进入异常处理块输出 IOException，然后程序运行结束。所以，选项 A 正确。

【真题 230】 下列异常中既是检查型异常，又需要在编写程序时声明的是（　　）。

A. NullPointerException　　B. ClassCastException

C. IOException　　D. IndexOutOfBoundsException

答案：C。

【真题 231】 有如下代码：

```
public class Test
{
    public static void main(String[] args)
    {
        int a[] = {0,1,2,3,4};
        int sum=0;
        try
        {
            for(int i=0;i<6;i++)
            {
                sum+=a[i];
            }
            System.out.println("sum="+sum);
        }
        catch(java.lang.ArrayIndexOutOfBoundsException e)
        {
            System.out.println("数组下标越界");
        }
        finally
        {
            System.out.println("程序结束");
```

```
            }
        }
    }
```

以上程序的运行结果为（　　）。

A．10 程序结束　　B．10 数组下标越界程序结束

C．数组下标越界程序结束　　D．程序结束

答案：C。

本题中，首先定义了长度为 5 的数组（数组下标范围为 0~4），在接下来访问数组的时候，当遍历到下标为 5 的数组元素时，会抛出 ArrayIndexOutOfBoundsException 异常，从而执行 catch 块的代码输出：数组下标越界，接着会运行 finally 块的代码输出：程序结束。所以，选项 C 正确。

【真题 232】 如何捕获一个线程抛出的异常？

答案：可以通过设置线程的 UncaughtExceptionHandler（异常捕获处理方法）来捕获线程抛出的异常，如下例所示：

```
class MyThread extends Thread
{
    public void run()
    {
        System.out.println("thread will throw exception");
        throw new RuntimeException("My own exception from thread");
    }
}

public class Test
{
    public static void main(String[] args)
    {
        Thread.UncaughtExceptionHandler handler =
            new Thread.UncaughtExceptionHandler() {
            public void uncaughtException(Thread th, Throwable ex) {
                System.out.println("Uncaught exception: " + ex);
            }
        };
        Thread myThread=new MyThread();
        //设置捕获异常的 handler
        myThread.setUncaughtExceptionHandler(handler);
        myThread.start();
    }
}
```

程序的运行结果为：

```
thread will throw exception
Uncaught exception: java.lang.RuntimeException: My own exception from thread
```

【真题 233】 throw 和 throws 有什么区别？

答案：在 Java 语言中，异常处理是对可能出现的异常进行处理，以防止程序遇到异常时直接退出（对于需要长时间持续运行的程序来说是不可接受的）或者得到无法预知的结果。用户程序自定义的异常和应用程序特定的异常，必须借助于 throws 和 throw 语句来定义抛出异常。

throw 语句用来抛出一个异常。其语法如下：

```
throw (异常对象);
     throw e;
```

throws 是方法可能抛出异常的声明。其语法如下：

```
[(修饰符)](返回值类型)(方法名)([参数列表])[throws(异常类)]{......}
public void doA(int a) throws Exception1,Exception3{......}
```

当需要显式地抛出一个异常（通常情况下是用户自定义的异常）时，需要使用关键字 throw 来抛出异常，而关键字 throws 用来列出一个方法可能会抛出的异常类型。

使用方法如下例所示：

```
class MyException extends Exception{}
public class Test {
    //告诉方法的调用者这个方法可能会抛出 MyException 异常
    public void f(int i) throws MyException
    {
        if(i==1)
            //当满足条件的时候抛出自定义的异常
            throw new MyException();
    }
}
```

除了以上强调的一个区别以外，二者还有以下几点异同之处：

1）throws 通常出现在函数头；而 throw 则通常出现在函数体。

2）throws 表示出现异常的一种可能性，并不一定会发生这些异常；而 throw 则是抛出了异常，即如果执行 throw，则一定抛出了某种异常。

3）两者都是消极处理异常的方式（这里的消极并不是说这种方式不好），只是抛出或者可能抛出异常，但是不会由函数去处理异常，真正的处理异常由函数的上层调用处理。

【真题 234】 请给出三种打印异常信息的方法。

答案：示例代码如下：

```
public class Test
{
    public static void main(String args[])
    {
      try
      {
            int result=1/0;
      }
      catch(Exception e)
      {
            System.out.println(e);                    //方法 1
            System.out.println(e.getMessage());       //方法 2
            e.printStackTrace();                      //方法 3
      }
    }
}
```

1.8 流

1.8.1 输入输出流

【真题 235】 下面属于面向字符的输入流的是（　　）。

A．BufferedWriter　　　　B．ObjectInputStream

C．FileInputStream　　　　D．InputStreamReader

答案：D。

在 Java 语言中，输入和输出都被称为抽象的流，流可以看作是一组有序的字节集合，即数据在两个设备之间的传输。

流的本质是数据传输，根据处理数据类型的不同，流可以分为两大类：字节流和字符流。其中，字节流以字节（8bit）为单位，包含两个抽象类：InputStream（输入流）和 OutputStream（输出流）。字符流以字符（16bit）为单位，根据码表映射字符，一次可以读多个字节，它包含两个抽象类：Reader（输入流）和 Writer（输出流）。其中，字节流和字符流最主要的区别为：字节流在处理输入输出的时候不会用到缓存，而字符流用到了缓存。

对于选项 A，Writer 代表输出流。所以，选项 A 错误。

对于选项 B 和选项 C，Stream 代表的是字节流。所以，选项 B 和选项 C 错误。

对于选项 D，InputStreamReader 表示的是输入流。所以，选项 D 正确。

【真题 236】 新建一个流对象，下面代码中，描述错误的是（　　）。

A．new BufferedWriter(new FileWriter("d.txt"));

B．new BufferedReader(new FileInputStream("d.dat"));

C．new ObjectInputStream(new FileInputStream("d.dat"));

D．new GZIPOutputStream(new FileOutputStream("d.zip"));

答案：B。

本题中，选项 A、选项 C、选项 D 的方法写法都是正确的，只有选项 B 的方法写法不正确。BufferedReader 是 Reader 的一个子类，具有缓冲的作用，避免了频繁地从物理设备中读取信息。它有以下两个构造函数：

1）BufferedReader (Reader in)

2）BufferedReader(Reader in, int sz) //sz 是指定缓冲区的大小

由此可见，BufferedReader 类只能用来包装 Reader 类或其子类。因此，选项 B 错误。

【真题 237】 要从文件"file.dat"中读出第 10 个字节到变量 c 中，下列方法正确的是（　　）。

A．FileInputStream in=new FileInputStream("file.dat"); in.skip(9); int c=in.read();

B．FileInputStream in=new FileInputStream("file.dat"); int c=in.read();

C．FileInputStream in=new FileInputStream("file.dat"); in.skip(10); int c=in.read();

D．RandomAccessFile in=new RandomAccessFile("file.dat"); in.skip(9); int c=in.readByte();

答案：A。

FileInputStream 类的 skip(long n)方法的功能为从输入流中跳过并丢弃 n 个字节的数据。

对于选项 A，先执行 in.skip(9)语句，跳过了 9 个字节，接下来读取到的一定是第 10 个字节。因此，选项 A 正确。同理，选项 B 读取到的是第一个字节，选项 C 读取到的是第 11 个字节。因此，选项 B 与选项 C 错误。

对于选项 D，RandomAccessFile 类并没有提供只有一个参数的构造方法，它的构造方法的定义为：

```
RandomAccessFile(File file, String mode)
```

RandomAccessFile(String name, String mode)

因此，选项 D 错误。

【真题 238】 给定一个 Java 程序的 main 方法的代码片段如下：

```
try
{
    PrintWriter out  =  new PrintWriter(new FileOutputStream("d:/a.txt"));
    String name="chen";
    out.print(name);
}
catch(Exception e)
{
    System.out.println("文件没有发现！");
}
```

假如 d 目录下不存在 a.txt 文件，现运行该程序，下面的结果正确的是（　　）。

A．将在控制台上打印："文件没有发现！"

B．运行后生成 abc.txt，该文件内容为 chen

C．运行后生成 abc.txt，但该文件中可能无内容

D．正常运行，但没有生成文件 abc.txt

答案：C。

由于文件不存在，在调用 FileOutputString("d:/abc.txt")时会创建一个文件 abc.txt 出来，接着通过 out.print 方法把 name 写入到这个输出流中，此时只是把 name 写入到输出流的缓存区中了，由于没有调用 out 的 close 方法，因此，输入流中内容没有被写入到文件中，因此，选项 C 正确。

【题 239】 构造 BufferedInputStream 的合适参数是（　　）。

A．BufferedInputStream　　B．BufferedOutputStream

C．FileInputStream　　D．FileOuterStream　　E．File

答案：A、C。

【真题 240】 FileInputStream 和 FileReader 有什么区别?

答案：在介绍这两个流的区别之前，首先介绍 InputStream 和 Reader 的区别。

InputStream 和 Reader 都可以用来读数据（从文件中读取数据或从 Socket 中读取数据），最主要的区别如下：InputStream 用来读取二进制数（字节流），而 Reader 用来读取文本数据，即 Unicode 字符。那么二进制数与文本数据有什么区别呢？从本质上来讲，所有读取的内容都是字节，要想把字节转换为文本，需要指定一个编码方法。而 Reader 就可以把字节流进行编码从而转换为文本。当然，这个转换过程就涉及编码方式的问题，它默认采用系统默认的编码方式对字节流进行编码，也可以显式地指定一个编码方式，例如"UTF-8"。尽管这个概念非常简单，但是 Java 程序员经常会犯一些编码的错误，最常见的错误就是不指定编码方式。在读文件或从 Socket 读取数据的时候，如果没有指定正确的编码方式，读取到的数据可能就会有乱码，进而导致数据丢失。

FileInputStream 和 FileReader 有着类似的区别，它们都用于从文件中读取数据，但是 FileInputStream 用于从文件中读取二进制数据（字节流），而 FileReader 用于从文件中读取字符数据。FileReader 继承自 InputStreamReader，它要么使用系统默认的编码方式，要么使用 InputStreamReader 所使用的编码方式。需要注意的是，InputStreamReader 缓存了字符编码，因此，在创建 InputStreamReader 对象以后，如果再对字符编码进行修改将没有任何作用。下面给出一个使用 FileInputStream 和 FileReader 的例子：

```
import java.io.FileInputStream;
import java.io.FileReader;
import java.io.IOException;

public class Test {
        public static void main(String args[]) throws Exception {
                // 读取字节流
                FileInputStream fis = null;
                try {
                        fis = new FileInputStream("testInput.txt");
                        intdata = fis.read();
                        while (data != -1) {
                                System.out.print(Integer.toHexString(data));
                                data = fis.read();
                        }
                } catch (IOException e) {
                        e.printStackTrace();
                } finally {
                        if (fis != null)
                                try {
                                        fis.close();
                                } catch (IOException e) {
                                }
                }
                System.out.println();
                // 用 FileReader 读取字符
                FileReader reader = null;
                try {
                        reader = new FileReader("testInput.txt");
                        intcharacter = reader.read();
                        while (character != -1) {
                                System.out.print((char) character);
                                character = reader.read();
                        }
                } catch (IOException io) {
                        System.out.println("Failed to read character data from File");
                        io.printStackTrace();
                } finally {
                        if (reader != null)
                                try {
                                        reader.close();
                                } catch (IOException e) {
                                }
                }
        }
}
```

程序的运行结果为：

```
7465737420726561642066696c65
test read file
```

从上面的代码可以看出，FileInputStream 读取数据的方式是一个字节一个字节地读取，因此，读取速度会比较慢，同时，read 方法是一个阻塞方法，它要么读取到一个字节，要么阻塞（等待可被读取的数据），这个方法的返回值为读取到的字节数，当读取到文件结尾的时候，会返回-1。在使用 FileInputStream 的例子中，每个循环读取一个字节，然后转换为十六进制字符串输出。FileReader 中的 read 方法每次读取一个字符，直到读取到文件结尾时，这个方法返回-1。

【真题 241】 在 Java 语言中，（　　）类提供定位本地文件系统，对文件或目录及其属性进行基本操作。

A. FileInputStream　　B. FileReader　　C. FileWriter　　D. File

答案：D。

FileInputStream 用来以二进制流的方式读取文件，FileReader 用来以字符的方式读取文件，FileWriter 用来以字符的方式写文件，而 File 可以用来获取文件的属性。显然，提供定位本地文件系统，并对文件或目录及其属性进行基本操作的类为 File。所以，选项 D 正确。

【真题 242】 简要介绍一下什么是 FileInputStream 和 FileOutputStream，并给出一个使用的例子。

答案： FileInputStream 用来从文件中读取字节流。FileOutputStream 用来向文件中写字节流。使用例子如下：

```
import java.io.*;

public class Test
{
    public static void main(String[] args) throws IOException
    {
        FileInputStream inputStream = new FileInputStream("Input.txt");
        FileOutputStream outputStream = new FileOutputStream("Output.txt", true);
        byte[] buffer = new byte[2048];
        int bytesRead;
        while ((bytesRead = inputStream.read(buffer)) != -1)
            outputStream.write(buffer, 0, bytesRead);
        inputStream.close();
        outputStream.close();
    }
}
```

1.8.2 序列化

【真题 243】 以下代码是 SuperClass 和 Sub 两个类的定义。在序列化一个 Sub 的对象 sub 到文件时，下面会被保存到文件中的字段是（　　）。

```
class SuperClass
{
    public String name;
}
class Sub extends SuperClass implements Serializable
{
    private float radius;
```

```
            transient int color;
            public static String type = "Sub";
        }
```

A. name　　B. radius　　C. color　　D. type

答案：B。

在分布式环境下，当进行远程通信时，无论是何种类型的数据，都会以二进制序列的形式在网络上传送。序列化是一种将对象转换成字节序列的过程，用于解决在对对象流进行读写操作时所引发的问题。序列化可以将对象的状态写在流里进行网络传输，或者保存到文件、数据库等系统里，并在需要的时候把该流读取出来重新构造成一个相同的对象。

如何实现序列化呢？其实，所有要实现序列化的类都必须实现 Serializable 接口，Serializable 接口位于 java.lang 包中，它里面没有包含任何方法。使用一个输出流（例如 FileOutputStream）来构造一个 ObjectOutputStream（对象流）对象，紧接着，使用该对象的 writeObject（Object obj）方法就可以将 obj 对象写出（即保存其状态），要恢复的时候可以使用其对应的输入流。

具体而言，序列化有如下几个特点：

1）如果一个类能被序列化，那么它的子类也能够被序列化。

2）由于 static（静态）代表类的成员，transient（Java 语言关键字，如果用 transient 声明一个实例变量，当对象存储时，它的值不需要维持）代表对象的临时数据，因此，被声明为这两种类型的数据成员是不能够被序列化的。

3）子类实现了 Serializable 接口，父类没有，父类中的属性不能序列化，但是子类中的属性仍能正确序列化。

通过以上分析可知，只有选项 B 是正确的。

【真题 244】 有 Shape 和 Circle 两个类的定义，在序列化一个 Circle 的对象 circle 到文件时，下面会被保存到文件中的字段是（　　）。

```
class Shape
{
    public String name;
}
class Circle extends Shape implements Serializable
{
    private float radius;
    transient int color;
    public static String type = "Circle";
}
```

A. name　　B. radius　　C. color　　D. type　　E. 都不会

答案：B。

【真题 245】 将对象序列化，要实现的接口是（　　）。

A. Runnable　　B. Cloneable　　C. Serializable　　D. Comparator

答案：C。

【真题 246】 有以下一个对象：

```
import java.io.Serializable;
public class DataObject implements Serializable
{
    private static int i=0;
    private String word="";
```

```
            public void setWord(String word)
            {
                this.word=word;
            }
            public void setI(int i)
            {
                DataObject.i =i;
            }
        }
```

创建一个如下方式的 DataObject：

```
DataObject object = new DataObject();
object.setWord("123");
object.setI(2);
```

将此对象序列化，并在另一个 JVM 中读取文件，进行反序列化，此时读出的 DataObject 对象中的 word 和 i 的值分别是（　　）。

A．“”，2　　B．“”，0　　C．“123”，2　　D．“123”，0

答案：D。

Java 序列化指的是把 Java 对象转换为字节序列的过程，而 Java 反序列化指的是把字节序列恢复为 Java 对象的过程。由于 Java 语言在序列化的时候不会序列化 static 变量，因此，上述代码只实例化了变量 word，而没有实例化变量 i。在反序列化的时候，只能读取到变量 word 的值，而变量 i 的值仍然为默认值，该默认值为 0。所以，word 的值为“123”，i 的值为 0，选项 D 正确。

1.8.3 网络通信

【真题 247】 在 Java 语言中，Socket 的连接和建立的原理是什么？

答案：网络上的两个程序通过一个双向的通信连接实现数据的交换，这个双向链路的一端称为一个 Socket。Socket 也称为套接字，可以用来实现不同虚拟机或不同计算机之间的通信。在 Java 语言中，Socket 可以分为两种类型：面向连接的 Socket（Transmission Control Protocol，TCP，传输控制协议）通信协议和面向无连接的 Socket（User Datagram Protocol，UDP，用户数据报协议）通信协议。任何一个 Socket 都是由 IP 地址和端口号唯一确定的，如图 1-4 所示。

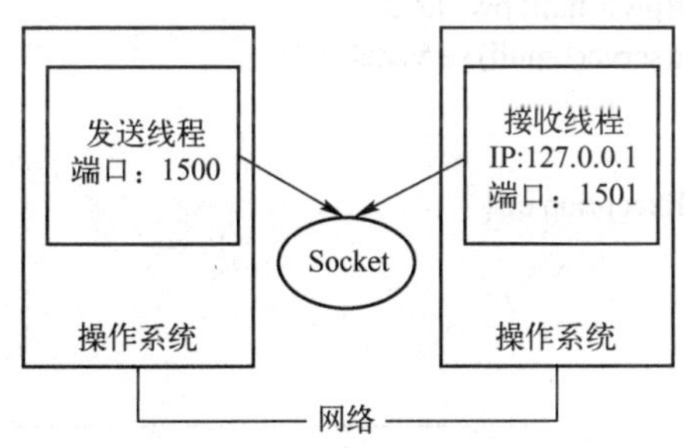

图 1-4　Socket 通信

基于 TCP 协议的通信过程如下：首先，Server 端 Listen（监听）指定的某个端口（建议使用大于 1024 的端口）是否有连接请求，然后，Client 端向 Server 端发出 Connect（连接）请求，紧接着，Server 端向 Client 端发回 Accept（接受）消息。一个连接就建立起来了，会话随即产生。Server 端和 Client 端都可以通过 Send、Write 等方法与对方通信。

Socket 的生命周期可以分为三个阶段：打开 Socket、使用 Socket 收发数据和关闭 Socket。在 Java

语言中，可以使用 ServerSocket 来作为服务端，Socket 作为客户端来实现网络通信。

下面给出一个例子，用 Socket 通信写出客户端和服务器端的通信，要求客户发送数据后能够回显相同的数据。

首先，创建一个名为 Server.java 的服务端程序代码，如下所示：

```
import java.net.*;
import java.io.*;
class Server
{
    public static void main(String[] args)
    {
        BufferedReader br = null;
        PrintWriter pw = null;
        ServerSocket server =null;
        try
        {
            server = new ServerSocket(2000);
            Socket socket = server.accept();
            // 获取输入流
            br = new BufferedReader(new InputStreamReader(socket.getInputStream()));
            // 获取输出流
            pw = new PrintWriter(socket.getOutputStream(), true);
            String s = br.readLine(); // 获取接收的数据
            pw.println(s);// 发送相同的数据给客户端
        }
        catch (Exception e)
        {
            e.printStackTrace();
        } finally
        {
            try
            {
                if(br!=null) br.close();
                if(pw!=null) pw.close();
                if(server!=null) server.close();

            }
            catch (Exception e) {
            }
        }
    }
}
```

然后，创建一个 Client.java 的客户端程序代码，如下所示：

```
import java.net.*;
import java.io.*;
class Client
{
    public static void main(String[] args)
    {
        BufferedReader br = null;
```

```
                PrintWriter pw = null;
                Socket socket = null;
                try
                {
                        socket = new Socket("localhost", 2000);
                        //获取输入流与输出流
                        br = new BufferedReader(new InputStreamReader(socket.getInputStream()));
                        pw = new PrintWriter(socket.getOutputStream(), true);
                        //向服务器发送数据
                        pw.println("Hello");
                        String s = null;
                        while (true) {
                                s = br.readLine();
                                if (s != null)
                                        break;
                        }
                        System.out.println(s);
                }
                catch (Exception e)
                {
                        e.printStackTrace();
                }
                finally
                {
                        try
                        {
                                if(br!=null) br.close();
                                if(pw!=null) pw.close();
                                if(socket!=null) socket.close();
                        } catch (Exception e)
                        {
                        }
                }
        }
}
```

最后启动服务端程序，然后运行客户端程序，客户端将会把从服务器端转发过来的“Hello”打印出来。

1.9 Java 平台与垃圾回收

1.9.1 Java 平台

【真题 248】 JDK 和 JRE 的区别是什么？

JVM（Java Virtual Machine，Java 虚拟机）是实现 Java 跨平台的核心，负责解释执行 class 文件。

JRE（Java Runtime Environment，Java 运行环境）是运行 Java 程序所必须的环境的集合，包括 JVM 标准实现以及 Java 核心类库。在编写 Java 程序的时候，经常会用到系统的类库，JVM 在解释执行 class 文件的时候，也会用到这些类库。在 Java 的安装目录下，通常会有 bin 目录和 lib 目录（在配置环境变量的时候，也需要把 bin 目录配置到 path 中，lib 目录配置到 classpath 中），这里的 lib 目录下就存放了编写代码或运行代码时需要用到的类库。可以认为 bin 目录就是 JVM，而 JVM+lib=JRE。

JDK（Java Development Kit，Java 开发工具包）是整个 Java 的核心，包括 Java 运行环境（Java Runtime Environment）、许多开发与调试 Java 工具（包括 javac、java、appletviewer、javadoc、jdb、javah、javap 等）和 Java 基础的类库（即 Java API，包括 rt.jar）。也就是说，JDK=JRE+Java 开发工具。

【真题 249】 下列有关 Java 语言的描述中，正确的是（　　）。

A．由于 Java 程序是解释执行的，所以，执行前不需要进行编译

B．一个.java 源程序编译后将产生一个.class 的字节码文件

C．安装了 JDK 后，安装程序会自动配置系统的环境变量 path 和 classpath

D．Java 语言是面向对象的解释型高级编程语言

答案：D。

本题中，对于选项 A，虽然 Java 语言是解释执行，但是执行前需要把代码编译成一个中间代码，然后解释器对中间代码解释执行。所以，选项 A 错误。

对于选项 B，在 Java 语言中，一个类编译后产生一个.class 字节码文件，如果一个.java 源程序中有多个类，那么编译后就会产生多个.class 字节码文件。所以，选项 B 错误。

对于选项 C，JDK 安装后，需要手动配置环境变量 path 和 classpath。所以，选项 C 错误。

对于选项 D，Java 语言是面向对象的解释型高级编程语言。所以，选项 D 正确。

【真题 250】 一个 Java 程序运行从上到下的环境次序是（　　）。

A．JRE/JVM、操作系统、Java 程序、硬件

B．Java 程序、JRE/JVM、硬件、操作系统

C．Java 程序、JRE/JVM、操作系统、硬件

D．Java 程序、操作系统、JRE/JVM、硬件

答案：C。

Java 程序被编译后并不是生成能在硬件平台上可执行的代码，而是生成了一个中间代码。不同的硬件平台上会安装有不同的 JVM（Java Virtual Machine，Java 虚拟机），由 JVM 来负责把中间代码翻译成硬件平台能执行的代码。由此可以看出，JVM 不具有平台独立性，与硬件平台是相关的。

从以上分析可知，Java 程序的下一层环境为 JVM，而 JVM 是运行在操作系统上的，操作系统又运行在硬件上。因此，一个 Java 程序运行从上到下的环境次序是 Java 程序、JRE/JVM、操作系统和硬件。所以，选项 C 正确。

【真题 251】 下列关于 Java 语言的编译过程的描述中，正确的有（　　）。

A．环境变量可在编译 source code 时指定

B．在编译程序时，所能指定的环境变量不包括 class path

C．javac 一次可同时编译数个 Java 源文件

D．javac.exe 能指定编译结果要置于哪个目录（directory）

答案：A、C、D。

本题中，对于选项 A，环境变量在编译时可以通过 java –classpath 来指定，因此，选项 A 正确，选项 B 错误。对于选项 C，javac *.java 就可以编译多个 java 文件，因此，选项 C 正确。对于选项 D，javac.exe 有个-d 选项来指定编译结果存放的目录，因此，选项 D 正确。

所以，本题的答案为 A、C、D。

【真题 252】 Java 程序的执行过程中用到一套 JDK 工具，其中，java.exe 是指（　　）。

A．Java 编译器　　B．Java 解释器　　C．Java 文档生成器　　D．Java 类分解器

答案：B。

对于选项 A，JDK 中的编译器为 javac.exe，可以用来把 Java 代码编译为中间代码.class 文件。所以，选项 A 错误。

对于选项 B，java.exe 是 Java 解释器，用来解释执行通过 javac 编译生成的.class 文件。所以，选项

B 正确。

对于选项 C，JDK 文档生成所使用的命令为 javadoc.exe，而不是 java.exe。所以，选项 C 错误。

对于选项 D，JDK 也提供了很多类分析工具，例如 jstack 用来查看线程情况（观察 JVM 中当前所有线程的运行情况和线程当前状态，可以查看堆栈信息和运行的线程的方法调用关系），jmap 用来查看内存堆情况。所以，选项 D 错误。

所以，本题的答案为 B。

【真题 253】 Java 之所以可以实现跨平台，是因为 Java 程序在运行时使用了（　　）。

A．JRE (Java Runtime Environment)　　B．JDK (Java Development Kit)

C．JVM (Java Virtual Machine)　　D．OS (Operating System)

答案：C。

平台独立性指的是可以在一个平台上编写和编译程序，而在其他平台上运行。保证 Java 语言具有平台独立性的机制为“中间码”和“JVM”。Java 程序被编译后不是生成能在硬件平台上可执行的代码，而是生成了一个中间代码。不同的硬件平台上会安装有不同的 JVM，由 JVM 来负责把中间代码翻译成硬件平台能执行的代码。由此可以看出，JVM 不具有平台独立性，与硬件平台是相关的，它保证了 Java 可以实现跨平台。

本题中，对于选项 A，JRE 是运行 Java 程序所必须的环境的集合，包含 JVM 标准实现以及 Java 核心类库。所以，选项 A 不正确。

对于选项 B，JDK 是 Java 语言开发的工具包，主要用于移动设备、嵌入式设备上的 Java 应用程序。包括 javac、jar 、javadoc、jdb、java、appletviewer、javah、Javap 等基本组件。所以，选项 B 不正确。

对于选项 C，JVM 是一个虚构出来的计算机，是通过在实际的计算机上仿真模拟各种计算机功能来实现的。它是 Java 语言跨平台的核心。所以，选项 C 正确。

对于选项 D，OS 全称为 Operating System，指的是操作系统，与 Java 跨平台没有关系。所以，选项 D 不正确。

【真题 254】 描述 Java 类加载器的原理及其组织结构。

答案：Java 语言是一种具有动态性的解释型语言，类只有被加载到 JVM 中后才能运行。当运行程序时，JVM 会将编译生成的.class 文件按照需求和一定的规则加载到内存中，并组织成为一个完整的 Java 应用程序。这个加载过程是由加载器来完成的，具体而言，就是由 ClassLoader 和它的子类来实现的。类加载器本身也是一个类，其实质是把类文件从硬盘读取到内存中。

类的加载方式分为隐式装载与显式装载两种。隐式装载指的是程序在使用 new 等方式创建对象的时候，会隐式地调用类的加载器把对应的类加载到 JVM 中。显式装载指的是通过直接调用 class.forName() 方法来把所需的类加载到 JVM 中。

任何一个工程项目都是由许多个类组成的，当程序启动时，只把需要的类加载到 JVM 中，其他的类只有被使用到的时候才会被加载，采用这种方法，一方面可以加快加载速度，另一方面可以节约程序运行过程中对内存的开销。此外，在 Java 语言中，每个类或接口都对应一个.class 文件，这些文件可以被看成是一个个可以被动态加载的单元，因此，当只有部分类被修改的时候，只需要重新编译变化的类即可，而不需要重新编译所有的文件，因此，加快了编译速度。

在 Java 语言中，类的加载是动态的，它并不会一次性将所有类全部加载后再运行，而是保证程序运行的基础类（例如基类）完全加载到 JVM 中，至于其他类，则在需要的时候才加载。在 Java 语言中，可以把类分为三类：系统类、扩展类和自定义类。Java 语言针对这三种不同的类提供了三种类型的加载器，这三种加载器的关系如下：

```
Bootstrap Loader  -负责加载系统类（jre/lib/rt.jar 的类）
      |
      - - ExtClassLoader  -负责加载扩展类（jar/lib/ext/*.jar 的类）
            |
```

- - AppClassLoader -负责加载应用类（classpath 指定的目录或 jar 中的类）

以上这三个类是怎么协调工作来完成类的加载呢？其实，它们是通过委托的方式实现的。具体而言，就是当有类需要被加载时，类装载器会请求父类来完成这个载入工作，父类会使用其自己的搜索路径来搜索需要被载入的类，如果搜索不到，才会由子类按照其搜索路径来搜索待加载的类。下例可以充分说明加载器的工作原理。

```
public class TestLoader
{
    public static void main(String[] args)  throws Exception
    {
        //调用 class 加载器
        ClassLoader clApp = TestLoader.class.getClassLoader();
        System.out.println(clApp);
        //调用上一层 Class 加载器
        ClassLoader clExt = clApp.getParent();
        System.out.println(clExt);
        //调用根部 Class 加载器
        ClassLoader clBoot = clExt.getParent();
        System.out.println(clBoot);
    }
}
```

程序的运行结果为：

```
sun.misc.Launcher$AppClassLoader@19821f
sun.misc.Launcher$ExtClassLoader@addbf1
null
```

从上例可以看出，TestLoader 类是由 AppClassLoader 来加载的。另外需要说明的一点是，由于 Bootstrap Loader 是使用 C++语言来实现的，因此，在 Java 语言中，是看不到它的，此时程序会输出 null。

类加载的主要步骤分为以下三步：

1）装载：根据查找路径找到相对应的 class 文件，然后导入。

2）链接：链接又可以分为三个小的步骤，具体如下：

① 检查：检查待加载的 class 文件的正确性。

② 准备：给类中的静态变量分配存储空间。

③ 解析：将符号引用转换成直接引用（这一步是可选的）。

3）初始化：对静态变量和静态代码块执行初始化工作。

【真题 255】 JVM 的工作原理是什么？

答案：为了便于管理，JVM 在执行 Java 程序的时候，会把它所管理的内存划分为多个不同区域，如图 1-5 所示。

以下将分别对这些区域进行介绍。

（1）class 文件

class 文件是 Java 程序编译后生成的中间代码，这些中间代码将会被 JVM 解释执行。

（2）类装载器子系统

类装载器子系统负责把 class 文件装载到内存中，供虚拟机执行。

JVM 有两种类装载器，分别是启动类装载器和用户自定义类装载器。其中，启动类装载器是 JVM 实现的一部分；用户自定义类装载器则是 Java 程序的一部分，必须是 ClassLoader 类的子类。常见的类加载器主要有如下几种：

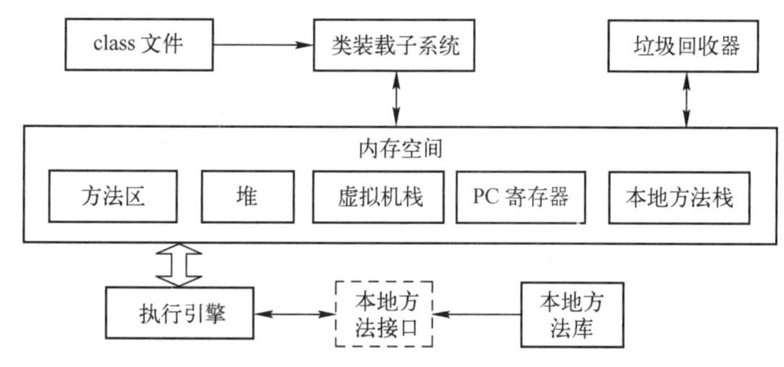

图 1-5　JVM 管理的内存区域

1）Bootstrap ClassLoader。这是 JVM 的根 ClassLoader，它是用 C++语言实现的，当 JVM 启动时，初始化此 ClassLoader，并由此 ClassLoader 完成$JAVA_HOME 中 jre/lib/rt.jar（Sun JDK 的实现）中所有 class 文件的加载，这个 jar 中包含了 Java 规范定义的所有接口以及实现。

2）Extension ClassLoader。JVM 用此 ClassLoader 来加载扩展功能的一些 jar 包。

3）System ClassLoader。JVM 用此 ClassLoader 来加载启动参数中指定的 Classpath 中的 jar 包以及目录，在 Sun JDK 中，ClassLoader 对应的类名为 AppClassLoader。

4）User-Defined ClassLoader。User-Defined ClassLoader 是 Java 开发人员继承 ClassLoader 抽象类自行实现的 ClassLoader，基于自定义的 ClassLoader 可用于加载非 Classpath 中的 jar 以及目录。

（3）方法区

方法区用来存储被虚拟机加载的类信息、常量、静态变量和编译器编译后的代码等数据。在类加载器加载 class 文件时，这些信息将会被提取出来，并存储到方法区中。由于这个区域是所有线程共享的区域，因此，它被设计为线程安全的。

方法区中还存放了运行时的常量池，最典型的应用就是字符串常量，例如，定义了如下语句：String s="Hello"; String s1="Hello";，其中，“Hello”是字符串常量，存储在常量池中，两个字符串引用 s 和 s1 都指向常量池中的“Hello”。

（4）堆

堆是虚拟机启动的时候创建的被所有线程共享的区域。这块区域主要用来存放对象的实例，通过 new 操作创建出来的对象的实例都存储在堆空间中，因此，堆就成为垃圾回收器管理的重点区域。

（5）虚拟机栈

栈是线程私有的区域，每当有新的线程创建时，就会给它分配一个栈空间，当线程结束后，栈空间就被回收，因此，栈与线程拥有相同的生命周期。栈主要用来实现 Java 语言中方法的调用与执行，每个方法在被执行的时候，都会创建一个栈帧用来存储这个方法的局部变量、操作栈、动态链接和方法出口等信息。当进行方法调用时，通过压栈与弹栈操作进行栈空间的分配与释放。当一个方法被调用的时候，会压入一个新的栈帧到这个线程的栈中，当方法调用结束后，就会弹出这个栈帧，从而回收调用这个方法使用的栈空间。

（6）程序计数器

程序计数器也是线程私有的资源，JVM 会给每个线程创建单独的程序计数器。它可以被看作是当前线程执行的字节码的行号指示器，解释器的工作原理就是通过改变这个计数器的值来确定下一条需要被执行的字节码指令，程序控制的流程（循环、分支、异常处理、线程恢复）都是通过这个计数器来完成的。

（7）本地方法栈

本地方法栈与虚拟机栈的作用是相似的，唯一不同的是虚拟机栈为虚拟机执行 Java 方法（也就是字节码）服务，而本地方法栈则是为虚拟机使用到的 Native（本地）方法服务。Native（本地）方法接口都会使用某种本地方法栈，当线程调用 Java 方法时，JVM 会创建一个新的栈帧并压入虚拟机栈。然而当它调用的是本地方法时，虚拟机栈保持不变，不会在线程的虚拟机栈中压入新的帧，而是简单地动态链接并直接调用指定的本地方法。如果某个虚拟机实现的本地方法接口使用的是 C++连接模型，那么，它的本地方法栈就是 C++栈。

（8）执行引擎

执行引擎主要负责执行字节码。方法的字节码是由 Java 虚拟机的指令序列构成的，每一条指令包含一个单字节的操作码，后面跟随 0 个或多个操作数。当执行引擎执行字节码时，首先会取一个操作码，如果这个操作码有操作数，会接着取得它的操作数。然后执行这个操作，执行完成后会继续取得下一个操作码执行。

在执行方法时，JVM 提供了四种指令来执行：

1）invokestatic：调用类的 static 方法。

2）invokevirtual：调用对象实例的方法。

3）invokeinterface：将属性定义为接口来进行调用。

4）invokespecial：调用一个初始化方法、私有方法或者父类的方法。

（9）垃圾回收器

垃圾回收器的主要作用是回收程序中不再使用的内存。

1.9.2 垃圾回收

【真题 256】 释放掉一个指定占据的内存空间的方法是（　　）。

A．调用 system.gc()方法　　B．调用 free()方法

C．赋值给该项对象的引用为 null　　D．程序员无法明确强制垃圾回收器运行

答案：D。

在 Java 语言中，GC（Garbage Collection，垃圾回收）是一个非常重要的概念，它的主要作用是回收程序中不再使用的内存。在使用 C/C++语言进行程序开发的时候，开发人员必须非常仔细地管理好内存的分配与释放，如果忘记或者错误地释放内存往往会导致程序运行不正确甚至是程序的崩溃。为了减轻开发人员的工作，同时增加系统的安全性与稳定性，Java 语言提供了垃圾回收器来自动检测对象的作用域，实现自动地、把不再被使用的存储空间释放掉。

在 Java 语言中，释放掉占据的内存空间是由 GC 完成的，程序员无法直接强制释放存储空间，当一个对象不被使用的时候，GC 会将该对象标记为垃圾，并在后面一个不确定的时间内回收垃圾（程序员无法控制这个时间）。

给对象引用赋值为 null，并且该对象无其他引用，GC 会标记该对象为垃圾，并在后面一个不确定的时间内回收垃圾。所谓不确定是指什么时间回收，程序员无法控制。

本题中，对于选项 A，开发人员可以通过调用 System.gc()方法来通知垃圾回收器运行，但是 JVM 也并不能保证垃圾回收器马上就会运行。因此，选项 A 错误。

对于选项 B，Java 语言没有提供 free（释放）方法。因此，选项 B 错误。

对于选项 C，当把对象的引用设置为 null 时，GC 会标记该对象为垃圾，并在后面一个不确定的时间内回收垃圾。因此，选项 C 错误。

对于选项 D，程序员无法明确强制垃圾回收器运行。因此，选项 D 正确。

【真题 257】 下面关于垃圾回收的描述中，正确的是（　　）。

A．对象空间被回收掉之后，会执行该对象的 finalize 方法

B．一个对象一旦成为垃圾，就立刻被回收掉

C．finalize 方法和 C++语言的析构函数完全是一回事

D．一个对象成为垃圾是因为不再有引用指着它，但是线程并非如此

答案：D。

在 Java 语言中，当没有对象引用指向原先分配给某个对象的内存时，该内存便成为垃圾。Java 虚拟

机的一个系统级线程会自动释放该内存块。当一个对象不再被引用的时候，内存回收它占领的空间，以便空间被后来的新对象使用，不仅如此，垃圾回收除了释放没用的对象，也可以清除内存记录碎片。

本题中，对于选项 A，finalize 方法是在对象空间被回收前调用的。所以，选项 A 错误。

对于选项 B，成为垃圾的对象，只有在下次垃圾回收器运行的时候才会被回收，而不是马上被清理。所以，选项 B 错误。

对于选项 C，在 C++语言中，调用了析构函数后，对象一定会被销毁，而 Java 语言调用了 finalize 方法，垃圾却不一定会被回收，因此，finalize 方法与 C++语言的析构函数是不同的概念。所以，选项 C 错误。

对于选项 D，当一个对象不再被引用后就成为垃圾，而垃圾是可以被回收的，但是线程就算没有被引用也可以独立运行，因此，它与对象不同。所以，选项 D 正确。

【真题 258】 有如下代码：

```
10. public Object m() {
11.     Object o = new Float(3.1f);
12.     Object [] oa = new Object[1];
13.     oa[0] = o;
14.     o = null;
15.     oa[0] = null;
16.     print 'return 0';
17. }
```

当 Float 对象在第 11 行被创建后，（　　）能够被垃圾回收。

A．14 行以后　　B．13 行以后　　C．15 行以后　　D．16 行以后

答案：C。

具体而言，垃圾回收器主要负责完成 3 项任务：分配内存、确保被引用对象的内存不被错误地回收以及回收不再被引用的对象的内存空间。

垃圾回收器的存在，一方面把开发人员从释放内存的复杂的工作中解脱出来，提高了开发人员的生产效率；另外一方面，对开发人员屏蔽了释放内存的方法，可以避免因为开发人员错误地操作内存从而导致应用程序的崩溃，保证了程序的稳定性。但是，垃圾回收也带来了问题，为了实现垃圾回收，垃圾回收器必须跟踪内存的使用情况，释放没用的对象，在完成内存的释放后还需要处理堆中的碎片，这些操作必定会增加 JVM 的负担，从而降低程序的执行效率。

对于对象而言，如果没有任何变量去引用它，那么该对象将不可能被程序访问，因此，可以认为它是垃圾信息，可以被回收。只要有一个以上的变量引用该对象，该对象就不会被垃圾回收。

对于本题而言，首先，在第 11 行定义了一个 Float 对象 o，接着，在第 13 行把这个对象的引用赋值给数组 oa[0]的第一个元素，此时这个 Float 对象有两处被引用的地方，分别为 o 和 oa[0]；在第 14 行中执行 o = null 后，这个 Float 对象仍然被 oa[0]引用，在执行完第 15 行后这个 Float 对象没有被任何变量引用了，因此，就具备了被垃圾回收器回收的条件。所以，选项 C 正确。

【真题 259】 有下面代码：

```
interface Animal{   public void test();}
public class Hourse implements Animal{
    public void test() {    ... }
    public static void main(String [] args)
    {
        Animal a1= new Hourse();
        Animal a2= new Hourse();
        Animal a3= new Hourse();
        a1=a2; a2=null ; a3=a1;
```

```
        }
    }
```

当程序执行到 a1=a2;a2=null;a3=a1;这行时，将被垃圾回收器回收的对象个数为（　　）。

A．1　　B．2　　C．3　　D．4　　E．5　　F．6

答案：B。

为了便于理解，给下面三个新建的对象起个别名：

```
Animal a1= new Hourse();      //对象 1
Animal a2= new Hourse();      //对象 2
Animal a3= new Hourse();      //对象 3
```

在执行语句 a1=a2 后，a1 和 a2 都指向对象 2，此时对象 1 不再被引用，因此，可以被垃圾回收器回收。在执行语句 a2=null 后，由于 a1 仍然执行对象 2，因此，对象 2 不能被回收。在执行语句 a3=a1 后，a3 也指向对象 2，此时对象 3 不再被引用，也可以被回收。因此，总共有 2 个对象被回收。所以，选项 B 正确。

【真题 260】 如何查看 Java 程序使用内存的情况？

答案：在 Java 语言中，每个 Java 应用程序都有一个 Runtime 类实例，Runtime 类提供了多个查看内存使用情况的方法，如下例所示：

```
class Test
{
    public static void main(String[] args)
    {
        //得到 JVM 中的空闲内存量(单位是字节)
        System.out.println(Runtime.getRuntime().freeMemory());
        //得到 JVM 内存总量(单位是字节)
        System.out.println(Runtime.getRuntime().totalMemory());
        //JVM 试图使用的最大内存量(单位是字节)
        System.out.println(Runtime.getRuntime().maxMemory());
        //可用处理器的数目
        System.out.println(Runtime.getRuntime().availableProcessors());
    }
}
```

程序的运行结果为：

```
250588512
253231104
3747086336
4
```

【真题 261】 垃圾回收器的原理是什么？垃圾回收器是否可以马上回收内存？如何通知虚拟机进行垃圾回收？

在 Java 语言中，GC（Garbage Collection，垃圾回收）是一个非常重要的概念，它的主要作用是回收程序中不再使用的内存。在使用 C/C++语言进行程序开发的时候，开发人员必须非常仔细地管理好内存的分配与释放，如果忘记或者错误地释放内存往往会导致程序运行不正确甚至是程序的崩溃。为了减轻开发人员的工作，同时增加系统的安全性与稳定性，Java 语言提供了垃圾回收器来自动检测对象的作用域，实现自动地把不再被使用的存储空间释放掉。具体而言，垃圾回收器主要负责完成 3 项任务：分配内存、确保被引用对象的内存不被错误地回收以及回收不再被引用的对象的内存空间。

垃圾回收器的存在，一方面把开发人员从释放内存的复杂的工作中解脱出来，提高了开发人员的生产效率；另外一方面，对开发人员屏蔽了释放内存的方法，可以避免因为开发人员错误地操作内存从而导致应用程序的崩溃，保证了程序的稳定性。但是，垃圾回收也带来了问题，为了实现垃圾回收，垃圾回收器必须跟踪内存的使用情况，释放没用的对象，在完成内存的释放后，还需要处理堆中的碎片，这些操作必定会增加 JVM 的负担，从而降低程序的执行效率。

对于对象而言，如果没有任何变量去引用它，那么该对象将不可能被程序访问，因此，可以认为它是垃圾信息，可以被回收。只要有一个以上的变量引用该对象，该对象就不会被垃圾回收。

对于垃圾回收器来说，它使用有向图来记录和管理堆内存中的所有对象，通过这个有向图就可以识别哪些对象是“可达的”（有引用变量引用它就是可达的），哪些对象是“不可达的”（没有引用变量引用它就是不可达的），所有“不可达”对象都是可被垃圾回收的。如下例所示：

```
public class Test
{
    public static void main(String[] a)
    {
        Integer i1=new Integer(1);
        Integer i2=new Integer(2);
        i2=i1;
         //some other code
    }
}
```

上述代码在执行到语句 i2=i1 后，内存的引用关系如图 1-6 所示。

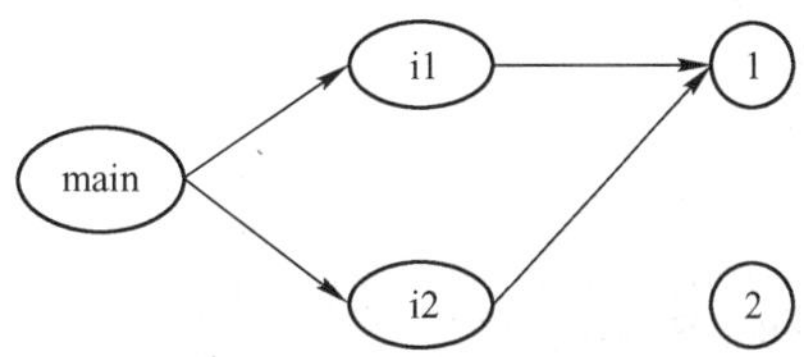

图 1-6　内存的引用关系

此时，如果垃圾回收器正在进行垃圾回收操作，在遍历上述有向图的时候，资源 2 所占的内存是不可达的，垃圾回收器就会认为这块内存已经不会再被使用了，因此，就会回收该块内存空间。

由于垃圾回收器的存在，Java 语言本身没有给开发人员提供显式释放已分配内存的方法，也就是说，开发人员不能实时地调用垃圾回收器对某个对象或所有对象进行垃圾回收。但开发人员可以通过调用 System.gc()方法来通知垃圾回收器运行，当然，JVM 也并不会保证垃圾回收器马上就会运行。由于 gc 方法的执行会停止所有的响应，去检查内存中是否有可回收的对象，这会对程序的正常运行以及性能造成极大的威胁，所以，在实际编程中，不推荐频繁使用 gc 方法。

【真题 262】 下面代码是否可以进行优化？如果可以，怎么进行优化？

```
for(int i=0;i<1000;i++){
        Object object = new Object();
        System.out.println("object name is"+object);
}
```

答案：可以进行优化，优化后的代码为：

```
Object object;
for(int i=0;i<1000;i++)
{
    object = new Object();
    System.out.println("object name is"+object);
}
```

题目中的写法，object 的作用范围为 for 循环内部，每当执行一次循环的时候，就需要在栈中分配一个存储空间给 object 使用，这次循环结束后，object 的作用域就结束了，就需要回收 object 占用的栈空间。本题中，由于循环次数为 1000 次，所以，需要分配 1000 次存储空间，同时回收 1000 次存储空间，开销是非常大的。

如果改用上述写法后，object 在整个 for 循环执行的过程中都是可见的。因此，就不需要不断地在栈中给 object 申请与释放空间，显然，此种方法具有更高的效率。

【真题 263】 如何能使 JVM 的堆、栈和持久代（perm）发生内存溢出？

答案：1）在 Java 语言中，通过 new 实例化的对象都存储在堆空间中，因此，只要不断地用 new 实例化对象且一直保持对这些对象的引用（垃圾回收器无法回收），实例化足够多的实例出来就会导致堆溢出，示例代码如下：

```
List<Object> l=new ArrayList<Object>();
while(true)
    l.add(new Object());
```

上面这段代码会一直不停地创建 Object 的对象，并存储在 List 里面。因为创建出来的对象一直被引用，所以垃圾回收器无法进行回收，在创建一定的数量后，就会出现堆溢出。

2）在方法调用的时候，栈用来保存上下文的一些内容。由于栈的大小是有上限的，当出现非常深层次的方法调用的时候，就会把栈的空间用完，最简单的栈溢出的代码就是无限递归调用，示例代码如下：

```
public class Test
{
    public static void f()
    {
        System.out.println("Hello");
        f();
    }
    public static void main(String[] args)
    {
        f();
    }
}
```

程序运行的过程中会不断地输出“Hello”，输出一会儿后就会抛出 java.lang.StackOverflowError 异常。

3）持久代。在 Java 语言中，当一个类第一次被访问的时候，JVM 需要把类加载进来，而类加载器就会占用持久代的空间来存储 classes 信息，持久代中主要包含以下的信息：类方法、类名、常量池和 JVM 使用的内部对象等。当 JVM 需要加载一个新的类的时候，如果持久代中没有足够的空间，此时就会抛出 Java.Lang.OutOfMemoryError: PermGen Space 异常。所以，当代码加载足够多类的时候就会导致持久代溢出。当然，并不是所有的 Java 虚拟机都有持久代的概念。

【真题 264】 下列关于内存回收的描述中，正确的是（　　）。

A．程序员必须创建一个线程来释放内存

B．内存回收程序负责释放无用内存

C．内存回收程序允许程序员直接释放内存

D．内存回收程序可以在指定的时间释放内存对象

答案：B。

【真题 265】 Java 堆被划分成老年代和年轻代，它们有什么区别？

答案：根据对象的生命周期的长短把对象分成不同的种类（年轻代、年老代和持久代），并分别进行内存回收，也就是分代垃圾回收。

分代垃圾回收算法的主要思路如下：把堆分成两个或者多个子堆，每一个子堆被视为一代。在运行的过程中，优先收集那些年幼的对象，如果一个对象经过多次收集仍然存活，那么就可以把这个对象转移到高一级的堆里，减少对其的扫描次数。

目前最常用的 JVM 是 SUN 公司（现被 Oracle 公司收购）的 HotSport，它采用的算法为分代回收。

HotSport 把 JVM 中堆空间划分为三个代：年轻代（Young Generation）、老年代（Old Generation）和永久代（Permanent Generation）。以下将分别对这三个代进行分析。

1）年轻代：被分成 3 个部分，一个 Eden 区和两个相同的 Survivor 区。Eden 区主要用来存储新建的对象，Survivor 区也被叫作 from 和 to 区，Survivor 区是大小相等的两块区域，在使用“复制”回收算法时，作为双缓存，起内存整理的作用，因此，Survivor 区始终都保持一个是空的。

2）老年代：主要存储生命周期较长的对象、超大的对象（无法在新生代分配的对象）。

3）永久代：存放代码、字符串常量池和静态变量等可以持久化的数据。SunJDK 把方法区实现在了永久代。

由于永久代基本不参与垃圾回收，所以，这里重点介绍的是年轻代和老年代的垃圾回收方法。

新建对象优先在 Eden 区分配内存，如果 Eden 区已满，在创建对象的时候，会因为无法申请到空间而触发 minorGc 操作，minorGc 主要用来对年轻代垃圾进行回收：把 Eden 区中不能被回收的对象放入到空的 Survivor 区，另一个 Survivor 区里不能被垃圾回收器回收的对象也会被放入到这个 Survivor 区，这样能保证有一个 Survivor 区是空的。如果在这个过程中发现 Survivor 区也满了，就会把这些对象复制到老年代，或者 Survivor 区并没有满，但是有些对象已经存在非常长的时间，这些对象也将被放到老年代中，如果老年代也被放满了，就会触发 fullGC。

引申：什么情况下会触发 fullGC，如何避免？

fullGC 是用来清理整个堆空间，包括年轻代和永久代，所以 fullGC 会造成很大的系统资源开销。因此，通常需要尽量避免 fullGC 操作。

下面介绍几种常见的 fullGC 产生的原因以及避免的方法。

1）调用 System.gc()方法会触发 fullGC，因此，在编码的时候尽量避免调用这个方法。

2）老年代空间不足。由于老年代主要用来存储从年轻代转入的对象、大对象和大数组，因此，为了避免触发 fullGC，应尽量做到让对象在 Minor GC 阶段被回收，不要创建过大的对象及数组。由于在 Minor GC 时，只有 Survivor 区放不下的对象才会被放入老年代，而此时只有老年代也放不下才会触发 fullGC，因此，另外一种避免 fullGC 的方法如下：根据实际情况增大 Survivor 区、老年代空间或调低触发并发 GC（并发垃圾回收）的概率。

3）永久代满。永久代主要存放 class 相关的信息，当永久代满的时候，也会触发 fullGC。为了避免这种情况的发生，可以增大永久代的空间（例如-XX:MaxPermSize=16m:设置永久代大小为 16M）。为了避免永久代满引起的 fullGC，也可以开启 CMS 回收永久代选项（开启的选项为+CMSPermGenSweepingEnabled -XX:+CMSClassUnloadingEnabled。CMS 利用和应用程序线程并发的垃圾回收线程来进行垃圾回收操作。

需要注意的是，Java8 中已经移除了永久代，新加了一个称为元数据区的 native 内存区，所以，大部分类的元数据都在本地内存中分配。

1.10 容器

【真题 266】 在 Java 语言中，下面接口以键-值对的方式存储对象的是（　　）。

A．java.util.List　　B．java.util.Map　　C．java.util.Collection　　D．java.util.Set

答案：B。

对于选项 A，List 中保存了相同类型的多个元素，元素是按照存入的顺序存储的，元素可以重复。所以，选项 A 错误。

对于选项 B，Map 是以键-值对的方式来存储对象的，并且键不允许重复。所以，选项 B 正确。

对于选项 C，java.util.Collection 是一个集合接口，它提供了对集合对象进行基本操作的通用接口方法。而 Set 与 List 是它的两个具体的接口，由于 Set 与 List 都不是以键-值对的方式来存储对象的，因此，Collection 接口也不是。所以，选项 C 错误。

对于选项 D，Set 中也保存了相同类型的多个元素，元素是不能重复的。所以，选项 D 错误。

表 1-8 是各接口的区别。

表 1-8　各接口的区别

<table>
<tr><th colspan="2">类　型</th><th>是否有序</th><th>是否允许重复</th><th>是否线程同步</th></tr>
<tr><td colspan="2">Collection</td><td>否</td><td>是</td><td>—</td></tr>
<tr><td rowspan="3">List</td><td>ArrayList</td><td rowspan="3">否</td><td rowspan="3">是</td><td>否</td></tr>
<tr><td>Vector</td><td>是</td></tr>
<tr><td>LinkedList</td><td>否</td></tr>
<tr><td rowspan="2">Set</td><td>HashSet</td><td>否</td><td rowspan="2">否</td><td>否</td></tr>
<tr><td>TreeSet</td><td>是</td><td>否</td></tr>
<tr><td rowspan="3">Map</td><td>HashMap</td><td>否</td><td rowspan="3"><key, value>，
key 不允许重复</td><td>否</td></tr>
<tr><td>TreeMap</td><td>是</td><td>否</td></tr>
<tr><td>Hashtable</td><td>否</td><td>是</td></tr>
</table>

所以，本题的答案为 B。

【真题 267】 以下关于 HashMap 与 Hashtbale 的说法中，正确的是（　　）。

A. 迭代 HashMap 采用快速失败机制，而 Hashtable 不是

B. Hashtable 允许 null 值作为 key 和 value，而 HashMap 不可以

C. HashMap 不是同步的，而 Hashtable 是同步的

D. 两者都是用 key-value 方式获取数据

答案：A、C、D。

HashMap 和 Hashtable 通过对象来进行索引，用来索引的对象叫作 key，其对应的对象叫作 value。二者具有许多相似之处，但也有很多不同之处。以下重点介绍二者的不同之处，具体而言，它们的不同之处体现在以下几个方面：

1）它们都实现了 Map 接口，HashMap 允许空（null）键值（key）（但需要注意的是，最多只允许一条记录的键为 null，不允许多条记录的值为 null），而 Hashtable 不允许。

2）HashMap 把 Hashtable 的 contains 方法去掉了，改成 containsvalue 和 containsKey。因为 contains 方法容易让人引起误解。Hashtable 继承自 Dictionary 类，而 HashMap 继承自 AbstractMap 类。

3）Hashtable 的方法是线程安全的，而 HashMap 不是线程安全的。当多个线程访问 Hashtable 时，不需要开发人员对它进行同步，而对于 HashMap，开发人员必须提供额外的同步机制。所以，效率上 HashMap 可能高于 Hashtable。

4）“快速失败”也就是 fail-fast，它是 Java 集合的一种错误检测机制。当多个线程对集合进行结构上的改变操作时，就有可能会产生 fail-fast 事件。例如，假设存在两个线程，它们分别是线程 1 与线程 2，当线程 1 通过 Iterator（迭代器）在遍历集合 A 中的元素时，如果线程 2 修改了集合 A 的结构（删除或增加新的元素），那么，此时程序就会抛出 ConcurrentModificationException 异常，从而产生 fail-fast 事件。

由于 Hashtable 是线程安全的，因此，没有采用快速失败机制，而 HashMap 是非线程安全的，迭代 HashMap 采用了快速失败机制。

从以上分析可知，选项 A、选项 C、选项 D 的描述都是正确的，只有选项 B 的描述不正确，因为 Hashtable 不允许键值为 null。

所以，本题的答案为 A、C、D。

【真题 268】 list 是一个 ArrayList 的对象，当将选项（　　）的代码填到//todo delete 处时，可以在 Iterator 遍历的过程中正确并安全地删除一个 list 中保存的对象。

```
Iterator it = list.iterator();
int index = 0;
while (it.hasNext())
{
        Object obj = it.next();
        if (needDelete(obj)) //needDelete 返回 boolean，决定是否要删除
        {
                //todo delete
        }
        index++;
}
```

A．it.remove();　　B．list.remove(index);　　C．list.remove(obj);　　D．list.delete(index);

答案：A。

Iterator 支持从源集合中安全地删除对象，删除的方法为在 Iterator 上调用 remove()方法 。这样做的好处是可以避免 ConcurrentModifiedException 异常发生，当打开 Iterator 迭代集合时，同时又在对集合进行修改。有些集合不允许在迭代时删除或添加元素，但是调用 Iterator 的 remove() 方法是个安全的做法。

remove()方法的作用为从迭代器指向的集合中移除迭代器返回的最后一个元素（可选操作），每次调用 next()方法只能调用一次此方法。如果在进行迭代时，用调用此方法之外的其他方式修改了该迭代器所指向的集合，那么迭代器的行为是不明确的。因此，选项 A 正确。

【真题 269】 List<? extends T>和 List<? super T>之间有什么区别？

答案：<? extends T>表示类型的上界，也就是说参数化的类型的可能是 T 或是 T 的子类。例如，下面的写法都是合法的赋值语句：

```
List<?extends Number> list = new ArrayList<Number>();
List<? Extends Number> list = new ArrayList<Integer>(); // Integer 是 Number 的子类
List<? Extends Number> list = new ArrayList<Float>();   // Float 也是 Number 的子类
```

<? extends T>被设计为用来读数据的泛型（只能读取类型为 T 的元素），原因如下：

1）在上面赋值的示例中，对读数据进行分析：

① 不管给 list 如何赋值，可以保证 list 里面存放的一定是 Number 类型或其子类，因此，可以从 list 列表里面读取 Number 类型的值。

② 不能从 list 中读取 Integer，因为 list 里面可能存放的是 Float 值，同理，也不可以从 list 里面读取 Float。

2）对写数据进行分析：

① 不能向 list 中写 Number，因为 list 中有可能存放的是 Float。

② 不能向 list 中写 Integer，因为 list 中有可能存放的是 Float。

③ 不能向 list 中写 Float，因为 list 中有可能存放的是 Integer。

从上面的分析可以发现，只能从 List<? extends T> 读取 T，因为无法确定它实际指向列表的类型，所以无法确定列表里面存放的实际的类型，也就无法向列表里面添加元素。

<? super T>表示类型下界，也就是说，参数化的类型是此类型的超类型（父类型）。

```
List<?super Float>list = new ArrayList<Float>()
List<?super Float>list = new ArrayList<Number>();    // Number 是 Float 的父类
List<?super Float>list = new ArrayList<Object>();    // Object 是 Number 的父类
```

<? super T>被设计为用来写数据的泛型（只能写入 T 或 T 的子类类型），不能用来读，分析如下：

1）读数据。无法保证 list 里面一定存放的是 Float 类型或 Number 类型，因为有可能存放的是 Object 类型，唯一能确定的是 list 里面存放的是 Object 或其子类，但是无法确定具体子类的类型。正是由于无法确定 list 里面存放数据的类型，因此，无法从 list 里面读取数据。

2）写数据。

① 可以向 list 里面写入 Float 类型的数据（不管 list 里面实际存放的是 Float、Number 或 Object，写入 Float 都是允许的）；同理，也可以向 list 里面添加 Float 子类类型的元素。

② 不可以向 list 里面添加 Number 或 Object 类型的数据，因为 list 中可能存放的是 Float 类型的数据。

下面给出一个以上两个泛型使用的场景：

```
public class Collections
{
        public static <T>    void copy(List<? super T> dest, List<? extends T> src)
        {
            for (int i=0; i<src.size(); i++)
                dest.set(i,src.get(i));
        }
}
```

【真题 270】 下面创建 Map 集合的方式中，正确的是（　　）。

A．Map m=new Map(new Collection())　　B．Map m=new Map(10, 2 ,40)

C．Map m=new Map()　　D．Map 是接口，所以不能实例化

答案：D。

Java 为数据结构中的映射定义了一个接口 java.util.Map，它有三个实现类：HashMap、Hashtable 和 TreeMap。由于接口中的方法都没有实现，因此，不能直接使用 new 来实例化一个接口，原因是 new 只能用来实例化非抽象的类。所以，选项 D 正确。

本题中，一种正确的写法为 Map<String,String> m=new HashMap<String,String>()，把实例化 HashMap 对象的实例赋值给 Map 接口变量 m。

【真题 271】 ArrayList、Vector 和 LinkedList 有什么特点？

答案：ArrayList、Vector 和 LinkedList 类均在 java.util 包中，都是可伸缩的数组，即可以动态改变长度的数组。

ArrayList 和 Vector 都是基于存储元素的 Object[] array 来实现的，它们会在内存中开辟一块连续的空间来存储。由于数据存储是连续的，因此，它们支持用序号（下标、索引）来访问元素，同时，索引数据的速度比较快。但是在插入元素的时候需要移动容器中的元素，所以，对数据的插入操作执行速度比较慢。ArrayList 和 Vector 都有一个初始化的容量的大小，当里面存储的元素超过这个大小的时候，就需要动态地扩充它们的存储空间。为了提高程序的效率，每次扩充容量的时候，不是简单地扩充一个存储单元，而是一次就会增加多个存储单元。Vector 默认扩充为原来的两倍（每次扩充空间的大小是可以设置的），而 ArrayList 默认扩充为原来的 1.5 倍（没有提供方法来设置空间扩充的方法）。

ArrayList 与 Vector 最大的区别就是 Synchronization（同步）的使用，没有一个 ArrayList 的方法是同步的，而 Vector 的绝大多数方法（例如 add、insert、remove、set、equals、hashCode 等）都是直接或者间接同步的，所以，Vector 是线程安全的，ArrayList 不是线程安全的。正是由于 Vector 提供了线程安全的机制，使其性能上也要略逊于 ArrayList。

LinkedList 是采用双向列表来实现的，对数据的索引需要从列表头开始遍历，因此，随机访问的效率比较低，但是插入元素的时候不需要对数据进行移动，插入效率较高。同时，LinkedList 不是线程安全的。

那么，在实际使用时，如何从这几种容器中选择合适的使用呢？当对数据的主要操作为索引或只在集合的末端增加、删除元素，使用 ArrayList 或 Vector 效率比较高。当对数据的操作主要为指定位置的插入或删除操作，使用 LinkedList 效率比较高。当在多线程中使用容器时（即多个线程会同时访问该容器），选用 Vector 较为安全。

【真题 272】 HashMap 和 Hashtable 有什么区别？

答案：Java 为数据结构中的映射定义了一个接口 java.util.Map，它有三个实现类：HashMap、Hashtable 和 TreeMap。Map 是用来存储键-值对的数据结构，在数组中通过数组下标来对其内容进行索引，而在 Map 中，则是通过对象来进行索引，用来索引的对象叫作 key，其对应的对象叫作 value。

HashMap 是一个最常用的 Map，它根据键的 HashCode 值存储数据，根据键可以直接获取它的值，具有很快的访问速度。由于 HashMap 与 Hashtable 都采用了 hash 方法进行索引，因此，二者具有许多相似之处，它们主要有如下的一些区别：

1）HashMap 是 Hashtable 的轻量级实现（非线程安全的实现），它们都实现了 Map 接口，主要区别在于 HashMap 允许空（null）键值（key）（但需要注意，HashMap 最多只允许一条记录的键为 null，不允许多条记录的值为 null），而 Hashtable 不允许空（null）键值（key）。

2）HashMap 把 Hashtable 的 contains 方法去掉了，改成 containsvalue 和 containsKey。因为 contains 方法容易让人引起误解。Hashtable 继承自 Dictionary 类，而 HashMap 是 Java1.2 引进的 Map interface 的一个实现。

3）Hashtable 的方法是线程安全的，而 HashMap 由于不支持线程的同步，所以，它不是线程安全的。在多个线程访问 Hashtable 时，不需要开发人员对它进行同步，而对于 HashMap，开发人员必须提供额外的同步机制。所以，效率上 HashMap 可能高于 Hashtable。

4）Hashtable 使用 Enumeration 进行遍历，HashMap 使用 Iterator 进行遍历。

5）Hashtable 和 HashMap 采用的 hash/rehash 算法都几乎一样，所以，性能不会有很大的差异。

6）Hashtable 中 hash 数组默认大小是 11，增加的方式是 old*2+1。在 HashMap 中，hash 数组的默认大小是 16，而且一定是 2 的指数。

7）hash 值的使用不同，Hashtable 直接使用对象的 hashCode。

以上三种类型中，使用最多的是 HashMap。HashMap 里面存入的键-值对在取出的时候没有固定的顺序，是随机的。一般而言，在 Map 中插入、删除和定位元素，HashMap 是最好的选择。由于 TreeMap 实现了 SortMap 接口，能够把它保存的记录根据键排序，所以，取出来的是排序后的键-值对，如果需要按自然顺序或自定义顺序遍历键，那么 TreeMap 会更好。LinkedHashMap 是 HashMap 的一个子类，如果需要输出的顺序和输入的相同，那么用 LinkedHashMap 可以实现，它还可以按读取顺序来排列。

【真题 273】 以下关于 HashMap 和 Hashtable 的描述中，正确的是（　　）。

A．Hashtable 不允许 null 键或值

B．Hashtable 类不是同步的，而 HashMap 类是同步的

C．都实现了 Map 接口

D．HashMap 不允许 null 键或值

答案：A、C。

【真题 274】 Hashtable 和 HashMap 的区别是（　　）。

A．Hashtable 是一个散列表，该类继承了 AbstractMap，实现了 Map 接口

B．HashMap 是内部基于散列表实现，该类继承 AbstractMap，实现 Map 接口

C．Hashtable 线程安全的，而 HashMap 是线程不安全的

D．Hashtable 直接使用对象的 hashCode，而 HashMap 重新计算 hash 值

E．Properties 类继承了 Hashtable 类，而 Hashtable 类则继承 Dictionary 类

答案：B、C、E。

【真题 275】 Collection 和 Collections 的区别是什么？

答案：Collection 是一个集合接口。它提供了对集合对象进行基本操作的通用接口方法。实现该接口的类主要有 List 和 Set，该接口的设计目标是为各种具体的集合提供最大化的统一的操作方式。

Collections 是针对集合类的一个包装类，它提供了一系列静态方法实现对各种集合的搜索、排序和线程安全化等操作，其中的大多数方法都是用于处理线性表。Collections 类不能实例化，如同一个工具类，服务于 Collection 框架。如果在使用 Collections 类的方法时，对应的 Collection 的对象为 null，则这些方法都会抛出 NullPointerException。

下例为 Collections 使用的例子：

```
import java.util.*;
public class Test
{
        public static void main(String args[])
        {
                List<Integer> list = new LinkedList<Integer>();
                int array[] = { 1, 7, 3, 2};
                for (int i = 0; i < array.length; i++)
                {
                        list.add(new Integer(array[i]));
                }
                Collections.sort(list);
                for (int i = 0; i < array.length; i++)
                {
                        System.out.println(list.get(i));
                }
        }
}
```

程序的运行结果为：

```
1
2
3
7
```

【真题 276】 以下关于 Map 的用法中，正确的有（　　）。

A．new java.util.SortedMap().put("key1" , "value1") ;

B．new java.util.Map().put("key1" , "value1") ;

C．new java.util.HashMap().put(null , null) ;

D．new java.util.TreeMap().put(0 , null) ;

答案：C、D。

对于选项 A，SortedMap 继承了 Map，使按键保持升序排列，它还是个接口，因此，也无法直接实例化。所以，选项 A 错误。

对于选项 B，Map 是一个接口，因此，它无法直接实例化。所以，选项 B 错误。

对于选项 C 和 D，HashMap 和 TreeMap 都实现了接口 Map，它们是两个具体的实现类，因此，可以实例化。所以，选项 C 与选项 D 正确。

【真题 277】 以下不是 Collection 的子接口的是（　　）。

A. List　　　B. Set　　　C. SortedSet　　　D. HashMap

答案：D。

Collection 的框架如图 1-7 所示。

由此可见，HashMap 不是 Collection 的子接口，List 和 Set 是 Collection 的子接口，SortedSet 继承了 Set 接口，因此，也属于 Collection 的子接口。所以，选项 D 正确。

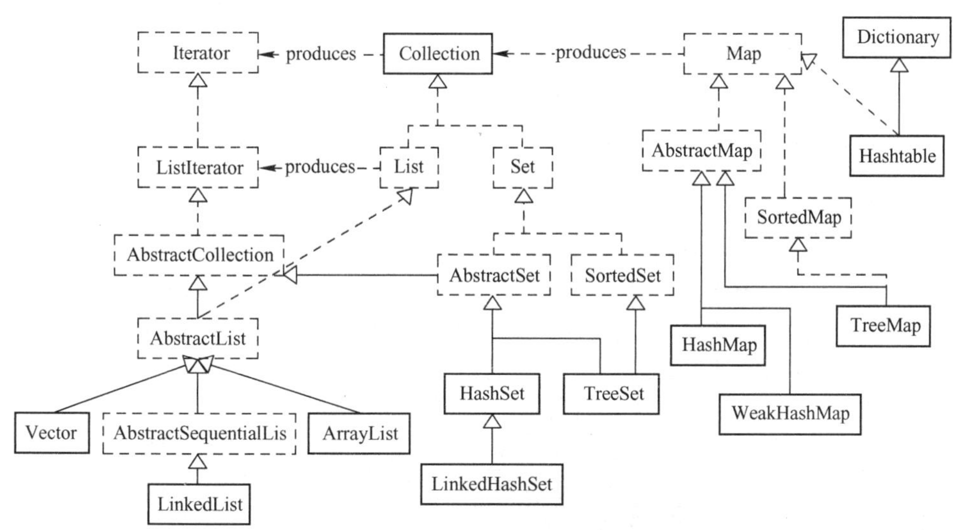

图 1-7　Collection 框架

【真题 278】 在 Java 语言中，位于集合框架的顶层的接口是（　　）。

A. Collection　　　B. Collections　　　C. List　　　D. Iterator

答案：A。

Collection 是一个集合接口。它提供了对集合对象进行基本操作的通用接口方法。实现该接口的类主要有 List 和 Set，该接口的设计目标是为各种具体的集合提供最大化的统一的操作方式。

由此可见，选项 A 正确，选项 C 和选项 D 错误。

Collections 是针对集合类的一个包装类，它提供一系列静态方法实现对各种集合的搜索、排序和线程安全化等操作，其中的大多数方法都是用来处理线性表。Collections 类不能实例化，如同一个工具类，服务于 Collection 框架。因此，Collections 不是一个集合框架类，选项 D 错误。

所以，本题的答案为 A。

【真题 279】 下列接口中，直接继承自 Collection 接口的是（　　）。

A. List　　　B. Map　　　C. Set　　　D. HashMap

答案：A、C。

【真题 280】 欲构造 ArrayList 类的一个实例，此类继承了 List 接口，下列方法中，正确的是（　　）。

A. ArrayList list= new Object()　　　B. List list = new ArrayList()

C. List list = new List()　　　D. ArrayList list =new List()

答案：B。

对于选项 A，在 Java 语言中，可以把子类的对象赋值给父类的引用变量，但是不可以把父类的对象赋值给子类的引用，Object 是所有类的父类，因此，也是 ArrayList 的父类，所以，这种写法是不合法的，如果换成语句 Object o= new ArrayList()就合法了。所以，选项 A 错误。

对于选项 B，ArrayList 实现了 List 接口。所以，选项 B 正确。

对于选项 C 与选项 D，由于 List 是接口，因此，不能被实例化。所以，选项 C 与选项 D 错误。

所以，本题的答案为 B。

【真题 281】 Java 语言的接口 java.util.Collection 定义了许多方法，以下方法中，不是 Collection 接口所定义的是（　　）。

A. boolean containsAll(Collection c)　　B. int size()

C. compareTo(Object obj)　　D. boolean equals(Object 0)

答案：C。

java.util.Collection 是一个集合接口，它提供了对集合对象进行基本操作的通用接口方法。Collection 接口在 Java 类库中有很多具体的实现。具体而言，Collection 主要方法见表 1-9。

表 1-9　Collection 主要方法

方　　法	描　　述
add(E e)	把对象 e 添加到容器中
addAll(Collection<? extends E> c)	把 c 中的所有对象添加到容器中
clear()	清空容器
contains(Object o)	如果容器中有对象 o，那么返回 true，否则，返回 false
containsAll(Collection<?> c)	如果容器中包含 c 中所有的对象，那么返回 true，否则，返回 false
equals(Object o)	判断对象 o 是否和容器相等
hashCode()	返回容器的 hash 值
isEmpty()	如果容器为空，返回 true
iterator()	返回这个容器的迭代器
remove(Object o)	从列表中删除对象 o
removeAll(Collection<?> c)	从列表中删除那些在 c 中存在的对象
retainAll(Collection<?> c)	列表中移除未包含在指定 Collection 中的所有元素
size()	返回容器中元素的个数
toArray()	返回一个数组，数组中包含容器中所有的元素
toArray(T[] a)	与方法 toArray 类似，不同之处为返回数组的类型与参数指定的类型相同

所以，本题的答案为 C。

【真题 282】 下列关于 Collection 类结构的描述中，正确的是（　　）。

A. HashSet 继承自 AbstractSet　　B. AbstractSet 继承自 Set

C. LinkedList 继承自 List　　D. WeakMap 继承自 HashMap

答案：A、C。

【真题 283】 ArrayList al = new ArrayList(20)中的 list 扩充了（　　）次。

A. 0　　B. 1　　C. 2　　D. 4

答案：A。

在 Java 语言中，创建 ArrayList 对象的时候可以不指定其空间大小，在这种情况下，列表默认的大小为 10，在后面使用的过程中，如果发现列表的大小不够用，此时会扩充为原来大小的 1.5 倍。

对于本题而言，在初始化 ArrayList 对象的时候，显式地指定了列表的大小为 20，因此，创建出来的列表对象的长度为 20，在这个过程中不需要扩展，即扩展次数为 0。所以，选项 A 正确。

如果把题目改成 ArrayList list = new ArrayList()，接着向列表里插入 20 条记录，那么这个列表在插入第 11 条记录的时候就需要扩展一次。

【真题 284】 fail-fast 和 fail-safe 迭代器的区别是什么？

答案：它们主要的区别是 fail-safe 允许在遍历的过程中对容器中的数据进行修改，而 fail-fast 则不允许。下面分别介绍这两种迭代器的工作原理。

fail-fast：直接在容器上进行遍历，在遍历的过程中，一旦发现容器中的数据被修改了（添加元素、删除元素或修改元素），会立刻抛出ConcurrentModificationException异常从而导致遍历失败。常见的使用

fail-fast 方式的容器有HashMap和ArrayList等。

fail-safe：这种遍历基于容器的一个克隆。因此，对容器中内容的修改不影响遍历。常见的使用 fail-safe 方式遍历的容器有ConcurrentHashMap和CopyOnWriteArrayList。

【真题 285】 在 Hashtable、Vector、TreeSet 和 LinkedList 中，哪个容器是线程安全的？

答案：Vector。

Hashtable 是线程安全的，而 HashMap 不是线程安全的。

Vector 中的绝大多数的方法（例如 add、insert、remove、set、equals、hashCode 等）都是直接或者间接同步的，所以，Vector 是线程安全的。

TreeSet 实现了 SortedSet 接口，因此，TreeSet 容器中的元素是有序的，但是它不是线程安全的。

LinkedList 是采用双向列表来实现的，对数据的索引需要从列表头开始遍历，因此，随机访问的效率比较低，但是插入元素的时候不需要对数据进行移动，插入效率较高。但是 LinkedList 不是线程安全的。

【真题 286】 List、Set 和 Map 是否继承自 Collection 接口？

答案：List 和 Set 继承自 Collection 接口，Map 不是。

【真题 287】 欲构造 ArrayList 类的一个实例，此类继承了 List 接口，下列方法正确的是（ ）。

A．ArrayList myList=new LinkedList();　　B．List myList=new ArrayList();

C．ArrayList myList=new List();　　D．List myList=new List();

答案：B。

【真题 288】 哪个包包含了 Collection 的接口和类的 API？

答案：Java.util。

【真题 289】 在 HashSet 中，equals 与 hashCode 之间的关系是什么？

答案：HashSet 是存在于 java.util 包中的类，HashSet 中存储的元素是不能重复的，由于 HashSet 中存放的是对象，那么如何判断两个对象是否相同呢？主要通过 hashCode 和 equals 两个方法来判断，所以，对于在 HashSet 中存储的对象，对应的类最好根据实际情况实现自己的 equals 方法和 hashCode 方法。

每当向 HashSet 中添加一个元素的时候，可以采用下面的方法来判断两个对象是否“相同”：

1）如果两个对象的 hashCode 值不同，那么说明两个对象不“相同”。

2）如果两个对象的 hashCode 值相同，接着会调用对象的 equals 方法，如果 equlas 方法的返回结果为 true，那么说明两个对象“相同”，否则，说明两个对象不“相同”。

有读者可能对 hashCode 方法与 equals 方法不是很理解，其实，hashCode 方法和 equals 方法都定义在 Object 类中，所有的 Java 类都继承这两个方法。其中，hashCode 方法返回一个 int 类型的数，在 Object 类中的默认实现是“将该对象的内部地址转换成一个整数返回”。而 equals 方法主要用于判断对象的内存地址引用是否是同一个地址（是否是同一个对象），如果两个对象“相同”，那么返回 true，否则，返回 false。一般情况下需要重写 equals 和 hashCode 方法来实现自己的逻辑，比如 String 类中的 equals 方法用来判断两个字符串的内容是否相同。

HashSet 采用上面的逻辑来判断两个对象是否“相同”，从而决定一个对象是否应该被加入到 HashSet 中。

示例：下列程序中构造了一个 Set 并且调用其方法 add()，输出结果是什么？

```
public class A
{
    public int hashCode() {return 1;}
    public Boolean equals (Object b){return true}
    public static void main (String args[]){
        Set set = new HashSet();
        set.add(new A());
```

```
            set.add(new A());
            set.add(new A());
            System.out.println(set.size());
        }
    }
```

答案：1。

【真题 290】 Hashtable 和 ConcurrentHashMap 的区别是什么？

答案：Hashtable 是一种能提供快速插入和查询的数据结构，无论其包含有多少 Item（条目），执行查询和插入操作的平均时间复杂度总是接近 O(1)。

ConcurrentHashMap 是 Java5 中支持高并发、高吞吐量的线程安全 HashMap 实现。它由 Segment 数组结构和 HashEntry 数组结构组成。ConcurrentHashMap 里扮演锁的角色，HashEntry 则用于存储键-值对数据。一个 ConcurrentHashMap 里包含一个 Segment 数组，Segment 的结构和 HashMap 类似，是一种数组和链表结构；一个 Segment 里包含一个 HashEntry 数组，每个 HashEntry 是一个链表结构的元素；每个 Segment 守护着一个 HashEntry 数组里的元素，当对 HashEntry 数组的数据进行修改时，必须首先获得它对应的 Segment 锁。

Hashtable 和 ConcurrentHashMap 存储的内容为键-值对（key-value），且它们都是线程安全的容器，下面简要介绍它们的实现方式并对比它们的不同点。

Hashtable 所有的方法都是同步的，因此，它是线程安全的。它的定义如下：

public class Hashtable<K,V> extends Dictionary<K,V> implements Map<K,V>, Cloneable, Serializable

Hashtable 是通过“拉链法”实现的散列表，因此，它使用数组＋链表的方式来存储实际的元素，如图 1-8 所示。

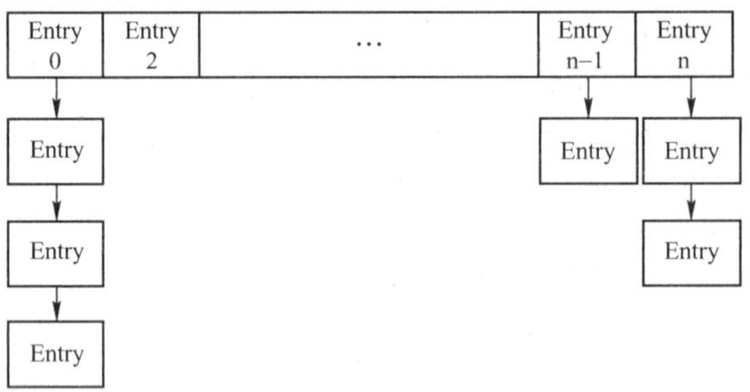

图 1-8 HashTable 结构

在图 1-8 中，最顶部标数字的部分是一个 Entry 数组，而 Entry 又是一个链表。当向 Hashtable 中插入数据的时候，首先通过键的 hashCode 和 Entry 数组的长度来计算这个值应该存放在数组中的位置 index。如果 index 对应的位置没有存放值，则直接存放到数组的 index 位置即可，当 index 有冲突的时候，则采用“拉链法”来解决冲突。假如往 Hashtable 中插入“aaa”“bbb”“eee”“fff”，如果“aaa”和“fff”所得到的 index 是相同的，则插入后 Hashtable 的结构如图 1-9 所示。

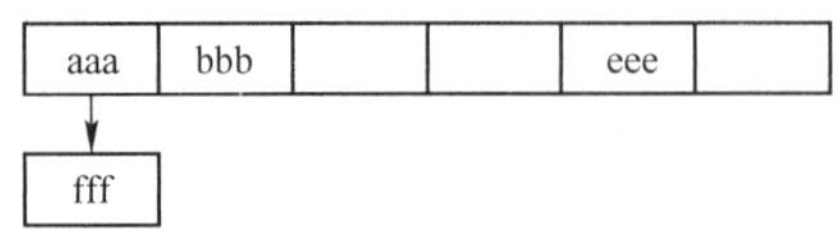

图 1-9 插入后 Hashtable 结构

Hashtable 的实现类图如图 1-10 所示。

为了使 Hashtable 拥有比较好的性能，数组的大小也需要根据实际插入数据的多少来进行动态地调整。Hashtable 类中定义了一个 rehash 方法，该方法可以用来动态地扩充 Hashtable 的容量，该方法被调用的时机为：Hashtable 中的键-值对超过某一阈值。默认情况下，该阈值等于 Hashtable 中 Entry 数组的长度*0.75。Hashtable 默认的大小为 11，当达到阈值后，每次按照下面的公式对容量进行扩充：newCapacity = oldCapacity * 2 + 1。

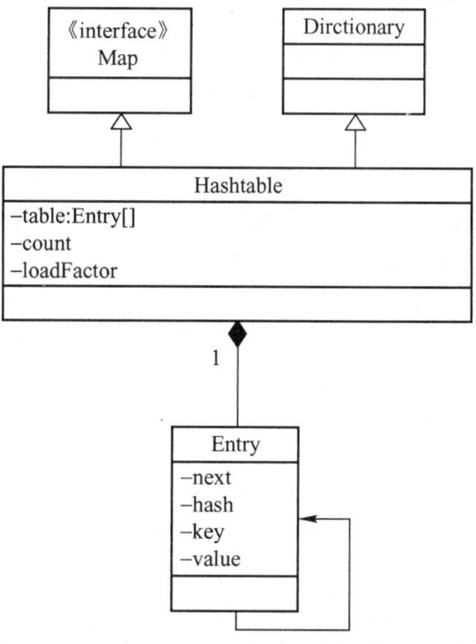

图 1-10　Hashtable 实现类图

Hashtable 通过使用 synchronized 修饰方法的方式来实现多线程同步，因此，Hashtable 的同步会锁住整个数组。在高并发的情况下，性能会非常差，Java5 中引入 java.util.concurrent.ConcurrentHashMap 作为高吞吐量的线程安全 HashMap 实现，它采用了锁分离的技术允许多个修改操作并发进行。它们在多线程锁的使用方式如图 1-11 所示。

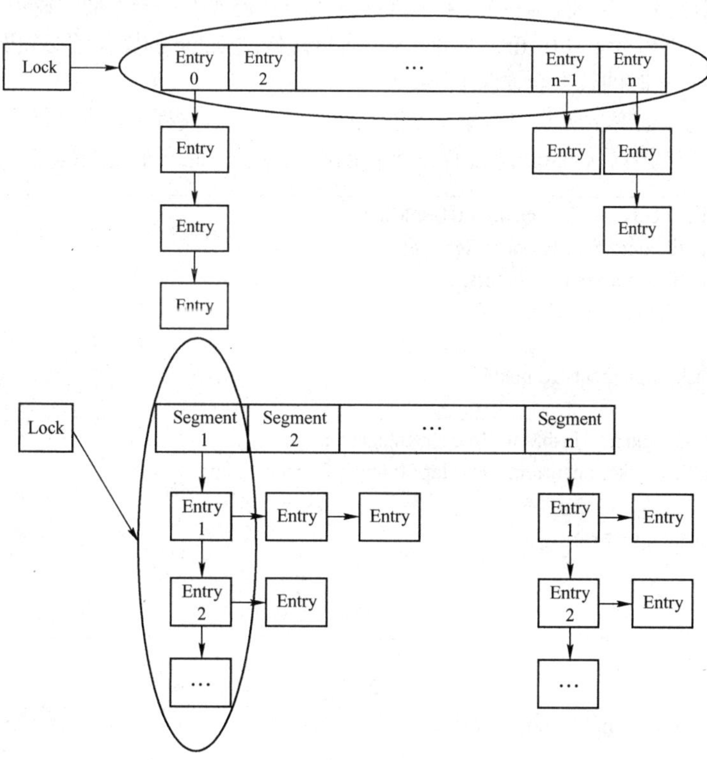

图 1-11　多线程锁的使用

ConcurrentHashMap 采用了更细粒度的锁来提高在高并发情况下的效率。ConcurrentHashMap 将 Hash 表默认分为 16 个桶（每一个桶可以被看作是一个 Hashtable），大部分操作都没有用到锁，而对应的 put、remove 等操作也只需要锁住当前线程需要用到的桶，而不需要锁住整个数据。采用这种设计方式以后，在大并发的情况下，同时可以有 16 个线程来访问数据。显然，大大提高了并发性。

只有个别方法（例如 size()方法和 containsValue()方法）可能需要锁定整个表而不仅仅是某个桶，在实现的时候，需要按顺序锁定所有桶，操作完毕后，又"按顺序"释放所有桶，"按顺序"的好处是能防止死锁的发生。

假设一个线程在读取数据的时候，另外一个线程在 Hash 链的中间添加或删除元素或者修改某一个结点的值，此时必定会读取到不一致的数据。那么如何才能实现在读取的时候不加锁而又不会读取到不一致的数据呢？ConcurrentHashMap 使用不变量的方式来实现，它通过把 Hash 链中的结点 HashEntry 设计成几乎不可变的方式来实现，HashEntry 的定义如下：

```
static final class HashEntry<K,V> {
    final K key;
    final int hash;
    volatile V value;
    final HashEntry<K,V> next;
}
```

从以上这个定义可以看出，除了变量 value 以外，其他的变量都被定义为 final 类型。因此，增加结点（put 方法）的操作只能在 Hash 链的头部增加。对于删除操作，则无法直接从 Hash 链的中间删除结点，因为 next 也被定义为不可变量。因此，remove 操作的实现方式如下：把需要删除的结点前面所有的结点都复制一遍，然后把复制后的 Hash 链的最后一个结点指向待删除结点的后继结点，由此可以看出，ConcurrentHashMap 删除操作是比较耗时的。此外，使用 volatile 修饰 value 的方式使这个值被修改后对所有线程都可见（编译器不会进行优化），采用这种方式的好处如下：一方面，避免了加锁；另一方面，如果把 value 也设计为不可变量（用 final 修饰），那么每次修改 value 的操作都必须删除已有结点，然后插入新的结点，显然，此时的效率会非常低下。

由于 volatile 只能保证变量所有的写操作都能立即反映到其他线程中，也就是说，volatile 变量在各个线程中是一致的，但是由于 volatile 不能保证操作的原子性，因此它不是线程安全的。如下例所示：

```
import java.util.concurrent.ConcurrentHashMap;
import java.util.concurrent.ExecutorService;
import java.util.concurrent.Executors;
import java.util.concurrent.TimeUnit;

class TestTask implements Runnable
{
    private ConcurrentHashMap<Integer, Integer> map;
    public TestTask(ConcurrentHashMap<Integer, Integer> map)
    {
        this.map = map;
    }

    @Override
    public void run()
    {
        for (int i = 0; i < 100; i++)
        {
            map.put(1, map.get(1) + 1);
```

```
            }
        }
    }

    public class Test
    {
        public static void main(String[] args)
        {
            int threadNumber=1;
            System.out.println("单线程运行结果：");
            for (int i = 0; i < 5; i++)
            {
                System.out.println("第"+(i+1)+"次运行结果："+testAdd(threadNumber));
            }
            threadNumber=5;
            System.out.println("多线程运行结果：");
            for (int i = 0; i < 5; i++)
            {
                System.out.println("第"+(i+1)+"次运行结果："+testAdd(5));
            }
        }

        private static int testAdd(int threadNumber)
        {
            ConcurrentHashMap<Integer, Integer> map = new ConcurrentHashMap<Integer, Integer>();
            map.put(1, 0);
            ExecutorService pool = Executors.newCachedThreadPool();
            for (int i = 0; i < threadNumber; i++)
            {
                pool.execute(new TestTask(map));
            }
            pool.shutdown();
            try
            {
                pool.awaitTermination(20, TimeUnit.SECONDS);
            }
            catch (InterruptedException e)
            {
                e.printStackTrace();
            }
            return map.get(1);
        }
    }
```

程序的运行结果为：

```
单线程运行结果：
第 1 次运行结果：100
第 2 次运行结果：100
第 3 次运行结果：100
第 4 次运行结果：100
第 5 次运行结果：100
```

```
多线程运行结果：
第 1 次运行结果：500
第 2 次运行结果：472
第 3 次运行结果：500
第 4 次运行结果：429
第 5 次运行结果：433
```

从上述运行结果可以看出，单线程运行时 map.put(1, map.get(1) + 1);会被执行 100 次，因此运行结果是 100。当使用多线程运行时，在上述代码中使用了 5 个线程，也就是说 map.put(1, map.get(1) + 1);会被调用 500 次，如果这个容器是多线程安全的，那么运行结果应该是 500，但是实际的运行结果并不都是 500。说明 ConcurrentHashMap 在某种情况下还是线程不安全的，这个例子中导致线程不安全的主要原因为：map.put(1, map.get(1) + 1);不是一个原子操作，而是包含了下面三个操作：

1）map.get(1)；这一步是原子操作，由 CocurrentHashMap 来保证线程安全。

2）+1 操作。

3）map.put 操作。这一步也是原子操作，由 CocurrentHashMap 来保证线程安全。

假设 map 中的值为<1,5>。线程 1 在执行 map.put(1, map.get(1) + 1);的时候首先通过 get 操作读取到 map 中的值为 5，此时线程 2 也在执行 map.put(1, map.get(1) + 1);，从 map 中读取到的值也是 5，接着线程 1 执行+1 操作，然后把运算结果通过 put 操作放入 map 中，此时 map 中的值为<1,6>；接着线程 2 执行+1 操作，然后把运算结果通过 put 操作放入 map 中，此时 map 中的值还是<1,6>。由此可以看出，两个线程分别执行了一次 map.put(1, map.get(1) + 1);，map 中的值却增加了 1。

因此在访问 ConcurrentHashMap 中 value 的时候，为了保证多线程安全，最好使用一些原子操作。如果要使用类似 map.put(1, map.get(1) + 1);的非原子操作，则需要通过加锁来实现多线程安全。

在上例中，为了保证多线程安全，可以把 run 方法改为：

```
public void run()
{
    for (int i = 0; i < 100; i++)
    {
    synchronized(map)
    {
        map.put(1, map.get(1) + 1);
    }
    }
}
```

引申：Synchronized 容器和 Concurrent 容器有什么区别？

在 Java 语言中，多线程安全的容器主要分为两种：Synchronized 和 Concurrent，虽然它们都是线程安全的，但是它们在性能方面差距比较大。

Synchronized 容器（同步容器）主要通过 synchronized 关键字来实现线程安全，在使用的时候会对所有的数据加锁。需要注意的是，由于同步容器将所有对容器状态的访问都串行化了，这样虽然保证了线程的安全性，但是这种方法的代价就是严重降低了并发性，当多个线程竞争容器时，吞吐量会严重降低。于是引入了 Concurrent 容器（并发容器），Concurrent 容器采用了更加智能的方案，该方案不是对整个数据加锁，而是采取了更加细粒度的锁机制，因此，在大并发量的情况下，拥有更高的效率。

【真题 291】 以下关于 JDK 中 LinkedBlockingQueue 和 ConcurrentLinkedQueue 的描述中，正确的是（　　）。

A．两个数据接口都是线程安全的　　B．内部都是使用锁来进行同步

C．都可以配置最大元素数量　　D．都是基于链表实现

答案：A、B、D。

在 Java 多线程应用中，队列的使用频率很高。队列是一种先进先出的数据结构，它有两个基本操作：在队列尾部添加一个元素以及从队列头部移除一个元素。如果向一个已经满了的阻塞队列中添加一个元素或者从一个空的阻塞队列中移除一个元索，都将导致线程阻塞。

在讲解后面的知识之前，首先对阻塞与非阻塞进行分析。什么是阻塞？什么是非阻塞？阻塞与非阻塞关注的是程序在等待调用结果（消息、返回值）时的状态。阻塞调用指的是在调用结果返回之前，当前线程会被挂起，调用线程只有在得到结果之后才会返回，而非阻塞调用指的是在不能立刻得到结果之前，该调用不会阻塞当前线程。举个简单例子加以说明，小王打电话给书店老板老张，询问书店是否有《Java 程序员面试笔试真题与解析》这本书，如果是阻塞式调用，小王会一直把自己“挂起”，直到得到这本书有没有的结果，如果是非阻塞式调用，小王会不管老张有没有告诉自己，小王先做自己的事情了，当然，小王也要偶尔过来检查一下老张有没有返回结果。

Java 语言提供的线程安全的队列可以分为阻塞队列和非阻塞队列，其中，阻塞队列的典型例子是 LinkedBlockingQueue，非阻塞队列的典型例子是 ConcurrentLinkedQueue，在应用中要根据实际需要选用阻塞队列或者非阻塞队列。以下将分别对这两种队列进行介绍。

LinkedBlockingQueue 是一个线程安全的阻塞队列，实现了先进先出等特性，一般用在生产者和消费者模型的开发中。它的底层采用链表的方式来实现，采用锁机制来实现多线程同步，提供了一个构造方法来指定队列的大小，如果不指定队列的大小，队列的默认大小为Integer.MAX_VALUE（它表示 int 类型能够表示的最大值，值为 2^31-1 的常量）。

ConcurrentLinkedQueue 是一个基于链表实现的、无界的、线程安全的队列。无界表示它没有提供一个构造方法来指定队列的大小。为了能提高并发量，它通过使用更加细粒度锁的机制使得在多线程环境下不需要对所有的数据进行锁定从而提高运行效率。

通过以上分析可知，选项 A、选项 B 与选项 D 正确。

【真题 292】 Iterator 和 ListIterator 有什么区别？

Iterator 模式是用于遍历集合类的标准访问方法，它可以把访问逻辑从不同类型的集合类中抽象出来，从而避免向客户端暴露集合的内部结构。ListIterator 是 Iterator 的子类接口，只能用于各种 List 类（例如 List、ArrayList、LinkedList、Vector 等）的访问。

具体而言，Iterator 和 ListIterator 都可以实现对 List 的遍历，它们主要有如下几个不同之处：

1）Iterator 和 ListIterator 都提供了 hasNext 和 next 方法用于实现对 List 的顺序遍历，此外，ListIterator 还提供了 hasPrevious 和 previous 方法，可以实现对链表的逆向遍历。

2）ListIterator 提供了 add 方法，可以向 List 中添加元素，而 Iterator 没有这个功能。

3）ListIterator 可以通过 set 方法修改 List 中元素的值，而 Iterator 没有这个功能。

4）ListIterator 可以通过 nextIndex()方法和 previousIndex()方法定位当前的索引位置，而 Iterator 没有这个功能。

下面给出一个队列表逆向遍历的例子：

```
import java.util.List;
import java.util.ListIterator;
import java.util.ArrayList;

public class Test
{
    public static void main(String[] args)
    {
        List<String> l = new ArrayList<String>();
        for (int i = 0; i< 5; i++)
            l.add("str" + i);
```

```
            ListIterator<String>it = l.listIterator(l.size());
            while (it.hasPrevious())
            {
                System.out.println(it.previous());
            }
        }
    }
```

程序的运行结果为：

```
str4
str3
str2
str1
str0
```

【真题 293】 请给出遍历 HashMap 的四种方法。

答案：遍历 HashMap 的四种方法如下：

1）foreach map.entrySet()。

2）显式调用 map.entrySet()的集合迭代器。

3）foreach map.keySet()，再调用 get 方法获取。

4）foreach map.entrySet()，用临时变量保存 map.entrySet()。

以下将通过示例代码来说明这 4 种方法。

```
import java.util.HashMap;
import java.util.Iterator;
import java.util.Map;
import java.util.Map.Entry;
import java.util.Set;

public class Test {
    public static void tranverse1(Map<String, String>map)
    {
        for (Entry<String, String>entry : map.entrySet()) {
            System.out.println(entry.getKey()+","+entry.getValue());
        }
    }

    public static void tranverse2(Map<String, String>map)
    {
        Iterator<Map.Entry<String, String>>iterator = map.entrySet().iterator();
        while (iterator.hasNext()) {
            Map.Entry<String, String>entry = iterator.next();
            System.out.println(entry.getKey()+","+entry.getValue());
        }
    }

    public static void tranverse3(Map<String, String>map)
    {
        for (String key : map.keySet()) {
            System.out.println(key+","+map.get(key));
        }
    }
```

```
    public static void tranverse4(Map<String, String>map)
    {
        Set<Entry<String, String>>entrySet = map.entrySet();
        for (Entry<String, String>entry : entrySet) {
            System.out.println(entry.getKey()+","+entry.getValue());
        }
    }

    public static void main(String args[])
    {
        Map<String,String>map=new HashMap<String,String>();
        map.put("key1", "value1");
        map.put("key2", "value2");
        tranverse1(map);
        tranverse2(map);
        tranverse3(map);
        tranverse4(map);
    }
}
```

上述代码中，tranverse3 方法多了一个 get 方法的调用，因此，效率可能会稍微低点，这种遍历方法适合只使用 key 的情况。对于使用 keySet 与 entryset 的遍历方法而言，keySet 需要首先把 key 转换为 iterator，然后根据 key 在 map 中取出 value，也就是说，需要两个操作，而 entryset 只一次操作就把 key 和 value 都取出到 entry 中，因此，具有更高的效率。此外，foreach 与 iterator 方法是等价的。

【真题 294】 Iterator 和 Enumeration 有什么区别？

Enumeration 接口是 JDK1.0 时推出的，是最好的迭代输出接口，最早使用 Vector（现在推荐使用 ArrayList）时就是使用 Enumeration 接口进行输出。在 JDK1.5 之后，为 Enumeration 类进行了扩充，增加了泛型的操作应用。Enumeration 接口常用的方法有 hasMoreElements()（判断是否有下一个值）和 nextElement()（取出当前元素），Iterator 提供了 remove 方法，该方法可以删除容器里的元素，而 Enumeration 只能读取容器中的元素，不能删除，它们的使用方法如下例所示：

```
import java.util.List;
import java.util.ArrayList;
import java.util.Collections;
import java.util.Enumeration;
import java.util.Iterator;

public class Test {
    public static void main(String[] args)
    {
        List<String>l=new ArrayList<String>();
        l.add("a");
        l.add("b");
        l.add("c");
        Iterator<String>iter=l.iterator();
        while(iter.hasNext())
        {
            if(iter.next().equals("b"))
                iter.remove();
        }
```

```
                Enumeration<String>enumList=Collections.enumeration(l);
                while(enumList.hasMoreElements())
                {
                    System.out.println(enumList.nextElement());
                }
            }
        }
```

程序的运行结果为：

```
a
c
```

1.11 界面编程

【真题 295】 下列属于容器型构件的是（　　）。

A．JButton　　B．JEdit　　C．JPanel　　D．JTextField

答案：C。

容器型构件是指可以在这个构件中添加其他的构件来构建复杂的界面应用程序。

本题中，对于选项 A，JButton 是按钮控件，用来响应用户的单击事件，它不是容器控件。因此，选项 A 错误。

对于选项 B，Swing 库中没有 JEdit 控件。因此，选项 B 错误。

对于选项 C，JPanel 是一个容器型构件，可以在 JPanel 中添加其他的构件。因此，选项 C 正确。

对于选项 D，JTextField 是一个轻量级组件，它允许编辑单行文本，也不是一个容器型的构件。因此，选项 D 错误。

【真题 296】 每个使用 Swing 构件的程序必须有一个（　　）

A．标签　　B．按钮　　C．菜单　　D．容器

答案：D。

Swing 是一个用于开发 Java 应用程序用户界面的开发工具包，它提供了大量模块化组件来方便开发人员构建用户界面。在使用 Swing 开发界面应用程序的时候，图形界面至少要有一个顶级 Swing 容器，这个顶级 Swing 容器主要用来为其他 Swing 组件在屏幕上的绘制和处理事件提供支持，常见的顶级容器为 JFrame、JDialog 和 JApplet。至于其他的控件，可以根据实际的需求而定，可以使用，也可以不用。所以，选项 D 正确。

【真题 297】 如果希望控件在界面上按表格行分列排列，应使用的布局管理器是（　　）。

A．BoxLayout　　B．GridLayout　　C．FlowLouLayout　　D．BorderLayout

答案：B。

Swing 是一个用于开发 Java 应用程序用户界面的开发工具包。利用 Swing 丰富、灵活的功能和模块化组件，开发人员可以只用很少的代码来创建优雅的用户界面。

具体而言，Swing 中主要有如下几种布局容器：

1）FlowLayout：把控件按照由左向右顺序水平放置在容器中，如果在一行无法放下，就放到下一行。

2）BorderLayout：将整个容器划分成东南西北中五个方位来放置控件，放置控件时需要指定控件放置的方位。

3）BoxLayout：可以指定在容器中是否对控件进行水平或者垂直放置，它是比 FlowLayout 要更为灵活的一个布局容器。

4）GridLayout：将整个容器划分成一定的行和一定的列，可以指定控件放在某行某列上。

5）GridBagLayout：GridBagLayout 是 Swing 当中最灵活也是最复杂的布局管理器，可对控件在容器中的位置进行比较灵活的调整。

通过上面的分析可知，选项 B 正确。

【真题 298】 在 Applet 子类中，一般需要重载父类的（　　）方法来完成一些画图操作。

A．stop()　　B．start()　　C．init()　　D．paint()

答案：D。

Applet 程序的开发必须继承 Applet 类，它有如下 5 个比较重要的方法：

（1）init()

当 Applet 启动的时候，调用完构造方法后，就会调用 init 方法做一些初始化的工作。因此，这个方法中一般做一些初始化的工作。所以，选项 C 错误。

（2）start()

Applet 第一次启动后，调用完 init 方法后，就会调用 start 方法来启动需要的一些线程。或者当用户离开 HTML 页面，然后重新返回页面的时候，start 方法也会被调用。所以，选项 A 错误。

（3）paint(Graphics g)

Applet 每次重绘的时候都会调用 paint 方法进行画图。在开发的时候，需要继承这个类完成自己的画图的工作。所以，选项 D 正确。

（4）stop()

这个方法与 start 方法是相对应的，当用户离开 HTML 页面的时候，stop 方法会被调用，用来停止 start 方法中启动的线程。所以，选项 B 错误。

（5）destory()

当 Applet 终止运行时，destory 方法会被调用，用来释放所占用的资源。

所以，本题的答案为 D。

【真题 299】 paint()方法使用的参数类型是（　　）。

A．Graphics　　B．Graphics2D　　C．String　　D．Color

答案：A。

【真题 300】 容器被重新设置大小后，哪种布局管理器的容器中的组件大小不随容器大小的变化而改变？（　　）

A．CardLayout　　B．FlowLayout　　C．BorderLayout　　D．GridLayout

答案：B。

【真题 301】 以下布局管理器中，使用的是组件的最佳尺寸（Preferred Size）的是（　　）。

A．FlowLayout　　B．BorderLayout　　C．GridLayout　　D．CardLayout

E．GridBagLayout

答案：A、E。

1.12 多线程

【真题 302】 实现多线程的方法有哪几种？

答案：Java 虚拟机（Java Virtual Machine，JVM，是运行所有 Java 程序的抽象计算机，是Java 语言的运行环境）允许应用程序并发地运行多个线程。在 Java 语言中，多线程的实现一般有以下三种方法：

1）实现 Runnable 接口，并实现该接口的 run()方法。以下是主要步骤：

① 自定义类并实现 Runnable 接口，实现 run()方法。

② 创建 Thread 对象，用实现 Runnable 接口的对象作为参数实例化该 Thread 对象。

③ 调用 Thread 的 start()方法。

```
class MyThread implements Runnable
{ //创建线程类
    public void run()
    {
        System.out.println("Thread body");
    }
}
public class Test
{
    public static void main(String[] args)
    {
        MyThread thread=new MyThread();
        Thread t=new Thread(thread);
        t.start();   //开启线程
    }
}
```

2）继承 Thread 类，重写 run 方法。Thread 本质上也是实现了 Runnable 接口的一个实例，它代表一个线程的实例，并且，启动线程的唯一方法就是通过 Thread 类的 start()方法。start()方法是一个 native（本地）方法，它将启动一个新线程，并执行 run()方法（Thread 中提供的 run()方法是一个空方法）。这种方式通过自定义类直接 extends Thread，并重写 run()方法，就可以启动新线程并执行自己定义的 run()方法。需要注意的是，当 start()方法调用后并不是立即执行多线程代码，而是使得该线程变为可运行态（Runnable），什么时候运行多线程代码是由操作系统决定的。

下例给出了 Thread 的使用方法。

```
class MyThread extends Thread
{ //创建线程类
    public void run()
    {
        System.out.println("Thread body"); //线程的方法体
    }
}
public class Test
{
    public static void main(String[] args)
    {
        MyThread thread=new MyThread();
        thread.start();      //开启线程
    }
}
```

3）实现 Callable 接口，重写 call()方法。Callable 对象实际是属于 Executor 框架中的功能类，Callable 接口与 Runnable 接口类似，但是提供了比 Runnable 更强大的功能，主要表现为以下三点：

① Callable 可以在任务结束后提供一个返回值，Runnable 无法提供这个功能。

② Callable 中的 call()方法可以抛出异常，而 Runnable 的 run()方法不能抛出异常。

③ 运行 Callable 可以拿到一个 Future 对象，Future 对象表示异步计算的结果。它提供了检查计算是否完成的方法。由于线程属于异步计算模型，所以无法从其他线程中得到方法的返回值，在这种情况下，就可以使用 Future 来监视目标线程调用 call()方法的情况，当调用 Future 的 get()方法以获取结果时，当前线程就会阻塞，直到 call()方法结束返回结果。

示例代码如下：

```
import java.util.concurrent.*;
public class CallableAndFuture
{
    // 创建线程类
    public static class CallableTest implements Callable<String>
    {
        public String call() throws Exception
        {
            return "Hello World!";
        }
    }
    public static void main(String[] args)
    {
        ExecutorService threadPool = Executors.newSingleThreadExecutor();
        // 启动线程
        Future<String> future = threadPool.submit(new CallableTest());
        try
        {
            System.out.println("waiting thread to finish");
            System.out.println(future.get()); // 等待线程结束，并获取返回结果
        }
        catch (Exception e)
        {
            e.printStackTrace();
        }
    }
}
```

上述程序的运行结果为：

```
waiting thread to finish
Hello World!
```

在以上三种方式中，前两种方式线程执行完后都没有返回值，只有最后一种是带返回值的。当需要实现多线程时，一般推荐实现 Runnable 接口的方式，原因如下：首先，Thread 类定义了多种方法可以被派生类使用或重写，但是只有 run 方法是必须被重写的，在 run 方法中实现这个线程的主要功能。这当然是实现 Runnable 接口所需的同样的方法。而且，很多 Java 开发人员认为，一个类仅在它们需要被加强或修改时才会被继承。因此，如果没有必要重写 Thread 类中的其他方法，那么通过继承 Thread 的实现方式与实现 Runnable 接口的效果相同，在这种情况下最好通过实现 Runnable 接口的方式来创建线程。

【真题 303】 以下可以对对象加互斥锁的关键字是（　　）。

A．synchronized　　B．serialize　　C．volatile　　D．static

答案：A。

对于选项 A，synchronized（同步的）是 Java 语言的关键字，主要用来给对象和方法或者代码块加锁，当它锁定一个方法或者一个代码块的时候，同一时刻最多只有一个线程执行这段代码。当两个并发线程访问同一个对象中的这个加锁同步代码块时，同一时间只能有一个线程执行。所以，选项 A 正确。

对于选项 B，serialize 是序列化的意思，所谓对象的序列化指的是把对象转换为字节序列的过程，所谓对象的反序列化指的是把字节序列恢复为对象的过程。通常，对象的序列化主要有以下两种用途：①把对象的字节序列永久地保存到硬盘上，通常存放在一个文件中；②在网络上传送对象的字节序列。在 Java 语言中，序列化通过 Serializable 接口来实现。所以，选项 B 不正确。

对于选项 C，在由 Java 语言编写的程序中，有时候为了提高程序的运行效率，编译器会做一些优化

操作，把经常被访问的变量缓存起来，程序在读取这个变量的时候有可能会直接从寄存器中来读取这个值，而不会去内存中读取。这样做的一个好处是提高了程序的运行效率，但当遇到多线程编程时，变量的值可能被其他线程改变了，而该缓存的值不会做相应的改变，从而造成应用程序读取的值和实际的变量值不一致。关键字 volatile 正好能够解决这一问题，被关键字 volatile 修饰的变量编译器不会做优化，每次都会从内存中读取。所以，选项 C 不正确。

对于选项 D，关键字 static 主要有以下两种作用：第一，为某特定数据类型或对象分配单一的存储空间，而与创建对象的个数无关；第二，希望某个方法或属性与类而不是对象关联在一起，也就是说，在不创建对象的情况下就可以通过类来直接调用方法或使用类的属性。总之，被 static 修饰的属性（方法）是类的属性（方法），不属于任何对象。所以，选项 D 不正确。

【真题 304】 Java Thread 中的方法 resume()负责恢复哪些线程的执行？（　　）

A．通过调用 wait()方法而停止运行的线程

B．通过调用 sleep()方法而停止运行的线程

C．通过调用 stop()方法而停止运行的线程

D．通过调用 suspend()方法而停止运行的线程

答案：D。

对于选项 A，wait()方法是一种使线程暂停执行的方法，例如，当线程交互时，如果线程对一个同步对象发出了一个 wait()调用请求，那么该线程会暂停执行，被调对象进入等待状态，直到被唤醒（通常使用 notify 方法唤醒）或等待时间超时。所以，选项 A 错误。

对于选项 B，sleep()方法的作用是使当前运行的线程休眠指定的时间。所以，选项 B 错误。

对于选项 C，可以使用 stop()方法来终止线程的执行。当使用 Thread.stop()方法来终止线程时，它会释放已经锁定的所有的监视资源。如果当前任何一个受这些监视资源保护的对象处于一个不一致的状态，其他的线程将会看到这个不一致的状态，这可能会导致程序执行的不确定性，并且这种问题很难被定位。因此，不推荐使用。所以，选项 C 错误。

对于选项 D，suspend()方法就是将一个线程挂起（暂停），并且不会自动恢复，必须通过调用对应的 resume()方法，才能使得线程重新进入可执行状态。所以，选项 D 正确。

【真题 305】 在一个线程中，sleep(100)方法将使得该线程在（　　）后获得对 CPU 的控制（假设睡眠过程中不会有其他事件唤醒该线程）。

A．正好 100ms　　B．100ms 不到　　C．≥100ms　　D．不一定

答案：C。

Thread.sleep(long millis)和 Thread.sleep(long millis, int nanos)静态方法强制当前正在执行的线程休眠（即暂停执行），当线程睡眠时，它睡在某个地方，在苏醒之前不会返回到可运行状态。当睡眠时间到期，则返回到可运行状态。所以，sleep()方法指定的时间为线程不会运行的最短时间。当线程休眠时间结束后，会返回到可运行状态，注意不是运行状态，如果要到运行状态还需要等待 CPU 调度执行。因此，sleep()方法不能保证该线程睡眠到期后就开始执行。所以，选项 C 正确。

引申：sleep 与 wait 有什么区别？

sleep()是使线程暂停执行一段时间的方法。wait()也是一种使线程暂停执行的方法，例如，当线程交互时，如果线程对一个同步对象 x 发出一个 wait()调用请求，那么该线程会暂停执行，被调对象进入等待状态，直到被唤醒或等待时间超时。

具体而言，sleep 与 wait 的区别主要表现在以下几个方面：

1）原理不同。sleep 是 Thread 类的静态方法，是线程用来控制自身流程的，它会使此线程暂停执行指定时间，而把执行机会让给其他线程，等到计时时间到时，此线程会自动苏醒。例如，当线程执行报时功能时，每一秒钟打印出一个时间，那么此时就需要在打印方法前面加上一个 sleep 方法，以便让自己每隔一秒执行一次，该过程如同闹钟一样。而 wait 是 Object 类的方法，用于线程间的通信，这个方法会使当前拥有该对象锁的进程等待，直到其他线程调用 notify 方法（或 notifyAll 方法）时才醒来，不过

开发人员也可以给它指定一个时间，自动醒来。与 wait 配套的方法还有 notify 和 notifyAll。

2）对锁的处理机制不同。由于 sleep 方法的主要作用是让线程休眠指定的一段时间，在时间到时自动恢复，不涉及线程间的通信，因此，调用 sleep 方法并不会释放锁。而 wait 方法则不同，当调用 wait 方法后，线程会释放掉它所占用的锁，从而使线程所在对象中的其他 synchronized 数据可被其他线程使用。举个简单例子，在小明拿遥控器期间，他可以用自己的 sleep 方法每隔十分钟调一次电视台，而在他调台休息的十分钟期间，遥控器还在他的手上。

3）使用区域不同。由于 wait 方法的特殊意义，所以，它必须放在同步控制方法或者同步语句块中使用，而 sleep 方法则可以放在任何地方使用。

4）sleep 方法必须捕获异常，而 wait、notify 以及 notifyall 不需要捕获异常。在 sleep 的过程中，有可能被其他对象调用它的 interrupt()，产生 InterruptedException 异常。

由于 sleep 不会释放“锁标志”，容易导致死锁问题的发生，所以，一般情况下，不推荐使用 sleep 方法，而推荐使用 wait 方法。

【真题 306】 以下关于线程的描述中，错误的是（　　）。

A．sleep 方法必须写在同步方法或同步块中　　B．wait 方法执行时会释放对象锁

C．sleep 方法执行时会释放对象锁　　D．wait 方法必须写在同步方法或同步块中

答案：A、C。

【真题 307】 多线程同步有几种实现方法？

答案：当使用多线程访问同一个资源时，非常容易出现线程安全的问题（例如，当多个线程同时对一个数据进行修改时，会导致某些线程对数据的修改丢失）。因此，需要采用同步机制来解决这种问题。Java 主要提供了三种实现同步机制的方法：

（1）synchronized 关键字

在 Java 语言中，每个对象都有一个对象锁与之相关联，该锁表明对象在任何时候只允许被一个线程所拥有，当一个线程调用对象的一段 synchronized 代码时，首先需要获取这个锁，然后去执行相应的代码，执行结束后，释放锁。

synchronized 关键字主要有两种用法（synchronized 方法和 synchronized 块），此外该关键字还可以作用于静态方法、类或某个实例，但这都对程序的效率有很大的影响。

1）synchronized 方法。在方法的声明前加入 synchronized 关键字。例如：

public synchronized void mutiThreadAccess();

只要把多个线程访问的资源的操作放到 mutiThreadAccess 方法中，就能够保证这个方法在同一时刻只能被一个线程访问，从而保证了多线程访问的安全性。然而，当一个方法的方法体规模非常大时，把该方法声明为 synchronized 会大大影响程序的执行效率。为了提高程序的执行效率，Java 语言提供了 synchronized 块。

2）synchronized 块。可以把任意的代码段声明为 synchronized，也可以指定上锁的对象，有非常高的灵活性。用法如下：

```
synchronized（syncObject）{
    //访问 syncObject 的代码
}
```

（2）wait 与 notify

当使用 synchronized 来修饰某个共享资源的时候，如果线程 A1 在执行 synchronized 代码，另外一个线程 A2 也要同时执行同一对象的同一 synchronized 代码时，线程 A2 将要等到线程 A1 执行完成后，才能继续执行。在这种情况下，可以使用 wait 方法和 notify 方法。

在 synchronized 代码被执行期间，线程可以调用对象的 wait 方法，释放对象锁，进入等待状态，并且可以调用 notify 方法或 notifyAll 方法通知正在等待的其他线程，notify 方法仅唤醒一个线程（等待队列中的第一个线程），并允许它去获得锁，而 notifyAll 方法唤醒所有等待这个对象的线程，并允许它们

去获得锁（并不是让所有唤醒线程都获取到锁，而是让它们去竞争）。

（3）Lock

JDK5 新增加了 Lock 接口以及它的一个实现类 ReentrantLock（重入锁），Lock 也可以用来实现多线程的同步，具体而言，它提供了如下的一些方法来实现多线程的同步：

1）lock()。以阻塞的方式来获取锁，也就是说，如果获取到了锁，则立即返回，如果其他线程持有锁，当前线程等待，直到获取锁后返回。

2）tryLock()。以非阻塞的方式获取锁。只是尝试性地去获取一下锁，如果获取到锁，则立即返回 true，否则，立即返回 false。

3）tryLock(long timeout, TimeUnit unit)。如果获取了锁，立即返回 true，否则，会等待参数给定的时间单元，在等待的过程中，如果获取了锁，就返回 true，如果等待超时，则返回 false。

4）lockInterruptibly()。如果获取了锁，则立即返回，如果没有获取锁，则当前线程处于休眠状态，直到获得锁，或者当前线程被其他线程中断（会收到 InterruptedException 异常）。它与 lock()方法最大的区别在于：如果 lock()方法获取不到锁，则会一直处于阻塞状态，且会忽略 interrupt()方法。如下例所示：

```
import java.util.concurrent.locks.Lock;
import java.util.concurrent.locks.ReentrantLock;
public  class Test {
    public static void main(String[] args) throws InterruptedException{
    final Lock lock=new ReentrantLock();
        lock.lock();
        Thread t1=new Thread(new Runnable(){
            public void run() {
                try {
                    lock.lockInterruptibly();
                   // lock.lock(); 编译器报错
                } catch (InterruptedException e) {
                    System.out.println(" interrupted.");
                }
            }
        });
        t1.start();
        t1.interrupt();
        Thread.sleep(1);
    }
}
```

程序的运行结果为：

```
interrupted.
```

如果把 lock.lockInterruptibly()替换为 lock.lock()，编译器将会提示 lock.lock()catch 代码块无效，因为 lock.lock()不会抛出异常，由此可见，lock()方法会忽略 interrupt()引发的异常。

【真题 308】 在多线程编程的时候有哪些注意事项？

答案：多线程编程是一项非常重要的技能。如何能避免死锁，如何提高多线程并发情况下的性能是非常重要的，下面列出一些在多线程编程情况下的指导原则：

1）如果能用 volatile 代替 synchronized，尽可能用 volatile。因为被 synchronized 修饰的方法或代码块在同一时间只允许一个线程访问，而 volatile 却没有这个限制，因此使用 synchronized 会降低并发量。由于 volatile 无法保证原子操作，因此在多线程的情况下，只有对变量的操作为原子操作的情况下才可以使用 volatile。

2）尽可能减少 synchronized 块内的代码，只把临界区的代码放到 synchronized 块中，尽量避免用 synchronized 来修饰整个方法。

3）尽可能给每个线程都定义一个线程的名字，不要使用匿名线程，这样有利于调试。

4）尽可能用 concurrent 容器（ConcurrentHashMap）来代替 synchronized 容器（Hashtable）。因为 synchronized 容器使用 synchronized 关键字通过对整个容器加锁来实现多线程安全，性能比较低。而 ConcurrentHashMap 采用了更加细粒度的锁，因此可以支持更高的并发量。

5）使用线程池来控制多线程的执行。

【真题 309】 一个文件中有 10000 个数，用 Java 语言实现一个多线程程序，将这 10000 个数输出到 5 个不同文件中（不要求输出到每个文件中的数量相同）。要求启动 10 个线程，两两一组，分为 5 组。每组两个线程分别将文件中的奇数和偶数输出到该组对应的一个文件中，需要偶数线程每打印 10 个偶数以后，就将奇数线程打印 10 个奇数，如此交替进行。同时需要记录输出进度，每完成 1000 个数就在控制台中打印当前完成数量，并在所有线程结束后，在控制台输出“Done”。

答案：本题考查的是对多线程编程的理解。为了便于理解，首先用随机函数随机生成 10000 个数放到文件中，以供测试使用。一次把这 10000 条记录读到内存中，平均分配给 5 组线程并行处理，因此，本题的难点是如何控制打印偶数的线程和打印奇数的线程轮流运行。

本题通过 Java 提供的 Condition 来实现线程的同步。Condition 是在 Java 1.5 中才出现的，它用来替代传统的 Object 类的 wait()、notify()方法，以实现线程间的协作，相比使用 Object 类的 wait()、notify()方法，使用 Condition 的 await()、signal()这种方式实现线程间协作，更加安全和高效。它主要有如下特点：

1）Condition 最常用的方法为 await()和 signal()，其中，await()对应 Object 类的 wait()方法，signal()对应 Object 类的 notify()方法。

2）Condition 依赖于 Lock 接口，生成一个 Condition 的代码为 lock.newCondition()。

3）调用 Condition 的 await()和 signal()方法必须在 lock 保护之内。

对于本题而言，定义两个 Condition（oddLock 和 evenLock），首先打印奇数的线程开始运行，通过调用 evenLock.await()来等待打印偶数的线程执行。接着打印偶数的线程开始运行，当输出 10 个偶数或者没有偶数输出后，调用 evenLock.signal()来通知打印奇数的线程开始运行，然后调用 oddLock.wait 方法来等待打印奇数的线程运行完成。通过这种方法来控制奇数线程与偶数线程的运行顺序，实现代码如下：

```
import java.io.*;
import java.util.Random;
import java.util.concurrent.locks.Condition;
import java.util.concurrent.locks.Lock;
import java.util.concurrent.locks.ReentrantLock;

public class Test
{
    private static final int count=10000;
    private static final int threadGruopCount=5;
    private static final String inputFile="testInput.txt";

    public static void generateTestFile() throws IOException
    {
        //用随机数生成 10000 个测试数据放到文件中
        PrintWriter pw = new PrintWriter(new FileWriter(new File(inputFile)), true);
        Random random = new Random();
        for (int i = 0; i < count; i++)
        {
            pw.write(Math.abs(random.nextInt()) % count + ",");
        }
        pw.flush();
        pw.close();
```

```
        }

        public static void main(String[] args)
        {
            try
            {
                generateTestFile();
                BufferedReader reader = new BufferedReader(new FileReader(inputFile));
                String str = reader.readLine();
                reader.close();
                String[] strs = str.split(",");
                int index = 0;
                //为了简单，每个文件输出数字的个数相同
                int countForEachFile=count/threadGruopCount;
                for (int i = 0; i < threadGruopCount; i++)
                {
                    int records[] = new int[countForEachFile];
                    for (int j = 0; j < countForEachFile; j++)
                    {
                        records[j] = Integer.parseInt(strs[index]);
                        index++;
                    }
                    PrintGroup group = new PrintGroup(records, i);
                    group.startPrint();
                }
            }
            catch (Exception e)
            {
                e.printStackTrace();
            }
        }
    }

    class PrintGroup {
        //这个线程组输出数字的个数
        private static volatile int count = 0;
        private Lock lock = new ReentrantLock();
        private Condition oddLock = lock.newCondition();
        private Condition evenLock = lock.newCondition();
        //这个线程组需要输出的数字数组
        private int records[];
        //这个线程组需要把数字输出到同一个文件，因此，共享一个 writer
        //由于任意时刻只会有一个线程写文件，因此，不需要同步
        private PrintWriter writer;
        //记录输出奇数所在的数组下标
        private volatile int oddIndex = 0;
        //记录输出偶数所在的数组下标
        private volatile int evenIndex = 0;
        //输出奇数的线程
        private OddPrintThread oddPrintThread;
        //输出偶数的线程
```

```
private EvenPrintThread evenPrintThread;
private volatile boolean first=true;
private int[] result=new int[2000];
private int index=0;

public PrintGroup(int[] records, int id) throws Exception {
        this.records = records;
        this.writer = new PrintWriter(new FileWriter(new File("output" + id + ".txt")), true);
}
public void startPrint() {
        oddPrintThread = new OddPrintThread();
        evenPrintThread = new EvenPrintThread();
        oddPrintThread.start();
        evenPrintThread.start();
}
private class OddPrintThread extends Thread
{
        @Override
        public void run()
        {
                while (true)
                {
                        try {
                                lock.lock();
                                if(first)//第一次运行时，需要等待打印偶数的线程先执行
                                {
                                        first=false;
                                        evenLock.await();
                                }
                                for (int i = 0; i < 10;)
                                {       //数组中的偶数和奇数都打印完
                                        if (oddIndex >= records.length&& evenIndex >= records.length)
                                        {
                                                writer.flush();
                                                writer.close();
                                                return;
                                        }
                                        //如果所有的奇数都打印完了，则不打印奇数，让打印偶数的线程有
                                        //运行机会
                                        if (oddIndex >= records.length )
                                        {
                                                break;
                                        }
                                        //把奇数输出到文件，并计数
                                        if (records[oddIndex] % 2 == 1)
                                        {
                                                i++;
                                                writer.print(records[oddIndex] + " ");
                                                result[index++]=records[oddIndex] ;
                                                writer.flush();
                                                addCount();
```

```
                    }
                    oddIndex++;
                }
                //打印完 10 个奇数后，通知打印偶数的线程开始运行
                oddLock.signal();
                //接着等待打印偶数的线程结束
                evenLock.await();
            }
            catch(Exception e)
            {
                e.printStackTrace();
            }
            finally
            {
                oddLock.signal();
                lock.unlock();
            }
        }
    }
}

    private class EvenPrintThread extends Thread {
        @Override
        public void run()
        {
            while (true)
            {
                try {
                    //等待打印奇数的线程先运行。如果这个线程先运行调用 evenLock.signal();
                    //然后打印奇数线程才开始运行，打印奇数线程会通过调用 evenLock.await();
                    //进入休眠状态，此时打印奇数线程将永远不会被唤醒
                    while(first) {
                        Thread.sleep(1);
                    }
                    lock.lock();
                    for (int i = 0; i < 10;)
                    {
                        if (oddIndex >= records.length&& evenIndex >= records.length)
                        {
                            String s="";
                            for(int k=0;k<2000;k++)
                            {
                                s+=(result[k]+" ");
                            }
                            writer.flush();
                            return;
                        }
                        if (evenIndex >= records.length )
                        {
                            break;
                        }
```

```
                        if (records[evenIndex] % 2 == 0)
                        {
                            i++;
                            writer.print(records[evenIndex] + " ");
                            result[index++]=records[evenIndex] ;
                            writer.flush();
                            addCount();
                        }
                        evenIndex++;

                    }
                    evenLock.signal();
                    oddLock.await();
                }
                catch(Exception e)
                {
                    e.printStackTrace();
                }
                finally
                {
                    evenLock.signal();
                    lock.unlock();
                }
            }
        }
    }

    private synchronized static void addCount()
    {
        count++;
        if (count % 1000 == 0)
        {
            System.out.println("已完成：  " + count);
            if (count == 10000)
            {
                System.out.println("Done");
            }
        }
    }
}
```

程序的运行结果为：

```
已完成：  1000
已完成：  2000
已完成：  3000
已完成：  4000
已完成：  5000
已完成：  6000
已完成：  7000
已完成：  8000
已完成：  9000
```

```
已完成：  10000
Done
```

【真题 310】Java 语言中有几种方法可以终止线程运行？stop()和 suspend()方法为什么不推荐使用？

答案：在 Java 语言中，可以使用 stop 方法与 suspend 方法来终止线程的执行。当使用 Thread.stop()方法来终止线程时，它会释放已经锁定的所有的监视资源。如果当前任何一个受这些监视资源保护的对象处于一个不一致的状态，其他的线程将会看到这个不一致的状态，这可能会导致程序执行的不确定性，并且这种问题很难被定位。suspend 方法的使用容易引起死锁。由于调用 suspend 方法不会释放锁，这就会导致一个问题：如果使用一个 suspend 挂起一个有锁的线程，那么在锁恢复之前将不会被释放。如果调用 suspend 方法的线程试图取得相同的锁，程序就会发生死锁。例如，线程 A 已经获取到了互斥资源 M 的锁，然后调用 suspend 方法挂起了 A 的执行，如果没有线程唤醒线程 A 且线程 B 也去访问互斥资源，此时线程 B 就会出现冻结无法执行下去了，也可以理解为出现了死锁。鉴于以上两种方法的不安全性，Java 语言已经不建议使用以上两种方法来终止线程。

那么，如何才能终止线程呢？一般建议采用的方法是让线程自行结束，进入 Dead（死亡）状态。一个线程要进入 Dead 状态，就是执行完 run 方法，也就是说，如果想要停止一个线程的执行，就要提供某种方式让线程能够自动结束 run 方法的执行。在实现的时候，可以通过设置一个 flag 标志来控制循环是否执行，通过这种方法来让线程离开 run 方法，从而终止线程。下例给出了结束线程的方法。

```
public class MyThread   implements   Runnable
{
    private volatile Boolean flag;
    public void stop()
    {
        flag = false;
    }
    public void run()
    {
        while(flag)
            ;//do something
    }
}
```

上例中，通过调用 MyThread 的 stop 方法虽然能够终止线程，但同样也存在问题：当线程处于非运行状态时（当 sleep 方法被调用或当 wait 方法被调用或当被 I/O 阻塞），上面介绍的方法就不可用了。此时可以使用 interrupt 方法来打破阻塞的情况，当 interrupt 被调用的时候，会抛出 InterruptedException 异常，可以通过在 run 方法中捕获这个异常来让线程安全退出，具体实现方式如下：

```
public class MyThread
{
    public static void main(String[] args)
    {
        Thread thread=new Thread(new Runnable()
        {
            public void run()
            {
                System.out.println("thread go to sleep");
                try
                {
                    //用休眠来模拟线程被阻塞
                    Thread.sleep(5000);
                    System.out.println("thread finish");
```

```
                }
                catch (InterruptedException e)
                {
                    System.out.println("thread is interupted!");
                }
            }
        });
        thread.start();
        thread.interrupt();
    }
}
```

程序的运行结果为：

```
thread go to sleep
thread is interupted!
```

如果程序因为 I/O 而停滞，进入非运行状态，基本上要等到 I/O 完成才能离开这个状态，在这种情况下，无法使用 interrupt 来使程序离开 run 方法。需要使用一个替代的方法，其基本思路也是触发一个异常，而这个异常与所使用的 I/O 相关，例如，如果使用 readLine 方法（readLine 方法是 BufferedReader 中一个非常常用的方法，使用它可以从一段输入流中一行一行地读数据，行的区分用"\r" "\n"或者"\r\n"）在等待网络上的一个信息，此时线程处于阻塞状态。让程序离开 run 的方法就是使用 close 方法来关闭流，在这种情况下会引发 IOException 异常，run 方法可以通过捕获这个异常来安全结束线程。

【真题 311】 下面不是 Thread 类的方法是（　　）。

A．run()　　B．start()　　C．exit()　　D．stop()

答案：C。

在 Java 语言中，Thread 类位于 java.lang 命名空间下。Thread 类主要用于创建并控制线程、设置线程优先级并获取其状态。

本题中，对于选项 A，要实现多线程，在继承了 Thread 类后必须实现 run()方法，也就是说，线程的核心逻辑都存在于 run()方法中。这个方法被 start()方法调用来实现多线程的功能，如果直接调用 run()方法，那么就与调用普通的方法类似。所以，选项 A 错误。

对于选项 B，Thread 类提供了一个 start()方法，该方法的功能是让这个线程开始执行，当开始执行后，JVM 将会调用这个线程的 run()方法来执行这个线程的任务。所以，选项 B 错误。

对于选项 C，Thread 类没有 exit()这个方法。所以，选项 C 正确。

对于选项 D，Thread 类的 stop()方法是用来停止一个线程的，但是由于这个方法不是线程安全的，因此，通常不推荐使用。所以，选项 D 错误。

【真题 312】 有如下代码：

```
public static void main(String args[])
{
    Thread t = new Thread()
    {
        public void run()
        {
            world();
        }
    };
    t.run();
    System.out.print("hello");
```

```
        }
        static void world()
        {
            System.out.print("world");
        }
```

上面程序的运行结果是（　　）。

A. helloworld　　B. worldhello　　C. A 和 B 都有可能　　D. 都不输出

答案：B。

Thread 类提供了一个 start()方法，这个方法的功能是让这个线程开始执行，当开始执行后，JVM 将会调用这个线程的 run()方法来执行这个线程的任务。如果直接调用 run()方法就与调用普通的方法类似。

对于本题而言，首先调用 t.run()方法，输出“world”，等调用结束后才会执行 System.out.print("hello")语句，输出“hello”。所以，选项 B 正确。

如果把 t.run()改成 t.start()，在调用 t.start()方法后不需要等这个线程结束，这个方法就会立即返回，然后执行语句 System.out.print("hello")，在这种情况下，这两个输出语句的执行顺序是无法保证的，任何一个语句都有可能先执行，因此，答案就是选项 C。

【真题 313】 有如下代码：

```
public class Test extends Thread
{
    public static void main(String argv[])
    {
        Test b = new Test();
        b.run();
    }
    public void start()
    {
        for (int i = 0; i < 10; i++)
        {
            System.out.println("Value of i = " + i);
        }
    }
}
```

当编译并运行上面程序时，输出结果是（　　）。

A. 编译错误，指明 run 方法没有定义　　B. 运行错误，指明 run 方法没有定义

C. 编译通过并输出 0 到 9　　D. 编译通过但无输出

答案：D。

在 Java 语言中，可以采用以下两种方法来创建线程：继承 Thread 类与实现 Runnable 接口。其中，在使用 Runnable 接口时，需要建立一个 Thread 实例。所以，无论是通过 Thread 类创建线程还是通过 Runnable 接口创建线程，都必须建立 Thread 类或它的子类的实例。

Thread 类提供了一个 start()方法，该方法的功能是让这个线程开始执行，当这个线程开始执行后，JVM 将会调用这个线程的 run()方法来执行这个线程的任务。在实现多线程时，在继承了 Thread 类后必须实现 run()方法，也就是说，线程的核心逻辑都存在于 run()方法中，这个方法被 start()方法调用来实现多线程的功能，如果直接调用 run()方法，就与调用普通的方法类似。

对于本题而言，Test 类继承了 Thread 类，但是没有重写 Thread 类的 run()方法，因此，b.run()实际上调用的是 Thread 类的 run()方法，而 Thread 类的 run()方法的方法体为空，故这个程序能编译通过，但是没有输出结果。所以，选项 D 正确。

【真题 314】 Thread 类中本身的方法（不包括继承）有（　　）。

A．start()　　B．sleep(long mi)　　C．notify()　　D．wait()

答案：A、B。

对于选项 A，start 方法是 Thread 类中比较重要的方法，JVM 通过调用这个方法启动一个线程。所以，选项 A 正确。

对于选项 B，sleep 是使线程暂停执行一段时间的方法。所以，选项 B 正确。

对于选项 C 和选项 D，wait 和 notify 都是从 Object 类继承的方法。所以，选项 C 和选项 D 错误。

【真题 315】 以下可以启动一个线程的方法是（　　）。

A．start()　　B．run()　　C．begin()　　D．notify()

答案：A。

Thread 类提供了一个 start 方法，这个方法的功能是让这个线程开始执行，开始执行后，JVM 将会调用这个线程的 run 方法来执行这个线程的任务。在实现多线程的时候，在继承了 Thread 方法后必须实现 run 方法，也就是说，线程的核心逻辑都存在于 run 方法中。这个方法被 start 方法调用来实现多线程的功能，如果直接调用 run 方法就与调用普通的方法类似。所以，选项 A 正确，选项 B 错误。

对于选项 C，在 Java 语言中，线程是没有 begin 方法的。所以，选项 C 错误。

对于选项 D，notify 方法是用来唤醒一个线程的，而不是启动一个线程。所以，选项 D 错误。

【真题 316】 在 Java 语言中，如果需要编写一个多线程程序，可以使用的方法是（　　）。

A．实现 Runnable 接口　　B．扩展类 Thread　　C．扩展类 Runnable　　D．实现接口 Thread

答案：A、B。

Java 多线程实现常用的有两种方法：继承 Thread 类与实现 Runnable 接口。所以，选项 A 与选项 B 正确。

【真题 317】 对于 Java 语言中的 Daemon 线程，setDaemon 设置必须要（　　）。

A．在 start 之后　　B．在 start 之前　　C．前后都可以　　D．前后都不可以

答案：B。

Java 语言提供了两种线程：守护线程（Daemon Thread）与用户线程。守护线程又称为“服务进程”“精灵线程”或“后台线程”，是指当程序运行的时候，在后台提供一种通用服务的线程，这种线程并不属于程序中不可或缺的部分。通俗点讲，任何一个守护线程都是整个 JVM 中所有非守护线程的保姆。

用户线程和守护线程几乎一样，唯一的不同之处就在于：如果用户线程已经全部退出运行，只剩下守护线程存在，JVM 也就退出了。因为当所有的非守护线程结束时，没有了被守护者，守护线程也就没有工作可做，也就没有继续运行程序的必要了，程序也就终止，同时会杀死所有守护线程。也就是说，只要有任何非守护线程还在运行，程序就不会终止。

在 Java 语言中，守护线程一般具有较低的优先级，它并非只由 JVM 内部提供，用户在编写程序时也可以自己设置守护线程。例如，将一个用户线程设置为守护线程的方法就是在调用 start 启动线程之前调用对象的 setDaemon(true)方法，如果将以上参数设置为 false，则表示的是用户进程模式。需要注意的是，当在一个守护线程中产生了其他线程，那么这些新产生的线程默认还是守护线程，用户线程也是如此。所以，选项 B 正确。

【真题 318】 下面这段代码在一些特定的情况下有问题，请指出并改正。

```
import java.util.List;
import java.util.ArrayList;
public class MyStack
{
    private List<String> stack=new ArrayList<String>();
    public synchronized void push(String value)
    {
```

```
                synchronized(this)
                {
                        stack.add(value);
                        notify();
                }
        }
        public synchronized String pop() throws InterruptedException
        {
                synchronized(this)
                {
                        if(stack.size()<=0)
                        {
                                wait();
                        }
                        return stack.remove(stack.size()-1);
                }
        }
}
```

答案：以上这段代码在大部分情况下都能正常运行，但在下面的场景中会有问题：

在多线程访问这个栈的时候，如果有三个线程按照如下的顺序访问，问题就会暴露。

1）线程 1 先执行 pop 操作，此时，由于 list 的大小为 0，因此，会调用 wait 释放等待锁。

2）线程 2 执行 push 操作，往队列里放了一个元素，这个线程会调用 notify 来唤醒等待的线程。

3）就在此时恰好另外一个线程 3 也执行 pop 操作，那么线程 1 和线程 3 的执行顺序是无法保证的。如果恰好线程 3 先执行 pop 操作，执行完成后，线程 2 被唤醒，此时线程 2 会执行 return stack.remove(stack.size()-1)操作，由于此时队列已经为空，stack.size()的返回值为 0，所以，程序会抛出 java.lang.ArrayIndexOutOfBoundsException 异常。

以上问题的解决方法也很简单，即在 pop 操作调用 remove 方法前再进行一次判断，判断列表里是否还有元素，实现代码如下：

```
public synchronized String pop() throws InterruptedException
{
        synchronized(this)
        {
                if(stack.size()<=0)
                {
                        wait();
                }
                if(stack.size()<=0)
                        return null;
                else
                        return stack.remove(stack.size()-1);
        }
}
```

【真题 319】 当线程 1 使用某个对象，而此对象又需要线程 2 修改后才能符合线程 1 的需要，这时线程 1 就要等待线程 2 完成修改工作，这种现象称为（　　）。

A．线程的同步　　B．线程的调度　　C．线程的就绪　　D．线程的互斥

答案：A。

对于选项 A，同步就是协同步调，按预定的先后次序进行运行。例如你说完，我再说。该定义正好

与题目描述一致。所以，选项 A 正确。

对于选项 B，假设计算机的 CPU 在任意时刻都只能执行一条机器指令，线程只有获得 CPU 的使用权才能执行对应的操作，多线程的并发运行原理为：各个线程轮流获得 CPU 的使用权，来执行对应的操作。线程调度是指按照特定机制为多个线程分配 CPU 的使用权。所以，选项 B 错误。

对于选项 C，线程有多个状态，就绪是指这个线程已经有了除 CPU 外所有的资源，在等待获取 CPU，一旦获取到 CPU 的控制权就可以立即执行。所以，选项 C 错误。

对于选项 D，线程互斥是指某一资源同时只允许一个访问者对其进行访问，具有唯一性和排它性。但互斥无法限制访问者对资源的访问顺序，即访问是无序的。所以，选项 D 错误。

【真题 320】 在 int i=0;i=i++;语句中，i=i++是线程安全的吗？如果不安全，请说明上面操作在 JVM 中的执行过程，为什么不安全？说出 JDK 中哪个类能达到以上程序的效果，并且是线程安全而且高效的，简述其原理。

答案：语句 i=i++不是线程安全的。

本题中，语句 i=i++的执行过程如下：先把 i 的值取出来放到栈顶，可以理解为引入了一个第三方变量 k，此时，k 的值为 i，然后执行自增操作，于是 i 的值变为 1，最后执行赋值操作 i=k（自增前的值），因此，执行结束后，i 的值还是 0。从上面的分析可知，i=i++语句的执行过程由多个操作组成，它不是原子操作，因此，它不是线程安全的。

在 Java 语言中，++i 和 i++操作并不是线程安全的，在使用的时候，不可避免地会用到 synchronized 关键字。而 AtomicInteger 是一个提供原子操作的 Integer 的类，它提供了线程安全且高效的原子操作，是线程安全的，其底层的原理是利用处理器的 CAS（Compare And Swap，比较与交换，一种有名的无锁算法）操作来检测栈中的值是否被其他线程改变，如果被改变，则 CAS 操作失败。这种实现方法在 CPU 指令级别实现了原子操作，因此，它比使用 synchronized 来实现同步效率更高。

CAS 操作过程都包含三个运算符：内存地址 V、期望值 A 和新值 B。当操作的时候，如果地址 V 上存放的值等于期望值 A，则将地址 V 上的值赋为新值 B，否则，不做任何操作，但是要返回原值是多少。这就要求保证比较和设（置）值这两个动作是原子性操作。系统主要利用 JNI（Java Native Interface，Java 本地接口）来保证这个原子操作，它利用 CPU 硬件支持来完成，使用硬件提供 swap 和 test_and_set 指令，单 CPU 下同一指令的多个指令周期不可中断，SMP（Symmetric Multi-Processing，对称多处理结构）中通过锁总线支持这两个指令的原子性。

【真题 321】 有如下代码：

```
public class X extends Thread implements Runable
{
    public void run()
    {
        System.out.println("this is run()");
    }
    public static void main(String args[])
    {
        Thread t = new Thread(new X());
        t.start();
    }
}
```

程序的运行结果为（　　）。

A．第一行会产生编译错误　　B．第六行会产生编译错误

C．第六行会产生运行错误　　D．程序会运行和启动

答案：D。

【真题 322】 可以对对象加互斥锁的关键字是（　　）。

A．transient　　B．synchronized　　C．serialize　　D．static

答案：B。

【真题 323】 下列可用于创建一个可运行的类的方法有（　　）。

A．public class X implements Runnable{public void run(){………}}

B．public class X implements Thread{public void run(){………}}

C．public class X implements Runnable{public int run(){………}}

D．public class X implements Runnable{protected void run(){………}}

E．public class X implements Thread{public void run(){………}}

答案：A、D。

【真题 324】 下面可以在任何时候被任何线程调用的方法有（　　）。

A．notify ()　　B．wait()　　C．notifyall()

D．sleep()　　E．yield()　　F．synchronized(this)

答案：D、E、F。

【真题 325】 下列可以终止当前线程的运行的是（　　）。

A．当抛出一个异常时　　B．当该线程调用 sleep()方法时

C．当创建一个新线程时　　D．当一个优先级高的线程进入就绪状态时

答案：A。

【真题 326】 请简要介绍对线程池的理解。

答案：在 Java 语言中，可以通过 new Thread 的方法来创建一个新的线程执行任务，但是线程的创建是非常耗时的，而且创建出来的新的线程都是各自运行、缺乏统一的管理，这样做的后果是可能导致创建过多的线程从而过度消耗系统的资源，最终导致性能急剧下降，线程池的引入就是为了解决这些问题。

当使用线程池控制线程数量时，其他线程排队等候，当一个任务执行完毕后，再从队列中取最前面的任务开始执行。如果队列中没有等待进程，那么线程池中的这一资源会处于等待状态。当一个新任务需要运行时，如果线程池中有等待的工作线程，就可以开始运行了，否则，进入等待队列。

一方面，线程池中的线程可以被所有工作线程重复利用，一个线程可以用来执行多个任务，这样就减少了线程创建的次数；另一方面，它也可以限制线程的个数，从而不会导致创建过多的线程进而导致性能下降。当需要执行任务的个数大于线程池中线程的个数时，线程池会把这些任务放到队列中，一旦有任务运行结束，就会有空闲的线程，此时线程池就会从队列里取出任务继续执行。

目前 Java 语言主要提供了如下 4 个线程池的实现类：

1）newSingleThreadExecutor：创建一个单线程的线程池，它只会用唯一的工作线程来执行任务，也就是相当于单线程串行执行所有任务，如果这个唯一的线程因为异常结束，那么会有一个新的线程来替代它。使用方法如下：

```
import java.util.concurrent.ExecutorService;
import java.util.concurrent.Executors;
class MyThread extends Thread {
    public void run() {
        System.out.println(Thread.currentThread().getId()+" run");
    }
}

public class TestSingleThreadExecutor {
    public static void main(String[] args) {
        ExecutorService pool = Executors.newSingleThreadExecutor();
        // 将线程放入池中进行执行
        pool.execute(new MyThread());
```

```
            pool.execute(new MyThread());
            pool.execute(new MyThread());
            pool.execute(new MyThread());
            // 关闭线程池
            pool.shutdown();
        }
    }
```

程序的运行结果为：

```
15 run
15 run
15 run
15 run
```

2）newFixedThreadPool：创建一个定长线程池，可控制线程的最大并发数，超出的线程会在队列中等待。使用这个线程池的时候，必须根据实际情况估算出线程的数量。

示例代码如下：

```
import java.util.concurrent.ExecutorService;
import java.util.concurrent.Executors;

class MyThread extends Thread {
    public void run() {
        System.out.println(Thread.currentThread().getId()+" run");
    }
}

public class TestNewFixedThreadPool {
    public static void main(String[] args) {
        ExecutorService pool = Executors.newFixedThreadPool(2);
        // 将线程放入池中进行执行
        pool.execute(new MyThread());
        pool.execute(new MyThread());
        pool.execute(new MyThread());
        pool.execute(new MyThread());
        // 关闭线程池
        pool.shutdown();
    }
}
```

程序的运行结果为：

```
15 run
15 run
15 run
17 run
```

3）newCachedThreadPool：创建一个可缓存线程池，如果线程池的长度超过处理需要，可灵活回收空闲线程，如果不可回收，则新建线程。此线程池不会对线程池的大小做限制，线程池的大小完全依赖于操作系统（或者说 JVM）能够创建的最大线程大小。使用这种方式需要在代码运行的过程中通过控制并发任务的数量来控制线程的数量。

示例代码如下：

```
import java.util.concurrent.ExecutorService;
import java.util.concurrent.Executors;
class MyThread extends Thread {
    public void run() {
        System.out.println(Thread.currentThread().getId()+" run");
    }
}

public class TestNewCachedThreadPool {
    public static void main(String[] args) {
        ExecutorService pool = Executors.newCachedThreadPool();
        // 将线程放入池中进行执行
        pool.execute(new MyThread());
        pool.execute(new MyThread());
        pool.execute(new MyThread());
        pool.execute(new MyThread());
        // 关闭线程池
        pool.shutdown();
    }
}
```

程序的运行结果为：

```
15 run
17 run
19 run
21 run
```

4）newScheduledThreadPool：创建一个定长线程池。此线程池支持定时以及周期性执行任务的需求。示例代码如下：

```
import java.util.concurrent.ScheduledThreadPoolExecutor;
import java.util.concurrent.TimeUnit;
class MyThread extends Thread {
    public void run() {
        System.out.println(Thread.currentThread().getId()+" timestamp:"+System.currentTimeMillis());
    }
}

public class TestScheduledThreadPoolExecutor {
    public static void main(String[] args) {
        ScheduledThreadPoolExecutor exec = new ScheduledThreadPoolExecutor(2);
        //每隔一段时间执行一次
        exec.scheduleAtFixedRate(new MyThread(), 0, 3000, TimeUnit.MILLISECONDS);
        exec.scheduleAtFixedRate(new MyThread(), 0, 2000, TimeUnit.MILLISECONDS);
    }
}
```

程序的运行结果为：

```
15 timestamp:1443421326105
17 timestamp:1443421326105
15 timestamp:1443421328105
17 timestamp:1443421329105
......
```

【真题 327】 请写出一段死锁的代码。

答案：死锁是指两个或两个以上的进程在执行过程中，因争夺资源而造成的一种互相等待的现象，若无外力作用，它们都将无法推进下去。

下面给出一段死锁代码的例子。

```
class ShareObject1{}
class ShareObject2{}

class Thread1 extends Thread {
    @Override
    public void run()  {
        synchronized (ShareObject1.class) {
            System.out.println("线程 1 获取到 ShareObject1 锁");
            try {
                Thread.sleep(100);
            } catch (InterruptedException e) {
                e.printStackTrace();
            }
            synchronized (ShareObject2.class) {
                System.out.println("线程 1 获取到 ShareObject2 锁");
            }
        }
    }
}

class Thread2 extends Thread {
    public void run() {
        synchronized (ShareObject2.class) {
            try {
                Thread.sleep(100);
            } catch (InterruptedException e) {
                e.printStackTrace();
            }
            System.out.println("线程 2 获取到 ShareObject2 锁");
            synchronized (ShareObject1.class) {
                System.out.println("线程 2 获取到 ShareObject1 锁");
            }
        }
    }
}

public class Test{
    public static void main(String[] args){
        new Thread1().start();
        new Thread2().start();
```

```
        }
    }
```

在上述代码中，线程 Thread1 首先获取到 ShareObject1 的锁，然后再去尝试获取 ShareObject2 的锁；此时线程 Thread2 已经获取到 ShareObject2 的锁，继续尝试去获取 ShareObject1 的锁。这样两个线程都需要得到对方已经占有的资源后才能继续运行，因此，会导致死锁。造成死锁的主要原因是两个线程请求资源的顺序不合理，如果这两个线程采用同样的顺序获取，那么就不会出现死锁，例如把 Thread2 改为如下的代码就不会死锁了：

```
    class Thread2 extends Thread {
        public void run() {
            synchronized (ShareObject1.class) {
                System.out.println("线程 2 获取到 ShareObject1 锁");
                try {
                    Thread.sleep(100);
                } catch (InterruptedException e) {
                    e.printStackTrace();
                }
                synchronized (ShareObject2.class) {
                    System.out.println("线程 2 获取到 ShareObject2 锁");
                }
            }
        }
    }
```

【真题 328】 GC 线程（　　）守护线程。

A. 是　　　　B. 不是　　　　C. 不确定

答案：A。

Java 语言提供了两种线程：守护线程与用户线程。守护线程又被称为“服务进程”“精灵线程”或“后台线程”，是指当程序运行时，在后台提供一种通用服务的线程，这种线程并不属于程序中不可或缺的部分。通俗点讲，任何一个守护线程都是整个 JVM 中所有非守护线程的保姆。

用户线程和守护线程几乎一样，唯一的不同之处就在于如果用户线程已经全部退出运行，只剩下守护线程存在，Java 虚拟机也就退出了。因为当所有的非守护线程结束时，没有了被守护者，守护线程也就没有工作可做，也就没有继续运行程序的必要了，程序也就终止，同时会杀死所有守护线程。也就是说，只要有任何非守护线程还在运行，程序就不会终止。

在 Java 语言中，守护线程一般具有较低的优先级，它并非只由 JVM 内部提供，用户在编写程序时，也可以自己设置守护线程。例如，将一个用户线程设置为守护线程的方法就是在调用 start 方法启动线程之前调用对象的 setDaemon(true)方法，如果将以上参数设置为 false，则表示的是用户进程模式。需要注意的是，当在一个守护线程中产生了其他线程，那么这些新产生的线程默认还是守护线程，用户线程也是如此。

守护线程的一个典型的例子就是垃圾回收器。只要 JVM 启动，它就始终在运行，实时监控和管理系统中可以被回收的资源。

所以，选项 A 正确。

1.13 JDBC

【真题 329】 事务隔离级别是由（　　）实现的。

A．Hibernate　　B．Java 应用程序　　C．数据库系统　　D．JDBC 驱动程序

答案：C。

对于选项 A，Hibernate 是一个开放源代码的对象关系映射框架，它对 JDBC 进行了非常轻量级的对象封装，使得 Java 程序员可以随心所欲地使用对象编程思维来操纵数据库。所以，选项 A 不正确。

对于选项 B，Java 应用程序可以通过 JDBC 或 Hibernate 对数据库系统进行访问。虽然 JDBC 和 Hibernate 都提供了事务控制的接口，但这些接口只是把事务控制相关的命令发送给数据库系统，由数据库系统来控制事务的隔离级别。所以，选项 B 不正确。

对于选项 C，数据库系统是为适应数据处理的需要而发展起来的一种较为理想的数据处理系统，也是一个为实际可运行的存储、维护和应用系统提供数据的软件系统，是存储介质、处理对象和管理系统的集合体。在数据库操作中，为了保证在并发情况下数据读写的正确性，提出了事务隔离级别。在标准 SQL 规范中，定义了 4 个事务隔离级别，分别为未授权读取，也称为读未提交（Read Uncommitted）；授权读取，也称为读提交（Read Committed）；可重复读取（Repeatable Read）；序列化（Serializable）。所以，事务隔离级别是由数据库系统实现的。所以，选项 C 正确。

对于选项 D，JDBC 驱动程序是一种用于执行 SQL 语句的 Java API，可以为多种关系数据库提供统一访问。所以，选项 D 不正确。

【真题 330】 下列选项中，提供了 Java 存取数据库能力的包是（　　）。

A．java.sql　　B．java.swing　　C．java.io　　D．java.awt

答案：A。

包（package）是 Java 语言提供的一种区别类的命名空间的机制，它是类的组织方式，是一组相关类和接口的集合，提供了访问权限和命名的管理机制。

在 Java 语言中，包的作用主要体现在以下三个方面：

1）方便查找与使用。将功能相近的类放在同一个包中，可以方便查找与使用。

2）避免命名冲突。由于在不同包中可以存在同名类，所以，使用包的好处是在一定程度上可以避免命名冲突。

3）访问权限设定。某次访问权限是以包为单位的。

本题中，对于选项 A，java.sql 包中主要包含一些访问数据库相关的接口。所以，选项 A 正确。

对于选项 B，java.swing 是一个用于开发 Java 应用程序用户界面的开发工具包。所以，选项 B 错误。

对于选项 C，java.io 提供了流处理的相关接口。所以，选项 C 错误。

对于选项 D，java.awt 包含用于创建用户界面和绘制图形图像的所有类。所以，选项 D 错误。

【真题 331】 在 JDBC 中，用于表示数据库连接的对象是（　　）。

A．Statement　　B．Connection　　C．PreparedStatement　　D．DriverManager

答案：B。

JDBC（Java DataBase Connectivity，Java 数据库连接）用于在 Java 程序中实现数据库操作功能，它提供了执行 SQL 语句、访问各种数据库的方法，并为各种不同的数据库提供统一的操作接口，java.sql 包中包含了 JDBC 操作数据库的所有类。通过 JDBC 访问数据库一般有如下几个步骤：

1）加载 JDBC 驱动器。将数据库的 JDBC 驱动加载到 classpath 中，在基于 JavaEE 的 Web 应用开发过程中，通常要把目标数据库产品的 JDBC 驱动复制到 WEB-INF/lib 下。

2）加载 JDBC 驱动，并将其注册到 DriverManager 中。一般使用反射 Class.forName(String driveName)。

3）建立数据库连接，取得 Connection 对象。一般通过 DriverManager.getConnection(url, username, passwd)方式实现，其中，url 表示连接数据库的字符串，username 表示连接数据库的用户名，passwd 表示连接数据库的密码。

4）建立 Statement 对象或者 PreparedStatement 对象。

5）通过 Statement 或 PreparedStatement 对象执行 SQL 语句。

6）访问结果集 ResultSet 对象。

7）依次将 ResultSet、Statement、PreparedStatement、Connection 等对象关闭，释放掉所占用的资源。

通过上述分析可知，选项 B 正确。

【真题 332】 在 Java 语言中，用于调用存储过程的对象是（　　）。

A．DriverManager　　B．ResultSet　　C．CallableStatemet　　D．PreparedStatement

答案：C。

存储过程（Stored Procedure）是在大型数据库系统中，一组为了完成特定功能的 SQL 语句集，存储在数据库中经过第一次编译后再次调用不需要再次编译，用户通过指定存储过程的名字并给出参数（如果该存储过程带有参数）来执行它。存储过程是数据库中的一个重要对象，任何一个设计良好的数据库应用程序都应该用到存储过程。

本题中，对于选项 A，DriverManager 是 JDBC 的管理层，它作用于用户和驱动程序之间，管理一组 JDBC 驱动程序的基本服务，提供用来建立数据库连接的一系列方法。除此以外，DriverManager 还处理诸如驱动程序登录时间限制以及登录与跟踪消息的显示等事务。因此，选项 A 错误。

对于选项 B，ResultSet 表示查询的结果集，通常通过执行查询数据库的语句生成。ResultSet 对象具有指向其当前数据行的光标。最初，光标被置于第一行之前，next 方法将光标移动到下一行，因为该方法在 ResultSet 对象没有下一行时返回 false，所以，可以在 while 循环中使用它来迭代结果集。因此，选项 B 错误。

对于选项 C，CallableStatement 提供了用来调用数据库中存储过程的接口，如果有输出参数要注册，说明是输出参数。因此，选项 C 正确。

对于选项 D，PreparedStatement 表示预编译的 SQL 语句的对象，用于执行带参数的预编译 SQL 语句。因此，选项 D 错误。

【真题 333】 用 Java 语言写一段访问 Oracle 数据库的程序，并实现数据查询。

答案：示例代码如下：

```
import java.sql.*;
public class Test{
	public Connection getConnection(){
		Connection conn = null;
		String driver = "oracle.jdbc.driver.OracleDriver";
		String url = "";
		String name = "user";
		String psw = "password";
		try{
			Class.forName(driver);
			conn = DriverManager.getConnection(url, name, psw);
		}catch (ClassNotFoundException e) {
			e.printStackTrace();
		} catch (SQLException e) {
			e.printStackTrace();
		}
		return conn;
	}

	public void selectFromOracle(){
		Connection conn = null;
		PreparedStatement pstat = null;
		ResultSet rs = null;
		try{
			conn = getConnection();
```

```
                String sql = "select name,score from Student where name=?";
                pstat = conn.prepareStatement(sql);
                pstat.setString(1, "James");
                rs = pstat.executeQuery();
                while (rs.next()) {
                    System.out.println(rs.getString("name")+","+rs.getInt("score"));;
                }
            } catch (SQLException e) {
                e.printStackTrace();
            }finally{
                if(rs!=null)
                    try {
                        rs.close();
                    } catch (SQLException e) {
                        e.printStackTrace();
                    }
                if(pstat!=null)
                    try {
                        pstat.close();
                    } catch (SQLException e) {
                        e.printStackTrace();
                    }
                if(conn!=null)
                    try {
                        conn.close();
                    } catch (SQLException e) {
                        e.printStackTrace();
                    }
            }
        }
    }
```

【真题 334】 下面不是标准的 Statement 类的是（　　）。

A．Statement　　B．CallableStatement　　C．PreparedStatement　　D．BatchedStatement

答案：D。

本题中，对于选项 A，Statement 是 Java 语言执行数据库操作的一个重要方法，用于在已经建立数据库连接的基础上，向数据库发送要执行的 SQL 语句，并返回它所生成结果的对象，每次执行 SQL 语句时，数据库都要编译该 SQL 语句。以下是一个最简单的 SQL 语句：

```
Statement stmt = conn.getStatement( );
stmt.executeUpdate("insert into client values('aa', 'aaaa')");
```

所以，选项 A 错误。

对于选项 B，CallableStatement 提供了用来调用数据库中存储过程的接口。所以，选项 B 错误。

对于选项 C，PreparedStatement 表示预编译的 SQL 语句的对象，用于执行带参数的预编译 SQL 语句。所以，选项 C 错误。

对于选项 D，不存在 BatchedStatement 方法。所以，选项 D 正确。

【真题 335】 JDBC 事务隔离级别有几种？

答案：5 种。

为了解决与“多个线程请求相同数据”相关的问题，事务之间通常会用锁相互隔离开。现今，大多数主流的数据库支持不同类型的锁。因此，JDBC API 支持不同类型的事务，它们由 Connection 对象指派或确定。在 JDBC 中，定义了以下 5 种事务隔离级别：

1）TRANSACTION_NONE JDB：不支持事务。

2）TRANSACTION_READ_UNCOMMITTED：未提交读。说明在提交前一个事务可以看到另一个事务的变化。这样读“脏”数据、不可重复读和“虚读”都是允许的。

3）TRANSACTION_READ_COMMITTED：已提交读。说明读取未提交的数据是不允许的。这个级别仍然允许不可重复读和“虚读”产生。

4）TRANSACTION_REPEATABLE_READ：可重复读。说明事务保证能够再次读取相同的数据而不会失败，但“虚读”仍然会出现。

5）TRANSACTION_SERIALIZABLE：可序列化。它是最高的事务级别，它防止读“脏”数据、不可重复读和“虚读”。

备注：读“脏”数据：一个事务读取了另一个事务尚未提交的数据，例如，当事务 A 与事务 B 并发执行时，当事务 A 更新后，事务 B 查询读取到事务 A 尚未提交的数据，此时事务 A 回滚，则事务 B 读到的数据是无效的“脏”数据。不可重复读：一个事务的操作导致另一个事务前后两次读取到不同的数据，例如，当事务 A 与事务 B 并发执行时，当事务 B 查询读取数据后，事务 A 更新操作更改事务 B 查询到的数据，此时事务 B 再次读取该数据，发现前后两次的数据不一样。“虚读”：一个事务的操作导致另一个事务前后两次查询的结果数据量不同。例如，当事务 A 与事务 B 并发执行时，当事务 B 查询读取数据后，事务 A 新增或删除了一条满足事务 A 的查询条件的记录，此时，事务 B 再次查询，发现查询到前次不存在的记录，或者前次的某个记录不见了。以银行存款为例，A 存款 100 元未提交，这时银行做报表进行统计查询帐户为 200 元，然后 A 提交了，这时银行再统计发现帐户为 300 元，无法判断到底以哪个为准？

【真题 336】 Statement 与 PreparedStatement 的区别是什么？

答案：Statement 用于执行不带参数的简单 SQL 语句，每次执行 SQL 语句时，数据库都要编译该 SQL 语句。以下是一个最简单的 SQL 语句：

```
Statement stmt = conn.getStatement( );
stmt.executeUpdate("insert into client values('aa', 'aaaa')");
```

而 PreparedStatement 表示的是预编译的 SQL 语句的对象，用于执行带参数的预编译 SQL 语句。CallableStatement 提供了用来调用数据库中存储过程的接口，如果有输出参数要注册，则说明是输出参数。下面给出一个使用 PreparedStatement 的例子。

```
import java.sql.*;
public class Test{
    public static void main(String[] args) throws Exception {
            String user = "user1";
            String password = "pwd1";
            String url = "jdbc:mysql://localhost:3306/Test";
            String driver = "com.mysql.jdbc.Driver";
            Connection con = null;
            PreparedStatement stmt = null;
            ResultSet rs = null;
            try{
                Class.forName(driver);
                con = DriverManager.getConnection(url, user, password);
                stmt = con.prepareStatement("select * from Employee where id=?");
                stmt.setInt(1, 1);
                rs=stmt.executeQuery();
                while(rs.next()){
```

```
                    System.out.println(rs.getInt(1)+" "+rs.getString(2)+" "+rs.getInt(3));
                }
            }
            catch(SQLException e1){
                e1.printStackTrace();
            }finally{
                    try{
                    if(rs != null)
                        rs.close();
                    if(stmt != null)
                        stmt.close();
                    if(con != null)
                        con.close();
                    }
                    catch(SQLException e) {
                        System.out.println(e.getMessage());
                    }
            }
        }
    }
```

程序的运行结果为：

```
1 James1 25
```

虽然 Statement 对象与 PreparedStatement 对象能够实现相同的功能，但相比之下，PreparedStatement 具有以下优点：

（1）效率更高

在使用 PreparedStatement 对象执行 SQL 命令时，命令会被数据库编译与解析，并放到命令缓冲区。然后，每当执行同一个 PreparedStatement 对象时，由于在缓冲区中可以发现预编译的命令，虽然它会被再解析一次，但不会被再次编译，是可以重复使用的，能够有效提升系统性能。所以，如果要执行插入、更新、删除等操作，最好使用 PreparedStatement。鉴于此，PreparedStatement 适用于存在大量用户的企业级应用软件中。

（2）代码可读性和可维护性更好

例如，以下两种方法分别使用 Statement 与 PreparedStatement 来执行 SQL 语句：

方法 1：

```
stmt.executeUpdate("insert into t(col1,col2) values('"+var1+"','"+var2+"')");   // stmt 为 Statement 的一个对象
```

方法 2：

```
//con 是 Connectiond 得到一个对象
PreparedStatement   perstmt = con.prepareStatement("insert into tb_name (col1,col2) values (?,?)");
perstmt.setString(1,var1);
perstmt.setString(2,var2);
```

显然，方法 2 具有更好的可读性。

（3）安全性更好

使用 PreparedStatement 能够预防 SQL 注入攻击。所谓 SQL 注入，指的是把用户输入的数据拼接到 SQL 语句后面作为 SQL 语句的一部分执行，例如，在代码中使用下面的 SQL 语句：sql="select top 1 * from user where name='"+name+"' and password='"+password+"'"来验证用户名和密码是否正确，其中，name 和 password 是用户输入的内容，当用户输入用户名 aa，密码 bb' or 'a'='a，那么拼接出来的 SQL 语句就为 select top 1 * from user where name='aa' and password='bb' or 'a'='a'，只要 user 表中有数据，这条 SQL 语句就会有返回结果。这就达到了 SQL 注入的目的，而使用 PreparedStatement 就可以避免这种情况的发生。

【真题 337】 使用 JDBC 事务的步骤是（　　）。

A．取消 Connection 的事务自动提交方式　　B．发生异常回滚事务

C．获取 Connection 对象　　D．操作完毕提交事务

答案：C、A、B、D。

在使用 JDBC 访问数据库的时候，首先需要建立对数据库的连接，也就是说，创建一个 Connection 对象，在默认情况下，事务是自动提交的。因此，如果要使用事务，必须先取消 Connection 的自动提交方式（通过调用 Connection 的 setAutocommit 方法来设置），如果在执行过程中发生了异常，为了保证数据的一致性，需要进行回滚（调用 Connection 的 rollback 方法），同理，所有的操作都完成后，需要提交事务（调用 Connection 的 commit 方法）。所以，使用 JDBC 事务的步骤是 C、A、B、D。

【真题 338】 以下获取 ResutlSet 对象 rst 的第一行数据的方法中，正确的是（　　）。

A．rst.hashNext();　　B．rst.next();　　C．rst.first();　　D．rst.nextRow();

答案：B。

ResultSet（结果集）是数据中查询结果返回的一种对象，通常通过执行查询数据库的语句生成。ResultSet 对象不仅具有存储功能，还具有操纵数据的功能。

ResultSet 对象具有指向其当前数据行的指针，它包含了符合 SQL 语句查询结果的所有行，提供了一套 get 方法（访问当前行的不同列）用于对这些行中数据进行访问。ResultSet 的 next 方法用于移动到 ResultSet 中的下一行，使下一行成为当前行。因此，对于刚获取到的 ResultSet 对象，第一次调用 next 方法就会得到第一行的数据。所以，选项 B 正确。

所以，本题的答案为 B。

【真题 339】 JDBC 开发需要注意的问题有哪些？

1）尽可能使用 PreparedStatement。因为它有更高的执行效率、更好的安全性（能防止 SQL 注入），也有更好的可读性。当然，在使用 PreparedStatement 的时候，只有使用占位符（？）才能实现高效率及高安全性。

2）尽可能关闭自动提交模式。在获取与数据库的连接 Connection 的对象后，尽可能关闭事务的自动提交模式，自动提交模式的运行机制如下：每当执行一条 SQL 语句时，它就马上提交（事务的提交操作也是一个耗时的操作），因此，一条 SQL 语句可以被看成是一个事务。如果关闭自动提交模式，改为采用显式调用 commit 方法来提交，可以在执行完多条 SQL 语句后再调用 commit 进行提交，从而提高执行效率。

3）尽可能使用数据库连接池。因为连接池是一个非常重要的资源，创建与数据库的连接也是一个耗时的操作，使用数据库连接池能够节约不必要的建立数据库连接的时间，同时还能对数据库连接资源进行很好的管理。

4）当 Statement、PreparedStatement、ResultSet 等对象使用完成后，应及时调用 close 方法释放资源。

5）尽可能采用批处理的方式执行 SQL 语句。JDBC 提供了 addBatch 方法把 SQL 语句加入到批处理中，然后调用 executeBatch 方法执行所有的 SQL 语句，这种方法减少了 JDBC 与数据库之间的交互次数，因此，具有更好的性能。

6）在调用 ResultSet 的 get 方法时，尽可能使用列名而不是列索引，当使用列名后，即使 select 语句中列的顺序有所调整，也不需要对代码进行修改。在调用 getXXX 方法时，根据实际的类型选用对应的 getXXX 方法从而避免类型转换。

7）尽可能使用标准的 SQL 语句，这样有利于代码在不同的数据库之间进行移植。

1.14 Java Web

1.14.1 Servlet 与 JSP

【真题 340】 为了让浏览器以 UTF-8 编码显示 JSP 页面，下列 JSP 代码正确的是（　　）。

A．<% page contentType =

B．<meta http-equiv =

C．把所有的输出内容重新编码：new String (content.getBytes())

D．response.setContentType()

答案：D。

选项 A 设置的是服务器端编码，选项 B 设置的是客户端编码，选项 C 设置的是某个字符串的编码。只有选项 D 满足题意。

【真题 341】 Servlet 处理请求的方式为（　　）。

A．以程序的方式　　B．以进程的方式　　C．以线程的方式　　D．以响应的方式

答案：C。

Servlet 是采用 Java 语言编写的服务器端程序，运行于 Web 服务器的 Servlet 容器中，其主要功能是提供请求/响应的 Web 服务模式，可以生成动态的 Web 内容，工作原理如图 1-12 所示。

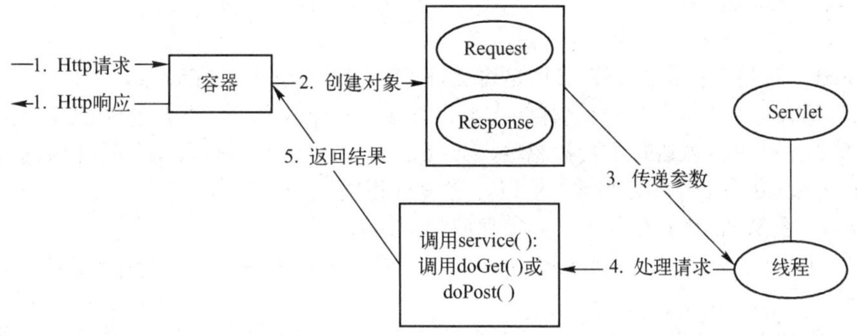

图 1-12　Servlet 工作原理

Servlet 处理客户端请求通常有如下几个步骤：

1）用户通过单击一个链接来向 Servlet 发起请求。

2）Web 服务器接收到该请求后，会把该请求提交给相应的容器来处理，当容器发现这是对 Servlet 发起的请求后，容器此时会创建两个对象：HttpServletResponse 和 HttpServletRequest。

3）容器可以根据请求消息中的 URL 消息找到对应的 Servlet，然后针对该请求创建一个单独的线程，同时把第 2）步中创建的两个对象以参数的形式传递到新创建的线程中。

4）容器调用 Servlet 的 service()方法来完成对用户请求的响应，service()方法会调用 doPost()方法或 doGet()方法来完成具体的响应任务，同时把生成的动态页面返回给容器。

5）容器把响应消息组装成 HTTP 格式返回给客户端。此时，这个线程运行结束，同时删除第 2）步创建的两个对象 HttpServletResponse 和 HttpServletRequest。

容器会针对每次请求创建一个新的线程进行处理，同时，会针对每次请求创建 HttpServletResponse 和 HttpServletRequest 两个对象，处理完成后，线程也就退出了。所以，选项 C 正确。

【真题 342】 按照 MVC 设计模式，JSP 用于实现（　　）。

A．Controller（控制器）　　B．View（视图）　　C．Model（模型）　　D．Database（数据库）

答案：B。

使用 JSP 与 Servlet 实现的 MVC 模型如图 1-13 所示。

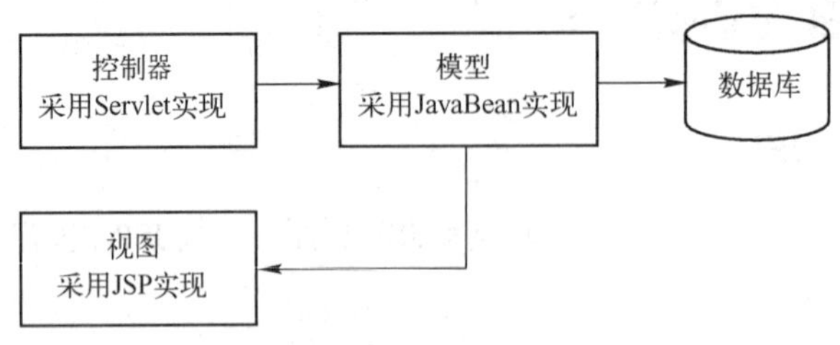

图 1-13　MVC 模型

在这个 MVC 模型中，视图模块采用 JSP 来实现，主要负责数据的展现，视图可以从控制器上获取模型的状态，当然不是直接从控制器上获取到的，而是控制器把模型的数据放到一个视图可以访问的地方，通过这种间接的方式来访问模型的数据。

控制器使用 Servlet 来实现，客户端的所有请求都发送给 Servlet，它接受请求，并根据请求消息把它们分发给对应的 JSP 页面来响应，同时根据需求生成 JavaBean 实例供 JSP 来使用。

模型采用 JavaBean 来实现的，这个模块实现了实际的业务逻辑。

从以上分析可知，选项 B 正确。

【真题 343】 在 JSP 指令中，isELIgnored="boolean"的意思是（　　）。

A．决定该页面是否是一个错误处理页面　　B．决定是否实现 servlet 的单线程模式

C．决定是否支持 EL 表示　　D．没有具体的含义

答案：C。

isELIgnored 属性用来指定该 JSP 文件是否支持 EL（Expression Language，表达式语言）表达式。如果值为 true，那么对于类似于 ${..}这样的内容，直接会原样输出，而不会进行 EL 表达式运算；如果值为 false，那么表示 EL 表达式不会被忽略，该 EL 表达式将会被执行。其属性配置语法格式如下：<%@ page isELIgnored="true | false"%> 。所以，选项 C 正确。

【真题 344】 在 WEB-INF 目录下，必须存放的文件为（　　）。

A．class 文件　　B．web.xml　　C．html 文件　　D．jar 文件

答案：B。

WEB-INF 是 Web 应用的安全目录。所谓安全目录就是客户端无法访问，只有服务端可以访问的目录。如果想在页面中直接访问其中的文件，必须通过 web.xml 文件对要访问的文件进行相应的映射才行。WEB-INF 文件夹下除了 web.xml 外，还存在一个 classes 文件夹，用以放置 *.class 文件，这些 *.class 文件是设计人员编写的类库，实现了 JSP 页面前台与后台服务的分离，使得网站的维护非常方便。web.xml 文件为网站部署描述 XML 文件，它对网站的部署非常重要。因此，web.xml 是必不可少的文件。所以，选项 B 正确。

【真题 345】 在 JavaScript 中，以下验证一个数据是否是数字的描述中，正确的是（　　）。

A．int I = value 若报错就不是数字

B．如果用 Integer.parseInt(value)有误就不是数字

C．没有方法验证

D．利用 isNaN(value) 返回的 boolean 进行判断

答案：D。

对于选项 A，JavaScript 是弱类型语言（也称为弱类型定义语言，与强类型定义相反。弱类型语言允许将一块内存看作多种类型，比如直接将整型变量与字符变量相加。C/C++是静态语言，是强类型语言；Perl 与 PHP 是动态语言，但也是弱类型语言），只有一种类型 var。所以，选项 A 错误。

对于选项 B，Integer.parseInt(value)是 Java 语言中的方法，而不是 JavaScript 的方法。所以，选项 B 错误。

对于选项 C，JavaScript 中验证一个数据是否是数字是存在方法的，可以使用 isNaN()函数判断，也可以使用正则表达式判断。所以，选项 C 错误。

对于选项 D，JavaScript 提供了一个 isNaN()函数用于检查其参数是否是非数字值。所以，选项 D 正确。

【真题 346】 以下不能作 JSP 的服务器的是（　　）。

A．JBoss　　B．BEA WebLogic　　C．Tomcat　　D．PWS

答案：D。

Web 服务器指的是提供 Web 功能的服务器，主要就是 HTTP 服务器，包括图片的下载等一系列和文本相关的资源。Web 服务器支持以 HTTP 协议的方式来访问，当 Web 服务器接收到一个 HTTP 请求时，它同样会以 HTTP 协议格式返回一个响应，这个响应可以是一个静态的 HTML 页面，也可以是结果处理的一个动态的页面，还可以是音频、视频等信息。为了处理一个请求，Web 服务器可以做出一个响应，并进行页面跳转，或者把动态响应的产生委托给一些其他的程序，例如 CGI 脚本、JSP、Servlet 或者一些其他的服务器端程序。Web 服务器一般都使用了一些特有的机制（例如容错机制）来保证 Web 服务器有较好的扩展性和不间断地提供服务。常见的 Web 服务器有 IIS 和 Apache。

应用服务器提供访问业务逻辑的途径以供客户端应用程序使用。具体而言，它通过 HTTP、TCP/IP、IIOP（Internet Inter-ORB Protocol，互联网内部对象请求代理协议）或 JRMP（Java Remote Method Protocol，Java 远程方法协议）等来提供业务逻辑接口。为了系统的可靠性，同样使用了一些可扩展性和容错机制。除此之外，它还为应用的开发提供了许多服务，例如事务管理、安全管理和对象生命周期管理等。常见的应用服务器有 BEA WebLogic Server、IBM WebSphere Application Server、IPlanet Application Server、Oracle9i Application Server、JBoss 和 Tomcat 等。

Web 服务器一般是通用的，而应用服务器一般是专用的，例如 Tomcat 只处理 Java 应用程序而不能处理 ASPX 或 PHP。需要注意的是，Web 服务器与应用服务器是并列关系，二者不存在相互包容关系。在使用的时候，如果访问的页面只有 HTML，用 Web 服务器就足够了，但是如果是 JSP，此时就需要应用服务器，因为只有应用服务器才能解析 JSP 里的 Java 代码，并将解析结果以 HTML 的格式返回给用户。

从上面的分析可以看出，选项 A、选项 B 和选项 C 都可以作为 JSP 的服务器。

对于选项 D，PWS（Personal Web Server，个人 Web 服务器）是微软开发的个人网站服务器，主要应用于解决个人信息共享和 Web 开发。它是一个桌面形的 Web 服务器，使用它可以自动创建个性化主页，以拖放的方式发布文档，在它的帮助下，用户可以快速简便地进行 Web 站点设置。由于它只是一个 Web 服务器，因此，它无法作为 JSP 的服务器。所以，选项 D 正确。

【真题 347】 以下不是 JSP 操作指令的是（　　）。

A．setProperty　　B．include　　C．forward　　D．import

答案：D。

JSP 总共有 6 个操作指令：jsp:include、jsp:useBean、jsp:setProperty、jsp:getProperty、jsp:forward 与 jsp:plugin。以下将分别对这几种指令进行介绍。

jsp:include：用来在页面被请求的时候引入一个文件。使用示例如下：

```
< jsp:include page="test.jsp " flush="true">
    < jsp:param name="name" value="value"/>
</ jsp:include>
```

以上代码表示在当前文件中可以引入 test.jsp 文件。

jsp:useBean：用来寻找或者实例化一个 JavaBean。它使得开发人员既可以发挥 Java 组件重用的优势，同时也避免了损失 JSP 区别于 Servlet 的方便性。使用示例如下：

```
< jsp:useBean   id="car" scope="session" class="com.Car" >
```

以上代码表示实例化了一个 com.Car 类的实例。

jsp:setProperty：用来设置已经实例化的 Bean 对象的属性。使用示例如下：

```
<jsp:setProperty name=" car " property="colour" value="red" />
```

以上代码用来设置名字为 car 的实例的 colour 属性为 red。

jsp:getProperty：用来获取某个 JavaBean 的属性。使用示例如下：

```
Colour=<jsp:getProperty  name="car" property="colour"></jsp:getProperty>
```

以上代码用来获取名字为 car 的实例的 colour 属性。

jsp:foward：用来把请求转到一个新页面。使用示例如下：

```
<jsp:forward  page="/Servlet/login" />
```

以上代码把当前页面重定向到/Servlet/login 来处理。

jsp:plugin：用于在浏览器中播放或显示一个对象。使用这个动作能插入所需的特定浏览器的 OBJECT 或 EMBED 元素来指定浏览器运行一个 JAVA Applet 所需的插件。使用示例如下：

```
<jsp:plugin type="applet" codebase="/ch5" code="Hello.class" height="40" width="320">
```

以上代码用来在浏览器中运行一个 applet 插件。

由此可见，选项 D 中的 import 不是 JSP 的操作指令。所以，选项 D 正确。

【真题 348】 在配置 tomcat 虚拟目录时，需要打开的文件是（　　）。

A．web.xml　　B．index.jsp　　C．server.xml　　D．以上都不是

答案：C。

一般情况下，配置虚拟目录的方法为：

在 tomcat\conf 下 server.xml 中找到<Host name="localhost"appBase="webapps" unpackWARs= "true" autoDeploy="true" xmlValidation="false" xmlNamespaceAware="false"></Host>，在其中添加：<Context path="" docBase="自定义目录" reloadable="true"></Context>。因此，选项 C 正确。

对于选项 A，web.xml 可以被看作是 JSP 的一个配置文件，其中一个重要的作用是用来配置 Servlet 的路径。所以，选项 A 错误。

对于选项 B，index.jsp 一般是一个网站的首页，不包含与 tomcat 相关的配置信息。所以，选项 B 错误。

【真题 349】 下面不是表单标记的是（　　）。

A．RADIO　　B．INPUT　　C．CHECKBOX　　D．TR

答案：D。

本题中，对于选项 A，RADIO 为单选按钮控件标签，是表单标记。所以，选项 A 错误。

对于选项 B，INPUT 表示 Form 表单中的一种输入对象，其又随 Type 类型的不同而分为文本输入框、密码输入框、单选/复选框及提交/重置按钮等，是表单标记。所以，选项 B 错误。

对于选项 C，CHECKBOX 为多选复选框标签，是表单标记。所以，选项 C 错误。

对于选项 D，TR 是表中的行标签，不属于表单标记。所以，选项 D 正确。

【真题 350】 下面不是 response 对象的方法的是（　　）。

A．addCookie(Cookie cookie)　　B．setHeader(String headername,String headervalue)

C．getParameter(String str)　　D．sendError(int errorcode)

答案：C。

response 对象所提供的方法有如下几类：

（1）设定响应头的方法

void addCookie(Cookie cookie)	新增 cookie
void addDateHeader(String name, long date)	新增 long 类型的值到 name 响应头
void addHeader(String name, String value)	新增 String 类型的值到 name 响应头
void addIntHeader(String name, int value)	新增 int 类型的值到 name 响应头
void setDateHeader(String name, long date)	指定 long 类型的值到 name 响应头
void setHeader(String name, String value)	指定 String 类型的值到 name 响应头
void setIntHeader(String name, int value)	指定 int 类型的值到 name 响应头
boolean containsHeader(String name)	判断指定名字的 HTTP 文件头是否已经存在，然后返回真假布尔值

（2）设定响应状态码的方法

void sendError(int sc)	传送状态码（Status Code）
void sendError(int sc, String msg)	传送状态码和错误信息
void setStatus(int sc)	设定状态码

（3）用来 URL 重写（Rewriting）的方法

String encodeRedirectURL(String url)	对使用 sendRedirect()方法的 URL 予以编码

（4）设置重定向

sendRedirect()	设置重定向页面

（5）设置不同浏览器对应的数据

setContentType(String contentTypestr)：使客户端浏览器，区分不同种类的数据，并根据不同的 MIME（Multipurpose Internet Mail Extensions，多用途互联网邮件扩展类型）调用浏览器内不同的程序嵌入模块来处理相应的数据。

所以，选项 C 正确。

【真题 351】 以下是编写 Servlet 必须导入的包的是（　　）。

A．java.sql.*　　B．java.servlet.*　　C．java.util.*　　D．java.io.*

答案：B。

对于选项 A，java.sql.*包中主要包含一些访问数据库相关的接口，不是编写 Servlet 必须导入的包。所以，选项 A 错误。

对于选项 B，java.servlet.*包中主要包含与 Servlet 相关的接口，是编写 Servlet 必须导入的包。所以，选项 B 正确。

对于选项 C，java.util.*包中主要包含容器相关的接口，不是编写 Servlet 必须导入的包。所以，选项 C 错误。

对于选项 D，java.io.*主要包含 IO 流读取相关的类库。所以，选项 D 错误。

【真题 352】 下列属于 JSP 中注释的有（　　）。

A．<!-- 与 -->　　B．/　　C．/** 与 **/　　D．<%-- 与 --%>

答案：A、D。

JSP 有两种注释方式：

1）显式注释："<!--注释内容 -->"。因为显式注释会被 JSP 引擎解释，在客户端 HTML 文件的源代码中生成同样的注释信息，但不会在 HTML 页面上显示。所以，选项 A 正确。

2）隐式注释：可以使用 Java 语言中的"//"、"/*....*/"，以及 JSP 中自己的注释："<%-- 注释内容 --%>"。隐式注释和显式注释一样不能在 JSP 页面显示，但是隐式注释不能在客户端 HTML 文件的源代码中生成同样的注释信息。所以，选项 D 正确。

【真题 353】 下列是 JSP 作用域的通信对象的有（ ）。

A．application B．Session C．pageContext D．cookie

答案：A、B、C。

对于选项 A，application 代表与整个 Web 应用程序相关的对象和属性，这实质上是跨越多个 Web 应用程序，包括多个页面、请求和会话的一个全局作用域，因此，可以用作 JSP 之间进行通信。所以，选项 A 正确。

对于选项 B，session 代表与用于某个 Web 客户端的一个用户体验相关的对象和属性，一个 Web 会话经常会跨越多个客户端请求，因此，可以用作 JSP 之间进行通信。所以，选项 B 正确。

对于选项 C，pageContext 对象代表该 JSP 页面上下文，使用该对象可以访问页面中的共享数据，因此，可以用作 JSP 之间进行通信。所以，选项 C 正确。

对于选项 D，cookie 是在 HTTP 协议下，服务器或脚本可以维护客户工作站上信息的一种方式。它是由 Web 服务器保存在用户浏览器上的小文件，可以包含有关用户的信息（如身份识别号码、密码等信息），不能用作 JSP 之间的通信。所以，选项 D 错误。

【真题 354】 在 javax.Servlet 的包中，属于类的是（ ）。

A．Servlet B．ServletException C．GenericServlet D．ServletContext

答案：B、C。

Servlet 和 ServletContext 是接口，只有 GenericServlet 和 ServletException 是类。所以，选项 B 与选项 C 正确。

【真题 355】 以下哪两个是等价的？（ ）。

A．<%= YoshiBean.size%>

B．<%= YoshiBean.getSize()%>

C．<%= YoshiBean.getProperty("size")%

D．<JSP:getProperty id="YoshiBean" param="size"/>

E．<jsp:getProperty id="YoshiBean" property="size"/>

F．<jsp:getProperty name="YoshiBean" param="size"/>

G．<jsp:getProperty name="YoshiBean" property="size"/>

答案：B、G。

jsp:getProperty 标签用于获取被加载到当前页面中的 JavaBean 中某个属性的值，它的格式为：

```
<jsp:getProperty name=? property=? />
```

其中，name：JavaBean 的对象名，用于指定从哪个 JavaBean 中获取属性值；property：JavaBean 中的属性名，用于指定获取 JavaBean 中的哪个属性值。当 JavaBean 中的属性名为 abc 时，获取该属性值的方法名为 getAbc()。

对于本题而言，在选项 D、选项 E、选项 F 与选项 G 中，只有选项 G 的写法是合理的，它的功能是获取对象 YoshiBean 的 size 属性。

对于选项 A，一般不推荐直接访问对象的属性，都是把属性定义为私有的，然后用公有的方法访问。如果 size 被定义为私有的，那么无法用这种方式来访问。

对于选项 B，在 JSP 中直接调用 Java 代码，调用对象 YoshiBean 的 getSize 方法获取 size 属性，因此，选项 B 和选项 G 是等价的。

对于选项 C，一般而言，对象获取属性的方法都是类似 getXXX()的写法。getProperty 只能被理解为另外一个方法，与获取 size 属性无关。

【真题 356】 在 Servlet 的生命周期中，容器只调用一次的方法是（ ）。

A．getServletConfig B．service C．init D．destroy

答案：C、D。

由于 Servlet 运行在容器中，没有 main()方法，因此，整个生命周期都是由容器来控制的。简单而言，Servlet 的生命周期只有两个状态：未创建状态与初始化状态。这两种状态的转换主要是由三个重要的方法来进行控制：init()、service()和 destroy()。其中，init()方法是 Servlet 生命的起点，用于创建或打开任何与 Servlet 相关的资源以及执行初始化工作。service()方法是 Servlet 中真正处理客户端传过来的请求的方法，它根据 HTTP 请求方法（GET、POST 等）将请求分发到 doGet()、doPost()等方法。destory()方法释放任何在 init()方法中打开的与 Servlet 相关的资源。

Servlet 的状态变化如图 1-14 所示。

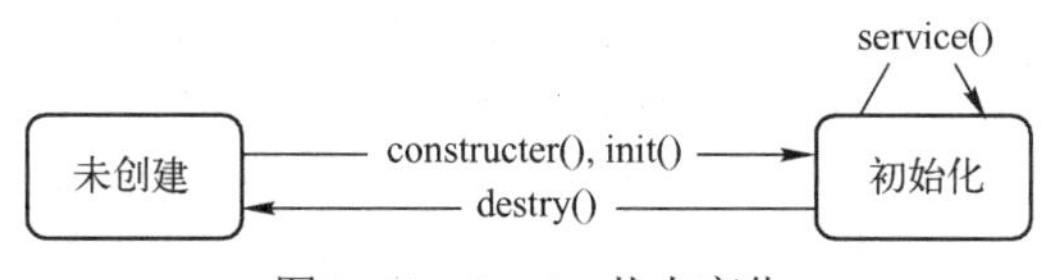

图 1-14　Servlet 状态变化

具体而言，Servlet 的生命周期可以分为加载、创建、初始化、处理客户请求和卸载五个阶段。

1）加载：容器通过类加载器使用 Servlet 类对应的文件来加载 Servlet。

2）创建：通过调用 Servlet 的构造方法来创建一个 Servlet 实例。

3）初始化：通过调用 Servlet 的 init()方法来完成初始化工作，这个方法是在 Servlet 已被创建但向客户端提供服务之前调用的，需要注意的是，init()方法只会被调用一次。

4）处理客户请求：Servlet 一旦被创建后，它就可以为客户端提供服务了。每当有新的客户请求到来时，容器都会创建一个新的线程来处理该请求，接着会调用 Servlet 的 service()方法来完成客户端的请求，当然，service()方法会根据请求的 method 属性值的不同决定是调用 doGet()方法还是调用 doPost()方法来完成具体的响应。

5）卸载：容器在卸载 Servlet 之前需要调用 destroy()方法，让 Servlet 自己释放其占用的系统资源，一旦 destroy()方法被调用，容器就不会再向这个 Servlet 发送任何请求消息了。如果容器需要这个 Servlet，那么就必须重新创建并初始化一个实例。需要注意的是，destroy()方法只会被调用一次。

本题中，init()方法和 destroy()方法只调用一次。所以，选项 C 与选项 D 正确。

【真题 357】 JSP 和 Servlet 有哪些相同点和不同点？它们之间的联系是什么？

相同点：JSP 可以被看作是一个特殊的 Servlet，它只不过是对 Servlet 的扩展，只要是 JSP 可以完成的工作，使用 Servlet 都可以完成，例如，生成动态页面。由于 JSP 页面最终要被转换成 Servlet 来运行，因此，处理请求实际上是编译后的 Servlet。

不同点：①Servlet 的实现方式是在 Java 语言中嵌入 HTML 代码，编写和修改 HTML 非常不方便，所以，它比较适合做流程控制、业务处理，而 JSP 的实现方式为在 HTML 中嵌入 Java 代码，比较适合页面的显示。例如在 Struts 框架中，Servlet 位于 MVC 设计模式的控制层，而 JSP 位于视图层。②Servlet 中没有内置对象，JSP 中的内置对象都必须通过 HttpServletRequest 对象、HttpServletResponse 对象以及 HttpServlet 对象得到。

【真题 358】 HTML 的 Form 和 XForm 的区别是什么？

答案：HTML 的 Form（表单）是一个包含表单元素的区域。表单元素是允许用户在表单中（比如文本域、下拉列表、单选框和复选框等）输入信息的元素。表单使用表单标签（<form>）定义，例如 <form><input /></form>。

而 XForm 是下一代 HTML 表单标准，它比 HTML 提供更加灵活和丰富的表单控件，同时，它要比 HTML 更加规范、有更高的可用性。它使用 XML 来定义数据，同时也使用 XML 来存储及传递数据。它最特殊的一点是分隔表单的数据模型、视图和控制器，数据与表单表示的分离，使得代码更加清晰，维护更加容易。数据模型可以使用静态的 XML 数据，也可以是后端的 Web Service 或 URL 提供。

【真题 359】 Servlet 和 CGI 的区别是什么？

答案：HTML 只能用来保存静态内容，而通常情况下，静态页面很难满足实际应用的需要，鉴于此，提出了动态页面的概念。所谓动态页面，指的是能够根据不同时间、不同用户而显示不同内容的页面，例如常见的论坛、留言板、电子商务网站等都是通过动态页面来实现的。那么如何才能生成动态页面呢？其中一种方法是采用 CGI（Common Gateway Interface，公共网关接口）。CGI 是一种用 Perl 脚本、Shell 脚本或 C 语言编写的程序，它可以用来生成动态页面，即每次客户端浏览器访问某一页面时，可以看到不同的内容。CGI 应用开发比较困难，一般会要求程序员有处理参数传递知识的能力，而且，CGI 不可移植，为某一特定平台编写的 CGI 应用只能运行于这一环境中。每一个 CGI 应用存在于一个由客户端请求激活的进程中，并且在请求被服务后被卸载。而另外一种方式则是采用 Servlet 技术。

Servlet 是采用 Java 语言编写的服务器端程序，它运行于 Web 服务器的 Servlet 容器中，其主要功能是提供请求/响应的 Web 服务模式，可以生成动态的 Web 内容，而这正是 HTML 所不具备的功能。

与其他生成动态页面的技术相比，Servlet 有诸多优点，具体而言，主要表现在如下几个方面：

1）较好的可移植性：由于 Java 语言具有跨平台和可移植性强的特点，使得 Servlet 也有较好的可移植性，即无须修改代码就可以部署到多种不同类型的 Web 服务器上。

2）执行效率高：由于 CGI 针对每个请求都会创建一个进程来处理，而 Servlet 针对每个请求创建一个线程来执行，而创建线程比创建进程的开销要小，所以，与 CGI 相比，Servlet 在交互过程中有更短的响应时间，响应效率更高。

3）功能强大：Servlet 可以与 Web 服务器进行交互，而 CGI 却无法与 Web 服务器直接交互。

4）使用方便：Servlet 提供了许多非常有用的接口用来读取或设置 HTTP 头消息、处理 Cookie 和跟踪会话状态等。

5）可扩展性强。由于 Servlet 是由 Java 语言编写的，所以，它具备了 Java 语言的所有优点。Java 语言是健壮的、面向对象的编程语言，很容易扩展，Servlet 自然也具备这样的优点。

【真题 360】 四种会话跟踪技术是什么？

答案：在开发 Web 应用程序的时候，经常需要能够做到数据共享或者在不同页面之间可以传递参数，而且，一个会话中的数据可能会在不同的地方使用，因此，就需要有专用的机制来传递和保存这些数据。

所谓会话，指的是从客户端打开与服务器的连接并发出请求到服务器响应客户端请求的全过程。会话跟踪则是对同一个用户对服务器的连续的请求和接受响应的监视，由于客户端与服务器端之间是通过 HTTP 协议进行通信的，而 HTTP 协议本身是无状态协议，它不能保存客户的信息，即一次响应完成之后连接就断开了，在下一次的请求时，需要重新建立连接，等到建立完连接后还需要判断是否是同一个用户，所以，要想对会话的过程进行监控，最好的方法就是通过会话跟踪技术。

具体而言，会话跟踪技术主要有如下四种：

1）page 代表与一个页面相关的对象和属性。一个页面由一个编译好的 Java Servlet 类（可以带有任何的 include 指令，但是没有 include 动作）表示。这既包括 Servlet 又包括被编译成 Servlet 的 JSP 页面。

2）request 代表与 Web 客户端发送的一个请求相关的对象和属性。一个请求可能跨越多个页面，涉及多个 Web 组件。

3）session 代表与用于某个 Web 客户端的一个用户体验相关的对象和属性，一个 Web 会话经常会跨越多个客户端请求。

4）application 代表与整个 Web 应用程序相关的对象和属性，这实质上是跨越多个 Web 应用程序，包括多个页面、请求和会话的一个全局作用域。

【真题 361】 JSP 有哪些内置对象和动作？

答案：

（1）内置对象

在 JSP 中，内置对象又称为隐含对象，是指在不声明和创建的情况下就可以被使用的一些成员变量。JSP 一共提供有 9 个内置对象，分别是 request（请求对象）、response（响应对象）、pageContext（页面上下文对象）、session（会话对象）、application（应用程序对象）、out（输出对象）、config（配置对象）、

page（页面对象）与 exception（例外对象）。其具体的描述见表 1-10。

表 1-10　内置对象

名　称	描　述
request	客户端请求，此请求包含来自 GET/POST 请求的参数。客户端的请求信息被封装在 request 对象中，通过它才能了解到客户的需求，然后做出响应，因此，request 对象是用来获取请求参数的非常重要途径。它是 HttpServletRequest 类的实例
response	用来表示服务器端对客户端的响应，将 Web 服务器处理后的结果返回给客户端。但在 JSP 中很少直接使用到它。它是 HttpServletResponse 类的实例
pageContext	提供了对 JSP 页面所有的对象及命名空间的访问，也就是说，用它可以访问到本页面中所有其他的对象，例如前面已经描述的 request、response，以及后面要介绍的 session 和 application 对象等。它的本类名也叫 pageContext
session	用来表示客户端与服务器的一次会话。从客户端与 Web 服务器建立连接的时候会话开始，直到关闭浏览器时结束会话。它是 HttpSession 类的实例
application	代表 JSP 所属的 Web 应用本身。application 对象可以存放全局变量，因此，可以实现用户间的数据共享。它的生命周期与服务器的生命周期一致，也就是说，当服务器启动后，这个对象被创建出来，直到服务器停止后这个对象的生命周期才结束。在任何地方对此对象属性的操作，都将影响到其他用户对此的访问。它是 ServletContext 类的实例
out	用于在客户端浏览器内输出信息。它是 JspWriter 类的实例
config	主要作用是取得服务器的配置信息。当一个 Servlet 初始化时，容器把某些信息通过 config 对象传递给这个 Servlet，Servlet 可以使用这个对象获取所需的配置信息
page	表示当前 JSP 页面，类似于 Java 语言中的 this 指针。它是 java.lang.Object 类的实例
exception	用来表示异常。当一个页面在运行过程中发生了例外，就会产生这个对象。如果 JSP 需要使用这个对象就必须把 isErrorPage 设为 true，否则无法编译。它是 java.lang.Throwable 的对象

根据它们作用的不同，可以将以上九个内置对象分为四类：第一类，与 Servlet 有关的 page 和 config；第二类，与 Input/Output 有关的 out、request 和 response；第三类，与 Context 有关的 application、session 和 pageContext；第四类，与 Error 有关的 exception。

（2）内置动作

JSP 使用动作来实现动态地插入文件、实现重定向和对 JavaBean 的引用等功能。它一共有 6 个基本动作：jsp:include、jsp:useBean、jsp:setProperty、jsp:getProperty、jsp:forward 与 jsp:plugin。以下将分别对这些动作进行具体介绍。

jsp:include：用来在页面被请求的时候引入一个文件。include 指令是在 JSP 文件被转换成 Servlet 的时候引入文件，而 jsp:include 插入文件的时间是在页面被请求的时候，而且被引用文件不能包含某些 JSP 代码（例如不能设置 HTTP 头）。使用示例如下：

```
<jsp:include page="test.jsp " flush="true">
<jsp:param name="name" value="value"/>
</ jsp:include>
```

以上代码表示在当前文件中可以引入 test.jsp 文件。

jsp:useBean：用来寻找或者实例化一个 JavaBean。它使得开发人员既可以发挥 Java 组件重用的优势，同时也避免了损失 JSP 区别于 Servlet 的方便性。使用示例如下：

```
<jsp:useBean id="car" scope="session" class="com.Car" >
```

以上代码表示实例化了一个 com.Car 类的实例。

jsp:setProperty：用来设置已经实例化的 Bean 对象的属性。使用示例如下：

```
<jsp:setProperty name=" car " property="colour" value="red" />
```

以上代码用来设置名字为 car 的实例的 colour 属性为 red。

jsp:getProperty：用来获取某个 JavaBean 的属性。使用示例如下：

```
colour= <jsp:getProperty name="car" property="colour"></ jsp:getProperty>
```

以上代码用来获取名字为 car 的实例的 colour 属性。

jsp:foward：用来把请求转到一个新页面。使用示例如下：

```
<jsp:forward page="/Servlet/login" />
```

以上代码把当前页面重定向到/Servlet/login 来处理。

jsp:plugin：用于在浏览器中播放或显示一个对象。使用这个动作能插入所需的特定浏览器的 OBJECT 或 EMBED 元素来指定浏览器运行一个 JAVA Applet 所需的插件。使用示例如下：

```
<jsp:plugin type="applet" codebase="/ch5" code="Hello.class" height="40" width="320">
```

以上代码用来在浏览器中运行一个 applet 插件。

【真题 362】 forward 和 redirect 的区别是什么？

答案：在设计 Web 应用程序的时候，经常需要把一个系统进行结构化设计，即按照模块进行划分，让不同的 Servlet 来实现不同的功能，例如可以让其中一个 Servlet 接收用户的请求，另外一个 Servlet 来处理用户的请求。为了实现这种程序的模块化，就需要保证在不同的 Servlet 之间可以相互跳转，而 Servlet 中主要有两种实现跳转的方式：forward 方式与 redirect 方式。

forward 是服务器内部的重定向，服务器直接访问目标地址的 URL，把那个 URL 的响应内容读取过来，而客户端并不知道，因此，在客户端浏览器的地址栏中不会显示转向后的地址，还是原来的地址。由于在整个定向的过程中用的是同一个 request，因此，forward 会将 request 的信息带到被定向的 JSP 或 Servlet 中使用。

redirect 则是客户端重定向，是完全的跳转，即客户端浏览器会获取到跳转后的地址，然后重新发送请求，因此，浏览器中会显示跳转后的地址。同时由于这种方式比 forward 方式多了一次网络请求，所以，forward 效率更高。需要注意的是，客户端重定向可以通过设置特定的 HTTP 头或者写 JavaScript 脚本实现。图 1-15 可以更好地说明它们的区别。

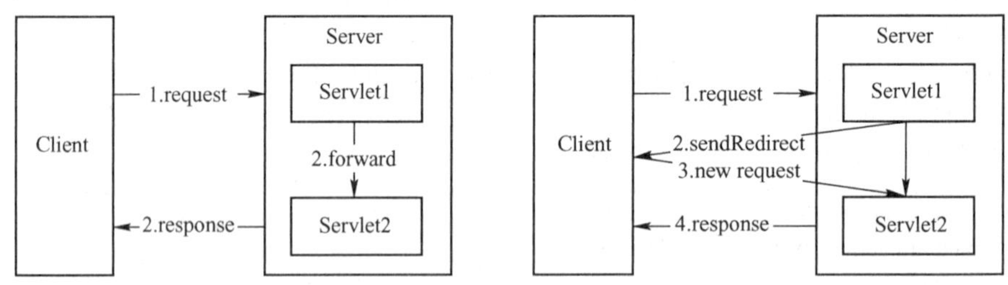

图 1-15 forward 和 redirect 区别

鉴于以上区别，一般当 forward 方式可以满足需求时，尽可能地使用 forward 方式。但在有些情况下，例如，需要跳转到一个其他服务器上的资源，则必须使用 redirect 方式。

引申：filter 的作用是什么？主要实现什么方法？

filter 使用户可以改变一个 request 并且修改一个 response。filter 不是一个 Servlet，不能产生一个 response，而能够在一个 request 到达 Servlet 之前预处理 request，也可以在离开 Servlet 时处理 response。filter 其实是一个"servlet chaining"（servlet 链）。

一个 filter 包括：

1）在 Servlet 被调用之前截获。

2）在 Servlet 被调用之前检查 Servlet Request。

3）根据需要修改 Request 头和 Request 数据。

4）根据需要修改 Response 头和 Response 数据。

5）在 Servlet 被调用之后截获。

【真题 363】 下面有关 forward 和 redirect 的描述中，正确的是（　　）。

A．forward 是内部重定向，redirect 是外部重定向

B．forward 是服务器将控制权转交给另外一个内部服务器对象，由新的对象来全权负责响应用户的请求

C．执行 forward 时，浏览器不知道服务器发送的内容是从何处来，浏览器地址栏中还是原来的地址

D．执行 redirect 时，服务器端告诉浏览器重新去请求地址

答案：A、B、C、D。

【真题 364】 Web 服务器与 Web 应用服务器有什么区别？

答案：Web 服务器指的是提供 Web 功能的服务器，主要就是 HTTP 服务器，包括图片的下载等一系列和文本相关的内容。Web 服务器支持以 HTTP 协议的方式来访问，当 Web 服务器接收到一个 HTTP 请求时，它同样会以 HTTP 协议格式返回一个响应，这个响应可以是一个静态的 HTML 页面，也可以是经过处理的一个动态的页面，还可以是音频、视频等信息。为了处理一个请求，Web 服务器可以做出一个响应，并进行页面跳转，或者把动态响应的产生委托给一些其他的程序，例如 CGI 脚本、JSP、Servlet 或者一些其他的服务器端程序。Web 服务器一般都使用了一些特有的机制（例如容错机制）来保证 Web 服务器有较好的扩展性和不间断地提供服务。常见的 Web 服务器有 IIS 和 Apache。

应用服务器提供访问业务逻辑的途径以供客户端应用程序使用。具体而言，它通过 HTTP、TCP/IP、IIOP（Internet Inter-ORB Protocol，互联网内部对象请求代理协议）或 JRMP（Java Remote Method Protocol，Java 远程方法协议）等协议来提供业务逻辑接口。为了系统的可靠性，同样使用了一些可扩展性和容错机制。除此之外，它还为应用的开发提供了许多服务，例如事务管理、安全管理和对象生命周期管理等。常见的应用服务器有 BEA WebLogic Server、IBM WebSphere Application Server、IPlanet Application Server、Oracle9i Application Server、JBoss 和 Tomcat 等。

Web 服务器一般是通用的，而应用服务器一般是专用的，例如 Tomcat 只能处理 Java 应用程序而不能处理 ASPX 或 PHP。需要注意的是，Web 服务器与应用服务器是并列关系，二者不存在相互包容关系。在使用的时候，如果访问的页面只有 HTML，用 Web 服务器就足够了，但是如果是 JSP，此时就需要应用服务器，因为只有应用服务器才能解析 JSP 里的 Java 代码，并将解析结果以 HTML 的格式返回给用户。

【真题 365】 关于下面这段代码的描述正确的是（　　）。

```
public class Card {
    private String cardid;
    public String getCardid() {
        return cardid;
    }
    public void setCardid(String cardid) {
        this.cardid = cardid;
    }
}
```

A．这个类不符合 JavaBean 的定义规则，因为没有无参数的构造方法

B．这个类不符合 JavaBean 的定义规则，方法名 setCardid 应该改为 setcardid

C．这个类符合 JavaBean 的定义规则

D．这个类不符合 JavaBean 定义的规则，因为没有实现序列化接口

答案：D。

JavaBean 是一种由 Java 语言编写的可重用组件，也就是 Java 类。定义一个 JavaBean 必须满足以下几个条件：

1）需要有一个公共的、无参数的构造方法。

2）定义实例变量为 private，同时提供一组 public 存取方法（getXxx 和 setXxx）。例如属性 name，get 方法就要写成 public String getName(){}，N 大写。

3）类必须要能序列化，也就是说必须实现 Serializable 接口。

从上面分析可知，选项 D 正确。

对于选项 A，当一个类没有构造方法的时候，编译器会提供一个默认的无参数的构造方法。所以，选项 A 错误。

对于选项 B，对于属性的存取方法（getXxx 和 setXxx），get 与 set 后面第一个字母为大写，因此，题目中的写法是正确的。所以，选项 B 错误。

1.14.2 J2EE

【真题 366】 以下关于 Spring 框架的描述中，正确的是（　　）。

A．Spring 是“依赖注入”模式的实现　　B．Spring 是一个轻量级 JAVA EE 的框架集合

C．使用 Spring 可以实现声明事务　　D．Spring 提供了 AOP 方式的日志系统

答案：A、B、C。

Spring 是一个 J2EE 的框架，这个框架提供了对轻量级的 IoC（Inverse of Control，控制反转，有时候也叫作依赖注入）良好的支持，同时也提供了对 AOP（Aspect Oriented Programming，面向切面编程）技术非常好的封装。相比其他框架，Spring 框架的设计更加模块化，框架内的每个模块都能完成特定的工作，而且各个模块都可以独立地运行，不会相互牵制。因此，在使用 Spring 框架的时候，开发人员可以使用整个框架，也可以只使用框架内的一部分模块，例如可以只使用 Spring AOP 模块来实现日志管理功能，而不需要使用其他模块。

具体而言，Spring 框架主要由 7 个模块组成，它们分别是 Spring AOP、Spring ORM、Spring DAO、Spring Web、Spring Context、Spring Web MVC 和 Spring Core 等。具体如图 1-16 所示。

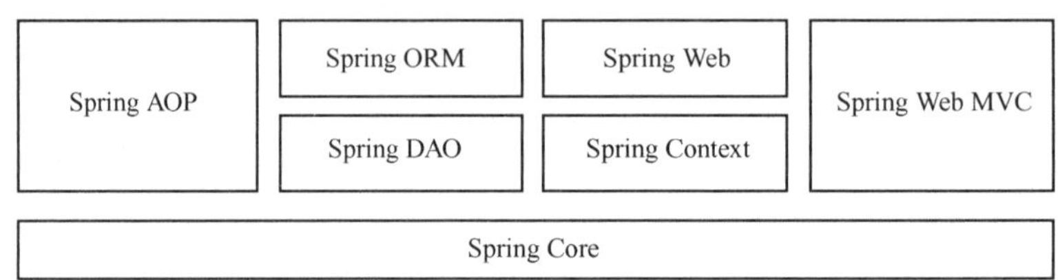

图 1-16　Spring 框架

表 1-11 详细介绍了各个模块的作用。

表 1-11　Spring 模块

模块	描述
Spring AOP	采用了面向切面编程的思想，使 Spring 框架管理的对象支持 AOP，同时这个模块也提供了事务管理，可以不依赖具体的 EJB 组件，就可以将事务管理集成到应用程序中
Spring ORM	提供了对现有的 ORM 框架的支持，例如 Hibernate、JDO 等
Spring DAO	提供了对 DAO（Data Access Object，数据访问对象）模式和 JDBC 的支持。DAO 可以实现把业务逻辑与数据库访问的代码实现分离，从而降低代码的耦合度。通过对 JDBC 的抽象，简化了开发工作，同时简化了对异常的处理（可以很好地处理不同数据库厂商抛出的异常）
Spring Web	提供了 Servlet 监听器的 Context 和 Web 应用的上下文。同时还集成了一些现有的 Web 框架，例如 Struts
Spring Context	扩展核心容器，提供了 Spring 上下文环境，给开发人员提供了很多非常有用的服务，例如国际化、Email 和 JNDI 访问等
Spring Web MVC	提供了一个构建 Web 应用程序的 MVC 的实现
Spring Core	Spring 框架的核心容器，提供了 Spring 框架的基本功能。这个模块中最主要的一个组件为 BeanFactory，它使用工厂模式来创建所需的对象。同时 BeanFactory 使用 IOC 思想，通过读取 XML 文件的方式来实例化对象，可以说 BeanFactory 提供了组件生命周期的管理，组件的创建、装配和销毁等功能

通过以上分析可以看出，选项 A、选项 B、选项 C 的描述都是正确的。对于选项 D，Spring 并没有提供日志系统，需要根据需求使用 AOP 的方式，借助 Spring 与日志系统 log4j 实现自己的日志功能。因此，选项 D 错误。

【真题 367】 下列关于依赖注入的描述中，正确的是（　　）。

A．依赖注入提供使用接口编程

B．依赖注入使组件之间相互依赖，相互制约

C．依赖注入能够独立开发各组件，然后根据组件间关系进行组装

D．依赖注入指对象在使用时动态注入

答案：A、C、D。

IoC（Inverse of Control，控制反转）有时候也被叫作依赖注入，是一种降低对象之间耦合关系的设计思想。一般而言，在分层体系结构中，都是上层调用下层的接口，上层依赖于下层的执行，即调用者依赖于被调用者。而通过 IoC 方式，使得上层不再依赖于下层的接口，即通过采用一定的机制来选择不同的下层实现，完成控制反转，使得由调用者来决定被调用者。IoC 通过注入一个实例化的对象来达到解耦和的目的。使用这种方法后，对象不会被显式地调用，而是根据需求通过 IoC 容器（例如 Spring）来提供。

采用 IoC 机制能够提高系统的可扩展性，如果对象之间通过显式地调用进行交互，那么会导致调用者与被调用者存在着非常紧密的联系，其中一方的改动将会导致程序出现很大的改动。例如，要为一家卖茶的商店提供一套管理系统，在这家商店刚开业的时候只卖绿茶（Green Tea），随着规模的扩大或者根据具体销售量，未来可能会随时改变茶的类型，例如红茶（Black Tea）等，传统的实现方法会针对茶抽象化一个基类，绿茶类只需要继承自该基类即可。如图 1-17 所示。

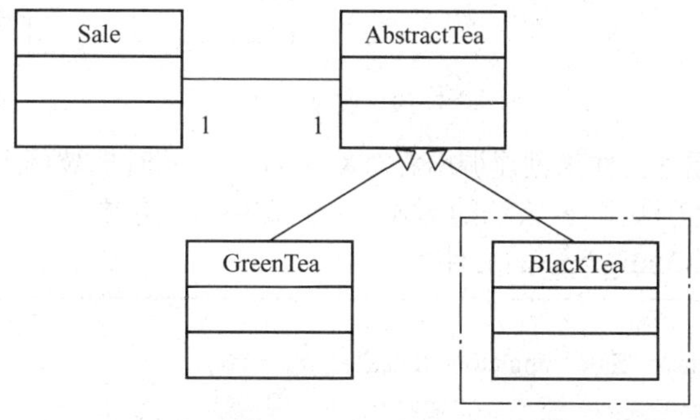

图 1-17　实现方法 1

采用该实现方法后，在需要使用 GreenTea 的时候，只需要执行以下代码即可：AbstractTea t = new GreenTea()，当然，这种方法是可以满足当前设计要求的。但是该方法的可扩展性不好，存在着不恰当的地方，例如，当商家发现绿茶的销售并不好，决定开始销售红茶时，那么只需要实现一个 BlackTea 类，并且让这个类继承自 AbstractTea 即可。但是，在系统中所有用到 AbstractTea t = new GreenTea()的地方，都需要被改为 AbstractTea t = new BlackTea()，而这种创建对象实例的方法往往会导致程序的改动量非常大。

那么怎样才能增强系统的可扩展性呢？此时可以使用设计模式中的工厂模式来把创建对象的行为包装起来，实现方法如图 1-18 所示。

通过以上方法，可以把创建对象的过程委托给 TeaFatory 来完成，在需要使用 Tea 对象的时候，只需要调用 Factory 类的 getTea 方法即可，具体创建对象的逻辑在 TeaFactory 中来实现，那么当商家需要把绿茶替换为红茶的时候，系统中只需要改动 TeaFactory 中创建对象的逻辑即可。当采用了工厂模式后，只需要在一个地方做改动就可以满足要求，从而增强了系统的可扩展性。

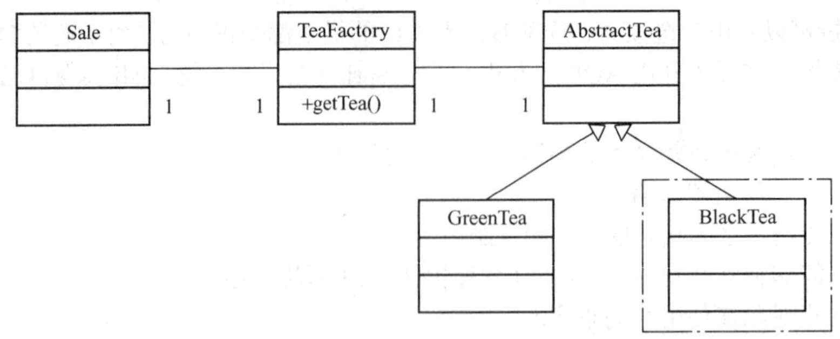

图 1-18　实现方法 2

虽然说采用工厂设计模式后增强了系统的可扩展性，但是从本质上来讲，工厂模式只不过是把程序中会变动的逻辑移动到工厂类里面了，当系统中的类较多的时候，在系统扩展的时候需要经常改动工厂类中的代码。而采用 IoC 设计思想后，程序将会有更好的可扩展性，下面主要介绍 Spring 框架在采用 IoC 后的实现方法，如图 1-19 所示。

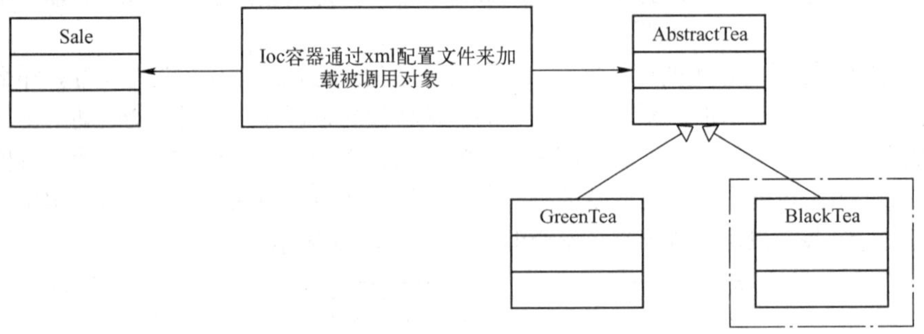

图 1-19　实现方法 3

Spring 容器将会根据配置文件来创建调用者对象（Sale），同时把被调用的对象（AbstractTea 的子类）的实例化对象通过构造方法或 set 方法的形式注入到调用者对象中。

首先，创建名为 SpringConfig.xml 的文件。

```
<beans>
<bean  id="sale" class="Sale" singleton="false">
<constrctor-arg>
<ref bean="tea"/>
</constrctor-arg>
</bean>
<bean  id="tea" class="BlueTea" singleton="false">
</beans>
```

在实现 Sale 类的时候，需要按照如下方式实现：

```
class Sale{
    private AbstractTea t;
    public Sale(AbstractTea t){
        this.t=t;
    }
    //其他方法就可以使用 t 了
}
```

当 Spring 容器在创建 Sale 对象的时候，根据配置文件 SpringConfig.xml 会创建一个 BlueTea 的对象，作为 Sale 构造方法的参数。当需要把 BlueTea 改为 BlackTea 时只需要修改上述配置文件即可，而不需要修改代码。

在需要 Sale 的时候，可以通过如下方式来创建 Sale 对象：

```
ApplicationContext xtx=new FileSystemXmlApplicationContext("SpringConfig.xml");
Sale s=(Sale)ctx.getBean("sale");
```

上例中，Spring 采用 IoC 的方式来实现把实例化的对象注入到开发人员自定义的对象中，具有较强的可扩展性。

具体而言，IoC 主要有以下几个方面的优点：

1）通过 IoC 容器，开发人员不需要关注对象是如何被创建的，同时，增加新类也非常方便，只需要修改配置文件即可实现对象的热插拔。

2）IoC 容器可以通过配置文件来确定需要注入的实例化对象，因此，非常便于进行单元测试。

尽管如此，IoC 也有自身的缺点，具体表现为如下两点：①对象是通过反射机制实例化出来的，因此，会对系统的性能有一定的影响；②创建对象的流程变得比较复杂。

通过以上分析可知，只有选项 B 描述错误，注入降低了组件之间的耦合性，而不是使组件之间相互依赖。

所以，本题的答案为 A、C、D。

【真题 368】 请简要介绍 Spring MVC、IoC 和 AOP。

答案：以下将分别对 Spring MVC、IoC、AOP 进行解释说明。

（1）Spring MVC

Spring MVC 是在 Spring 框架上发展起来的框架，它提供了构建 Web 应用程序的全功能 MVC 模块，使用了 Spring 可插入的 MVC 架构，可以自由地选择各个模块所使用的架构，非常灵活。例如可以选择使用内置的 Spring Web 框架，也可以选择使用 Struts 的 Web 框架。通过策略接口，Spring 框架是高度可配置的。它包含多种视图技术，例如 Java Server Pages（JSP）技术和 Velocity 模板引擎等。对于 Spring MVC 框架而言，它并不知道具体使用了哪个视图。Spring MVC 把控制器、模型、分派器以及处理程序对象的角色进行了分离，因此，Spring MVC 有更好的可定制性。

（2）IoC

参见前面习题讲解。

（3）AOP

AOP（Aspect Oriented Programming，面向切面编程）是对面向对象开发的一种补充，它允许开发人员在不改变原来模型的基础上动态地修改模型从而满足新的需求。例如，在不改变原来业务逻辑模型的基础上，可以动态地增加日志、安全或异常处理的功能。

下面介绍一个在 Spring 中使用 AOP 编程的简单例子。

1）创建一个接口以及实现这个接口的类。TestAOPIn.java 内容如下：

```
public interface TestAOPIn{
    public void doSomething();
}
```

TestAOPImpl.java 内容如下：

```
public class TestAOPImpl implements TestAOPIn{
    public void doSomething(){
        System.out.println("TestAOPImpl:doSomething");
    }
}
```

2）配置 SpringConfig.xml，使得这个类的实例化对象可以被注入到使用这个对象的 Test 类中。

```
<?xml version="1.0" encoding="UTF-8"?>
<!DOCTYPE beans PUBLIC "-//SPRING//DTD BEAN//EN" "http://www.springframework.org/dtd/
```

```
spring-beans.dtd">
    <beans>
    <bean id="testAOPBean" class="org.springframework.aop.framework.ProxyFactoryBean">
    <property name="target">
    <bean class="testAOPIn" singleton="false" />
    </property>
    </bean>
    </beans>
```

3）在完成配置文件后，编写测试代码如下：

```
import org.springframework.context.ApplicationContext;
import org.springframework.context.support.FileSystemXmlApplicationContext;
public class Test {
        public static void main(String[] args) {
                ApplicationContext   ctx = new FileSystemXmlApplicationContext("SpringConfig.xml ");
                TestAOPIn t = (TestAOPIn)ctx.getBean("testAOPBean");
                t.doSomething();
        }
}
```

程序输出结果为：

```
TestAOPImpl:doSomething
```

当编写完这个模块后，开发人员需要增加对 doSomething()方法调用的跟踪，也就是说，要跟踪该方法，了解该方法什么时候被调用以及什么时候调用结束等内容。当然，使用传统的方法也可以实现该功能，但是会产生额外的开销，即需要修改已存在的模块。所以，可以采用如下的方式来实现这个功能。

```
public class TestAOPImpl implements TestAOPIn{
        public void doSomething(){
                System.out.println("beginCall    doSomething");
                System.out.println("TestAOPImpl:doSomething");
                System.out.println("endCall    doSomething");
        }
}
```

此时可以采用 AOP 的方式来完成，它在不修改原有模块的前提下可以完成相同的功能。实现原理如图 1-20 所示。

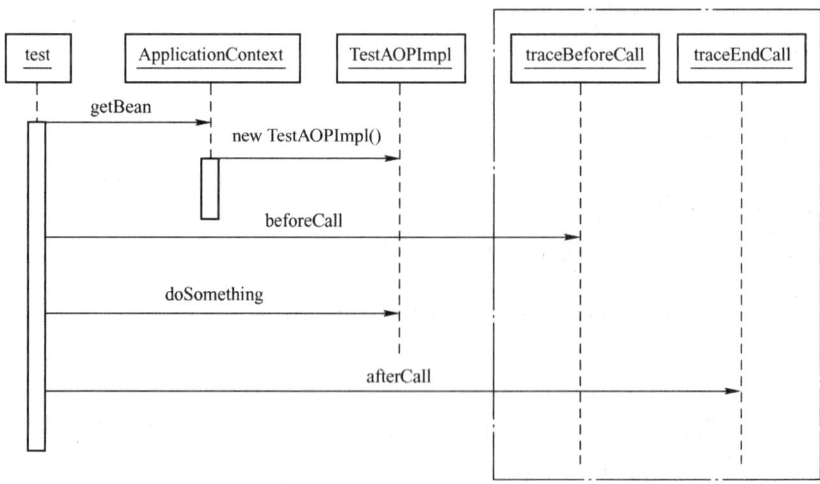

图 1-20　AOP 实现原理

为此需要提供用来跟踪方法调用的类，traceBeforeCall.java 文件内容如下：

```
public class    traceBeforeCall implements MethodBeforeAdvice {
        public void beforeCall (Method arg0, Object[] arg1, Object arg2) throws Throwable {
                System.out.println("beginCall doSomething ");
        }
}
```

traceEndCall.java 文件内容如下：

```
import java.lang.reflect.Method;
import org.springframework.aop.AfterReturningAdvice;
public class    traceEndCall    implements AfterReturningAdvice {
        public void afterCall(Object arg0, Method arg1, Object[] arg2, Object arg3)    throws Throwable {
                System.out.println("endCall doSomething);
}
}
```

只需要在配置文件中配置在调用 doSomething()方法之前需要调用 traceBeforeCall 类的 beforeCall()方法，在调用 doSomething()方法之后需要调用 traceEndCall 类的 afterCall()方法，Spring 容器就会根据配置文件在调用 doSomething()方法前后自动调用相应的方法，通过在 beforeCall()方法和 afterCall()方法中添加跟踪的代码，就可以满足对 doSomething()方法调用的跟踪要求，同时还不需要更改原来已实现的代码模块。

【真题 369】 在 J2EE 中，属于 Web 层的组件有（　　）。

A．Servlet　　B．HTML　　C．Applet　　D．EJB

答案：A。

J2EE（Java2 Platform Enterprise Edition）是 Java 平台企业版的简称，是用来开发与部署企业级应用的一个架构，它提供了一种统一的、开放标准的多层平台，该平台主要由构件、服务和通信三个模块构成。

构件包含客户端构件和服务端构件两种类型，其中客户端构件主要包含两类：Applets 和 Application Clients，服务端构件分为两类：Web 构件（Servlet 与 JSP）和 EJBs（Enterprise Java Beans）。服务由 J2EE 平台提供商实现，分为 Service API（开发时使用）和运行时服务。通信为由容器提供的支持协作构件之间的通信。

从本质上来讲，J2EE 只是一个行业标准，主要用来通过 Java 开发服务端应用提供一个独立的、可移植的、多用户的企业级平台，从而能够简化应用程序的开发和部署。正是由于 J2EE 只是一个标准而不是一个成熟的产品，因此，目前有很多不同类型的 J2EE 服务器。只要开发的应用程序符合 J2EE 的标准，就都可以部署在遵循了 J2EE 的开发标准的 J2EE 服务器上。这种标准，使得开发人员只需要专注于各种应用系统的商业逻辑与架构设计，而不用过多地考虑底层繁琐的程序编写工作，系统的开发与部署效率大幅提升。所以，选项 A 正确。

【真题 370】 以下可以替换 URL 中的 session ID 的方法是（　　）。

A．HttpServletRequest 接口的 encodeURL 方法

B．HttpServletResponse 接口的 encodeURL 方法

C．HttpServletRequest 接口的 rewriteURL 方法

D．HttpServletResponse 接口的 rewriteURL 方法

答案：B。

session 译为会话，指的是有始有终的一系列动作/消息，例如在打电话时，从拿起电话拨号到挂断电话这中间的一系列过程可以称为一个 session。当程序需要为某个客户端的请求创建一个 session 时，服

务器会首先检查这个客户端的请求里是否已经包含了一个 session 标识，这个标识被称为 session ID。如果已经包含一个 session ID，则说明以前已经为此客户端创建过 session，此时服务器就按照 session ID 把这个 session 检索出来使用（如果检索不到，可能会新建一个）；如果客户端请求不包含 session ID，则为此客户端创建一个 session，并且生成一个与此 session 相关联的 session ID。

HttpServletResponse 接口提供了重写 URL 的方法，如下所示：

```
public java.lang.String encodeURL(java.lang.String url) ;
```

该方法的实现机制如下：先判断当前的 Web 组件是否启用 session，如果没有启用 session，则直接返回参数 url，再判断客户端浏览器是否支持 cookie，如果支持 cookie，则直接返回参数 url；如果不支持 cookie，就在参数 url 中加入 session ID 信息，然后返回修改后的 url。因此，这个方法可以用来把 session ID 加入到 URL 中。所以，选项 B 正确。

【真题 371】 简要介绍对 Struts 的体系结构的理解。

答案：Struts 的名字来源于在建筑与旧式飞机中使用的支持金属架，它是由自定义标签、信息资源（Message Resources）、Servlet 和 JSP 组成的一个可重用的 MVC2 模式的框架。以 Struts1.0 为例，它的结构图如图 1-21 所示。

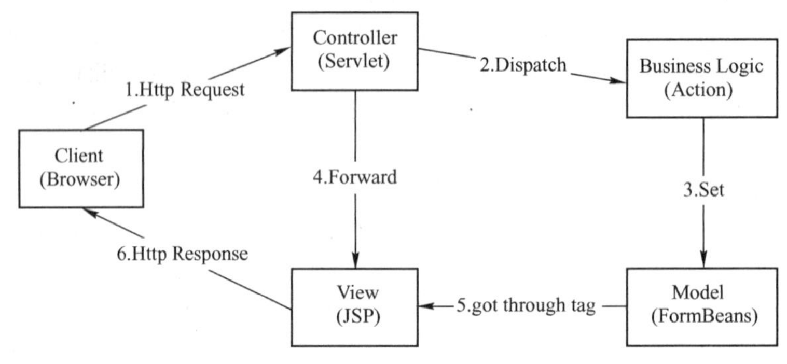

图 1-21 Struts1.0 结构图

从图 1-21 可以看出，Struts 的体系结构采用了 MVC 设计模式，同时包含客户端（Client）请求以及业务逻辑处理（Business Logic），而 MVC 设计模式主要由模型（Model）、视图（View）和控制器（Controller）三部分组成。

以下将分别对这些模块进行介绍。

（1）客户端（Client）

一方面可以通过浏览器发送 HTTP 请求，另一方面可以把接收到的 HTTP 响应消息在浏览器上展现出来。

（2）控制器（Controller）

控制器主要包括 ActionServlet 类和 RequestProcessor 类。其中，ActionServlet 类是 MVC 实现的控制器部分，是整个框架的核心部分，它用来接收用户的请求，并根据用户的请求从模型模块中获取用户所需的数据，然后选择合适的视图来响应用户的请求。它采用了命令设计模式来实现这个功能：通过 struts-config.xml 配置文件来确定处理请求的 Action 类。在处理用户请求的时候，关于请求的处理大部分已交由 RequestProcessor.process()方法来处理。RequestProcessor 类的 processs()方法采用了模板的设计模式（按照处理的步骤与流程的顺序调用了一系列的方法）。

处理的主要流程如下：

1）processPath(request, response)。根据 URI（Uniform Resource Identifier，统一资源标识符，用来唯一的标识一个资源）来得到 ActionMapping 元素的路径。

2）processMapping(request, response)。根据路径信息找到 ActionMapping 对象。

3）processRoles(request,respose, mapping)。Struts 为 Web 应用提供了一种认证机制，当用户登录的时候，会通过 processRoles 方法调用 requestisUserInRole()方法来检查这个用户是否具有权限来执行给定的 ActionMapping。

4）processValidate(request, response, form, mapping)。调用 ActionForm 的 validate()方法。

5）processActionCreate(request, response, mapping)。这个方法从<action>的 type 属性得到 Action 类名，并创建返回它的实例。

6）processActionPerform(req, res, action, form, mapping)。这个方法调用 Action 类的 execute()方法，其中，execute()方法中包含了业务逻辑的实现。需要注意的是，Action 类并不是线程安全的。

（3）业务逻辑（Business Logic）

Servlet 在接收到请求后会根据配置文件中的对应关系，把请求转给指定的 Action 类来处理，Action 类采用适配器设计模式，它只是对业务逻辑进行了包装（真正的业务逻辑是由 EJB 的 session bean 或普通的 Java 类来实现）。

（4）模型（Model）

在 Struts 的体系结构中，模型分为两个部分：系统的内部状态和可以改变状态的操作（业务逻辑）。内部状态通常由一组 Actionform Bean 表示，ActionForm 封装了 HTTP 请求的数据的类或对象。ActionForm 是一个抽象类，每一个输入表单都对应着它的一个子类。配置文件 struts-config.xml 中保存了 HTTP 请求表单与具体 ActionForm 类的映射关系。

（5）视图（View）

视图就是一个 JSP 文件，在该 JSP 文件中，没有业务逻辑的处理，也不保存系统的状态信息，它通过一些标签来把数据以浏览器能识别的方式展现出来。目前，标签库主要有 Bean Tags、HTML Tags、Logic Tags、Nested Tags 以及 Template Tags 等。

Struts 框架作为一项开放源码项目，优点众多，具体而言，主要有如下几点：

1）由于采用了 MVC 模式，所以它实现了表现与逻辑的分离，使得系统有较好的可扩展性。同时 Struts 的标记库（Taglib）包含了大量的 tag，有助于提高系统的开发效率。

2）提供了页面导航功能，使系统的脉络更加清晰。通过一个配置文件建立整个系统各部分之间的联系，使得系统结构变得更加清晰，从而增强系统的可扩展性与可维护性。

3）提供了表单的验证功能，进一步增强了系统的健壮性。

4）提供了数据库连接池管理。

5）提供了 Exception 处理机制。

6）支持国际化。

当然，Struts 也有它的不足之处，主要表现为以下几点：

1）Taglib 中包含了大量的 tag，对于初学者而言，开发难度比较大。

2）Struts 开发中包含了许多 xml 格式的配置文件。一方面，这些配置文件不好调试；另一方面，大量的 xml 文件也不便于管理。

3）Struts 只能支持 Web 应用程序的开发。

4）Struts 的 Action 不是线程安全的，因此，Action 类用到的所有资源都必须进行同步。

5）单元测试不方便。由于 Action 与 Web 层的紧耦合的特点导致其非常依赖于 Web 容器，给单元测试带来不便。

6）部署麻烦。当转到表示层时，需要配置 forward，例如，如果有 10 个表示层的 JSP 文件，则需要配置 10 个 Struts。此外，当目录、文件变更后，需要重新修改 forward，而且每次修改配置之后，还需要重新部署整个项目，对于 Tomcat 等服务器，还必须重新启动服务器。

7）对 Servlet 的依赖性过强。当 Struts 处理 Action 时，必须要依赖 ServletRequest 和 ServletResponse，摆脱不了对 Servlet 容器的依赖。

第 2 章　软件工程与设计模式

2.1 软件工程与 UML

【真题 372】 敏捷软件开发方法是一种（　　）。

A．数学观　　B．建模观　　C．工程观　　D．协作观

答案：D。

敏捷软件开发方法是一种应对快速变化的需求的软件开发能力。它们的具体名称、理念、过程和术语都不尽相同，相对于“非敏捷”，敏捷更强调程序员团队与业务专家之间的紧密协作、面对面的沟通（认为比书面的文档更有效）、频繁交付新的软件版本、紧凑而自我组织型的团队、能够很好地适应需求变化的代码编写和团队组织方法，也更注重作为软件开发中人的作用。所以，敏捷软件开发方法是一种创作与交流的协作观。所以，选项 D 正确。

【真题 373】 极限编程 XP 的核心思想是（　　）。

A．强调文档和以敏捷性应对变化

B．强调建模和以敏捷性应对变化

C．强调设计和以敏捷性应对变化

D．强调人和人之间的合作因素和以敏捷性应对变化

答案：D。

极限编程（Extreme Programming，XP）是一种轻量级的、灵巧的软件开发方法，同时，它也是一种非常严谨和周密的方法。它的基础和价值观是交流、朴素、反馈和勇气，即任何一个软件项目都可以从四个方面入手进行改善：加强交流；从简单做起；寻求反馈；勇于实事求是。它是敏捷开发的典型代表，其核心思想是强调人和人之间的合作因素和以敏捷性应对变化。所以，选项 D 正确。

【真题 374】 净室软件工程（Cleanroom）是软件开发的一种形式化方法，可以开发较高质量的软件，它发现和排除错误的主要机制是（　　）。

A．正确性验证　　B．黑白盒测试　　C．集成测试　　D．基本路径测试

答案：A。

净室软件工程是一种应用数学与统计学理论以经济的方式生产高质量软件的工程技术，力图通过严格的工程化的软件过程达到开发中的零缺陷或接近零缺陷。它提倡开发者不需要进行单元测试，而是进行正确性验证和统计质量控制。所以，选项 A 正确。

【真题 375】 软件复用是使用已有的软件产品（例如设计、代码和文档等）来开发新的软件系统的过程。为了提高构件（Component）的复用率，通常要求构件具有较好的（　　）。

A．专用性和不变性　　B．专用性和可变性　　C．通用性和不变性　　D．通用性和可变性

答案：C。

软件复用（Software Reuse）是将已有软件的各种有关知识用于建立新的软件，以缩减软件开发和维护的花费。为了提高构件的复用率，通常要求构件具有较好的通用性与不变性。所以，选项 C 正确。

【真题 376】 逆向工程可用于维护已有的软件，逆向工程能够（　　）。

A．分析源程序，决定需要修改的部分以及其影响的程度

B．能够使用数学方法证明软件功能的正确性

C．分析源程序，从源程序导出程序结构

D．将源程序改写成易于理解的、结构清晰的程序

答案：C。

逆向工程（Reverse Engineering）也叫反求工程，是根据已有的东西和结果，通过分析来推导出具体的实现方法。比如通过某个 exe 程序能够做出某种漂亮的动画效果，通过反汇编、反编译和动态跟踪等方法，分析出其动画效果的实现过程，这种行为就是逆向工程。不仅仅是反编译，而且还要推导出设计，并且文档化，逆向工程的目的是使软件得以维护。所以，选项 C 正确。

【真题 377】 软件工程里面常用的生命周期模型包括（　　）。

A. 瀑布模型　　B. 迭代模型　　C. 原型模型　　D. 增量模型

答案：A、B、C、D。

软件工程里面常用的生命周期模型包括瀑布模型、迭代模型、快速原型模型和增量模型等。所以，选项 A、选项 B、选项 C、选项 D 正确。

【真题 378】 典型的瀑布模型的四个阶段是（　　）。

A. 分析　　B. 设计　　C. 编码　　D. 测试

E. 需求调研　　F. 实施

答案：A、B、C、D。

瀑布模型的核心思想是按工序将问题化简，将功能的实现与设计分开，便于分工协作，即采用结构化的分析与设计方法将逻辑实现与物理实现分开。将软件生命周期划分为制定计划、需求分析、软件设计、程序编写、软件测试和运行维护等六个基本活动，并且规定了它们自上而下、相互衔接的固定次序，如同瀑布流水，逐级下落。

本题强调的是瀑布模型的四个典型阶段，通常是分析、设计、编码和测试。所以，选项 A、选项 B、选项 C、选项 D 正确。

【真题 379】 软件的六大质量特性不包括（　　）。

A. 功能性　　B. 可靠性　　C. 兼容性　　D. 稳定性

答案：C、D。

软件的六大质量特性包括功能性、可靠性、可用性、效率、可维护性和可移植性。很显然，兼容性与稳定性不属于软件的六大质量特性。所以，选项 C 与选项 D 正确。

【真题 380】 确定模块的功能和模块的接口是在软件设计的哪个阶段完成的？

答案：概要设计阶段。

【真题 381】 UML 类图中类与类之间的关系有 5 种：依赖、关联、聚合、组合与继承。若 A 类需要使用标准数学函数类库中提供的功能，那么类 A 与标准类库提供的类之间存在（Ⅰ）关系；若 A 类中包含了其他类的实例，且当类 A 的实例消失时，其包含的其他类的实例也消失，则类 A 和它所包含的类之间存在（Ⅱ）关系；若类 A 的实例消失时，其他类的实例仍然存在并继续工作，那么类 A 和它所包含的类之间存在（Ⅲ）关系；在下面选项中，正确的是（　　）。

A. Ⅰ:依赖、Ⅱ:组合、Ⅲ:聚合　　B. Ⅰ:关联、Ⅱ:依赖、Ⅲ:组合

C. Ⅰ:关联、Ⅱ:聚合、Ⅲ:组合　　D. Ⅰ:关联、Ⅱ:聚合、Ⅲ:依赖

答案：A。

依赖、关联、聚合、组合与继承是 UML 中类之间的几种常见关系，以下将分别对这几种关系进行解释说明。

（1）依赖

一个类 A 使用到了另一个类 B，而这种使用关系是偶然性的、临时性的、非常弱的，但是类 B 的变化会影响到类 A。例如某人要过河，需要借用一条船，此时人与船之间的关系就是依赖。

（2）关联

关联体现的是两个类或者类与接口之间语义级别的一种强依赖关系，例如你是我的朋友，我也是你的朋友。这种关系比依赖更强，不存在依赖关系的偶然性，关系也不是临时性的，一般是长期性的，而且双方的关系一般是平等的，关联可以是单向、双向的。

（3）聚合

聚合是关联关系的一种特例，体现的是整体与部分、拥有的关系，即 has-a 的关系，例如公司与员工、计算机与 CPU 就是聚合关系。

（4）组合

组合是关联关系的一种特例，体现的是一种 contains-a 的关系，这种关系比聚合更强，也称为强聚合。它体现整体与部分间的关系，但此时整体与部分是不可分的，整体的生命周期结束也就意味着部分的生命周期结束，例如人与心脏。

（5）继承

继承指的是一个类（称为子类、子接口）继承另外的一个类（称为父类、父接口）的功能，并可以增加它自己的新功能的能力。

本题中，依赖是几种关系中最弱的一种关系，通常，使用类库就是其中的一种关系。聚合与组合都表示了整体和部分的关系。组合的程度比聚合高，当整体对象消失时，部分对象也随之消失，则属于组合关系，当整体对象消失而部分对象依然可以存在并继续被使用时，则属于聚合关系。所以，选项 A 正确。

【真题 382】 有一段年代久远的 C++代码，内部逻辑复杂，现在需要利用其实现一个新的需求，假定有以下可行的方案，应当优先选择（　　）。

A．修改老代码的接口，满足新的需求

B．将老代码抛弃，自己重新实现类似的逻辑

C．修改老代码的内部逻辑，满足新的需求

D．在这段代码之外写一段代码，调用该代码的一些模块，完成新功能需求

答案：D。

对于老代码的处理措施，既不是将其抛弃，自己重新实现，因为这样做的代价太高昂，也不是去修改其内部逻辑或者代码接口，因为这种修改很有可能会引入更多新的问题，最好的方法是采用封装的思想，将这些已有的老代码当作一个黑盒，重新编写一段新代码完成新的功能，只在需要调用老代码的时候，用到老代码的某些模块即可。所以，选项 A、选项 B 与选项 C 错误，选项 D 正确。

2.2 设计模式

【真题 383】 什么是设计模式？有哪些常见的设计模式？

答案：设计模式（Design Pattern）是一套被反复使用、多数人知晓的、经过分类编目的、代码设计经验的总结。使用设计模式的目的是为了代码重用，避免程序大量修改，同时使代码更容易被他人理解，并且保证代码可靠性。显然，设计模式不管是对自己还是对他人抑或是对系统都是有益的，设计模式使得代码编制真正地工程化，设计模式可以说是软件工程的基石。

GoF（Gang of Four）23 种经典设计模式见表 2-1。

表 2-1　GoF 经典设计模式

	创建型	结构型	行为型
类	Factory Method（工厂方法）	Adapter_Class（适配器类）	Interpreter（解释器） Template Method（模板方法）
对象	Abstract Factory（抽象工厂） Builder（生成器） Prototype（原型） Singleton（单例）	Adapter_Object（适配器对象） Bridge（桥接） Composite（组合） Decorator（装饰） Façade（外观） Flyweight（享元） Proxy（代理）	Chain of Responsibility（职责链） Command（命令） Iterator（迭代器） Mediator（中介者） Memento（备忘录） Observer（观察者） State（状态） Strategy（策略） Visitor（访问者模式）

常见的设计模式有工厂模式（Factory Pattern）、单例模式（Singleton Pattern）、适配器模式（Adapter

Pattern)、享元模式（Flyweight Pattern）以及观察者模式（Observer Pattern）等。

工厂模式专门负责实例化有大量公共接口的类。工厂模式可以动态地决定将哪一个类实例化，而不必事先知道每次要实例化哪一个类。客户类和工厂类是分开的。消费者无论什么时候需要某种产品，需要做的只是向工厂提出请求即可。消费者无须修改就可以接纳新产品。当然也存在缺点，就是当产品修改时，工厂类也要做相应的修改。

工厂模式包含以下几种形态：

1）简单工厂（Simple Factory）模式。简单工厂模式的工厂类是根据提供给它的参数，返回几个可能产品中的一个类的实例，通常情况下它返回的类都有一个公共的父类和公共的方法。设计类图如图 2-1 所示。

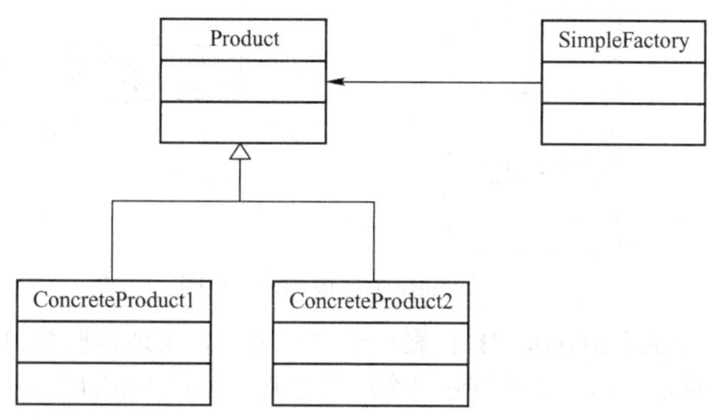

图 2-1　简单工厂模式设计类图

其中，Product 为待实例化类的基类，它可以有多个子类；SimpleFactory 类中提供了实例化 Product 的方法，这个方法可以根据传入的参数动态地创建出某一类型产品的对象。

2）工厂方法（Factory Method）模式。工厂方法模式是类的创建模式，其用意是定义一个用于创建产品对象的工厂的接口，而将实际创建工作推迟到工厂接口的子类中。它属于简单工厂模式的进一步抽象和推广。多态的使用，使得工厂方法模式保持了简单工厂模式的优点，而且克服了它的缺点。设计类图如图 2-2 所示。

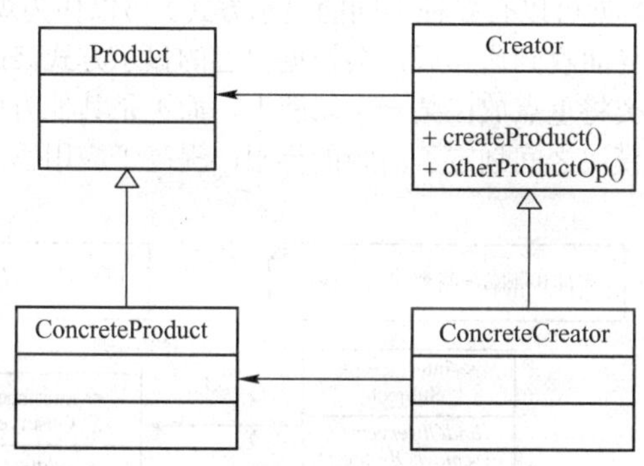

图 2-2　工厂方法模式设计类图

Product 为产品的接口或基类，所有的产品都实现这个接口或抽象类（例如 ConcreteProduct），这样就可以在运行时根据需求创建对应的产品类。Creator 实现了对产品所有的操作方法，而不实现产品对象的实例化。产品的实例化由 Creator 的子类来完成。

3）抽象工厂（Abstract Factory）模式。抽象工厂模式是所有形态的工厂模式中最为抽象和最具一般性的一种形态。抽象工厂模式是指当有多个抽象角色时使用的一种工厂模式，抽象工厂模式可以向客户端提供一个接口，使客户端在不必指定产品的具体的情况下，创建多个产品族中的产品对象。根据 LSP 原则（即 Liskov 替换原则），任何接受父类型的地方，都应当能够接受子类型。因此，实际上系统所需要的，仅仅是类型与这些抽象产品角色相同的一些实例，而不是这些抽象产品的实例。换句话说，也就是这些抽象产品的具体子类的实例。工厂类负责创建抽象产品的具体子类的实例。设计类图如图 2-3 所示。

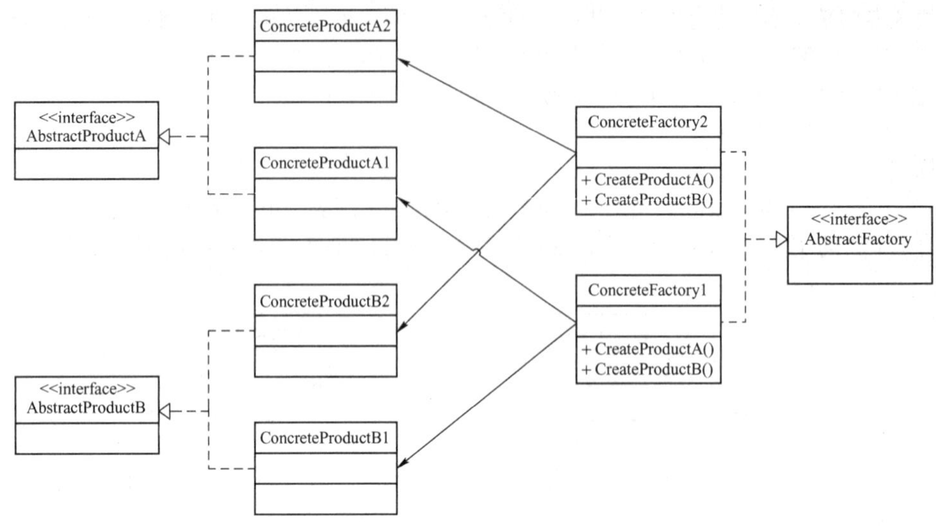

图 2-3　抽象工厂模式设计类图

AbstractProductA 和 AbstractProductB 代表一个产品家族，实现这些接口的类代表具体的产品。AbstractFactory 为创建产品的接口，能够创建这个产品家族中所有类型的产品，它的子类可以根据具体情况创建对应的产品。

【真题 384】 用 Java 语言实现一个观察者模式。

答案：观察者模式（也称为发布/订阅模式）提供了避免组件之间紧密耦合的另一种方法，它将观察者和被观察的对象分离开。在该模式中，一个对象通过添加一个方法（该方法允许另一个对象，即观察者注册自己）使本身变得可观察。当可观察的对象更改时，它会将消息发送到已注册的观察者。这些观察者收到消息后所执行的操作与可观察的对象无关，这种模式使得对象可以相互对话，而不必了解原因。Java 语言与 C#语言的事件处理机制就是采用的此种设计模式。

例如，用户界面（同一个数据可以有多种不同的显示方式）可以作为观察者，业务数据是被观察者，当数据有变化后会通知界面，界面收到通知后，会根据自己的显示方式修改界面的显示。面向对象设计的一个原则是：系统中的每个类将重点放在某一个功能上，而不是其他方面。一个对象只做一件事情，并且将它做好。观察者模式在模块之间划定了清晰的界限，提高了应用程序的可维护性和重用性。设计类图如图 2-4 所示。

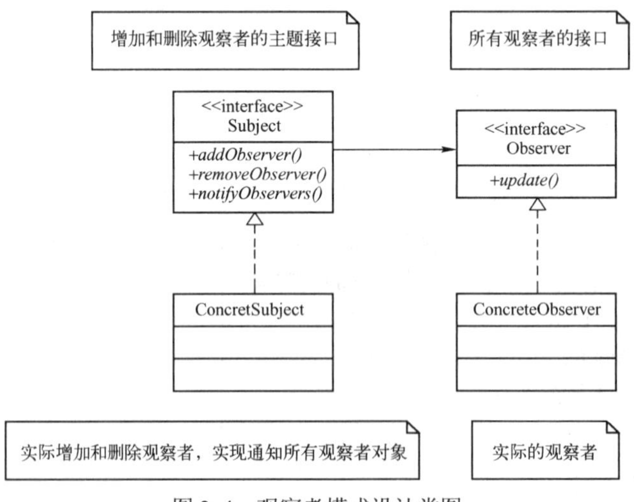

图 2-4　观察者模式设计类图

下面给出一个观察者模式的示例代码，代码的主要功能是实现天气预报，同样的温度信息可以有多种不同的展示方式：

```
import java.util.ArrayList;
interface Subject
{
    public void registerObserver(Observer o);
    public void removeObserver(Observer o);
    public void notifyObservers();
}
class Whether implements Subject
{
    private ArrayList<Observer>observers=new ArrayList<Observer>();
    private float temperature;
    @Override
    public void notifyObservers() {
        for(int i=0;i<this.observers.size();i++)
        {
            this.observers.get(i).update(temperature);
        }
    }
    @Override
    public void registerObserver(Observer o) {
        this.observers.add(o);
    }
    @Override
    public void removeObserver(Observer o) {
        this.observers.remove(o);
    }
    public void whetherChange() {
        this.notifyObservers();
    }
    public float getTemperature(){
        return temperature;
    }
    public void setTemperature(float temperature) {
        this.temperature = temperature;
        notifyObservers();
    }
}
interface Observer
{
    //更新温度
    public void update(float temp);
}
class WhetherDisplay1 implements Observer
{
    private float temprature;
    public WhetherDisplay1(Subject whether){
        whether.registerObserver(this);
    }
```

```
        @Override
        public void update(float temp) {
            this.temprature=temp;
            display();
        }
        public void display(){
            System.out.println("display1****:"+this.temprature);
        }
    }
    class WhetherDisplay2 implements Observer
    {
        private float temprature;
        public WhetherDisplay2(Subject whether)
        {
            whether.registerObserver(this);
        }
        @Override
        public void update(float temp) {
            this.temprature=temp;
            display();
        }

        public void display()
        {
            System.out.println("display2----:"+this.temprature);
        }
    }
    public class Test
    {
        public static void main(String[] args)
        {
            Whether whether=new Whether();
            WhetherDisplay1 d1=new WhetherDisplay1(whether);
            WhetherDisplay2 d2=new WhetherDisplay2(whether);
            whether.setTemperature(27);
            whether.setTemperature(26);
        }
    }
```

【真题 385】 给出两种单例模式的实现方法，并说明这两种方法的优缺点。

答案：两种单例模式的实现代码如下：

写法一：

```
    public class Test
    {
        private static Test test = new Test();
        public Test(){     }
        public static Test getInstance()
        {
            return test;
        }
    }
```

写法二：

```
public class Test
{
    private static Test test = null;
    private Test(){    }
    public static Test getInstance()
    {
        if (test == null)
        {
            test = new Test();
        }
        return test;
    }
}
```

对于第一种写法，当类被加载的时候，已经创建好了一个静态的对象，因此，是线程安全的，但缺点是在这个对象还没有被使用的时候就已经被创建出来了。

对于第二种写法，缺点如下：这种写法不是线程安全的，例如当第一个线程执行判断语句 if(test==null)时，第二个线程执行判断语句 if(test==null)，接着第一个线程执行语句 test = new Test()，第二个线程也执行语句 test = new Test()，在这种多线程环境下，可能会创建出来两个对象。当然，这种写法的优点是按需创建对象，只有对象被使用的时候才会被创建。

【真题 386】 使用两种方法编写多线程环境下的 Singleton 模式，并比较这两种方法的特性。

答案：

```
public class Singleton
{
    private static Singleton instance;
    private Singleton (){}
    public static synchronized Singleton getInstance()
    {
        if (instance == null) {
            instance = new Singleton();
        }
        return instance;
    }
}
```

这种写法虽然是多线程安全的，但是每次使用 getInstance 方法都需要进行同步，因此，效率比较低。

```
public class Singleton
{
    private volatile static Singleton singleton;
    private Singleton() {
    }
    public static Singleton getSingleton()
    {
        if (singleton == null) {
            synchronized (Singleton.class)
            {
                if (singleton == null)
                {
                    singleton = new Singleton();
                }
```

```
                }
            }
            return singleton;
        }
    }
```

这种方法会首先判断 singleton 是否为空，这个对象一旦被创建，在后期的调用过程中就不会进入同步的代码，因此，有更高的效率。

【真题 387】 银行系统中的电子银行各个子系统是相互独立的，例如手机银行和网络银行，为了以后更好的发展，银行决定对这些子系统进行整合，现在请你设计一套登录系统，要求如下：各个子系统具体登录过程不一样，如手机银行不需要证书，仅仅需要用户名和密码即可，而网络银行需要 UKEY 或者文件证书，但登录流程都是一致的，首先对用户进行验证，验证通过后，显示欢迎界面。登录系统能够很方便地接入更多的电子银行的形式。要求选用合适的设计模式，画出 UML 图和系统框架图。

答案：模板设计模式是指在一个方法中定义一个简单的算法骨架，而将一些步骤延迟到子类中实现，模板方法子类可以在不改变算法结构的情况下，重新定义算法中的某些步骤。实现类图如图 2-5 所示。

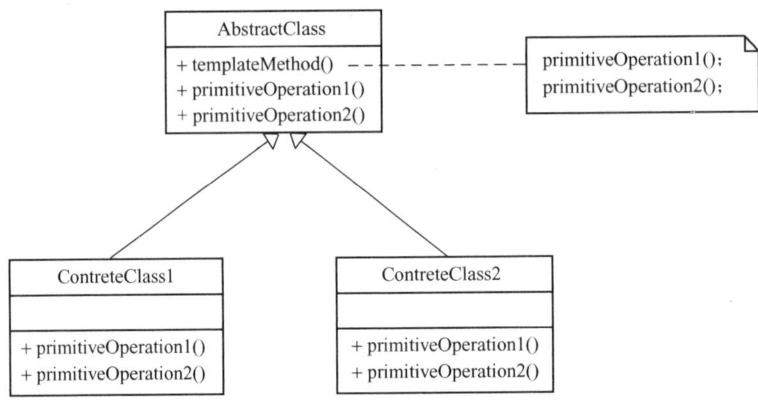

图 2-5　银行系统实现类图 1

AbstractClass 为模板抽象类，这个抽象类中定义了两个抽象方法 primitiveOperation1 和 primitiveOperation2，同时定义了算法的骨架 templateMothod 方法，这个方法内按照顺序调用了 primitiveOperation1 和 primitiveOperation2 方法，实现了算法的结构。这两个方法的具体实现细节由子类来决定。

通过对模板设计模式进行研究发现，本题所描述的系统非常适合采用模板设计模式来实现，实现类图如图 2-6 所示。

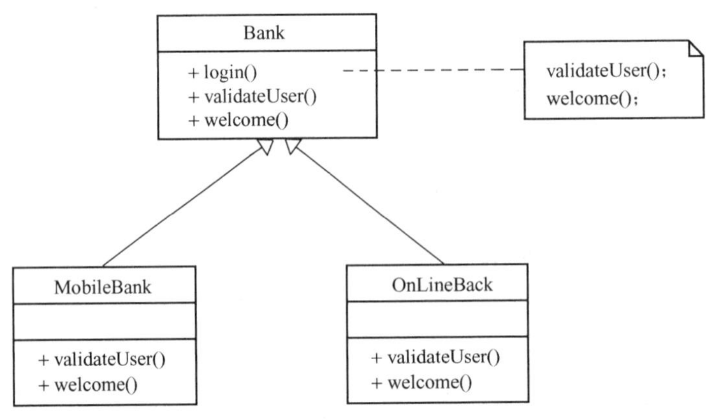

图 2-6　银行系统实现类图 2

其中，Bank 类定义了银行登录的流程，login 方法的方法体为：调用 validateUser 验证用户的登录信息，当登录成功后，调用 welcome 进入欢迎界面；

对于手机银行的子类 MobileBack，validateuser 方法采用用户名和密码的方式来验证用户的合法性，welcome 方法内实现手机银行的欢迎界面；

对于网上银行的子类 OnLineBack，validateuser 方法采用 UKEY 或者文件证书来验证用户的合法性，welcome 方法内实现网页的欢迎界面。

如果后期有其他的接入方式，只需要继承 Bank 类，同时实现这两个抽象方法即可。

【真题 388】 请设计综合对账单里的一个显示模块，此模块功能是获取数据库里的数据，在界面上进行显示，可以有表格、柱形、饼状等显示形式，当数据库里的数据改变时，这些显示形式也会立即改变，同时可以在这些显示形式上更改数据后，数据库里的数据会立即更改并且其他显示形式也需要立即改变，要求选用合适的设计模式，画出 UML 图。

答案：本题考查的是对观察者模式的理解。对于观察者模式的介绍，请参见前面真题中的介绍。

对于本题而言，可以采用类图 2-7 来实现本题的要求。

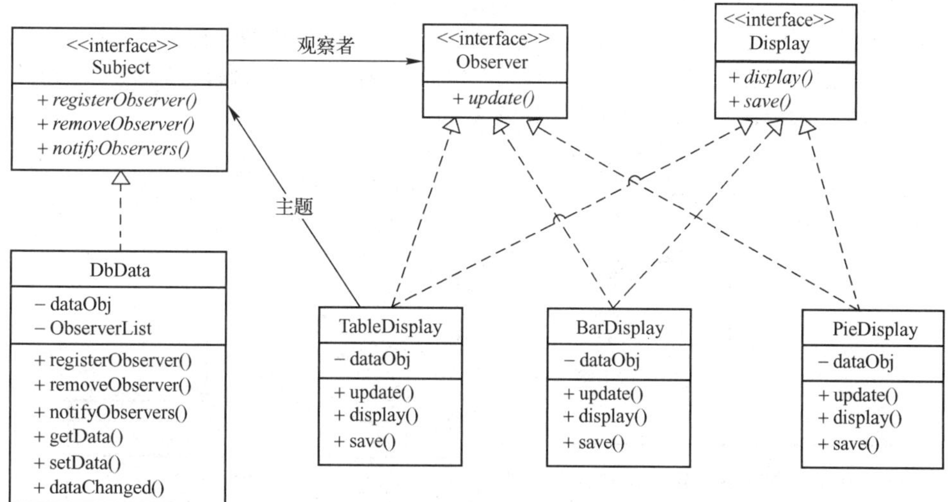

图 2-7 综合对账单实现类图

Subject 为主题接口，定义了主题的基本操作。

DbData 为具体的主题，这个类的功能是当数据库中有数据变化的时候就调用 dataChange 方法，这个方法会调用 notifyObservers 方法，而这个方法会调用所有注册的观察者的 update 方法来把最新更改的数据通知到所有的观察者（例如 TableDisplay、BarDisplay 等），观察者的 update 方法会调用内部的 display 方法把新的数据显示到界面上。

Observer 为观察者接口，关心数据库数据变化的类都需要实现这个接口中的 update 方法，只要实现这个接口的观察者对主题进行了注册，当数据库中数据发生变化的时候，这个观察者的 update 方法就会被调用来更新数据。

Display 接口为数据显示的接口，display 方法用来把从数据库中拿到的数据显示出来，save 方法用来把对数据的修改保存到数据库中。

对于本题而言，只需要三个具体的观察者，分别为以表格形式显示的观察者、以柱状图格式显示的观察者和以饼图方式显示的观察者。以表格形式显示的观察者为例，在这个类的 update 方法中，可以把数据库更新的新的数据保存到 dataObj 属性中，同时可以调用 display 方法来把数据以表格的方式显示出来。当表格中的数据有变化的时候，可以调用 save 方法把变化的数据保存到数据库中。当数据库中的数据有变化的时候，又会通知所有的观察者更新数据。

【真题 389】 请给出你最熟悉的三个设计模式的类图。

答案：以下将重点分析工厂模式、适配器模式和观察者模式的内容。

（1）工厂模式

工厂模式见前面真题介绍。

（2）适配器模式

适配器模式也称为变压器模式，它是把一个类的接口转换成客户端所期望的另一种接口，从而使原本因接口不匹配而无法一起工作的两个类能够一起工作。适配类可以根据所传递的参数返回一个合适的实例给客户端。

适配器模式主要应用于“希望复用一些现存的类，但是接口又与复用环境要求不一致的情况”，在遗留代码复用、类库迁移等方面非常有用。同时，适配器模式有对象适配器和类适配器两种形式的实现结构，但是类适配器采用“多继承”的实现方式，会引起程序的高耦合，所以，一般不推荐使用，而对象适配器采用“对象组合”的方式，耦合度低，应用范围更广。

例如，现在系统里已经实现了点、线、正方形，而现在客户要求实现一个圆形，一般的做法是建立一个 Circle 类来继承以后的 Shape 类，然后实现对应的 display、fill、undisplay 等方法，此时，如果发现项目组其他人已经实现了一个画圆的类，但是他的方法名和自己的不一样，为 displayhh、fillhh、undisplayhh，故不能直接使用这个类，因为那样无法保证多态，而有的时候，也不能要求组件类改写方法名，此时，可以采用适配器模式。设计类图如图 2-8 所示。

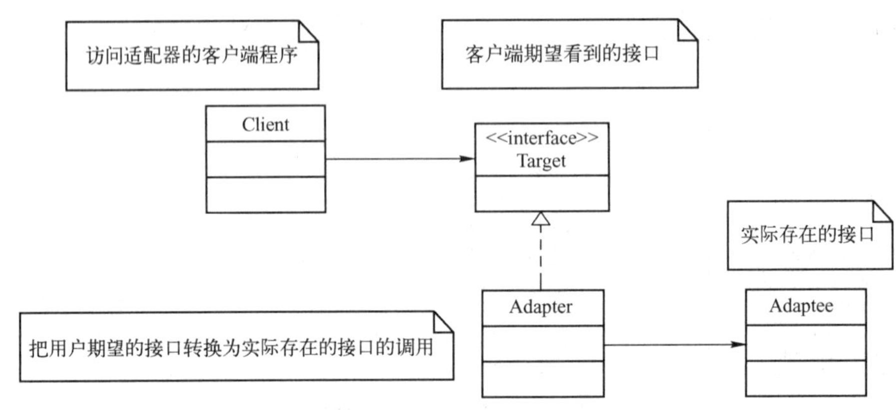

图 2-8 适配器模式设计类图

（3）观察者模式

观察者模式见前面真题介绍。

第3章 数 据 库

3.1 基本概念

【真题 390】 数据库中“事务处理”指的是什么？

事务是数据库中一个单独的执行单元（Unit），它通常由高级数据库操作语言（例如 SQL）或编程语言（例如 C++、Java 等）编写的用户程序的执行所引起。当在数据库中更改数据成功时，在事务中更改的数据便会提交，不再改变。否则，事务就取消或者回滚，更改无效。

例如网上购物，其交易过程至少包括以下几个步骤的操作：

1）更新客户所购商品的库存信息。

2）保存客户付款信息。

3）生成订单并且保存到数据库中。

4）更新用户相关信息，例如购物数量等。

在正常的情况下，这些操作都将顺利进行，最终交易成功，与交易相关的所有数据库信息也成功地更新。但是，如果在执行的中途遇到突然掉电或者其他意外情况，导致这一系列过程中任何一个环节出了差错，例如在更新商品库存信息时发生异常、顾客银行账户余额不足等，都将导致整个交易过程失败。而一旦交易失败，数据库中所有信息都必须保持交易前的状态不变，例如最后一步更新用户信息时失败而导致交易失败，那么必须保证这笔失败的交易不影响数据库的状态，即原有的库存信息没有被更新、用户也没有付款、订单也没有生成。否则，数据库的信息将会不一致，或者出现更为严重的不可预测的后果，数据库事务正是用来保证这种情况下交易的平稳性和可预测性的技术。

事务必须满足四个属性，即原子性（Atomicity）、一致性（Consistency）、隔离性（Isolation）和持久性（Durability），即 ACID 四种属性。以下将分别对这四种特性进行介绍。

（1）原子性

事务是一个不可分割的整体，为了保证事务的总体目标，事务必须具有原子性，即当数据修改时，要么全都执行，要么全都不执行，即不允许事务部分地完成，避免了只执行这些操作的一部分而带来的错误。

（2）一致性

一个事务在执行之前和执行之后，数据库数据必须保持一致性状态。数据库的一致性状态应该满足模式锁指定的约束，那么在完整执行该事务后，数据库仍然处于一致性状态。为了维护所有数据的完整性，在关系型数据库中，所有的规则必须应用到事务的修改上。数据库的一致性状态由用户来负责，由并发控制机制实现，例如银行转账，转账前后两个账户金额之和应保持不变。由于并发操作带来的数据不一致性通常包括以下几种类型：丢失数据修改、读“脏”数据、不可重复读和产生幽灵数据。

（3）隔离性

也被称为独立性，当两个或多个事务并发执行时，为了保证数据的安全性，将一个事务内部的操作隔离起来，不被其他的正在进行的事务看到。例如对任何一对事务 T1 和 T2，对 T1 而言，T2 要么在 T1 开始之前已经结束，要么在 T1 完成之后再开始执行。数据库有四种类型的事务隔离级别：不提交的读、提交的读、可重复的读和串行化。因为隔离性使得每个事务的更新在它被提交之前，对其他事务都是不可见的，所以，实施隔离性是解决临时更新与消除级联回滚问题的一种方式。

（4）持久性

也被称为永久性，事务完成以后，DBMS 保证它对数据库中数据的修改是永久性的，当系统或介质发生故障时，该修改也永久保持。持久性一般通过数据库备份与恢复来保证。

严格而言，数据库事务属性都是由数据库管理系统来进行保证的，在整个应用程序的运行过程中，应用程序无须去考虑数据库的 ACID 实现。

一般情况下，通过执行 COMMIT（提交）或 ROLLBACK（回滚）语句来终止事务。当执行 COMMIT 语句时，自从事务启动以来对数据库所做的一切更改就成为永久性的，即被写入到磁盘，而当执行 ROLLBACK 语句时，自从事务启动以来对数据库所做的一切更改都会被撤销，并且数据库中内容返回到事务开始之前所处的状态。无论什么情况，在事务完成时，都能保证回到一致状态。

【真题 391】 以下不属于数据库事务正确执行的四个基本要素的是（　　）。

A．隔离性　　B．持久性　　C．强制性　　D．一致性

答案：C。

本题中，强制性不属于这四种特性。所以，选项 C 正确。

【真题 392】 存储过程是什么？它有哪些优点？

答案：SQL 语句执行的时候，要首先编译，然后再被执行。在大型数据库系统中，为了提高效率，将为了完成特定功能的 SQL 语句集进行编译优化后，存储在数据库服务器中，用户通过指定存储过程的名字来调用执行。具体而言，存储过程（Stored Procedure）是一组为了完成特定功能的 SQL 语句集，存储在数据库中，经过第一次编译后，再次调用不需要再次编译，用户通过指定存储过程的名字并给出参数（如果该存储过程带有参数）来执行它。

例如，如下为一个创建存储过程的常用语法。

```
create procedure sp_name @[参数名][类型]
as
begin
                                        ...
end
```

调用存储过程语法：exec sp_name [参数名]

删除存储过程语法：drop procedure sp_name

从上面的介绍可以发现，使用存储过程可以增强 SQL 语言的功能和灵活性。由于用流程控制语句编写存储过程具有很强的灵活性，所以，使用存储过程可以完成复杂的判断和运算，并且可以保证数据的安全性和完整性，同时，存储过程可以使没有权限的用户在控制之下间接地存取数据库，也保证了数据的安全。

具体而言，存储过程主要有如下优点：

1）执行效率高。

2）减少网络流量。因为在调用的时候不需要每次都把 SQL 语句传输到数据库上。

3）安全机制好。通过对存储过程进行授权，从而保证安全性。

【真题 393】 以下有关聚集索引的描述中，正确的是（　　）。

A．有存储实际数据　　B．没有存储实际数据　　C．物理上连续

D．逻辑上连续　　E．可以用 B 树实现　　F．可以用二叉排序树实现

答案：A、C、D。

索引是对数据库表中一列或多列的值进行排序的一种结构，使用索引可快速访问数据库表中的特定信息。数据库中索引可以分为两种类型：聚簇（聚集索引）索引和非聚簇索引（非聚集索引）。

聚集索引：表数据按照索引的顺序来存储，也就是说，索引项的顺序与表中记录的物理顺序一致。对于聚集索引，叶子结点即存储了真实的数据行，不再有另外单独的数据页。正因为索引的数据需与数据物理存储的顺序一致，在一张表上最多只能创建一个聚集索引。聚簇索引一般使用 B 树来实现。

非聚集索引：表数据存储顺序与索引顺序无关。对于非聚集索引，叶结点包含索引字段值及指向数

据页、数据行的逻辑指针。为了提高索引的性能，一般采用B树来实现。

所以，本题的答案为A、C、D。

【真题394】当执行Mysql查询时，只有满足连接条件的记录才包含在查询结果中，这种连接是（　　）。

A．左连接　　B．右连接　　C．内连接　　D．全连接

答案：C。

在SQL中，内连接也称为自然连接，只有两个表相匹配的行才能在结果集中出现，返回的结果集是两个表中所有相匹配的数据，而舍弃不匹配的数据。由于内连接是从结果表中删除与其他连接表中没有匹配行的所有行，所以，内连接可能会造成信息的丢失。内连接的语法如下：

```
select fieldlist from table1 [inner] join table2 on table1.column=table2.column
```

内连接是保证两个表中所有的行都要满足连接条件。与内连接不同的是，外连接不仅包含符合连接条件的行，而且还包括左表（左外连接时）、右表（右外连接时）或两个连接表（全外连接）中的所有数据行。SQL的外连接共有3种类型：左外连接（关键字为LEFT OUTER JOIN）、右外连接（关键字为RIGHT OUTER JOIN）、全外连接（关键字为FULL OUTER JOIN）。外连接的用法和内连接一样，只是将INNER JOIN关键字替换为相应的外连接关键字即可。

内连接只显示符合连接条件的记录，外连接除了显示符合连接条件的记录外，例如若用左外连接，还显示左表中记录。所以，本题的答案为C。

【真题395】下列关于视图与基本表的对比描述中，正确的是（　　）。

A．视图的定义功能强于基本表　　B．视图的操作功能强于基本表

C．视图的数据控制功能弱于基本表　　D．上面提到的三种功能二者均相当

答案：A。

视图是由从数据库的基本表中选取出来的数据组成的逻辑窗口，不同于基本表，它是一个虚表。在数据库中，存放的只是视图的定义而已，而不存放数据，这些数据仍然存放在原来的基本表结构中。只有在使用视图的时候才会执行视图的定义，从基本表中查询数据。

视图的作用非常多，主要有以下几点：首先，它可以简化数据查询语句；其次，它可以使用户从多角度看待同一数据；再次，它可以提高数据的安全性；最后，它提供了一定程度的逻辑独立性等。

通过引入视图机制，用户可以将注意力集中在其关心的数据上而非全部数据，这样就大大提高了用户效率与用户满意度，而且如果这些数据来源于多个基本表结构，或者数据不仅来自于基本表结构，还有一部分数据来源于其他视图，并且搜索条件又比较复杂时，需要编写的查询语句就会比较繁琐，此时定义视图就可以使数据的查询语句变得简单可行。定义视图可以将表与表之间的复杂的操作连接和搜索条件对用户不可见，用户只需要简单地对一个视图进行查询即可，所以，增加了数据的安全性，但是不能提高查询的效率。

对于选项A，视图可以被定义为多个表的连接，也可以被定义为只有部分列可见，或满足条件的部分行可见，因此，有更强的定义功能。所以，选项A正确。

对于选项B，视图有的操作，表都有，视图一般被用来查找而使用。所以，选项B错误。

对于选项C，视图的数据控制能力要强于表，视图可以被定义为多个表的连接，也可以被定义为只有部分列可见，或满足条件的部分行可见，通过定义不同的存储过程，并授予不同的权限，可以很灵活地对数据进行控制。所以，选项C错误。

对于选项D，自然也就错了。

【真题396】一个关系模式为Y（X1，X2，X3，X4），假定该关系存在着如下函数依赖：（X1，X2）→X3，X2→X4，则该关系属于（　　）。

A．第一范式　　B．第二范式　　C．第三范式　　D．第四范式

答案：A。

范化是在识别数据库中的数据元素、关系，以及定义所需的表和各表中的项目这些初始工作之后的一个细化的过程。常见的范式有1NF、2NF、3NF、BCNF以及4NF。以下将分别对这几种范式进行介绍。

1NF，即第一范式，是指数据库表的每一列都是不可分割的基本数据项，同一列中不能有多个值，即实体中的某个属性不能有多个值或者不能有重复的属性。如果出现重复的属性，就可能需要定义一个新的实体，新的实体由重复的属性构成，新实体与原实体之间为一对多关系。第一范式的模式要求属性值不可再分裂成更小部分，即属性项不能是属性组合或由组属性组成。简而言之，第一范式就是无重复的列。例如，由“职工号”“姓名”“电话号码”组成的表（一个人可能有一个办公电话和一个移动电话），这时将其规范化为 1NF 可以将电话号码分为“办公电话”和“移动电话”两个属性，即职工（职工号，姓名，办公电话，移动电话）。

2NF，即第二范式，是在第一范式（1NF）的基础上建立起来的，即满足第二范式（2NF）必须先满足第一范式（1NF）。第二范式（2NF）要求数据库表中的每个实例或行必须可以被唯一地区分。为实现区分通常需要为表加上一个列，以存储各个实例的唯一标识。如果关系模式 R 为第一范式，并且 R 中每一个非主属性完全函数依赖于 R 的某个候选键，则称 R 为第二范式模式。（如果 A 是关系模式 R 的候选键的一个属性，则称 A 是 R 的主属性，否则称 A 是 R 的非主属性。）例如，在选课关系表（学号，课程号，成绩，学分），关键字为组合关键字（学号，课程号），但由于非主属性学分仅依赖于课程号，对关键字（学号，课程号）只是部分依赖，而不是完全依赖，所以，此种方式会导致数据冗余以及更新异常等问题，解决办法是将其分为两个关系模式：学生表（学号，课程号，分数）和课程表（课程号，学分），新关系通过学生表中的外键字课程号联系，在需要时通过两个表的连接来取出数据。

3NF，即第三范式，如果关系模式 R 是第二范式，且每个非主属性都不传递依赖于 R 的候选键，则称 R 是第三范式的模式。例如学生表（学号，姓名，课程号，成绩），其中学生姓名无重名，所以，该表有两个候选码（学号，课程号）和（姓名，课程号），则存在函数依赖：学号→姓名，（学号，课程号）→成绩，（姓名，课程号）→成绩，唯一的非主属性成绩对码不存在部分依赖，也不存在传递依赖，所以，属于第三范式。

BCNF 构建在第三范式的基础上，如果关系模式 R 是第一范式，且每个属性都不传递依赖于 R 的候选键，那么称 R 为 BCNF 的模式。假设仓库管理关系表（仓库号，存储物品号，管理员号，数量），满足一个管理员只在一个仓库工作；一个仓库可以存储多种物品。则存在如下关系：

（仓库号，存储物品号）→（管理员号，数量）

（管理员号，存储物品号）→（仓库号，数量）

所以，（仓库号，存储物品号）和（管理员号，存储物品号）都是仓库管理关系表的候选码，表中的唯一非关键字段为数量，它是符合第三范式的。但是，由于存在如下决定关系：

（仓库号）→（管理员号）

（管理员号）→（仓库号）

即存在关键字段决定关键字段的情况，所以，其不符合 BCNF 范式。把仓库管理关系表分解为二个关系表：仓库管理表（仓库号，管理员号）和仓库表（仓库号，存储物品号，数量），这样的数据库表是符合 BCNF 范式的，消除了删除异常、插入异常和更新异常。

4NF，即第四范式，设 R 是一个关系模式，D 是 R 上的多值依赖集合。如果 D 中成立非平凡多值依赖 X→Y 时，X 必是 R 的超键，那么称 R 是第四范式的模式。例如，职工表（职工编号，职工孩子姓名，职工选修课程），在这个表中同一个职工也可能会有多个职工孩子姓名，同样，同一个职工也可能会有多个职工选修课程，即这里存在着多值事实，不符合第四范式。如果要符合第四范式，只需要将上表分为两个表，使它们只有一个多值事实，例如职工表一（职工编号，职工孩子姓名），职工表二（职工编号，职工选修课程），两个表都只有一个多值事实，所以，符合第四范式。

对于本题而言，这个关系模式的候选键为{X1,X2}，因为 X2→X4，说明有非主属性 X4 部分依赖于候选键{X1,X2}，所以，这个关系模式不为第二范式。

所以，本题的答案为 A。

【真题 397】 如果关系模式 R 所有属性的值域中每一个值都不可再分解，并且 R 中每一个非主属性完全函数依赖于 R 的某个候选键，则 R 属于（　　）。

A．第一范式（INF） B．第二范式（2NF） C．第三范式（3NF） D．BCNF 范式

答案：B。

【真题 398】 下面哪一选项能提高查询效率（ ）。

A．在 Name 字段上添加主键 B．在 Name 字段上添加索引

C．在 Age 字段上添加主键 D．在 Age 字段上添加索引

答案：B。

主关键字（主键，Primary Key）是表中的一个或多个字段，它的值用于唯一地标识表中的某一条记录。在两个表的关系中，外键用来在一个表中引用来自于另一个表中的特定记录。主关键字是一种唯一关键字，表定义的一部分。一个表不能有多个主关键字，并且主关键字的列不能包含空值。

索引是一种提高数据库查询速度的机制，它是一个在数据库的表或视图上按照某个关键字段的值，升序或降序排序创建的对象。当用户查询索引字段时，它可以快速地执行检索操作，借助索引，在执行查询的时候不需要扫描整个表就可以快速地找到所需要的数据。一条索引记录包含键值和逻辑指针。创建索引时，系统分配一个索引页。在表中插入一行数据，同时也向该索引页中插入一行索引记录。由此可以看出，索引在提高查询效率的同时也增加了插入操作的时间，由此适合在以查询为主的场景使用。

索引的类型有聚簇索引和非聚簇索引。聚集索引是表中的行的物理顺序与键值的逻辑顺序一样，一个表只能有一个聚簇索引。非聚簇索引是数据存储与索引存储不在同一个地方。与非聚簇索引相比，聚簇索引一般情况下可以获得更快的数据访问速度。

创建索引可以大大提高系统的性能，主要表现为以下几个方面：首先，通过创建唯一性索引，可以保证数据库表中每一行数据的唯一性；其次，通过索引，可以大大加快数据的检索速度；再次，通过索引可以加速表和表之间的连接，从而有效实现数据的完整性；然后，在使用分组和排序子句进行数据检索时，可以显著减少查询中分组和排序的时间；最后，通过使用索引，可以在查询的过程中，使用优化隐藏器，提高系统的性能。

索引可以有效地提高查询效率，那么为什么不因此而将所有的列都建立索引呢？其实索引尽管可以带来方便，但并非越多越好，过多的索引也会带来许多不利的问题。首先，创建索引和维护索引要耗费时间、空间，当数据量比较小时，这种问题还不够突出，而当数据量比较大时，这种缺陷会比较明显，效率会非常低下；其次，除了数据表占数据空间之外，每一个索引还需要占用一定的物理空间，如果要建立聚簇索引，那么需要的空间就会更大，从而造成不必要的空间浪费；最后，当对表中的数据进行增加、删除和修改的时候，索引也要动态地维护，从而降低了数据的维护速度。

通过以上分析发现，如果需要提高查询速度，可以在经常被查询的字段上创建索引来提高查询效率。对于 Name（姓名）和 Age（年龄），通常而言，姓名是经常被查询的字段，因此，通过增加索引可以提高查询效率。所以，选项 B 正确。

【真题 399】 设有一个关系：DEPT(DNO,DNAME)，如果要找出倒数第三个字母为 W，并且至少包含 4 个字母的 DNAME，则查询条件子句应写成 WHERE DNAME LIKE（ ）

A．'_ _W_%' B．'_%W_ _' C．'_W__' D．'_W_%'

答案：B。

在 SQL 语言中，%和_表示的是通配符（通配符指的是一种特殊语句，用来进行模糊查询的，在匹配字符串时，可以使用它来代替一个或多个真正字符，当不知道真正字符或者懒得输入完整名字时，常常使用通配符代替一个或多个真正的字符），其中“%”表示的是 0 个或多个字符，而“_”表示的是一个字符。

在本题的查找条件中，要求倒数第三个字母为‘W’，所以，字符‘W’后面有两个其他字符，可以表示成“W_ _”，并且还要求至少包含 4 个字母，而当以“%”开头时，它表示的字符可以不存在，所以，开头应加一个“_”，那么查询条件子句应写成 WHERE DNAME LIKE '_ % W _ _'。

所以，本题的答案为 B。

需要注意的是，除了以上介绍的两种通配符以外，SQL 语言中还有两个通配符，[charlist]表示字符列中的任何单一字符，[^charlist]或者[!charlist]表示不在字符列中的任何一个字符。例如，要求从名为

“Persons”的表中选取居住的城市以“A”或“L”或“N”开头的人，可以使用下面的 SELECT 语句：SELECT * FROM Persons WHERE City LIKE '[ALN]%'。要求从名为“Persons”的表中选取居住的城市不以“A”或“L”或“N”开头的人，可以使用下面的 SELECT 语句：SELECT * FROM Persons WHERE City LIKE '[!ALN]%'。

【真题 400】 数据库以及线程发生死锁的原理及必要条件是什么？如何避免死锁？

答案：所谓死锁指的是两个或两个以上的进程在执行过程中，由于竞争资源或者由于彼此通信而造成的一种阻塞的现象，如果无外力作用，那么它们都将无法推进下去。此时，称系统处于死锁状态或系统产生了死锁，这些永远在互相等待的进程称为死锁进程。举一个简单例子加以说明死锁，如果一个程序需要并行处理多个任务，那么就可以创建多个线程，但是线程多了，往往会产生冲突，当一个线程锁定了一个资源 A，而又想去锁定资源 B，而在另一个线程中，锁定了资源 B，而又想去锁定资源 A 以完成自身的操作，两个线程都想得到对方的资源，而不愿释放自己的资源，造成两个线程都在等待，而无法执行，此时就是死锁。

产生死锁的原因主要有以下三个方面：①系统资源不足；②进程运行推进的顺序不合适；③资源分配不当。如果系统资源充足，进程的资源请求都能够得到满足，死锁出现的可能性就很低，否则，就会因争夺有限的资源而陷入死锁。其次，进程运行推进顺序与速度不同，也可能产生死锁。

产生死锁的四个必要条件，分别为：①互斥（资源独占）：一个资源每次只能被一个进程使用；②请求与保持（部分分配，占有申请）：一个进程在申请新的资源的同时保持对原有资源的占有（只有这样才是动态申请，动态分配）；③不可剥夺（不可强占）：资源申请者不能强行地从资源占有者手中夺取资源，资源只能由占有者自愿释放；④循环等待：若干进程之间形成一种头尾相接的循环等待资源关系。例如，存在一个进程等待队列 {P1 , P2 , …, Pn}，其中 P1 等待 P2 占有的资源，P2 等待 P3 占有的资源，…，Pn 等待 P1 占有的资源，形成一个进程等待环路。 以上四个条件是死锁的必要条件，只要系统发生死锁，这些条件必然成立，而只要上述条件之一不满足，就不会发生死锁。

预防死锁的方法是通过设置某些限制条件，去破坏产生死锁的四个必要条件中的一个或者几个。预防死锁是一种较易实现的方法，已被广泛使用。但是由于所施加的限制条件往往太严格，可能会导致系统资源利用率和系统吞吐量降低。

避免死锁采用的方法是允许前三个条件存在，但通过合理的资源分配算法来确保永远不会形成环形等待的封闭进程链，从而避免死锁。具体方法有：①一次封锁法：每个进程（事务）将所有要使用的数据全部加锁，否则，就不能继续执行；②顺序封锁法：预先对数据对象规定一个封锁顺序，所有进程（事务）都按照这个顺序加锁；③银行家算法：保证进程处于安全进程序列。

下列方法有助于最大限度地降低死锁：①按同一顺序访问对象；②避免事务中的用户交互；③保持事务简短并在一个批处理中；④使用低隔离级别。

【真题 401】 列出数据库中常用的锁及其应用场景。

答案：锁是网络数据库中的一个非常重要的概念，当多个用户同时对数据库并发操作时，会带来数据不一致的问题，所以，锁主要用于多用户环境下保证数据库完整性和一致性。以商场的试衣间为例，每个试衣间都可供多个消费者使用，因此，可能出现多个消费者同时需要使用试衣间试衣服。为了避免冲突，试衣间装了锁，某一个试衣服的人在试衣间里把锁锁住了，其他顾客就不能再从外面打开了，只能等待里面的顾客试完衣服，从里面把锁打开，外面的人才能进去。

各种大型数据库所采用的锁的基本理论是一致的，但在具体实现上各有差别。在数据库中加锁时，除了可以对不同的资源加锁，还可以使用不同程度的加锁方式，即锁有多种模式：共享锁、修改锁、独占锁、结构锁、意向锁和批量修改锁等。

以下将主要介绍几个最常用的锁。

（1）共享锁

共享锁也称为 S（Share Lock）锁，用于所有的只读数据操作。共享锁是非独占的，允许多个并发事务读取其锁定的资源。它具有以下性质：多个事务可封锁一个共享页；任何事务都不能修改该页；通常是该页被读取完毕，S 锁立即被释放。在 SQL Server 中，默认情况下，数据被读取后，立即释放共享锁。例如，执行查询语句“SELECT * FROM my_table”时，首先锁定第一页，读取之后，释放对第一页的锁定，然后锁定第二页。这样，就允许在读操作过程中，修改未被锁定的第一页。但是，事务隔离级别连接选项设置和 SELECT 语句中的锁定设置都可以改变 SQL Server 的这种默认设置。例如，语句“SELECT * FROM my_table HOLDLOCK”就要求在整个查询过程中，保持对表的锁定，直到查询完成才释放锁定。

（2）排他锁

排他锁（Exclusive Lock，X 锁）也叫写锁（X），表示对数据进行写操作。如果一个事务对对象加了排他锁，其他事务就不能再给它加任何锁了。（某个顾客把试衣间从里面反锁了，其他顾客想要使用这个试衣间，就只有等待锁从里面打开了。）排他锁具有以下几点性质：仅允许一个事务封锁此页；其他任何事务必须等到 X 锁被释放才能对该页进行访问；X 锁一直到事务结束才能被释放。

产生排他锁的 SQL 语句如下：select * from ad_plan for update;

（3）更新锁

更新锁（也叫 U 锁）在修改操作的初始化阶段用来锁定可能要被修改的资源，这样可以避免使用共享锁造成的死锁现象。因为当使用共享锁时，修改数据的操作分为两步，首先获得一个共享锁，读取数据，然后将共享锁升级为排他锁，再执行修改操作。这样如果有两个或多个事务同时对一个事务申请了共享锁，在修改数据的时候，这些事务都要将共享锁升级为排他锁。这时，这些事务都不会释放共享锁而是一直等待对方释放，这样就造成了死锁。如果一个数据在修改前直接申请更新锁，在数据修改的时候再升级为排他锁，就可以避免死锁。

更新锁具有以下性质：用来预定要对此页施加 X 锁，它允许其他事务读，但不允许再施加 U 锁或 X 锁；当被读取的页将要被更新时，则升级为 X 锁；U 锁一直到事务结束时才能被释放。

从程序员的角度看，分为乐观锁和悲观锁。悲观锁（Pessimistic Lock），顾名思义，就是很悲观，每次去拿数据的时候都认为别人会修改，所以，每次在拿数据的时候都会上锁，这样别人想拿这个数据就会 block（阻塞），直到它拿到锁。传统的关系型数据库里就用到了很多这种锁机制，比如行锁、表锁、读锁、写锁等，都是在操作之前先上锁。乐观锁（Optimistic Lock），顾名思义，就是很乐观，每次去拿数据的时候都认为别人不会修改，所以，不会上锁，但是在更新的时候会判断一下在此期间别人有没有更新这个数据，可以使用版本号等机制。乐观锁适用于多读的应用类型，这样可以提高吞吐量，像数据库如果提供类似于 write_condition 机制的其实都是提供的乐观锁。

【真题 402】 在下面的描述中，不属于数据库安全性的措施的是（　　）。

A．普通 ZIP 压缩存储　　B．关联加密存储　　C．数据分级

D．授权限制　　E．数据多机备份

答案：A、C。

数据库的安全性指的是保护数据库以防止不合法的使用所造成的数据泄露、更改或破坏。数据库的安全性与计算机系统的安全性，包括操作系统、网络系统的安全性是紧密联系、相互支持的。常用的数据库安全措施有用户标识和鉴别、用户存取权限控制、定义视图、数据加密、安全审计以及事务管理和故障恢复等几类。以下将分别对这几类方法进行讲解。

（1）用户标识和鉴别

用户标识和鉴别的方法是由系统提供一定的方式让用户标识自己的身份，系统内部记录着所有合法用户的标识，每次用户要求进入系统时，由系统进行核实，通过鉴定后才提供其使用权。

为了鉴别用户身份，一般采用以下几种方法：①利用只有用户知道的信息鉴别用户；②利用只有用户具有的物品鉴别用户；③利用用户的个人特征鉴别用户。

（2）用户存取权限控制

用户存取权限是指不同的用户对于不同的数据对象有不同的操作权限。存取权限由两个要素组成：数据对象和操作类型。定义一个用户的存取权限就是要定义这个用户可以在哪些数据对象上进行哪些类

型的操作。

权限分为系统权限和对象权限两种。系统权限由 DBA（Database Administrator，数据库管理员）授予某些数据库用户，只有得到系统权限，才能成为数据库用户。对象权限是授予数据库用户对某些数据对象进行某些操作的权限，它既可由 DBA 授权，也可由数据对象的创建者授予。授权定义经过编译后以一张授权表的形式存放在数据字典中。

（3）视图

为不同的用户定义不同的视图，可以限制用户的访问范围。通过视图机制把需要保密的数据对无权存取这些数据的用户隐藏起来，从而自动地对数据提供一定程度的安全保护。通常将视图机制与授权机制结合起来使用，先用视图机制屏蔽一部分保密数据，再在视图上进一步进行授权。

（4）数据加密

数据加密是保护数据在存储和传递过程中不被窃取或修改的有效手段。其基本思想较为简单，就是根据一定的算法将原始数据（明文，Plain Text）变换为不可直接识别的格式（密文，Cipher Text），从而使得不知道解密算法的人无法获知数据的内容。

（5）审计

审计（Audit）是一种监视措施，它把用户对数据库的所有操作自动记录下来放入审计日志（Audit Log）中。DBA 可以利用审计日志记录，重现导致数据库现有状况的一系列事件，对潜在的窃密企图进行事后分析和调查，找出非法存储数据的人、时间和内容等。

（6）事务管理和故障恢复

事务管理和故障恢复主要是对付系统内发生的自然因素故障，保证数据和事务的一致性和完整性。故障恢复的主要措施是进行日志记录和数据复制。在网络数据库系统中，事务首先要分解为多个子事务到各个站点上去执行，各个服务器之间还必须采取合理的算法进行分布式并发控制和提交，以保证事务的完整性。事务运行的每一步结果都记录在系统日志文件中，并且对重要数据进行复制，发生故障时根据日志文件利用数据副本准确地完成事务的恢复。

本题中，选项 A 的普通 ZIP 压缩存储不属于数据库安全性措施；选项 B 的关联加密存储属于数据加密措施；选项 C 的数据分级存储技术可根据数据访问特征在存储虚拟层对存储设备组成的存储资源进行合理组织，形成多级的存储层次（例如根据设备传输速率分为高速、中速和慢速存储设备，并可根据存储需求扩展到更多设备级别），并对上层应用需求进行特征提取和聚类处理，基于数据访问的局部性原理，构建应用数据与存储空间映射的数据特征模型，将不经常访问的数据自动迁移到存储成本层次中较低的设备，释放出较高成本的存储空间给更频繁访问或更高优先级的数据，从而大大减少非重要性数据在一级本地磁盘所占用的空间，加快整个系统的存储性能，降低整个存储系统的拥有成本，进而获得更好的性价比；选项 D 的授权限制属于用户存取权限控制措施，也属于安全措施；选项 E 中的数据多机备份属于容灾性措施，也属于安全性措施。

所以，本题的答案为 A、C。

【真题 403】 在关系数据库中，用来表示实体之间联系的是（　　）。

A．树结构　　B．网结构　　C．线性表　　D．二维表

答案：D。

关系数据库中用二维表来表示实体之间的联系。可以把数据看成一个二维表，而每一个二维表称为一个关系。所以，选项 D 正确。

【真题 404】 下列说法错误的是（　　）。

A．ALTER TABLE 语句可以添加字段

B．ALTER TABLE 语句可以删除字段

C．UPDATE TABLE 语句可以修改字段名称

D．ALTER TABLE 语句可以修改字段数据类型

答案：C。

在表中添加列的方法如下：

ALTER TABLE table_name ADD column_name datatype

删除表中的列的方法如下：

ALTER TABLE table_name DROP COLUMN column_name

改变表中列的数据类型的方法如下：

ALTER TABLE table_name MODIFY COLUMN column_name datatype

而 UPDATE 语句只能更改表中的数据，不能用来更改表的结构。

所以，本题的答案为 C。

【真题 405】 SQL 语言中删除一个表的指令是（　　）。

A．DROP TABLE　　B．DELETE TABLE

C．DESTROY TABLE　　D．REMOVE TABLE

答案：A。

本题中，对于选项 A，在 SQL 语言中，DROP 命令用于删除表定义及该表的所有数据、索引、触发器、约束和权限规范，所以，选项 A 正确。

对于选项 B，DELETE 命令的作用是删除表中的数据。所以，选项 B 不正确。

对于选项 C 与选项 D，不存在 DESTORY、REMOVE 命令。所以，选项 C 和选项 D 不正确。

TRUNCATE TABLE 在功能上与不带 WHERE 子句的 DELETE 语句相同：二者均删除表中的全部行，但 TRUNCATE TABLE 比 DELETE 速度快，且使用的系统和事务日志资源少。

所以，本题的答案为 A。

【真题 406】 如下 SQL 语句是需要列出一个论坛版面第一页（每页显示 20 个）的帖子（post）标题（title），并按照发布（create_time）降序排列：

SELECT title FROM post ( ) create_time DESC ( ) 0,20

答案：ORDER BY，LIMIT。

ORDER BY 语句用于对结果集进行排序。默认按照升序对记录进行排序。如果希望按照降序对记录进行排序，可以使用 DESC 关键字。LIMIT 用于查询第 m 行到第 n 行的记录，SELECT * from TABLENAME LIMIT m, n，其中 m 是指记录开始的 index，从 0 开始，表示第一条记录，n 是指从第 m+1 条开始，取 n 条。例如以下语句：select * from tablename limit 2,4，它表示取出表 tablename 中第 3 条至第 6 条记录，一共 4 条记录。

【真题 407】 触发器是什么？

答案：触发器（Trigger）是数据库提供给程序员和数据分析员来保证数据完整性的一种方法，它是与表事件相关的特殊的存储过程，其执行不是由程序调用，也不是手工启动，而是由事件来触发，例如当对某一个表进行 UPDATE、INSERT、DELETE 操作时，数据库就会自动执行触发器所定义的 SQL 语句，从而确保对数据的处理必须符合由这些 SQL 语句所定义的规则。

【真题 408】 在 MySQL 主从结构的主数据库中，不可能出现（　　）。

A．错误日志　　B．事务日志　　C．中继日志　　D．Redo log

答案：C。

对于选项 A，错误日志在 MySQL 数据库中很重要，它记录着 mysqld（mysqld 是用来启动 MySQL 数据库的命令）启动和停止，以及服务器在运行过程中发生的任何错误的相关信息。所以，选项 A 正确。

对于选项 B，事务日志是一个与数据库文件分开的文件。它存储着对数据库进行的所有更改操作过程，并全部记录插入、更新、删除、提交、回退和数据库模式变化。事务日志还被称为前滚日志，是备份和恢复的重要组件，也是使用 SQL Remote 或复制数据所必需的。所以，选项 B 正确。

对于选项 C，MySQL 在从结点上使用了一组编了号的文件，这组文件被称为中继日志。当从服务器想要和主服务器进行数据的同步时，从服务器将主服务器的二进制日志文件复制到自己的主机，并放在中继日志中，然后调用 SQL 线程，按照复制中继日志文件中的二进制日志文件执行以便达到数据同步的目的。中继日志文件是按照编码顺序排列的，从 000001 开始，包含所有当前可用的中继文件的名称。中继日志的格式和 MySQL 二进制日志的格式一样，从而更容易被 mysqlbinlog 客户端应用程序读取。因此，中继日志只有在从服务器中存在。所以，选项 C 错误。

对于选项 D，Redo log 中文名为重做日志，包含在线重做日志（Online Redo log）和归档日志（Archive log）。其中，在线重做日志主要用于以下情形：数据库所在服务器突然掉电、突然重启或者执行 shutdown、abort 等命令使得在服务器重新启动之后，数据库没有办法正常地启动实例。归档日志主要用于硬件级别的错误：磁盘的坏道导致无法读写、写入的失败、磁盘受损导致数据库数据丢失。所以，选项 D 正确。

所以，本题的答案为 C。

【真题 409】 以下关于数据库的描述中，正确的是（　　）。

A．关系数据库表中记录是不能重复的

B．关系数据库表中主键上默认建有索引，且是唯一索引

C．索引需要专门的存储空间进行存放，插入、更新、删除等操作会引起索引维护更新

D．只要条件语句中有索引字段，SQL 执行时就一定能够用到索引

答案：B。

索引是对数据库表中一列或多列的值进行排序的一种结构，使用索引可以快速访问数据库表中的特定信息。一个设计良好的索引可以让数据库的操作效率提高几十倍甚至几百倍，但索引并非越多越好，因为太多索引会影响数据的更新操作，对一个存在大量更新操作的表而言，所建索引的数目一般不要超过 3 个，最多不要超过 5 个。

建立索引通常有以下几点原则：

1）定义主键的数据列一定要建立索引。

2）定义有外键的数据列一定要建立索引。

3）对于经常查询的数据列最好建立索引。

4）对于需要在指定范围内快速或频繁查询的数据列最好建立索引。

5）经常用在 where 子句中的数据列最好建立索引。

6）经常出现在关键字 order by、group by、distinct 后面的字段，最好建立索引。如果建立的是复合索引，索引的字段顺序要和这些关键字后面的字段顺序一致，否则，索引不会被使用。

7）对于那些查询中很少涉及的列、重复值比较多的列不要建立索引。

8）对于定义为 text、image 和 bit 的数据类型的列不要建立索引。

9）对于经常存取的列避免建立索引。

10）对于复合索引，按照字段在查询条件中出现的频度建立索引。在复合索引中，记录首先按照第一个字段排序。对于在第一个字段上取值相同的记录，系统再按照第二个字段的取值排序，以此类推。只有复合索引的第一个字段出现在查询条件中，该索引才可能被使用，因此，将应用频度高的字段放置在复合索引的前面，会使系统最大可能地使用此索引，发挥索引的作用。

本题中，对于选项 A，在关系数据库表中，如果没有主键和唯一索引，表中可以有重复的记录。所以，选项 A 错误。

对于选项 B，主键具有唯一性，完全满足唯一索引的特征，因此，数据库会对主键默认建立唯一索引。所以，选项 B 正确。

对于选项 C，索引需要存储空间来存放，如果插入、更新和删除操作在一个事务里面，那么这些操作不会引起索引的更新，只有执行 commit 语句才会引起索引的更新。所以，选项 C 错误。

对于选项 D，当数据库有一个组合索引（例如把两列 col1 和 col2 作为一个组合索引），此时，如果查询条件中只用到了 col2，索引就不会被用到了，所以，选项 D 错误。

所以，本题的答案为 B。

【真题 410】 用树形结构表示实体之间联系的模型是（　　）。

A．关系模型　　　　B．网状模型　　　　C．层次模型　　　　D．以上三个都是

答案：C。

数据库模型是数据库管理的形式框架，用来描述一组数据的概念和定义。模型的结构部分规定了数据如何被描述（例如树、表等）。

本题中，对于选项A，关系模型是二维表，一张表即为一个关系，例如教师关系（教师编号，姓名，出生年月，性别），就像office中的电子表格excel的表格，关系模型的数据结构简单、清晰，用户理解容易，应用方便。鉴于此，当今大多数数据库系统都采用关系数据模型。所以，选项A错误。

对于选项B，网状模型是一种用网络结构表示实体类型及其实体之间联系的模型，它相当于一个有向图。与层次模型结构不同的是，在网状模型中，一个结点可以有多个双亲结点，且允许一个以上的结点无双亲。所以，选项B错误。

对于选项C与选项D，层次模型指的是使用树形结构表示实体及其之间的联系，其结构是一棵有向树，树中的每个结点代表一种记录类型，在这些结点中，有且仅有一个结点无双亲（根结点），其他结点有且仅有一个双亲结点。所以，选项C正确，选项D错误。

所以，本题的答案为C。

【真题411】 下面不属于SQL语句的子类的是（　　）。

A．数据查询语言（DQL）　　B．数据定义语言（DDL）

C．事务控制语言（TCL）　　D．数据插入语言（DIL）

答案：C。

SQL语言可以分为四大类：数据定义语言DDL（Data Definition Language）、数据查询语言DQL（Data Query Language）、数据操纵语言DML（Data Manipulation Language）以及数据控制语言DCL（Data Control Language）。

1）数据定义语言用来建立、修改和删除数据库中的对象（包括表、视图、索引等）。

2）数据查询语言主要用来检索数据库，主要是指select语句。

3）数据操纵语句是指用来改变数据库中数据的语句，主要包含insert、update和delete语句。

4）数据控制语言用于对数据库的访问，例如，①给用户授予访问权限（GRANT）；②取消用户访问权限。

通过上面分析可知，选项A和选项B属于SQL语句的子类，所以，选项A与选项B错误。选项D的数据插入语言也属于数据操作语言的一种，因此，它也是SQL语句的子类，所以，选项D错误。对于选项C，事务控制语言不属于SQL语句的子类，所以，选项C正确。

【真题412】 用一条SQL语句查询出每门课都大于75分的学生姓名，表名为score，表格式见表3-1。

表3-1　score表

name	course	mark
张三	语文	81
张三	数学	75
李四	语文	76
李四	数学	90
王五	语文	81
王五	数学	100
王五	英语	90

答案： select distinct name from score　a　where not exists(select * from score b where b.name=a.name and b.mark<=75)。

【真题413】 下列属于关系数据库的是（　　）。

A．Oracle　　B．MySQL　　C．MongoDB　　D．IMS

答案：A、B。

根据存储模型的不同，数据库主要可分为网状数据库、关系数据库、树状数据库、面向对象数据库和层次数据库等。关系数据库的应用最为广泛，关系式数据结构是指把一些复杂的数据结构归结为简单的二元关系（即二维表格形式）。例如某单位的职工关系就是一个二元关系。常见的关系数据库有 Oracle、DB2、Sybase、SQL Server、Informax、MySQL 等，非关系型数据库有 MongoDB、memcachedb、Redis 等。所以，选项 A 和选项 B 正确。

对于选项 C，MongoDB 是目前非常流行的一种非关系型数据库（NoSql），它有非常灵活的存储方式。它非常好地实现了面向对象的思想，在 MongoDB 数据库中，每一条记录都是一个 Document 对象。所以，选项 C 错误。

对于选项 D，IMS 是 IBM 开发的层次数据库，它不是关系数据库，是最早的大型数据库管理系统。所以，选项 D 错误。

所以，本题的答案为 A、B。

【真题 414】 按照学生平均成绩（avg_grade）将 students 表中的数据检索出来，下面 SQL 语句正确的是（　　）。

A．SELECT * FROM students ORDER BY avg_grade

B．SELECT * FROM students GROUP BY avg_grade ASC

C．SELECT * FROM students GROUP BY avg_grade DESC

D．SELECT * FROM students ORDER by avg_grade ASC

答案：A、D。

对于选项 A，ORDER BY avg_grade 是采用默认的排序方式对平均成绩进行排序。所以，选项 A 正确。

对于选项 B 与选项 C，GROUP BY 只会与 sum、count、avg 等聚合函数共同使用来完成某种统计功能，不能单独使用。所以，选项 B、选项 C 不正确。

对于选项 D，采用 asc 指定了查询结果对平均成绩进行升序排列。所以，选项 D 正确。

所以，本题的答案为 A、D。

【真题 415】 向数据库表中增加一列的 SQL 语法是（　　）。

答案：alter table table_name add column_name datatype。

【真题 416】 数据连接池的工作机制是什么？

答案：数据库连接是一种非常珍贵且有限的资源，尤其在多用户的网络应用环境中，更是如此。对数据库连接管理的好坏会直接影响整个系统的性能：一是建立与数据库的连接是一个耗时的操作，在页面应用中，如果每次用户的请求都需要建立新的数据库连接，那么响应时间就会很长，严重影响用户的体验；二是数据库的连接个数是有限制的，如果管理不好，用户经常建立与数据库的连接却忘记释放，运行时间久了，数据库的连接资源就会耗尽，当有新的用户需要访问数据库的时候，此时就需要等待很长的一段时间直到有用户释放连接资源才能访问数据，这对系统的可用性有着严重的影响。因此，管理好数据库的连接资源对应用系统尤其是页面应用系统是非常重要的。

数据库连接池负责分配、管理并释放数据库连接，它允许应用程序重复使用一个现有的数据库连接，而不再是重新建立一个新的数据库连接，同时，它还负责释放空闲时间超过最大空闲时间的数据库连接，避免因为没有释放数据库连接而引起的数据库连接遗漏。

在 J2EE 中，服务器在启动的时候会创建一定数量的池连接，并一直维持不少于此数目的池连接。当客户程序需要访问数据库的时候，就可以直接从池中获取与数据库的连接（获取一个空闲的连接），而不用去创建一个新的连接，同时标记该连接为忙状态。当使用完毕后再把该连接标记为空闲状态，这样其他用户就可以使用这个连接了。如果当前没有空闲的连接，那么服务器就会根据配置参数在池中创建一定数量的连接。采用这种方法对数据库连接进行管理后可以大幅提高用户的响应时间，提高运行效率。另外，为了提高数据库操作的性能，数据库连接池会释放空闲时间超过最大空闲时间的数据库连接，以避免因为没有释放数据库连接而引起的数据库连接遗漏。

【真题 417】SELECT * FROM TABLE 和 SELECT * FROM TABLEWHERE NAME LIKE '%%' AND ADDR LIKE '%%'AND (1_ADDR LIKE '%%' OR 2_ADDR LIKE '%%'OR 3_ADDR LIKE '%%' OR 4_ADDR LIKE '%%') 的检索结果为何不同?

答案：'%%'可以匹配所有的内容，但是不能匹配空（null），例如当 NAME 列有值为 null 的记录时，SELECT * FROM TABLE 就能查询出来，而后面的那条 SQL 语句就查询不出来这条记录。

3.2 数据库设计

【真题 418】一个人存在于社区中，会有各种各样的身份，和不同的人相处会有不同的关系。请自行设计数据库（表结构，个数不限），保存一个人的名字、关系（包括父亲、朋友们），并用尽可能少的时间空间开销组织好每个人和其他人的关系，组织好后尝试取出一个人的关系结构。其中涉及的 SQL 语句请详细写出。涉及的数据结构、数据组织形成也请描述清楚，代码可以用伪代码或你熟悉的任何代码给出。

答案：这道题要求存储三类信息：用户信息、关系信息和用户之间的关系信息。涉及的表见表 3-2～表 3-4。

（1）用户表：存储用户基本信息

create table user_info(user_id int primary key, user_name varchar(30) ,user_age int);（这个主键可以使用数据库自增的方式来实现，不同的数据库定义的方法有所不同）

表 3-2　用户表

user_id	user_name	user_age
1	James	18
2	Ross	25
3	Jack	50

（2）用户关系定义表：主要存储用户之间所有可能的关系

create table relation_define(relation_id int primary key, relation_name varchar2(32));

表 3-3　用户关系定义表

relation_id	relation_name
1	同事
2	父子
3	朋友

（3）用户关系信息表：存储用户关系信息

create table user_relation(user_id int, rel_user_id int,relation_id int);

表 3-4　用户关系信息表

user_id	rel_user_id	relation_id
1	2	1
2	3	2
1	3	3

表 3-4 中数据表示 1（James）和 2（Ross）是同事关系，3（Jack）和 2（Ross）是父子关系，1（James）

和 3（Jack）是朋友关系。

示例：查询用户 1 的社会关系。

```
select a.user_name,b.relation_name    from user_info a, relation_define b,
(select user_id,relation_id from user_relation where rel_user_id =1 union select rel_user_id as user_id,relation_id
from              user_relation where user_id =1) c
where a.user_id=c.user_id and b.relation_id=c.relation_id
```

运算结果见表 3-5。

表 3-5 运算结果

user_name	relation_name
Ross	同事
Jack	朋友

【真题 419】 有如下学生信息：

学生表 student(stu_id ,stu_name);

课程表 course(c_id,c_name);

成绩表 score(stu_id ,c_id,score);

1）写出向学生表中插入一条数据的 SQL 语句。

2）查询名字为 James 的学生所选的课程。

3）查询 stu_id 为 4 的学生所学课程的成绩。

答案：

1）向数据库中插入一条记录用的是 insert 语句，可以采用如下两种写法：

① insert into student(stu_id，stu_name) values(1,'james')

② insert into student values(1,'james')

如果这个表的主键为 stu_id，并且采用数据库中自增的方式生成，那么在插入的时候就不能显式地指定 stu_id 这一列，在这种情况下，添加记录的写法为：

```
insert into student(stu_name) values('james')
```

2）在数据库中查询用到的关键字为 select，由于 student 表中只存放了学生相关的信息，course 表中只存放了课程相关的信息，学生与课程是通过 score 表来建立关系的，一种思路为：首先找到名字为 Tom 的学生的 stu_id，然后在成绩表（score）中根据 stu_id 找出这个学生所选课程的 c_id，最后就可以根据 c_id 找出这个学生所选的课程。

① 可以使用下面的 select 语句来查询：

```
select c_name from course where c_id in (select c_id from score where stu_id in (select std_id from student
where stu_name='Tom'))
```

② 当然也可以根据题目要求，根据三张表的关系，直接执行 select 操作，写法如下：

```
select c_name from student st, course c，score sc where st. stu_id=sc. stu_id and sc. c_id=c.c_id and st.
stu_name='Tom'
```

③ 当然也可以把②的写法改为对三个表做 join 操作。

3）成绩都存在表 score 中，而课程名存储在表 course 中，因此，需要访问这两张表来找出课程与成绩，实现方法如下：

```
select c.c_name, s. score from course c，score s where s. stu_id =4 and c. c_id=s. c_id
```

【真题 420】 定义有表结构如下所示：

（1）表名：g_cardapply

字段（字段名/类型/长度）：

```
g_applyno      varchar   8;        //申请单号（关键字）
g_applydate    bigint    8;        //申请日期
g_state        varchar   2;        //申请状态
```

（2）表名：g_cardapplydetail

字段（字段名/类型/长度）：

```
g_applyno      varchar   8;        //申请单号（关键字）
g_name         varchar   30;       //申请人姓名
g_idcard       varchar   18;       //申请人身份证号
g_state        varchar   2;        //申请状态
```

其中，两个表的关联字段为申请单号。

题目：1）查询身份证号码为612301430103082的申请日期。

2）查询同一个身份证号码有两条以上记录的身份证号码及记录个数。

3）将身份证号码为612301430103082的记录在两个表中的申请状态均改为15。

4）删除g_cardapplydetail表中所有姓张的记录。

答案：1）主要思路为：从g_cardapplydetail中找到身份证号对应的g_applyno，然后根据g_applyno在表g_cardapply中找出申请日期即可，下面给出两种写法：

① select t1.g_applydate from g_cardapply t1, g_cardapplydetail t2 where t2.g_idcard= '612301430103082' and t1.g_applyno=t2.g_applyno

② select g_applydate from g_cardapply where g_idcard in (select g_idcard from g_cardapplydetail where g_idcard='612301430103082')

2）主要思路为：首先按身份证号码进行分组，然后统计每个身份证出现的次数，最后把出现次数大于或等于2的信息查询出来，SQL语句如下：

```
select g_idcard, count(g_idcard) as num from g_cardapplydetail group by g_idcard having count(g_idcard)>1
```

3）更新记录需要使用update语句，可以使用两条SQL语句分别更新两张表：

```
updateg_cardapplydetailset g_state='15' where g_idcard='612301430103082'
updateg_cardapply set g_state='15' where g_applyno in (select g_applyno from g_cardappdetail where g_idcard='612301430103082')
```

当然也可以把这两个SQL语句写到一个存储过程里面，存储过程的参数为身份证号码。

为了保持数据库中数据的一致性，最好把这两条update语句放到一个事务中。

4）本题考查的是对like子句模糊查询的理解，SQL语句如下：

delete from g_cardapplydetailwhere g_name like '张%'

【真题421】 一个简单的论坛系统中数据库扮演着非常重要的角色，假设数据库需要存储如下的一些数据：用户名、email、主页、电话、联系地址、发帖标题、发帖内容、回复标题及回复内容。每天论坛访问量400万左右，更新帖子10万左右。请给出数据库表结构设计，并结合范式简要说明设计思路。

答案：1）在论坛系统中，最重要的对象就是用户与帖子。显然，可以给用户单独设计一张表，由于帖子对象比较特殊，每个帖子都会有回复帖，而回复帖也会有回复帖，如此递归。由于论坛中会有大量的帖子，因此，对帖子表的设计是非常重要的。为了提高查询效率，在设计的时候可以把主题帖与回复帖分开为两张表；对于回复帖的回复帖，可以考虑在回复帖的表中增加一个额外的字段（回复帖子的id）。

2）E-R图设计：通过以上分析可知，这个简单的论坛系统主要有3个实体：用户 t_user、主题帖

t_mainPost 及回复帖 t_replayPost。它们之间有如下关系：

① 一个用户可以发 0 个或多个主题帖，因此，t_user 与 t_mainPost 的关系为一对多的关系。

② 一个用户可以有 0 个或多个回复帖，因此，t_user 与 t_replayPost 的关系为一对多的关系。

③ 一个主题帖可以有 0 个或多个回复帖，因此，t_mainPost 与 t_replayPost 的关系也是一对多的关系。

通过以上分析，下面给出数据库设计的 E-R 图，如图 3-1 所示。

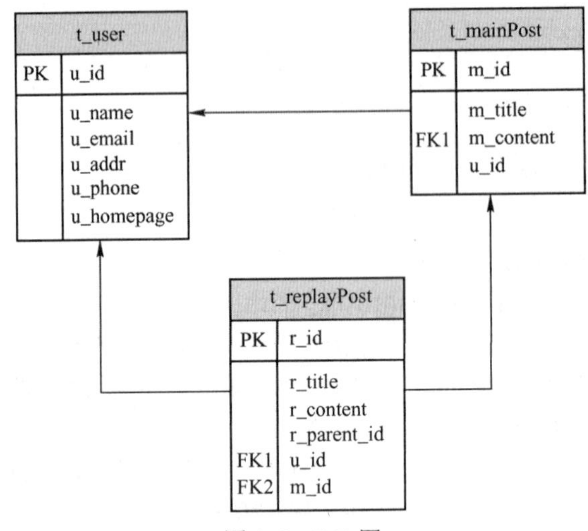

图 3-1 E-R 图

3）E-R 图转关系模型：当把 E-R 图转换为表时需要考虑如下规则：

每一个实体可以转换为一张表，实体的属性就是表的列。实体关系的转换需要遵循下面的规则：

① 一个 1∶1 的关系可以有如下两种转换方式：

a）创建单独的关系表，则这个表中的主要内容为 1∶1 关系的两个表的主键。

b）两个实体合并为一张表，把两个表的属性合并，创建一张表。

② 一个 1∶n 的关系可以有如下两种转换方式：

a）创建单独的关系表，则这个表中的主要内容为 1∶n 关系的两个表的主键。

b）通过在 n 端的表中引入一列（1 端表的主键）作为外键，一般采用这种方式来减少表的个数，从而提高查询效率。

③ 一个 m∶n 关系转换为一个关系模式。只能创建单独的关系表，关系表中的主要内容为两个表的主键。

上面设计的 E-R 图只有 1∶n 的关系，通过在 n 端引入 1 端实体的主键，得到数据库表结构见表 3-6～表 3-8。

t_user 表（用户信息表）：

表 3-6 t_user 表

列名	类型	键	描述
u_id	long	主键	用户 ID
u_name	varchar(20)		用户名
u_email	varchar(30)		用户邮箱
u_addr	varchar(100)		用户地址
u_phone	varchar(20)		用户号码
u_homepage	varchar(50)		用户主页 url

t_mainPost 表（主题帖表）：

表 3-7 t_mainPost 表

列名	类型	键	描述
m_id	long	主键	帖子 ID
m_title	varchar(50)		帖子主题
m_content	Varchar(1000)		帖子内容
u_id	long	外键	用户 ID

t_replayPost 表（回复帖表）：

表 3-8 t_replayPost 表

列名	类型	键	描述
r_id	long	主键	回复帖子 ID
r_title	varchar(50)		回复帖子主题
r_content	Varchar(1000)		回复帖子内容
u_id	long	外键	用户 ID
m_id	long	外键	
r_paient_id	long		回复帖的父帖 ID

4）分析：

① 显然，表中每个字段不可再分，因此，满足 1NF。

② 表中的每一行都可以唯一地用 id 区分，且不存在部分依赖，因此，满足 2NF。

③ t_replayPost 表存在传递依赖（r_id--> r_paient_id，r_paient_id -->m_id），因此，这个设计不满足 3NF。

数据库的范式主要目的是防止数据冗余、更新异常、插入异常和删除异常，范式越高，冗余越少。但是高的范式可能会带来处理速度缓慢和处理逻辑复杂的问题。因此，并不是范式越高越好，在实际设计时，需要权衡范式与效率，而不能盲目地追求高范式而忽视效率。对于本题而言，t_replayPost 被设计为不满足 3NF，虽然增加了冗余，但是能明显地提高效率。

第 4 章 网络与通信

【真题 422】 TCP 和 IP 分别对应 OSI 中的（ ）层。

A．Application B．Presentation C．Transport D．Network

答案：C、D。

OSI（Open System Interconnection，开放系统互联）七层网络模型称为开放式网络互联参考模型，它是国际标准组织制定的一个指导信息互联、互通和协作的网络规范。开放指的是只要遵循 OSI 标准，位于世界上任何地方的任何系统之间都可以进行通信，开放系统指的是遵循互联协议的实际系统，例如电话系统。从逻辑上可以将其划分为七层模型，由下至上分别为物理层、数据链路层、网络层、传输层、会话层、表示层和应用层，其中上三层称为高层，用于定义应用程序之间的通信和人机界面；下四层称为底层，用于定义数据如何进行端到端的传输（end-to-end）、物理规范以及数据与光电信号间的转换。

具体而言，从上往下每一层的功能如下：

1）应用层（Application Layer）。应用层也称为应用实体，一般指的是应用程序，该层主要负责确定通信对象，并确保有足够的资源用于通信。常见的应用层协议有 FTP、HTTP、SNMP（Simple Network Management Protocol，简单网络管理协议）等。

2）表示层（Presentation Layer）。表示层一般负责数据的编码以及转化，确保应用层能够正常工作。该层是界面与二进制代码间互相转化的地方，同时该层负责进行数据的压缩、解压、加密和解密等，该层也可以根据不同的应用目的将数据处理为不同的格式，表现出来就是各种各样的文件扩展名。

3）会话层（Session Layer）。会话层主要负责在网络中的两个结点之间建立、维护、控制会话，区分不同的会话，以及提供单工（Simplex）、半双工（Half Duplex）和全双工（Full Duplex）三种通信模式的服务。NFS（Network File System，网络文件系统）、RPC（Remote Procedure Call，远程过程调用）和 X Windows 等都工作在该层。

4）传输层（Transport Layer）。传输层是 OSI 模型中最重要的一层，它主要负责分割、组合数据，实现端到端的逻辑连接。数据在上三层是整体的，到了这一层开始被分割，这一层分割后的数据被称为段（Segment）。三次握手（Three-way Handshake）、面向连接（Connection-oriented）或非面向连接（Connectionless-oriented）的服务、流量控制（Flow Control）等都发生在这一层。工作在传输层的一种服务是 TCP/IP 协议套中的 TCP（传输控制协议），另一项传输层服务是 IPX/SPX 协议集的 SPX（Sequenced Packet Exchange Protocol，序列分组交换协议）。常见的传输层协议有 TCP、UDP、SPX 等。

5）网络层（Network Layer）。网络层作用是将网络地址翻译为物理地址，并决定如何将数据从发送方路由到接收方，主要负责管理网络地址、定位设备、决定路由，路由器就是工作在该层。上层的数据段在这一层被分割，封装后叫作包（Packet），包有两种，一种叫作用户数据包（Data Packets），是上层传下来的用户数据；另一种叫路由更新包（Route Update Packets），是直接由路由器发出来的，用来和其他路由器进行路由信息的交换。常见的网络层协议有 IP、RIP（Routing Information Protocol，路由信息协议）、OSPF（Open Shortest Path First，开放式最短路径优先）等。

6）数据链路层（Data Link Layer）。数据链路层为 OSI 模型的第二层，控制物理层与网络层之间的通信，主要负责物理传输的准备，包括物理地址寻址、CRC 校验、错误通知、网络拓扑、流量控制和重发等。MAC 地址和交换机都工作在这一层。上层传下来的包在这一层被分割封装后叫作帧（Frame）。常见的数据链路层协议有 SDLC、STP、帧中继、HDLC 等。

7）物理层（Physical Layer）。物理层是实实在在的物理链路，规定了激活、维持、关闭通信端点之间的机械特性、电气特性、功能特性以及过程特性。它为上层协议提供了一个传输数据的物理媒体，负责将数据以比特流的方式发送、接收。常见的物理媒体有双绞线、同轴电缆等。属于物理层相关的规范有 EIA/TIARS-232、EIA/TIA RS-449、RJ-45 等。

所以，本题的答案为 C、D。

【真题 423】 以下可以工作于数据链路层的是（　　）。

A．tcpdump　　B．集线器　　C．交换机　　D．路由器

答案：A、C。

对于选项 A，tcpdump 是根据使用者的定义对网络上的数据包进行截获的包分析工具，工作在数据链路层。tcpdump 是一种免费的网络分析工具，尤其是其提供了源代码，公开了接口，因此，它具备很强的可扩展性，对于网络维护和入侵防范都非常有用。所以，选项 A 正确。

对于选项 B，集线器，英文称为“Hub”，属于数据通信系统中的基础设备，工作在物理层。所以，选项 B 错误。

对于选项 C，交换机是一种基于 MAC 地址识别，能完成封装转发数据包功能的网络设备，工作在数据链路层。交换（Switching）是按照通信两端传输信息的需要，用人工或设备自动完成的方法，把要传输的信息送到符合要求的相应路由上的技术统称。所以，选项 C 正确。

对于选项 D，路由器用于连接多个逻辑上分开的网络，工作在网络层。所以，选项 D 错误。

所以，本题的答案为 A、C。

【真题 424】 IP 协议属于（　　）。

A．网络互联层　　B．应用层　　C．数据链路层　　D．传输层

答案：A。

4.1 网络设备

【真题 425】 当用一台机器作为网络客户端时，该机器最多可以保持（　　）个到服务端的连接。

A．1　　B．少于 1024　　C．少于 65535　　D．无限制

答案：C。

在一台机器上，到服务器端的连接数由端口的个数来决定，由于端口号的长度为 16 位，因此，最多可以使用的端口数为 2^16-1=65535，故最多可以保持 65535 个连接。所以，选项 C 正确。

【真题 426】 一个广域网和一个局域网相连，需要的设备是（　　）。

A．NIC　　B．网关　　C．集线器　　D．路由器

答案：B。

网关是局域网连接广域网的出口，可以工作在 OSI 模型网络层以上的不同层次。所以，选项 B 正确。

【真题 427】 典型的路由选择方式有两种：静态路由和动态路由。以下关于路由选择的描述中，正确的是（　　）。

A．当动态路由与静态路由发生冲突时，以静态路由为准

B．当动态路由与静态路由发生冲突时，以动态路由为准

C．静态路由适用于网络规模大、网络拓扑复杂的网络

D．动态路由适用于网络规模大、网络拓扑复杂的网络

答案：A、D。

路由（Routing）是指分组从源到目的地时，决定端到端路径的网络范围的进程。具体而言，就是路由器从一个接口上收到数据包，根据数据包的目的地址进行定向并转发到另一个接口的过程。

根据路由器学习路由信息、生成并维护路由表的方法，可以将路由划分为三种，即直连路由、静态路由和动态路由。以下将分别对这几种路由方式进行介绍。

直连路由是由链路层协议发现的，一般指去往路由器的接口地址所在网段的路径，直连路由无须手工配置，只要接口配置了网络协议地址，同时管理状态、物理状态和链路协议均运行时，路由器能够自动感知该链路存在，接口上配置的 IP 网段地址会自动出现在路由表中且与接口关联，并动态随接口状态

变化在路由表中自动出现或消失。直连路由只能使用于直接相连的路由器端口，非直连的路由器端口是没有直连路由的。

静态路由是在路由器中设置的固定的路由表，由管理员人工指定。除非管理员干预，否则静态路由不会发生变化，因而静态路由不能对网络的改变做出及时反应。静态路由的优点是简单、高效、可靠、网络安全、保密性高、转发效率高，缺点是适应性差。所以，它一般用于网络规模不大、拓扑结构固定的网络中，例如小规模局域网。

动态路由是网络中的路由器之间相互通信，传递路由信息，利用收到的路由信息更新路由器表的过程。由于路由器每隔一段时间会自动生成路由表，所以，它能实时地适应网络结构的变化。如果路由更新信息表明发生了网络变化，那么路由选择软件就会重新计算路由，并发出新的路由更新信息。这些信息通过各个网络，引起各路由器重新启动其路由算法，并更新各自的路由表以动态地反映网络拓扑变化。动态路由的优点是适应性强，所以，它适用于网络规模大、网络拓扑复杂的网络。

在所有的路由中，静态路由优先级最高。当动态路由与静态路由发生冲突时，以静态路由为准。所以，选项 A 与选项 D 正确。

4.2 网络协议

【真题 428】 在使用浏览器打开一个网页的过程中，浏览器会使用的网络协议包括（　　）。

A．DNS　　B．TCP　　C．HTTP　　D．telnet

答案：A、B、C。

一般在打开网页的时候，需要在浏览器中输入网址，因此，需要通过网址找到访问资源的 IP 地址，从而可以把请求发送到对应的机器上，在这个过程中需要 DNS（Domain Name System，域名系统，因特网上作为域名和 IP 地址相互映射的一个分布式数据库，能够使用户更方便地访问互联网，而不用去记住能够被机器直接读取的 IP 数串。通过主机名，最终得到该主机名对应的 IP 地址的过程叫作域名解析）协议；HTTP 是用于从 Web 服务器传输超文本到本地浏览器的传输协议。浏览器与服务器通过 HTTP 协议进行交互。HTTP 是应用层协议，在传输层是通过 TCP 协议来传输 HTTP 请求的。telnet 是 Internet 远程登录服务的标准协议和主要方式。它为用户提供了在本地计算机上完成远程主机工作的能力。一般使用方法为通过终端登录到远处主机，因此，在浏览器打开网页的过程中用不到。

所以，本题的答案为 A、B、C。

【真题 429】 下面关于网络通信的描述中，正确的是（　　）。

A．TCP/IP 协议是一种不可靠的网络通信协议

B．TCP/IP 协议是一种可靠的网络通信协议

C．UDP 协议是一种可靠的网络通信协议

D．UDP 协议是一种不可靠的网络通信协议

答案：B、D。

传输层协议主要有 TCP 协议与 UDP 协议。UDP（User Datagram Protocol，用户数据报协议）提供无连接的通信，不能保证数据包被发送到目标地址，典型的即时传输少量数据的应用程序通常使用 UDP，而 TCP（Transmission Control Protocol，传输控制协议）是一种面向连接（连接导向）的、可靠的、基于字节流的通信协议，它为传输大量数据或需要接收数据许可的应用程序提供连接定向和可靠的通信。

TCP 连接就像打电话，用户拨打特定的电话号码，对方在线并接起电话，然后双方进行通话，通话完毕之后再挂断，整个过程是一个相互联系、缺一不可的过程。而 UDP 连接就像发短信，用户短信发送给对方，对方有没有收到信息，发送者根本不知道，而且对方是否回答也不知道，对方对信息发送者发送消息也是一样。

TCP 与 UDP 都是常用的通信方式，在特定的条件下发挥不同的作用。具体而言，TCP 和 UDP 的区别主要表现为以下几个方面：

1）TCP 是面向连接的传输控制协议，而 UDP 提供的是无连接的数据报服务。

2）TCP 具有高可靠性，确保传输数据的正确性，不出现丢失或乱序；UDP 在传输数据前不建立连接，不对数据报进行检查与修改，无须等待对方的应答，所以会出现分组丢失、重复、乱序，应用程序需要负责传输可靠性方面的所有工作。

3）TCP 对系统资源要求较多，UDP 对系统资源要求较少。

4）UDP 具有较好的实时性，工作效率较 TCP 协议高。

5）UDP 段结构比 TCP 的段结构简单，因此网络开销也小。

既然 UDP 协议比 TCP 协议的效率更高，为什么 TCP 还能够保留呢？其实，TCP 协议和 UDP 协议各有所长、各有所短，适用于不同要求的通信环境，在有些环境下，UDP 确实高效，但在某些环境下，需要可靠的连接，此时采用 TCP 协议则更好。在提及 TCP 的时候，也一般提及 IP 协议，IP 协议是一种网络层协议，它规定每个互联网上的计算机都有一个唯一的 IP 地址，这样数据包就可以通过路由器的转发到达指定的计算机，但 IP 协议并不保证数据传输的可靠性。所以，选项 B 与选项 D 正确。

【真题 430】 下面关于 TCP/UDP 的描述中，正确的是（　　）。

A．TCP 提供面向连接的字节流服务　　B．TCP 和 UDP 都提供可靠的服务

C．TCP 也提供流控制　　D．TCP 和 UDP 都提供重传机制

答案：A、C。

【真题 431】 以下关于传输层协议 UDP 的描述中，正确的有（　　）。

A．比较适合传输小的数据文件　　B．提高了传输的可靠性

C．提供了高的传输效率　　D．使用窗口机制来实现流量控制

答案：C。

【真题 432】 下列功能中，能使 TCP 准确可靠地从源设备到目的地设备传输数据的是（　　）。

A．封装　　B．流量控制　　C．无连接服务　　D．编号和定序

答案：D。

TCP 是一种面向连接的、可靠的、基于字节流的传输层通信协议，主要通过如下一些方式实现可靠传输：

当 TCP 发出一个段后，它启动一个定时器，等待目的端确认收到这个报文段。如果不能及时收到一个确认，将重发这个报文段。当 TCP 收到发自 TCP 连接另一端的数据时，它将发送一个确认。

TCP 将保持它首部和数据的检验和。这是一个端到端的检验和，目的是检测数据在传输过程中的任何变化。如果收到段的检验和有差错，TCP 将丢弃这个报文段，同时，不确认收到此报文段。

由于 TCP 报文段作为 IP 数据报来传输，而 IP 数据报的到达可能会失序，因此，TCP 报文段的到达也可能会失序。因此，TCP 将对收到的数据进行重新排序，将收到的数据以正确的顺序交给应用层，这就需要对报文进行编号，以确定报文的顺序。

由此可见，选项 D 正确。

对于选项 A，封装是为了提高传输效率，当个别包传输失败后，只需要重传失败的包即可，如果没有把一个大的包封装成多个小的包，每当一个包出错的时候都需要重发整个包。所以，选项 A 错误。

对于选项 B，拥塞控制的目的是防止过多的数据注入到网络中，这样可以使网络中的路由器或链路不致过载。所以，选项 B 错误。

对于选项 C，TCP 是面向连接的服务，而 UDP 才是面向无连接的服务。所以，选项 C 错误。

【真题 433】 UDP 报头中没有（　　）。

A．目的地址　　B．窗口大小　　C．序列号　　D．检验和

答案：A、B、C。

UDP 报头只有四个域：源端口号、目的端口号、数据报长度和检验和。

UDP （User Datagram Protocol，用户数据报协议）是OSI（Open System Interconnection，开放式系统互联）参考模型中一种无连接的传输层协议，提供面向事务的简单不可靠信息传送服务。

【真题 434】 PING 命令使用 ICMP 的以下（　　）代码类型。

A．重定向　　B．Echo 响应　　C．源抑制　　D．目标不可达

答案：B。

PING 命令主要用来检测网络是否连通，使用方式为：ping IP 地址。底层实现的原理为：PING 发送一个 ICMPECHO 包；接收 ICMP echo（ICMP 回声应答）。因此，选项 B 正确。

对于选项 A，ICMP（Internet Control Message Protocol，Internet 控制报文协议）重定向报文是 ICMP 控制报文中的一种。在特定的情况下，当路由器检测到一台机器使用非优化路由时，它会向该主机发送一个 ICMP 重定向报文，请求主机改变路由。路由器也会把初始数据报向它的目的地转发。因此，选项 A 错误。

对于选项 C，源抑制报文（Source Quench Message）一般被接收设备用于帮助防止它们的缓存溢出。接收设备通过发送源抑制报文来请求源设备降低当前的数据发送速度。因此，选项 C 错误。

对于选项 D，当数据包无法被转发到目标结点或者上层协议时，路由器或者目标结点发送 ICMPv6 目标不可达差错报文。因此，选项 D 错误。

【真题 435】 以下不可以查看某 IP 是否可达的方式/命令是（　　）。

A．telnet　　B．PING　　C．tracert　　D．top

答案：D。

对于选项 A，telnet 协议是 TCP/IP 协议族中的一员，是 Internet 远程登陆服务的标准协议和主要方式。它为用户提供了在本地计算机上完成远程主机工作的能力。在终端使用者的计算机上使用 telnet 程序，用它连接到服务器。终端使用者可以在 telnet 程序中输入命令，这些命令会在服务器上运行，就像直接在服务器的控制台上输入一样。因此，选项 A 正确。

对于选项 B，PING 命令可以检查网络是否连通，可以很好地帮助进行分析和判定网络故障。应用格式：ping 空格 IP 地址。该命令还可以添加许多参数使用，具体是键入 PING 命令，然后输入回车即可查看到详细说明。因此，选项 B 正确。

对于选项 C，tracert（跟踪路由）是路由跟踪实用程序，用于确定 IP 数据包访问目标所采取的路径。tracert 命令用 IP 生存时间（TTL）字段和 ICMP 错误消息来确定从一个主机到网络上其他主机的路由。因此，选项 C 正确。

对于选项 D，top 命令是 Linux 下常用的性能分析工具，能够实时显示系统中各个进程的资源占用状况。因此，选项 D 错误。

【真题 436】 HTTPS 采用（　　）实现安全网站访问。

A．SSL　　B．IPsec　　C．PGP　　D．SET

答案：A。

本题中，对于选项 A，HTTPS（Hyper Text Transfer Protocol over Secure Socket Layer）是以安全为目标的 HTTP 通道，是 HTTP 的安全版，通过在 HTTP 下加入 SSL（Secure Sockets Layer，安全套接层）实现的。而 SSL 是为网络通信提供安全及数据完整性的一种安全协议。所以，选项 A 正确。

对于选项 B，IPSec（Internet Protocol Security，互联网协议安全）是一种开放标准的框架结构，通过使用加密的安全服务以确保在 Internet 上进行保密而安全的通信。所以，选项 B 错误。

对于选项 C，PGP（Pretty Good Privacy，完美隐私）是一个基于 RSA（RSA 是目前最有影响力的公钥加密算法，它能够抵抗到目前为止已知的绝大多数密码攻击，已被 ISO 推荐为公钥数据加密标准，其中，RSA 是创始人的名字的组合）公钥加密体系的邮件加密系统。所以，选项 C 错误。

对于选项 D，SET（Secure Electronic Transaction，安全电子交易）协议是 VISA 国际组织、万事达（MasterCard）国际组织创建，结合 IBM、Microsoft、Netscope、GTE 等公司制定的一个为了在互联网上保证交易的安全性的规范，主要目的是解决信用卡电子付款的安全保障性问题。所以，选项 D 错误。

【真题 437】 应用程序 PING 发出的是（　　）报文。

A．ICMP 应答　　B．TCP 请求　　C．TCP 应答　　D．ICMP 请求

答案：A。

PING 命令主要是为了检查网络是否通畅，它通过向计算机发送 ICMP（Internet Control Message Protocol，Internet 控制报文协议）应答报文并且监听回应报文的返回，以校验与远程计算机或本地计算机的连接。对于每个发送报文，PING 最多等待的时间为 1s，并打印发送和接收报文的数量。比较每个接收报文和发送报文，以校验其有效性。如果能够成功校验 IP 地址，但不能成功校验计算机名，则说明名称分析存在问题。默认情况下，发送四个回应报文，每个报文包含 64 字节的数据（周期性的大写字母序列）。

通过以上的分析，选项 A 正确。

【真题 438】 下列关于 HTTP 协议的描述中，不正确的是（　　）。

A．有状态，前后请求有关联关系

B．FTP 也可以使用 HTTP 协议

C．HTTP 响应包括数字状态码，300 代表此次请求有正确返回

D．HTTP 和 TCP、UDP 在网络分层里是同一层次的协议

答案：A、B、D。

HTTP 是 Hyper Text Transfer Protocol（超文本传输协议）的缩写，HTTP 协议是一个属于应用层的、用于从 Web 服务器传输超文本到本地浏览器的传送协议，由请求和响应构成。主要特点如下：

1）支持客户/服务器模式。

2）简单快速：客户向服务器请求服务时，只需传送请求方法和路径。请求方法常用的有 GET、HEAD 和 POST。每种方法规定了客户与服务器联系的类型不同。由于 HTTP 协议简单，使得 HTTP 服务器的程序规模小，因此，其通信速度很快。

3）灵活：HTTP 允许传输任意类型的数据对象。正在传输的类型由 Content-Type 加以标记。

4）无连接：无连接的含义是限制每次连接只处理一个请求。服务器处理完客户的请求，并收到客户的应答后，即断开连接。采用这种方式可以节省传输时间。

5）无状态：HTTP 协议是无状态协议。无状态是指协议对于事务处理没有记忆能力。缺少状态意味着如果后续处理需要前面的信息，则它必须重传，这样可能导致每次连接传送的数据量增大。另一方面，在服务器不需要先前信息时它的应答就较快。

本题中，对于选项 A，HTTP 协议是无状态的，因此，需要 cookie、session 等对客户端浏览器做标明。所以，选项 A 不正确。

对于选项 B，FTP 和 HTTP 都是应用层协议，不存在谁使用谁的问题。所以，选项 B 不正确。

对于选项 C，HTTP 的 3xx 状态码表示请求资源被转移。HTTP 状态码被分为五大类，见表 4-1。

表 4-1　HTTP 状态码

状态码	描述	已定义范围	分类
1XX	信息性状态码	100～101	信息提示
2XX	成功状态码	200～206	成功
3XX	重定向状态码	300～305	重定向
4XX	客户端错误状态码	400～415	客户端错误
5XX	服务器错误状态码	500～505	服务器错误

所以，选项 C 正确。

对于选项 D，HTTP 工作在应用层，TCP 与 UDP 工作在传输层。所以，选项 D 不正确。

【真题 439】 TCP 报文首部信息中与关闭连接有关的是（　　）。

A．URG　　B．ACK　　C．SYN　　D．FIN

答案：D。

TCP 是一个面向连接的协议，无论哪一方向另一方发送数据之前，都必须先在双方之间建立一条连接。TCP 使用三次握手（Three-way Handshake）协议来建立连接，图 4-1 描述了三次握手的报文序列。

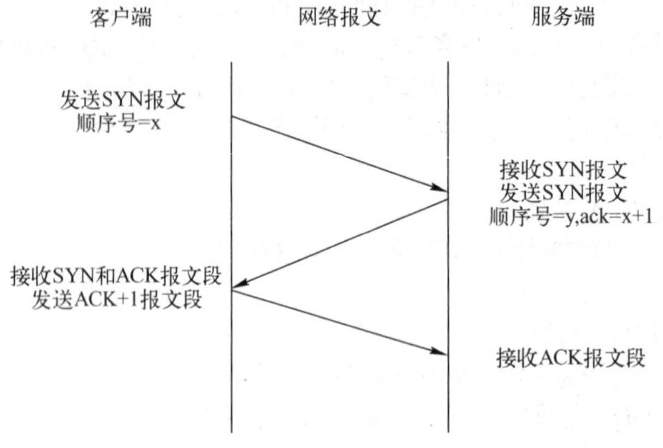

图 4-1　三次握手报文序列

当 TCP 连接建立起来后，就可以在两个方向传送数据流。当 TCP 的应用进程再没有数据需要发送时，就发送关闭命令。TCP 通过发送控制位 FIN=1 的数据片来关闭本方数据流，但还可以继续接收数据，直到对方关闭那个方向的数据流，连接就关闭。

TCP 协议使用修改的三次握手协议来关闭连接，即终止一个连接要经过 4 次握手。这是由于 TCP 的半关闭（Half-close）造成的。由于一个 TCP 连接是全双工（即数据在两个方向上能同时传递）的，因此，每个方向必须单独地进行关闭。关闭的原则就是当一方完成它的数据发送任务后就能发送一个 FIN 来终止这个方向的连接。当一端收到一个 FIN，它必须通知应用层另一端已经终止了那个方向的数据传送。发送 FIN 通常是应用层进行关闭的结果。过程如图 4-2 所示。

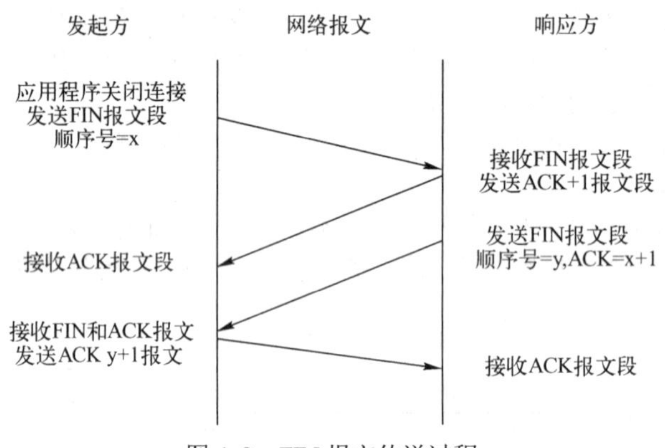

图 4-2　FIN 报文传送过程

从一方的 TCP 来说，连接的关闭有三种情况：

（1）本方启动关闭

收到本方应用进程的关闭命令后，TCP 在发送完尚未处理的报文段后，发 FIN＝1 的报文段给对方，且 TCP 不再受理本方应用进程的数据发送。在 FIN 以前发送的数据字节，包括 FIN，都需要对方确认，否则要重传。注意 FIN 也占一个顺序号。一旦收到对方对 FIN 的确认以及对方的 FIN 报文段，本方 TCP 就对该 FIN 进行确认，再等待一段时间，然后关闭连接。等待是为了防止本方的确认报文丢失，避免对方的重传报文干扰新的连接。

（2）对方启动关闭

当 TCP 收到对方发来的 FIN 报文时，发 ACK 确认此 FIN 报文，并通知应用进程连接正在关闭。

应用进程将以关闭命令响应。TCP 在发送完尚未处理的报文段后，发一个 FIN 报文给对方 TCP，然后等待对方对 FIN 的确认，收到确认后关闭连接。若对方的确认未及时到达，在等待一段时间后也关闭连接。

（3）双方同时启动关闭

如果连接双方的应用进程同时发关闭命令，则双方 TCP 在发送完尚未处理的报文段后，发送 FIN 报文。各方 TCP 在 FIN 前所发报文都得到确认后，发 ACK 确认它收到的 FIN。各方在收到对方对 FIN 的确认后，同样等待一段时间再关闭连接。这称为同时关闭（Simultaneous Close）。

由于 TCP 连接是全双工的，因此，每个方向都必须单独进行关闭。这个原则是当一方完成它的数据发送任务后就能发送一个 FIN 来终止这个方向的连接。收到一个 FIN 只意味着这一方向上没有数据流动，一个 TCP 连接在收到一个 FIN 后仍能发送数据。首先进行关闭的一方将执行主动关闭，而另一方执行被动关闭。

1）客户端 A 发送一个 FIN，用来关闭客户 A 到服务器 B 的数据传送（报文段 4）。

2）服务器 B 收到这个 FIN，它发回一个 ACK，确认序号为收到的序号加 1（报文段 5）。和 SYN 一样，一个 FIN 将占用一个序号。

3）服务器 B 关闭与客户端 A 的连接，发送一个 FIN 给客户端 A（报文段 6）。

4）客户端 A 发回 ACK 报文确认，并将确认序号设置为收到序号加 1（报文段 7）。

URG（Urgent）表示紧急传输；ACK 表示传输确认；SYN 表示同步；FIN 用来释放连接；此外还有 PSH（不要缓存立即 push 给应用层）和 RST（复位 reset，断开再重新建立连接）。

TCP 初始化连接三次握手：发 SYN 包，然后返回 SYN/ACK 包，再发 ACK 包，连接正式建立。但是这里有点出入，当请求者收到 SYS /ACK 包后，就开始建立连接了，而被请求者第三次握手结束后才建立连接。关闭连接要四次握手：发 FIN 包，ACK 包，FIN 包，ACK 包，四次握手。因为 TCP 连接是全双工，我关了你的连接，并不等于你关了我的连接。

所以，本题的答案为 D。

【真题 440】流量劫持是网络安全中常见的安全威胁，下列情况中，可能会造成流量劫持的是（　　）。

A．MAC 地址欺骗　　B．DNS 劫持

C．伪造的 DHCP 服务器　　D．使用 HTTPS 协议

答案：A、B、C。

（1）MAC 地址欺骗

交换机的转发过程如下：交换机的一个端口收到一个数据帧时，首先检查该数据帧的目的 MAC 地址表（Content Addressable Memory，CAM，用来动态记录 MAC 地址）对应的端口，如果目的端口与源端口不为同一端口，则把该帧从目的端口转发出去，同时更新 MAC 地址表中源端口与源 MAC 的对应关系；如果目的端口与源端口相同，则丢弃该帧。

以一个模拟 MAC 地址欺骗为例再次阐述一下 MAC 地址欺骗的原理。

现假设有一个寻找 IP 地址为 192.168.0.10 的 MAC 地址的 ARP 广播包，正确的 MAC 地址应该是 AA-AA-AA-AA-AA-AA，而黑客所在主机的 MAC 地址为 BB-BB-BB-BB-BB-BB。

MAC 地址欺骗的基本原理如下：

1）这个 ARP 广播包会在网络中进行广播，网络中的所有结点都可以接收到。

2）正常结点在接收 ARP 广播包后，在比较自己网络接口上配置的 IP 地址确认不是自己的后，就不作应答。而安装了黑客程序的主机可能就不一样了。本来自己的 IP 地址不是 ARP 广播包中的目标 IP 地址 192.168.0.10，但它也应答，说自己的 IP 地址是 192.168.0.10，并不断地向源端发送 ARP 响应包（也有 ARP 缓存表会定期自动更新的原因）。响应包当然包含的是正确的目标结点 IP 地址和不正确的 MAC 地址（黑客程序所在主机网卡的 MAC 地址 BB-BB-BB-BB-BB-BB）对应信息。

3）此时尽管网络中可能真正是目标 IP 地址的结点也向源端发出了 ARP 响应，但是由于黑客程序会不断地发送响应包，这样在源端会强制以黑客程序发送的响应包中的信息来更新 ARP 缓存表。这样就会在源端 ARP 缓存表中存在错误的 IP 地址和 MAC 地址对应表项。本来应为 192.168.0.10 与

AA-AA-AA-AA-AA-AA，现在就变成了 192.168.0.10 与 BB-BB-BB-BB-BB-BB。

4）当下次再收到要发往目标 IP 地址为 192.168.0.10 的数据包时，源端就不会再广播了，而直接发到 MAC 地址为 BB-BB-BB-BB-BB-BB 的主机上，也就是黑客所在的主机上。显然这样的通信不会真正成功，因为其 IP 地址根本就不是 192.168.0.10。

以上是黑客仿冒一般的结点，如果黑客仿冒的是网关 IP 地址，那么全网用户就不能上网成功了。这就是 ARP 病毒之所以会造成全网用户上网不成功的原因。因为 ARP 病毒把网关重定向到非正确的网关接口上，这完全可以通过执行 ARP 命令来查看验证。

用户发送一个自定义源 MAC 地址的包是非常容易的，只要伪造一个源地址，就能将这个地址关联到自己的接口上，以此获得受害者的流量。

防范措施：将机器固定的网络尽量绑定 MAC 和接口，极大增强链路层的安全性。同时，独立的子网段尽可能划分 VLAN（Virtual Local Area Network，虚拟局域网），避免过大的广播环境。

（2）DNS 劫持

DNS（Domain Name System，域名系统）的作用是把网络地址对应到真实的计算机能够识别的网络地址（IP 地址），以便计算机能够进一步通信，传递网址和内容等。

ARP 将 IP 解析成 MAC 地址，DNS 负责将域名解析成 IP 地址。DNS 劫持又称域名劫持，是指在劫持的网络范围内拦截域名解析的请求，分析请求的域名，把审查范围以外的请求放行，否则，返回假的 IP 地址或者什么都不做使请求失去响应，其效果就是对特定的网络不能反应或访问的是假网址。

DNS 服务一旦被黑客控制，用户发起的各种域名解析，都将被暗中操控。将正常网站解析成黑客服务器的 IP，并事先开启了 HTTP 代理，用户还是能正常上网，并且几乎看不出任何破绽。只不过所有流量都是经由黑客的代理服务器收发的，因而黑客可以轻易获取各种明文传输的密码，比如各种网站的账号信息都将一览无余。

（3）伪装的 DHCP 服务器

DHCP（Dynamic Host Configuration Protocol，动态主机配置协议）是一个局域网的网络协议，使用 UDP协议工作，主要有两个用途：给内部网络或网络服务供应商自动分配IP 地址；给用户或者内部网络管理员作为对所有计算机作中央管理的手段。现实中，并不是每个人都会配置网络参数，或者出于方便，让网络系统自动配置，自动分配 IP 地址设置 DNS 等。出于这个目的，DHCP 服务诞生了。

由于没有配置 IP 地址、网关、DNS 等，在网络上是寸步难行的，因此，首先需要从 DHCP 那获得这些信息。然而，既然连 IP 地址都没有，那又是如何通信的？显然，只能发到广播地址（255.255.255.255）上，而自己则暂时使用无效的 IP 地址（0.0.0.0）。（事实上，链路层的通信只要有 MAC 地址就行，IP 地址已属于网络层了，但 DHCP 由于某些特殊需要使用的是 UDP 协议。）

因为是发往广播，内网环境里的所有用户都能听到。如果存在多个 DHCP 服务器，则分别予以回复；用户则选择最先收到的。由于规则是如此简单，以至于用户没有选择的余地。图 4-3 给出了广播消息传播图。

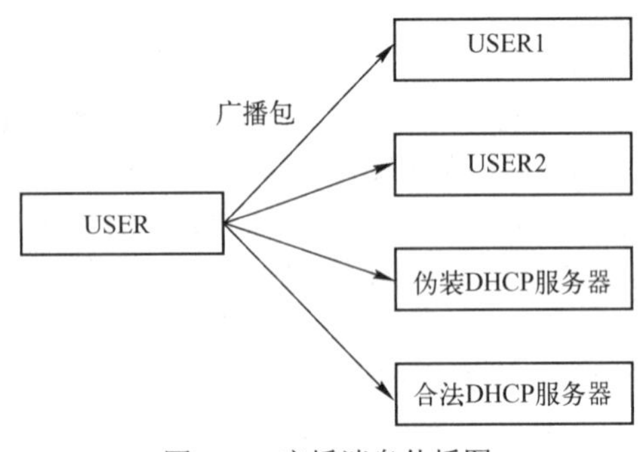

图 4-3　广播消息传播图

如果有黑客也在内网里开启了 DHCP 服务，用户收到的回复包很可能就是黑客发出的，这时用户的网络配置就会听由黑客接管了，被劫持就是不能避免的。

HTTPS（Hyper Text Transfer Protocol over Secure Socket Layer，基于 SSL 的 HTTP 协议）是以安全为目标的HTTP通道，简单讲是 HTTP 的安全版。即 HTTP 下加入 SSL 层，HTTPS 的安全基础是 SSL，因此，加密的详细内容就需要 SSL。

HTTPS 使用了 HTTP 协议，但 HTTPS 使用不同于 HTTP 协议的默认端口及一个加密、身份验证层（HTTP 与 TCP 之间）。这个协议的最初研发由网景公司进行，提供了身份验证与加密通信方法，现在它被广泛用于互联网上安全敏感的通信。

客户端在使用 HTTPS 方式与 Web 服务器通信时有以下几个步骤：

1）客户使用 HTTPS 的 URL 访问 Web 服务器，要求与 Web 服务器建立 SSL 连接。

2）Web 服务器收到客户端请求后，会将网站的证书信息（证书中包含公钥）传送一份给客户端。

3）客户端的浏览器与 Web 服务器开始协商 SSL 连接的安全等级，也就是信息加密的等级。

4）客户端的浏览器根据双方同意的安全等级，建立会话密钥，然后利用网站的公钥将会话密钥加密，并传送给网站。

5）Web 服务器利用自己的私钥解密出会话密钥。

6）Web 服务器利用会话密钥加密与客户端之间的通信。

图 4-4 给出了客户端在使用 HTTPS 方式与 Web 服务器进行交互时的过程。

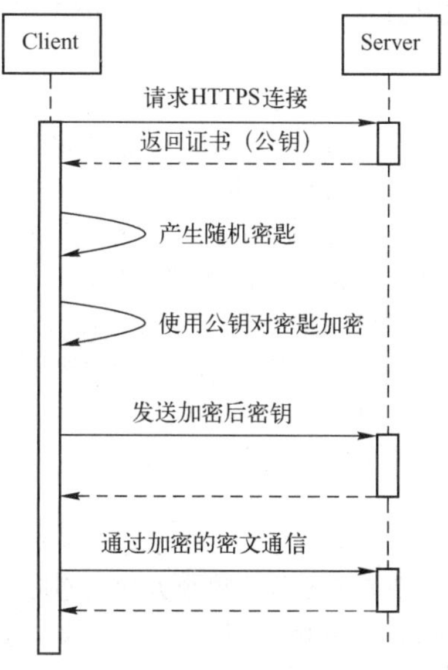

图 4-4　客户端在使用 HTTPS 方式与 Web 服务器进行交互时的过程

所以，本题的答案为 A、B、C。

【真题 441】 以下用于用户拨号认证的是（　　）。

A．PPTP　　B．IPSec　　C．L2TP　　D．CHAP

答案：A。

对于选项 A，PPTP（Point to Point Tunneling Protocol，点对点隧道协议）是在 PPP（Point to Point Protocol，点对点协议）的基础上开发的一种新的增强型安全协议，它支持多协议虚拟专用网（VPN，Virtual Private Network），可以通过密码验证协议（PAP，Password Authentication Protocol）、可扩展认证协议（EAP，Extensible Authentication Protocol）等方法增强安全性。可以使远程用户通过拨入 ISP（Internet Service Provider，互联网服务提供商）、直接连接 Internet 或其他网络安全地访问企业网。

对于选项 B，IPSec（Internet Protocol Security，Internet 协议安全性）是一种开放标准的框架结构，通过使用加密的安全服务以确保在 Internet 协议（IP）网络上进行保密而安全的通信。它通过端对端的安全性来提供主动的保护以防止专用网络与 Internet 的攻击。

对于选项 C，L2TP（Layer Two Tunneling Protocol，第二层隧道协议）是一种虚拟隧道协议，通常用于虚拟专用网。第二层隧道技术是在数据链路层使用隧道协议对数据进行封装，然后再把封装后的数据作为数据链路层的原始数据，并通过数据链路层的协议进行传输。L2TP 协议自身不提供加密与可靠性验证的功能，可以和安全协议搭配使用，从而实现数据的加密传输。经常与 L2TP 协议搭配的加密协议是 IPsec，当这两个协议搭配使用时，通常合称 L2TP/IPsec。

对于选项 D，CHAP 全称是 PPP（点对点协议）询问握手认证协议（Challenge Handshake Authentication Protocol）。该协议可通过三次握手周期性地校验对端的身份，可在初始链路建立完成时，在链路建立之后重复进行。

以上 4 个协议，只有 PPTP 用于用户拨号认证。所以，选项 A 正确。

【真题 442】 以下关于 TCP 的关闭过程的描述中，正确的是（　　）。

A．TIME_WAIT 状态称为 MSL（Maximum Segment Lifetime）等待状态

B．对一个 established 状态的 TCP 连接，在调用 shutdown 函数之前调用 close 接口，可以让主动调用的一方进入半关闭状态

C．主动发送 FIN 消息的连接端，收到对方回应 ACK 之前不能发只能收，在收到对方回复 ACK 之后不能发也不能收，进入 CLOSING 状态

D．在已经成功建立连接的 TCP 连接上，如果一端收到 RST 消息，可以让 TCP 的连接端绕过半关闭状态并允许丢失数据。

答案：D。

本题中，对于选项 A，当客户端主动关闭连接时，会发送最后一个 ACK，然后进入 TIME_WAIT 状态，再停留 2 个 MSL（Maximum Segment Lifetime，最大分节生命期，指的是一个 IP 数据包能在互联网上生存的最长时间，超过这个时间 IP 数据包将在网络中消失）时间，进入 CLOSED 状态。正确的说法应该是 TIME_WAIT 状态是等待 2 个 MSL 时间的状态。所以，选项 A 错误。

对于选项 B，对于 sockfd，close 会引起 4 次握手断开连接过程。shutdown 之前调用 close，只有当一个 sockfd 引用了此 TCP 连接，才会出现四次握手。如果多个进程或者 fd 引用了 TCP 连接，那么只 close 一个，只是减少一次引用。半关闭状态只能由 shutdown 引起，当然除了四次握手的中间暂存的状态不算，也就是半关闭不是由 close 引起的，而只能由 shutdown 引起。即使是暂态，close 也不一定会引起。所以，选项 B 错误。

对于选项 C，由于 TCP 连接是全双工的，因此，每个方向都必须单独进行关闭。这个原则是当一方完成它的数据发送任务后就能发送一个 FIN 来终止这个方向的连接。收到一个 FIN 只意味着这一方向上没有数据流动，一个 TCP 连接在收到一个 FIN 后仍能发送数据。主动发送 FIN 消息的连接端，收到对方回应 ACK 之前不能发只能收。所以，选项 C 错误。

对于选项 D，TCP 允许在传输的过程中突然中断连接，也就是 TCP 重置，通过设置 RST 为 1。通过 shutdown 进入半关闭状态，调用 close 会进入四次握手断开连接。TCP 连接在 ESTABLISHED 状态时收到 RST 包后，直接清理队列并删除 TCB，连接进入 CLOSED 状态。所以，选项 D 正确。

【真题 443】 下列不属于 RTSP 的方法的是（　　）。

A．OPTIONS　　B．CALL　　C．PLAY　　D．PAUSE

答案：B。

RTSP（Real Time Streaming Protocol，实时流传输协议）是 TCP/IP 协议体系中的一个应用层协议。

RTSP 请求报文的方法包括 OPTIONS、DESCRIBE、SETUP、TEARDOWN、PLAY、PAUSE、GET_PARAMETER 和 SET_PARAMETER。

很显然，CALL 不是 RTSP 的方法。所以，选项 B 正确。

【真题 444】 TCP 的窗口机制可以有效控制本端数据发送速率从而避免客户端和服务端之间的数据拥塞。（　　）

答案：正确。

【真题 445】 任何一个 IP 设备的路由表中，必须要有一条默认路由，这样才能知道默认数据发往哪里。（　　）

答案：正确。

【真题 446】 Internet 采用哪种网络协议？该协议的主要层次结构是什么？

答案：Internet 采用 TCP/IP 协议。该协议的主要层次结构见表 4-2。

表 4-2　TCP/IP 协议主要层次结构

TCP 协议层	网络协议内容
应用层	向用户提供一组常用的应用程序，例如电子邮件、文件传输访问、远程登录等。远程登录 TELNET 使用 TELNET 协议提供在网络其他主机上注册的接口。TELNET 会话提供了基于字符的虚拟终端。文件传输访问 FTP 使用 FTP 协议来提供网络内机器间的文件复制功能。常见的协议包括 FTP（File Transfer Protocol，文件传输协议）、TELNET（虚拟终端协议）、HTTP（超文本链接协议）、SNMP（Simple Network Management Protocol，简单网络管理协议）、TFTP（Trivial File Transfer Protocol，简单文件传输协议）、NTP（Network Time Protocol，网络时间协议）等
传输层	传输层的主要功能是分割并重新组装上层提供的数据流，为数据流提供端对端的传输服务。 常见的协议包括 TCP（Transmission Control Protocol，传输控制协议）和 UDP（User Datagram Protocol，用户数据报协议）
网络层	它是整个 TCP/IP 协议栈的核心，负责相邻计算机之间的通信。其功能包括三方面： 1）处理来自传输层的分组发送请求，当收到请求后，将分组装入 IP 数据报，填充报头，选择去往信宿机的路径，然后将数据报发往适当的网络接口。 2）处理输入数据报：首先检查其合法性，然后进行寻径，假如该数据报已到达信宿机，则去掉报头，将剩下部分交给适当的传输协议；假如该数据报尚未到达信宿，则转发该数据报。 3）处理路径、流控、拥塞等问题。 常见的协议包括 IP 等
数据链路层	协议最底层，负责接收 IP数据报并通过网络将其发送出去，或者从网络上接收物理帧，抽出 IP 数据报，交给 IP 层

【真题 447】 IP 协议属于（　　）。

A．网络互联层　　B．应用层　　C．数据链路层　　D．传输层

答案：A。

【真题 448】 HTTP 应答中的 500 错误指的是（　　）。

A．服务器内部错误　　B．文件未找到　　C．客户端网络不通　　D．没有访问权限

答案：A。

表 4-3 表示的是 HTTP 应答中的错误说明（从 500 开始）。

表 4-3　HTTP 应答错误说明

错误编码	错误名称	描　述
500	Internal Server Error（内部服务器错误）	服务器遇到了意料不到的情况，不能完成客户的请求
501	Not Implemented（未实现）	服务器不支持实现请求所需要的功能。例如，客户发出了一个服务器不支持的 PUT（从客户端向服务器传送的数据取代指定的文档的内容）请求
502	Bad Gateway（错误网关）	服务器作为网关或者代理时，为了完成请求访问下一个服务器，但该服务器返回了非法的应答
503	Service Unavailable（服务不可用）	服务器由于维护或者负载过重未能应答。例如，Servlet 可能在数据库连接池已满的情况下返回 503。当服务器返回 503 时，可以提供一个 Retry-After 头
504	Gateway Timeout（网关超时）	由作为代理或网关的服务器使用，表示不能及时地从远程服务器获得应答（HTTP 1.1 新）
505	HTTP Version Not Supported（HTTP 版本不受支持）	服务器不支持请求中所指明的 HTTP 版本（HTTP 1.1 新）

所以，选项 A 正确。

【真题 449】 以下关于 RARP 协议的说法中，正确的是（　　）。

A．RARP 协议用于对 IP 协议进行差错控制

B．RARP 协议根据主机 IP 地址查询对应的 MAC 地址

C．RARP 协议根据 MAC 地址求主机对应的 IP 地址

D．RARP 协议根据交换的路由信息动态改变路由表

答案：C。

ARP（Address Resolution Protocol，地址解析协议）是一个位于 TCP/IP 协议栈中的低层协议，它用于映射计算机的物理地址与网络 IP 地址。在 Internet 分布式环境中，每个主机都被分配了一个 32 位的网络地址，此时就存在计算机的 IP 地址与物理地址之间的转换问题。ARP 协议所要做的工作就是在主机发送帧前，根据目标 IP 地址获取 MAC 地址，以保证通信过程的顺畅。

其具体过程如下：首先，每台主机都会在自己的 ARP 缓冲区中建立一个 ARP 列表，用于存储 IP 地址与 MAC 地址的对应关系；然后，当源主机需要将一个数据包发送到目标主机时，会首先检查自己的 ARP 列表是否存在该 IP 地址对应的 MAC 地址，如果存在，则直接将数据包发送到该 MAC 地址，如果不存在，就向本地网段发起一个 ARP 请求的广播包，用于查询目标主机对应的 MAC 地址，此 ARP 请求数据包里包括源主机的 IP 地址、硬件地址以及目标主机的 IP 地址等；接着，网络中所有的主机收到这个 ARP 请求之后，会检查数据包中的目的 IP 是否与自己的 IP 地址一致，如果不同就忽略此数据包，如果相同，该主机会将发送端的 MAC 地址与 IP 地址添加到自己的 ARP 列表中，如果 ARP 列表中已经存在该 IP 地址的相关信息，则将其覆盖掉，然后给源主机发送一个 ARP 响应包，告诉对方自己是它所需要查找的 MAC 地址；最后源主机收到这个 ARP 响应包后，将得到的目的主机的 IP 地址和 MAC 地址添加到自己的 ARP 列表中，并利用此信息开始数据的传输，如果源主机一直没有收到 ARP 响应包，则表示 ARP 查询失败。

RARP（Reverse Address Resolution Protocol，反向地址解析协议）与 ARP 工作方式相反。RARP 发出要反向解析的物理地址并希望返回其对应的 IP 地址，应答包括由能够提供所需信息的 RARP 服务器发出的 IP 地址。RARP 获取 IP 地址的过程如下：主机发起一个 RARP 请求的广播包，用于查询主机的 IP 地址，这个广播包中包含了主机的 MAC 地址。网络中的 RARP 服务器收到这个 RARP 请求后，检查其 RARP 列表，查询这个 MAC 地址对应的 IP 地址，如果找到，则发送响应包给请求主机，否则，不做任何响应。源主机获取到这个 IP 地址后就可以用这个 IP 地址进行通信。所以，选项 C 正确。

【真题 450】 将网络物理地址转换为 IP 地址的协议是（　　）。

A．IP　　B．ICMP　　C．ARP　　D．RARP

答案：D。

【真题 451】 Internet 物理地址和 IP 地址转换采用什么协议？

答案：ARP。

4.3 网络安全

【真题 452】 下列用于产生数字签名的是（　　）。

A．接收方的私钥　　B．发送方的私钥　　C．发送方的公钥　　D．接收方的公钥

答案：B。

要想找出正确答案，首先需要弄懂数字签名的定义，在 ISO7498-2 标准中，数字签名的定义如下："附加在数据单元上的一些数据，或者对数据单元所做的密码变换，这种数据和变换允许数据单元的接收者用以确认数据单元来源和数据单元的完整性，并保护数据，防止被人（例如接收者）进行伪造"。它是不对称加密算法的典型应用，依靠公钥加密技术来实现。在公钥加密技术里，每一个使用者都有一对密钥：一把公钥和一把私钥，公钥可以自由发布，但私钥则秘密保存。

具体而言，数字签名的应用过程如下：数据源发送方使用自己的私钥对数据校验和或其他与数据内容有关的变量进行加密处理，完成对数据的合法"签名"，数据接收方则利用对方的公钥来解读收到的"数字签名"，并将解读结果用于对数据完整性的检验，以确认签名的合法性。数字签名技术是在网络系统虚拟环境中确认身份的重要技术，完全可以代替现实过程中的"亲笔签字"，在技术和法律上有保证。

在公钥与私钥管理方面，数字签名应用与加密邮件 PGP（Pretty Good Privacy）技术正好相反。在数字签名应用中，发送者的公钥可以很方便地得到，但他/她的私钥则需要严格保密。

为了更好地说明数字签名，引用一个较为通俗易懂的方法。

1）A 有两把钥匙，一把是公钥，另一把是私钥。

2）A 把公钥送给 B、C、D，每人一把。

3）D 要给 A 写一封保密的信。他写完后用公钥加密，就可以达到保密的效果。

4）A 收到信后，用私钥解密，就看到了信件内容。注意，只要私钥不泄露，这封信就是安全的，即使落在别人手里，它也是无法被解密的。

5）A 给 D 回信，决定采用“数字签名”。他写完后先用 Hash 函数，生成信件的摘要（Digest）。

6）然后，A 使用私钥，对这个摘要加密，生成“数字签名”（Signature）。

7）A 将这个签名，并附在信件下面，一起发送给 D。

8）D 收到信后，取下数字签名，用 A 的公钥解密，得到信件的摘要。由此证明，这封信确实是 A 发出的。

9）D 再对信件本身使用 Hash 函数，将得到的结果与上一步得到的摘要进行对比。如果两者一致，就证明这封信未被修改过。

10）复杂的情况出现了。C 想欺骗 D，他偷偷使用了 D 的电脑，用自己的公钥换走了 A 的公钥。此时，D 实际拥有的是 C 的公钥，但是还以为这是 A 的公钥。因此，C 就可以冒充 A，用自己的私钥做“数字签名”，写信给 D，让 D 用假的公钥进行解密。

11）后来，D 感觉不对劲，发现自己无法确定公钥是否真的属于 A。她想到了一个办法，要求去找“证书中心”（Certificate Authority，CA）为公钥做认证。证书中心用自己的私钥，对 A 的公钥和一些相关信息一起加密，生成“数字证书”（Digital Certificate）。

12）A 拿到数字证书以后，就可以放心了。以后再给 D 写信，只要在签名的同时，再附上数字证书就行了。

13）D 收信后，用 CA 的公钥解开数字证书，就可以拿到真实的公钥了，然后就能证明“数字签名”是否真的是 A 签的。

根据上面的分析可知，选项 B 是正确的。

所以，本题的答案为 B。

【真题 453】 下列不是实现防火墙的主流技术的是（　　）。

A．包过滤技术　　B．应用级网关技术　　C．NAT 技术　　D．代理服务器技术

答案：C。

所谓防火墙指的是一个由软件和硬件设备组合而成、在内部网和外部网之间、专用网与公共网之间构造的保护屏障，是一种获取安全性方法的形象说法。通常，实现防火墙的主流技术有三种：

（1）包过滤技术

包过滤是使用很早的一种防火墙技术，它在基于 TCP/IP 协议的数据报文进出的通道上工作，对这两层数据进行监控，对每个数据包的头部、协议、地址、端口和类型等信息进行详细分析，并与提前设定好的防火墙过滤规则（Filtering Rule）进行比对，只要发现一个包的某个或多个部分与过滤规则匹配并且条件为“阻止”的时候，就会丢弃这个包。

（2）应用代理技术

由于包过滤技术对于数据的保护不是很完善，对于一些特殊的攻击方式（例如 SYN 攻击）不能起到很好的作用，因此，出现了“应用代理”（Application Proxy）技术的防火墙。代理设备包含两个部分：服务端和客户端。主要工作方式为：当服务端接收来自用户的请求时，通过代理设备的客户端把这个客户端的请求转发给服务器，把从服务器接收到的响应转发给用户。

（3）状态检测技术

状态检测技术通过检测网络的状态来做出安全决策，工作方式为在不影响网络正常工作的前提下采

用抽取相关数据的方法对网络通信的各个层次实行监测，并根据预定义的过滤规则做出安全决策。

NAT（Network Address Translation，网络地址转换）是一种将私有（保留）地址转化为合法 IP 地址的转换技术，完美地解决了 IPv4 地址不足的问题，而且还能够有效地避免来自网络外部的攻击，隐藏并保护网络内部的计算机。

包过滤技术是最基本的防火墙技术，所以，选项 A 正确。应用级网关和代理服务器技术都是应用代理技术的防火墙，所以，选项 B 与选项 D 正确。而 NAT 技术是网络地址转换，用于公网和内网 IP 之间的相互转换，它不是防火墙技术，所以，选项 C 错误。

【真题 454】 某公司使用包过滤防火墙控制进出公司局域网的数据，在不考虑使用代理服务器的情况下，下面描述错误的是（　　）。

A．该防火墙能够使公司员工只能访问 Internet 上与其业务联系的公司的 IP 地址

B．该防火墙能够仅允许 HTTP 协议通过，不允许其他协议通过，例如 TCP/UDP

C．该防火墙能够使员工不能直接访问 FTP 服务器端口号为 21 的 FTP 地址

D．该防火墙能够仅允许公司中具有某些特定 IP 地址的计算机可以访问外部网络

答案：B。

包过滤防火墙的作用通常是直接转发报文，它对用户完全透明，而且速度较快，一般包含有一个包检查模块（通常称为包过滤器），可以根据数据包中的各项信息来控制站点与站点、站点与网络、网络与网络之间的相互访问，但无法控制传输数据的内容，因为数据内容属于应用层，而包过滤器工作在传输层和网络层。

对于选项 A 与选项 D，无论是源 IP 地址还是目的 IP 地址，都是网络层的 IP 地址，都在包过滤防火墙的控制范围内，因此，通过配置目的 IP 和源 IP，可以使公司员工只能访问 Internet 上与其业务联系的公司的 IP 地址，可以仅允许公司中具有某些特定 IP 地址的计算机可以访问外部网络。所以，选项 A 与选项 D 正确。

对于选项 B，由于 HTTP 协议是超文本传输协议，它是应用层协议，包过滤防火墙工作在传输层和网络层，因此，它无法实现对应用层协议的限制。所以，选项 B 错误。

对于选项 C，默认情况下，FTP 协议开放的端口号是 21，它是传输层的 TCP 协议的端口号。因此，虽然 FTP 是应用层协议，但是通过包过滤防火墙可以限制 TCP 端口号，即可以使员工不能直接访问 FTP 服务器端口号为 21 的 FTP 地址。所以，选项 C 正确。

所以，本题的答案为 B。

【真题 455】 数字签名和加密的区别是什么？

答案：数字签名使用发送方的密钥对，发送方使用自己的私有密钥进行加密，而接收方只需要发送方的公开密钥就可以解密，是一种一对多的关系，只要持有发送方公开密钥的人都可以验证数字签名的正确性。

加密是一种以密码方式发送信息的方法，指的是如下这样一个过程：发送方利用接收方的公钥对要发送的明文进行加密，接收方利用自己的私钥进行解密，其中公钥和私钥是相对的，任何一个作为公钥，则另一个就为私钥。所以，加密使用的是接收方的密钥对，这是一种多对一的关系，任何知道接收方公开密钥的人都可以向接收方发送加密信息，只有唯一拥有接收方私有密钥的人才能对信息解密。

另外，数字签名采用的是非对称密钥加密算法，它能保证发送信息的完整性、身份认证和不可否认性，而数字加密采用的是对称密钥加密算法和非对称密钥加密算法相结合的方法。

【真题 456】 下面是对称加密算法的有（　　）。

A．DES　　B．AES　　C．DSA　　D．RSA

答案：A、B。

加密算法可以分为两种：对称式加密算法和非对称式加密算法。对称式加密就是加密和解密使用同一个密钥；非对称式加密就是加密和解密所使用的不是同一个密钥。

常见的对称式加密算法有 DES（效率高，适用于加密大量数据）、3DES（采用三个不同的密钥，三

次加密，更加安全）、RC2 和 RC4（采用变长的密钥，比 DES 效率更高）、AES（速度快，安全级别高）等，常见的非对称式加密算法有 RSA、DSA（数字签名算法）、ECC 等。所以，选项 A 与选项 B 正确。

4.4 其他

【真题 457】 某主机的 IP 地址为 202.117.131.12/20，其子网掩码是（　　）。

A．255.255.248.0　　B．255.255.240.0　　C．255.255.252.0　　D．255.255.255.4

答案：B。

在计算机网络与通信中，子网掩码用来指明一个 IP 地址的哪些位标识的是主机所在的子网，它的作用就是将某个 IP 地址划分成网络地址和主机地址两部分。

子网掩码是一个 32 位地址，用于屏蔽 IP 地址的一部分以区别网络标识和主机标识，并说明该 IP 地址是在局域网上，还是在远程网上。本题中，/20 表示 IP 地址的前 20 位都是网络号，后 12 位是主机号。由此可以确定，子网掩码为 11111111 11111111 11110000 00000000，即 255.255.240.0。所以，选项 B 正确。

【真题 458】 下列给定地址中，与 192.168.1.110/27 属于同一个子网的主机地址是（　　）。

A．192.168.1.94　　B．192.168.1.96　　C．192.168.1.124　　D．192.168.1.126

答案：C、D。

本题中，/27 表明 IP 地址的子网号为 27 位（子网掩码：11111111.11111111.11111111.11100000），然后把 IP 地址与这个子网掩码执行按位与（&）操作，就可以得到子网号，子网号相同的就在一个子网内。由于 IP 地址前面几位都是 192.168.1，因此，只需要考虑最后一位。

题目中 IP 地址最后一个位的十进制表示为 110，其对应的二进制位表示为 01101110，与子网掩码与的结果为 01100000，而 94 的二进制为 01011110，与子网掩码与的结果为 01000000；96 的二进制为 01100000，与子网掩码与的结果为 01100000；124 的二进制为 01111100，与子网掩码与的结果为 01100000；126 的二进制为 01111110，与子网掩码与的结果为 01100000。由此可见，选项 C 与选项 D 的子网号与题目给出的 IP 地址的子网号相同，因此，它们属于同一个子网。

【真题 459】 对于 IP 地址 130.63.160.2，掩码为 255.255.255.0，子网号为（　　）。

A．160.2　　B．160　　C．63.160　　D．63.160.2

答案：B。

本题中，130.63.160.2 是 B 类 IP 地址，而 B 类 IP 地址的前 16 位（两个字节）为网络号，后 16 位是主机号，划分子网就是将主机号中的一部分拿出来当作子网号，本题中，子网掩码为 255.255.255.0，也就是把前三个字节当成网络号。

与 B 类 IP 地址默认的前两个字节作为网络号相比，第三个字节就是子网号，即 160，所以，这个 IP 的网络号是 130.63，子网号为 160，主机号是 2。所以，选项 B 正确。

【真题 460】 随着 IP 网络的发展，为了节省可分配的注册 IP 地址，有一些地址被拿出来用于私有 IP 地址，以下不属于私有 IP 地址范围的是（　　）。

A．10.6.207.84　　B．172.23.30.28　　C．172.32.50.80　　D．192.168.1.100

答案：C。

三个私有 IP 地址范围：10.0.0.0～10.255.255.255，172.16.0.0～172.31.255.255 和 192.168.0.0～192.168.255.255。末尾全 0 的表示一个网段，不用于单独的主机 IP 使用，x.x.0.1 一般是路由器的 IP 地址（大多路由器产品 IP 地址为 192.168.0.1 或 192.168.1.1）。末尾全 1 的（255）是广播地址，也不用于单独主机 IP。所以，选项 C 正确。

【真题 461】某网络的 IP 地址空间为 192.168.5.0/24，采用定长子网划分，子网掩码为 255.255.255.248，则该网络的最大子网个数、每个子网内最大可分配地址个数各为（　　）。

A．8，32　　B．32，8　　C．32，6　　D．8，30

答案：C。

本题中，网络的 IP 地址空间为 192.168.3.0/24，这是一个 C 类 IP 地址块，其默认子网掩码为 255.255.255.0。但按照题目要求，如果采用定长子网划分，子网掩码 255.255.255.248 的二进制表示为 1111 1111.11111111.1111 1111.1111 1000，它是在 255.255.255.0 的基础上，向原主机号借用了 5 个比特位作为新的子网号，因此，本网络的最大子网个数为 2^5 个，即 32 个，此时可以排除选项 A 与选项 D。

每个子网内的最大可分配地址个数=2^(32−29)−2=2^3−2=8−2=6 个，之所以需要减去 2，是因为主机号为全 0 的地址被保留用于标识子网本身、主机号为全 1 的地址被保留用作该子网的广播地址，它们不在可分配地址中。所以，选项 C 正确。

【真题 462】 IP 地址的编码分为哪几个部分？

答案：IP 地址由两部分组成：网络号和主机号。要想区别哪些是网络位，哪些是主机位，需要与“子网掩码”执行按位与（&）操作。

【真题 463】 IPv6 地址占（　　）个字节。

A．32　　B．4　　C．8　　D．16

答案：D。

IP 地址是 Internet 上主机或路由器的数字标识，用来唯一地标识该设备。IPv4（Internet Protocol version 4，互联网协议版本 4）是一个被广泛使用的互联网协议，而 IPv6 是下一版本的互联网协议。随着互联网的迅速发展，IPv4 定义的有限地址空间将被耗尽，地址空间的不足必将妨碍互联网的进一步发展。为了扩大地址空间，拟通过 IPv6 重新定义地址空间。

IPv6 采用 128 位（合 16 个字节）地址长度，几乎可以不受限制地提供地址。IPv6 不仅解决了地址短缺的问题，还考虑了在 IPv4 中存在的端到端 IP 连接、服务质量、安全性、多播、移动性及即插即用等问题。所以，选项 D 正确。

【真题 464】 IPv6 地址包含（　　）位。

A．64　　B．16　　C．32　　D．128

答案：D。

【真题 465】 下列关于地址转换的描述中，错误的是（　　）。

A．地址转换解决了因特网地址短缺所面临的问题

B．地址转换实现了对用户透明的网络外部地址的分配

C．使用地址转换后，对 IP 包加长、快速转发不会造成什么影响

D．地址转换为内部主机提供了一定的“隐私”

答案：B。

对于选项 A，随着网络技术的不断发展，IP 地址紧缺已经是一个非常突出的问题，网络地址转换正是为了解决这个问题而出现的，网络地址转换的作用是把内网的私有地址转化成外网的公有地址，使得内部网络上的（被设置为私有 IP 地址的）主机可以访问 Internet。当大量的内部主机只能使用少量的合法的外部地址，就可以使用 NAT（Network Address Translation，网络地址转换）把内部地址转化成外部地址。所以，选项 A 正确。

对于选项 B，地址转换实现了对用户透明的网络内部地址的分配，而不是外部。所以，选项 B 错误。

对于选项 C，地址转换只会对内网与公网地址进行映射，不会影响其他功能。所以，选项 C 正确。

对于选项 D，由于网络内部计算机在访问 Internet 的时候都会被映射为一个公网地址，因此，并没有把计算机实际的地址暴露在 Internet 中，所以，提供了一定的“隐私”。所以，选项 D 正确。

【真题 466】 以下不属于网络安全控制技术的是（　　）。

A．防火墙技术　　B．访问控制技术　　C．入侵检测技术　　D．差错控制技术

答案：D。

网络安全涉及计算机网络上信息的保密性、完整性、可用性、真实性以及可控性，它是一个系统工程，需要仔细考虑系统的安全需求，并将各种安全技术结合在一起才能维护计算机网络以及信息的安全。

本题中，对于选项 A，防火墙是一种保护计算机网络安全的技术性措施，它通过在网络边界上建立相应的网络通信监控系统来隔离内部和外部网络，以阻挡来自外部的网络入侵，因此，它属于网络安全控制技术。所以，选项 A 正确。

对于选项 B，防止对任何资源进行未授权的访问，从而使计算机系统在合法的范围内使用。通过权限控制来实现网络安全控制。因此，它属于网络安全控制技术。所以，选项 B 正确。

对于选项 C，入侵检测是指“通过对行为、安全日志或审计数据或其他网络上可以获得的信息进行操作，检测到对系统的闯入或闯入的企图”，通过这种技术也能实现网络安全控制。因此，它属于网络安全控制技术。所以，选项 C 正确。

对于选项 D，差错控制用于在网络传输过程中对差错进行控制以保证数据的准确性，因此，它不属于网络安全控制技术。所以，选项 D 错误。

【真题 467】 对于 IP 地址 200.5.6.4，属于（　　）类地址。

A. A　　B. B　　C. C　　D. D

答案：C。

IP 地址根据网络 ID 的不同分为 5 种类型：A 类地址、B 类地址、C 类地址、D 类地址和 E 类地址。

一个 A 类 IP 地址由 1 字节的网络地址和 3 字节主机地址组成，网络地址的最高位必须是“0”，地址范围从 1.0.0.0 到 126.0.0.0。可用的 A 类网络有 126 个，每个网络能容纳 1 亿多个主机。一个 B 类 IP 地址由 2 个字节的网络地址和 2 个字节的主机地址组成，网络地址的最高位必须是“10”，地址范围从 128.0.0.0 到 191.255.255.255。可用的 B 类网络有 16382 个，每个网络能容纳 6 万多个主机。一个 C 类 IP 地址由 3 字节的网络地址和 1 字节的主机地址组成，网络地址的最高位必须是“110”。范围从 192.0.0.0 到 223.255.255.255。C 类网络可达 209 万余个，每个网络能容纳 254 个主机。D 类 IP 地址的第一个字节以“1110”开始，它是一个专门保留的地址。它并不指向特定的网络，目前这一类地址被用在多点广播（Multicast）中。多点广播地址用来一次寻址一组计算机，它标识共享同一协议的一组计算机。E 类 IP 地址的第一个字节以“11110”开始，为将来使用保留。

通过上面分析可知，200.5.6.4 属于 192.0.0.0～223.255.255.255 范围内，属于 C 类地址范畴。所以，选项 C 正确。

【真题 468】 IP 地址 131.153.12.71 是一个（　　）IP 地址。

A. A 类　　B. B 类　　C. C 类　　D. D 类

答案：B。

【真题 469】 下列属于分布式文件系统的是（　　）。

A. HBase　　B. Spark　　C. MapReduce　　D. KFS　　E. Hive

答案：D。

分布式文件系统（Distributed File System，DFS）是指文件系统管理的物理存储资源不一定直接连接在本地结点上，而是通过计算机网络与网络中其他结点相连。它的设计基于 C/S（Client/Server，客户端/服务器）模式，将存储资源管理放在 Server（服务器）端，Client（客户）端负责用户访问操作以及与 Server 交互，Server 通过管理的存储资源中获取存储数据。与它对立的就是本地文件系统，本地文件系统是基于单主机、单操作系统管理本地存储资源。

对于选项 A，HBase 全称是 Hadoop Database，它是一个高可靠性、高性能、面向列、可伸缩的分布式存储系统，本质上是一个开源数据库，利用 HBase 技术可在廉价 PC Server 上搭建起大规模结构化存储集群。

对于选项 B，Spark 是一个通用的并行计算框架，由 UC Berkeley 大学的 Matei 为主的小团队所开发。使用的语言是 Scala，项目的 Core（核心）部分的代码只有 63 个 Scala 文件，充分体现了精简之美。Spark 要解决的问题是，在当前的分布式计算框架中不能有效处理的两类问题：iterative（迭代计算）和 interactive（交互式）计算。

对于选项 C，MapReduce 是一种编程模型，用于大规模数据集（大于 1TB）的并行运算。简单概括地说，MapReduce 是将一个大作业拆分为多个小作业的框架（大作业和小作业本质应该是一样的，只是规模不同而已），用户需要做的就是决定拆成多少份，以及定义作业本身。

对于选项 D，KFS 全称是 Kosmos distributed File System，它是一个专门为数据密集型应用（搜索引擎、数据挖掘等）而设计的具有业内先进水平的存储系统，系统架构及功能服务类似于Google的GFS和Hadoop 的HDFS分布式文件系统。它通过 HTTP-WEB 为上层应用系统（KASS 文档管理系统及其他各种应用系统）提供底层文件服务，从而为企业快速搭建云文件服务平台。

对于选项 E，Hive 是一个基于 Hadoop 的数据仓库工具，它可以将结构化的数据文件映射为一张数据库表，并提供简单的 SQL 查询功能，可以将 SQL 语句转换为 MapReduce 任务进行运行。

由于文件系统的英文名称为 File System，简写为 FS，所以，带 FS 的一般表明它是文件系统，故分布式文件系统有 KFS、NFS、AFS、GFS 等。通过以上分析可知，选项 D 正确。

【真题 470】 在以下工具中，可以显示源机器与目标机器之间的路由数量，以及各路由之间的 RTT 的是（　　）。

A．Traceroute　　B．PING　　C．FTP　　D．telnet

答案：A、B。

题目中提到的路由之间的 RTT（Round Trip Time，往返时间）指往返时间，即请求发送一个响应数据包，到得到一个回答数据包的时间。

对于选项 A，Traceroute 和 PING 是常用的两个网络测试工具。Traceroute 通过发送小的数据包到目的设备直到其返回，来测量其需要多长时间。一条路径上的每个设备 Traceroute 要测 3 次。输出结果中包括每次测试的时间（ms）和设备的名称（如果有的话）及其 IP 地址。通过 Traceroute 可以知道信息从个人计算机到互联网另一端的主机是走的什么路径。当然，每次数据包由某一同样的出发点（Source）到达某一同样的目的地（Destination）走的路径可能会不一样，但基本上来说，大部分时候所走的路由是相同的。很显然，通过 Traceroute 是可以显示源机器与目标机器之间的路由数量，以及各路由之间的 RTT 的。所以，选项 A 正确。

对于选项 B，PING（Packet Internet Groper，因特网包探索器），是用于测试网络连接量的程序。PING 发送一个 ICMP（Internet Control Messages Protocol）即因特网信报控制协议；回声请求消息给目的地并报告是否收到所希望的ICMP echo（ICMP 回声应答）。它是用来检查网络是否通畅或者网络连接速度的命令。作为一个生活在网络上的管理员或者黑客来说，PING 命令是第一个必须掌握的DOS命令，它所利用的原理是这样的：利用网络上机器 IP 地址的唯一性，给目标IP地址发送一个数据包，再要求对方返回一个同样大小的数据包来确定两台网络机器是否连接相通，时延是多少。所以，选项 B 正确。

对于选项 C，FTP（File Transfer Protocol，文件传输协议）中文简称为“文传协议”，它用于 Internet 上的控制文件的双向传输。所以，选项 C 错误。

对于选项 D，telnet 协议是TCP/IP 协议族中的一员，它是 Internet远程登陆服务的标准协议和主要方式，主要用于远程登录，为用户提供了在本地计算机上完成远程主机工作的能力。在终端使用者的电脑上使用 telnet 程序，用它连接到服务器。终端使用者可以在 telnet 程序中输入命令，这些命令会在服务器上运行，就像直接在服务器的控制台上输入一样，在本地就能控制服务器。所以，选项 D 错误。

所以，本题的答案为 A、B。

【真题 471】 下列关于 MAC 地址的表示中，正确的是（　　）。

A．00-e0-fe-01-23-45　　B．00e0.fe01.2345　　C．00e.0fe.-012.345　　D．00e0.fe112345

答案：A。

MAC（Media Access Control 或者 Medium Access Control）中文翻译为媒体访问控制，或称为物理地址、硬件地址，用来定义网络设备的位置。在 OSI（Open System Interconnection，开放系统互联）模型中，第三层网络层负责 IP 地址，第二层数据链路层则负责 MAC 地址。因此，一个主机会有一个 MAC 地址，而每个网络位置会有一个专属于它的 IP 地址。

MAC 地址格式通常为 6 个字节的二进制代码(以 6 组 16 进制数表示)，格式为 XX-XX-XX-XX-XX-XX。

所以，选项 A 正确。

【真题 472】 3G 技术的标准包含（　　）。

A．WCDMA　　B．WiMAX　　C．TD-SCDMA

D．CDMA 2000　　E．LAS-CDMA

答案：A、B、C、D。

3G（3rd-Generation，第三代移动通信技术）是指支持高速数据传输的蜂窝移动通信技术。3G 服务能够同时传送声音及数据信息，速率一般在几百 kbit/s 以上。当前，3G 存在四种标准：CDMA2000、WCDMA、TD-SCDMA 和 WiMAX。所以，选项 A、选项 B、选项 C 和选项 D 正确。

【真题 473】 分布式系统设计包括（　　）。

A．容错设计　　B．多数据中心的数据一致性　　C．数据/服务可靠性

D．可扩展性　　E．要满足 ACID 特性

答案：A、B、C、D、E。

【真题 474】 当路由器接收的 IP 报文的目的地址不是本路由器的接口 IP 地址，并且在路由表中未找到匹配的路由项，则采取的策略是（　　）。

A．丢掉该分组　　B．将该分组分片　　C．转发该分组　　D．将分组转发或分片

答案：A。

路由器转发 IP 报文的依据是路由表，通过匹配路由表里的路由项来实现对 IP 报文的转发。当路由器收到一个 IP 报文的时候，将报文中的目的 IP 地址提取出来，然后与路由表中路由表项包含的目的地址进行比较。如果与某路由项中的目的地址相同，则认为与此路由项匹配；如果没有路由项能够匹配，则丢弃该 IP 报文。所以，选项 A 正确。

第5章 操作系统

5.1 基本概念

【真题 475】 操作系统不执行以下操作中的（　　）。

A. 分配内存　　B. 输出/输入　　C. 资源回收　　D. 用户访问数据库资源

答案：D。

操作系统简称 OS（Operating System），是管理和控制计算机硬件与软件资源的计算机程序，是直接运行在“裸”机上的最基本的系统软件，是计算机硬件和其他软件的接口，任何其他软件都必须在操作系统的支持下才能运行。它具有作业管理、文件管理、存储管理、设备管理以及进程管理等功能。以下将分别针对这几种功能进行介绍。

1）作业管理主要包括任务管理、界面管理、人机交互、图形界面、语音控制和虚拟现实等。

2）文件管理又称为信息管理。它是操作系统中实现文件统一管理的一组软件、被管理的文件以及为实施文件管理所需要的一些数据结构的总称，是对文件存储器的存储空间进行组织、分配和回收的软件，负责文件的存储、检索、共享和保护。

3）存储管理实质上是对存储“空间”的管理，主要指对内存的管理。

4）设备管理其实是对硬件设备的管理，其中包括对输入/输出设备的分配、启动和完成。

5）进程管理也称为处理器管理，是对处理器执行“时间”的管理，即如何将 CPU 真正地分配给每个任务。

本题中，选项 A 中分配内存与选项 C 中资源回收属于内存管理，选项 B 中输出/输入属于输入设备管理，选项 D 中的用户访问数据库资源是由用户对数据库系统发起的操作，不属于操作系统的作用范畴。所以，选项 D 正确。

【真题 476】 操作系统的功能是进程处理机管理、（　　）管理、（　　）管理、文件管理和作业管理等。

A. 设备　　B. 存储器　　C. 硬件　　D. 软件

答案：A、B。

【真题 477】 下列关于 Linux 操作系统的描述中，正确的是（　　）。

A. 线性访问内存非法时，当前线程会进入信号处理函数

B. 用 mv 命令移动文件时，文件的修改时间会发生变化

C. ulimit-c 设置的是函数调用栈的大小

D. malloc 函数是应用程序向操作系统申请内存的接口

答案：A、D。

对于选项 A，信号机制是进程之间相互传递消息的一种方法，信号全称为软中断信号、软中断，其实质和使用类似于中断。当线性访问内存非法时，会产生非法内存访问的信号，当前线程会进入信号处理函数。所以，选项 A 正确。

对于选项 B，可以使用 mv 命令在相同的文件系统或文件系统之间移动文件。不管是在一个文件系统中工作，还是跨文件系统工作，mv 命令把文件复制到目标处并删除原文件。mv 命令在新文件中保存最新数据修改的时间、最新访问时间、用户标识、组标识和原始文件的文件方式。对于符号链路，mv 命令仅保存该链路本身的所有者和组。因此，文件的修改时间是不会变化的。所以，选项 B 不正确。

对于选项 C，ulimit 是一种 Linux 操作系统的内建功能，它具有一套参数集，用于为由它生成的 shell

进程及其子进程的资源使用设置限制，是一种简单并且有效的实现资源限制的方式。ulimit 用于限制 shell 启动进程所占用的资源，支持以下各种类型的限制：所创建的内核文件的大小、进程数据块的大小、shell 进程创建文件的大小、内存锁住的大小、常驻内存集的大小、打开文件描述符的数量、分配堆栈的最大大小、CPU 时间、单个用户的最大线程数及 shell 进程所能使用的最大虚拟内存。同时，它支持硬资源和软资源的限制。ulimit 命令的格式为 ulimit [options] [limit]，.-c 设置的是 core 文件的最大值，而不是函数调用栈的大小。所以，选项 C 不正确。

对于选项 D，malloc 函数的原型为 void *malloc(int size)，它的功能是向系统申请分配指定 size 个字节的内存空间。返回类型是 void* 类型，void* 表示未确定类型的指针。所以，选项 D 正确。

所以，本题的答案为 A、D。

【真题 478】 以下关于实时操作系统（RTOS）的任务调度器描述中，正确的是（　　）。

A．任务之间的公平性是最重要的调度目标

B．大多数 RTOS 调度算法都是可抢占式（可剥夺式）的

C．RTOS 调度器都采用了基于时间片轮转的调度算法

D．RTOS 调度算法只是一种静态优先级调度算法

答案：B。

实时操作系统（Real-Time Operating System，RTOS）是指当外界事件或数据产生时，能够接受并以足够快的速度予以处理，其处理的结果又能在规定的时间之内来控制生产过程或对处理系统做出快速响应，并控制所有实时任务协调一致运行的操作系统。能够提供及时响应和高可靠性是其主要特点。

对于选项 A，由于 RTOS 具有实时响应的特性，因此，它的调度目标是时间响应，而不是任务之间的公平性。所以，选项 A 不正确。

对于选项 B，为了保证响应的实时性，实时操作系统采用了抢占式的调度方式。所以，选项 B 正确。

对于选项 C 与选项 D，为了保证响应的实时性，实时操作系统采用了抢占式的调度方式，而不是采用基于时间片轮转的调度方式，也不是静态优先级调度方式。所以，选项 C 与选项 D 不正确。

所以，本题的答案为 B。

【真题 479】 以下程序会打印出（　　）个“-”。

```
for (int i = 0; i<2; i++)
{
        fork();
        printf(" - \n");
}
```

A．2　　　　B．4　　　　C．6　　　　D．8

答案：C。

要弄明白本题的输出结果，就必须弄懂 fork 函数的运行机理。

fork()函数是 Unix 操作系统下以自身进程创建子进程的系统调用，通过系统调用创建一个与原来进程几乎完全相同的进程，一个是子进程，一个是父进程，该子进程拥有与父进程相同的堆栈空间，也就是说，两个进程可以做完全相同的事，可以理解为它们俩是双胞胎兄弟，但如果初始参数或者传入的变量不同，两个进程也可以做不同的事。在 fork()函数的调用处，整个父进程空间会原模原样地复制到子进程中，包括指令、变量值、程序调用栈、环境变量和缓冲区等。

fork()函数的一个奇妙之处就是它仅仅被调用一次，却能够返回两次，且可能有三种不同的返回值：

1）在父进程中，fork()函数返回新创建子进程的进程 ID。

2）在子进程中，fork()函数返回 0。

3）如果出现错误，fork()函数返回一个负值。

所以，可以通过 fork()函数的返回值来判断当前进程是子进程还是父进程。

当 printf 函数遇到了换行符“\n”，或 EOF，或缓冲区满，或文件描述符关闭，或主动 flush，或程序退出时，就会把数据刷出缓冲区。对于本题而言，printf("-\n")中有换行，因此会马上输出而不会缓存，所以，此时会打印 6 个“-”。

执行过程如图 5-1 所示。

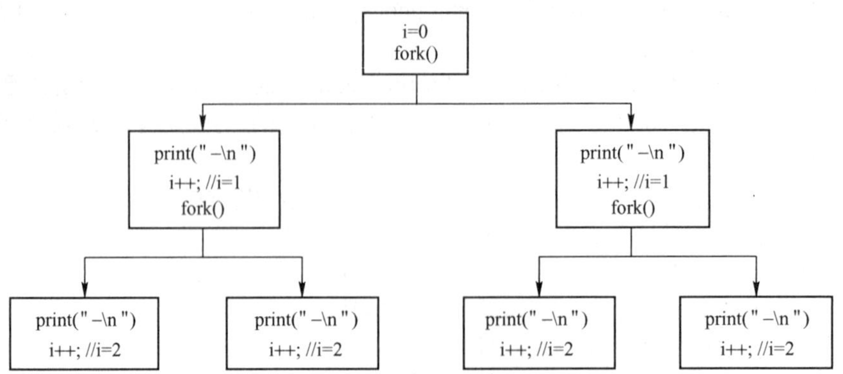

图 5-1　程序执行过程

如果将上述代码中的 printf("-\n")语句改为 printf("-")语句，结果就大相径庭了。由于 printf("-")语句有缓冲区，所以，printf("-")把字符“-”放到了缓存中，并没有真正地输出，在执行 fork()函数的时候，缓存被复制到子进程空间，所以，输出“-”的个数就变为 8 个，比 6 个多 2 个。所以，选项 C 正确。

所以，本题的答案为 C。

如果将 printf()和 fork()这两句顺序调换会怎样呢？

此时，对于 printf("-")的情况，由于“-”在缓冲区中没有实际输出，所以，printf()函数和 fork()函数的顺序调换没有影响，都是 8 个。

对于 printf("-\n")的情况，因为有实际输出调换顺序 printf()在前，所以，fork()函数在后输出为 3 个“-”。

【真题 480】 有如下代码：

```
int main()
{
    fork()||fork();
}
```

以上程序创建的进程个数是（　　）。

A．2　　　B．3　　　C．4　　　D．5

答案：B。

逻辑或运算符||具有短路功能，即如果第一个表达式的值为真，那么运算符||后面的表达式将不再执行，如果第一个表达式的返回值为假，就会继续判断右边的表达式的值是否为真。

fork()函数的作用是创建一个新的进程，一个现有进程可以调用 fork()函数创建一个新进程。由函数 fork()创建的新进程被称为子进程（Child Process）。fork()函数被调用一次但会返回两次，两次返回的唯一区别是子进程中返回 0 而父进程中返回子进程 ID。子进程是父进程的副本，它将获得父进程数据空间、堆、栈等资源的副本。注意，子进程持有的是上述存储空间的“副本”，这意味着父子进程间不共享这些存储空间。

本题中，fork() ||fork()语句的执行流程为，在父进程中，左边的 fork()函数返回一个非零值（子进程 ID），根据逻辑或运算符||的短路原则，前面的表达式为真时，后面的表达式不再执行。

在子进程中，左边 fork()函数的返回值为 0，因此会继续执行后面的 fork()函数，又创建一个新的进程，因此一共创建了 3 个进程，分别为 main 进程->子进程->子进程。

如图 5-2 所示，相同形状的为同一进程，共有三种进程。

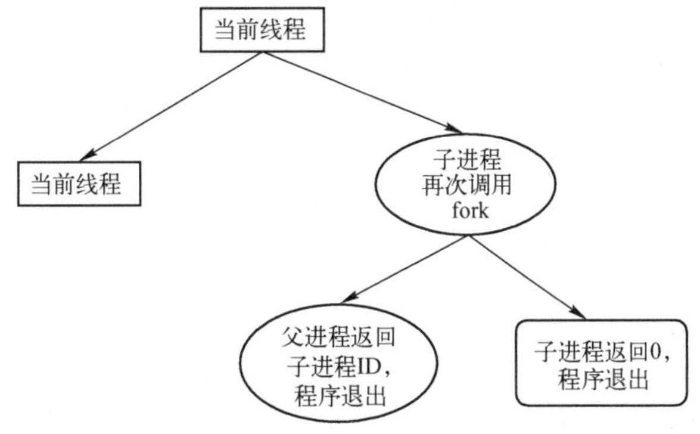

图 5-2 进程创建过程

所以，本题的答案为 B。

【真题 481】 以下命令中，可以用来查看当前系统启动时间的是（　　）。

A．w　　B．top　　C．ps　　D．uptime

答案：D。

w 命令用来显示当前登录的用户信息。top 命令用来实时显示系统中各个进程的资源占用状况。ps 命令用来列出系统中当前运行的那些进程。uptime 命令主要用于获取主机运行时间和查询 Linux 系统负载等信息，可以显示系统现在时间、系统已经运行了多长时间、目前有多少登录用户以及系统在过去的 1min、5min 和 15min 内的平均负载。所以，选项 D 正确。

【真题 482】 如果系统的 umask 设置为 244，那么创建一个新文件后，它的权限是（　　）。

A．--w-r--r--　　B．-r-xr--r--　　C．-r---w--w-　　D．-r-x-wx-wx

答案：C。

umask 主要用来设置用户创建文件的默认权限（设置的是权限的补码），在计算新创建文件的默认权限的时候，首先写出文件最大的权限模式，然后从这个模式中拿走 umask 就可以得到新创建文件的默认权限。Linux 操作系统中的文件有三种权限：r（读）、w（写）和 x（执行），分别用数字 4、2、1 代表。对于新创建的文件来说，最大的权限是 6，因为新创建的文件不能有执行权限，只能在创建后通过 chmod 命令（chmod 是 Linux 系统管理员最常用到的命令之一，用于改变文件或目录的访问权限）给文件增加执行权限。新创建的文件的最大权限模式为 666（-rw-rw-rw-），由于 unmask 设置为 244，因此，从 666 中拿去 244 后变为 422（-r---w--w-）。

所以，本题的答案为 C。

【真题 483】 在 bash 中，以下说法正确的是（　　）。

A．$#表示参数的数量　　B．$$表示当前进程的名字

C．$@表示当前进程的 pid　　D．$?表示前一个命令的返回值

答案：A。

bash 是一个为 GNU（GNU is Not Unix 的递归缩写）计划编写的 Unix Shell，它的名字是一系列缩写：Bourne-Again Shell。它是大多数 Linux 系统以及 Mac OS X v10.4 默认的 Shell，能运行于大多数 Unix 风格的操作系统之上，甚至被移植到 Microsoft Windows 上的 Cygwin 系统中，以实现 Windows 的 POSIX 虚拟接口。此外，它也被 DJGPP 项目移植到 MS-DOS 上。

bash 的命令语法是 Bourne Shell 命令语法的超集。本题中，对于选项 A，$#用来表示执行 bash 程序时命令行参数的个数。所以，选项 A 正确。

对于选项 B，$$用来表示当前脚本运行的进程 ID。所以，选项 B 错误。

对于选项 C，$@用来表示参数列表。所以，选项 C 错误。

对于选项 D，$?命令表示函数或者脚本自身的退出状态，用于检查上一个命令、函数或者脚本执行是否正确。所以，选项 D 错误。

所以，本题的答案为 A。

【真题 484】 在 bash 中，需要将脚本 demo.sh 的标准输出和标准错误输出重定向至文件 demo.log，以下用法正确的是（　　）。

A．bash demo.sh &>demo.log　　　　B．bash demo.sh>&demo.log

C．bash demo.sh >demo.log 2>&1　　　　D．bash demo.sh 2>demo.log 1>demo.log

答案：C。

输出可以分为标准输出和标准错误输出，其中 2 代表标准错误输出，1 代表标准输出。重定向有两种方式：>demo.log 与>>demo.log。其中，>demo.log 把标准输出流重定向到 demo.log 文件中，这种方式会清空 demo.log 中的内容，而>>demo.log 也只把标准输出重定向到 demo.log，但不会清空 demo.log 中已有的内容。对于本题而言，bash demo.sh >demo.log，用来把标准输出定向到 demo.log 文件中，2>&1 用来把标准错误重定向到标准输出。

所以，本题的答案为 C。

【真题 485】 在 bash 中，下列语句是赋值语句的是（　　）。

A．a="test"　　B．$a="test"　　C．a="test"　　D．$a="test"

答案：C。

bash 中赋值语句的写法为：变量名称=值（等号两边不能有空格）。所以，选项 C 正确。

【真题 486】 以下命令中，可以打印文件（demo.log）中包含 ERP 的行到标准输出的是（　　）。

A．sed '/ERR/a\' demo.log　　　　B．sed '/ERP/p' demo.log

C．sed '/ERP/d' demo.log　　　　D．sed -n '/ERP/p' demo.log

答案：D。

sed 是一种在线编辑器，一次处理一行内容，主要用来自动编辑一个或多个文件，简化对文件的反复操作。处理过程如下：把当前处理的行存储在临时缓冲区中，称为“模式空间”，然后用 sed 命令对缓冲区中的内容进行处理，处理完之后，把缓冲区的内容送往屏幕，接着去处理下一行，这样不断地重复，直到文件末尾，这种处理方式默认情况下并没有改变文件的内容。

sed 的使用方式为 sed [-nefr] [动作]，选项与参数如下：

1）-n：使用安静（silent）模式。在一般 sed 的用法中，所有来自 STDIN 的资料一般都会被列出到屏幕上。但如果加上-n 参数后，则只有经过 sed 特殊处理的那一行（或者动作）才会被列出来。

2）-e：一般使用方法为-e<script>或-expression=<script>，表示用选项中指定的 script 来处理文本文件。

3）-f：直接将 sed 的动作写在一个文件内。

4）-r：sed 的动作能支持延伸型正规表示法的语法。

5）-i：直接修改读取的文件内容，而不是输出到终端。

动作：[n1[,n2]]动作行为

n1, n2：用来表示选择进行动作的行数，例如，如果想要后面的动作在 100～200 行之间进行，则用 100，200 动作行为来表示。

下面介绍几个常用的动作行为：

1）a\：在当前行后添加一行或多行。

2）c\：用新文本替换当前行中的文本。

3）d：删除行。

4）i\：在当前行之前插入文本。

5）p：打印这一行。

6）s：用一个字符串替换另外一个字符串。

7）g：取出暂存缓冲区的内容，将其复制到模式缓冲区。

例如，1,20s/old/new/g 就是把 1～20 行中的 old 替换成 new。

本题中，对于选项 A 和选项 C，a\和 d 分别是添加和删除的意思，显然是错误的。所以，选项 A 和选项 C 错误。

对于选项 B，sed '/ERP/p' demo.log，由于没有采用安静模式，因此，会打印 demo.log 中包含 ERP 的行。默认情况 sed 把所有行都打印到屏幕，如果某行匹配到模式，则把该行另外再打印一遍。所以，选项 B 错误。

对于选项 D，sed -n '/ERP/p' demo.log，-n 取消默认的输出，从而只把包含 ERP 的行打印出来，-p 是指打印行，demo.log 是指定的文件。所以，选项 D 正确。

所以，本题的答案为 D。

【真题 487】 使用 dkpg 命令安装的软件为（　　）。

A．.rpm　　B．.tar.gz　　C．.tar.bz2　　D．.deb

答案：D。

对于选项 A，.rpm 格式的文件需要用 rpm 命令来安装。所以，选项 A 错误。

对于选项 B，.tar.gz 格式的文件必须首先用 tar 命令解压，解压后才能安装。所以，选项 B 错误。

对于选项 C，.tar.bz2 格式的文件也需要用 tar 命令解压，解压后才能安装。所以，选项 C 错误。

对于选项 D，.deb 格式的文件需要用 dkpg 命令来安装。所以，选项 D 正确。

【真题 488】 在 Linux 操作系统中，以下关于硬链接的描述中，正确的是（　　）。

A．跨文件系统　　B．不可以跨文件系统

C．为链接文件创建新的 i 结点　　D．链接文件的 i 结点与被链接文件的 i 结点相同

答案：B、D。

Linux 链接分两种，一种被称为硬链接（Hard Link），另一种被称为符号链接（Symbolic Link）。

硬链接实际上是为文件新建一个别名，链接文件和原文件实际上是同一个文件，也就是说，硬链接是一个文件的一个或多个文件名。在 Linux 操作系统的文件系统中，每个文件都会有一个编号，被称为索引结点号（Inode Index）。在 Linux 操作系统中，硬链接的实现方式为使多个文件名指向同一索引结点，从而使得一个文件可以拥有多个有效的路径名。硬链接就是让多个不在或者同在一个目录下的文件名，同时能够修改同一个文件，其中一个修改后，所有与其有硬链接的文件都一起修改了。需要注意的是，硬链接是不能跨文件系统的。

符号链接也叫软链接，非常类似于 Windows 的快捷方式，是一个特殊的文件。在符号链接中，文件实际上是一个文本文件，其中包含有另一文件的位置信息。需要注意的是，符号链接是可以跨文件系统的。

所以，本题的答案为 B、D。

【真题 489】 同步机制应该遵循的基本准则有（　　）。

A．空闲让进　　B．忙则等待　　C．有限等待　　D．让权等待

答案： A、B、C、D。

在多线程的环境中，经常会碰到数据的共享问题，即当多个线程需要访问同一个资源时，它们需要以某种顺序来确保该资源在某一时刻只能被一个线程使用，否则，程序的运行结果将会是不可预料的，在这种情况下，就必须对数据进行同步。例如多个线程同时对同一数据进行写操作。即当线程 A 需要使用某个资源时，如果这个资源正在被线程 B 使用，同步机制就会使线程 A 一直等待下去（在很多情况下，都会设置等待的超时时间，而不会让其无限等待），直到线程 B 结束对该资源的使用后，线程 A 才能使用这个资源。由此可见，同步机制能够保证资源的安全。

具体而言，同步机制应该遵循以下基本准则：

1）空闲让进：空闲说明临界资源没有被其他线程访问，因此，可以允许进入。

2）忙则等待：忙则说明临界资源正在被访问，因此，必须等待。

3）有限等待：在等待临界资源的时候，必须能保证在有限的时间能访问到临界资源，否则，将会

陷入死等的状态。

4）让权等待：当线程或进程不能进入临界区的时候，应当释放处理机，防止进程忙等待。即进程状态由运行状态转换为阻塞状态，进程进入阻塞队列中等待。

所以，本题的答案为 A、B、C、D。

【真题 490】 批处理操作系统的目的是（　　）。

A．提高系统资源利用率　　B．提高系统与用户的交互性能

C．减少用户作业的等待时间　　D．降低用户作业的周转时间

答案：A。

批处理是指计算机系统对一批作业自动进行处理的技术。由于系统资源为多个作业所共享，其工作方式是作业之间自动调度执行，并在运行过程中用户不干预自己的作业，从而大大提高了系统资源的利用率和作业吞吐量。采用批量处理作业技术的操作系统称为批处理操作系统。批处理操作系统不具有交互性，它是为了提高 CPU 的利用率而提出的一种操作系统。

批处理操作系统分为单道批处理系统和多道批处理系统。在单道批处理系统中，内存中仅有一道作业，它无法充分利用系统中的所有资源，致使系统性能较差。在多道批处理系统中，用户提交的作业都存放在外存中，并形成队列，这个队列称为"后备队列"，然后作业调度程序按照作业调度算法将若干作业调入内存，多个作业同时执行，以达到 CPU 和资源的共享、提高资源的利用率和系统的吞吐量的目的。

通过上面的分析可知，批处理操作系统的目的是为了提高系统资源利用率。所以，选项 A 正确。

【真题 491】 动态链接库和静态链接库的优缺点是什么？

答案：所谓库指的是把一些常用函数的目标文件打包在一起，提供相应函数的接口，便于程序员使用。具体而言，它是别人写好的、现有的、成熟的、可以复用的代码，只需要知道其接口如何定义，便可以简单方便地使用。而静态链接库（Static Link Library，LIB）与动态链接库（Dynamic Link Library，DLL）都是共享代码的方式。以下将分别对这两种方式进行介绍与对比分析。

动态链接库：在 Windows 操作系统中动态链接库的后缀为.dll，其中有 3 个最重要的 DLL，分别是 Kernel32.dll、User32.dll 和 GDI32.dll。Linux 操作系统中动态链接库的后缀为.so。动态链接库的代码是在可执行程序运行时才载入内存的，在编译过程中仅简单地引用，因此，它的代码体积较小。动态链接库的使用方式分为两种：一种是静态加载，即在应用程序启动时加载；一种是动态加载，即该动态链接库在被使用时才被应用程序加载。

通常，动态链接库的优点很多，主要有以下几点：

1）更加节省内存，并减少页面交换。多个应用程序可以使用同一个动态库，启动多个应用程序的时候，只需要将动态库加载到内存一次即可。

2）开发模块好，可以更为容易地将更新应用于各个模块，而不会影响该程序的其他部分，具有很强的可维护性和可扩展性。例如，有一个大型网络游戏，如果把整个数百MB甚至数GB游戏的代码都放在一个应用程序里，未来的修改工作将会非常费时，而如果把不同功能的代码分别放在数个动态链接库中，则无须重新生成或安装整个程序就可以应用更新，但前提是要求设计者对功能划分得比较好。

3）不同编程语言编写的程序只要按照函数调用约定就可以调用同一个 DLL 函数。

动态链接库的缺点如下：

1）不能解决引用计数。

2）使用动态链接库的应用程序不是自完备的，它依赖的 DLL 模块也要存在，如果使用载入时动态链接，程序启动时发现 DLL 不存在，系统将终止程序并给出错误信息。而使用运行时动态链接，系统不会终止，但由于 DLL 中的导出函数不可用，程序会加载失败。

3）可能造成 DLL 地狱。DLL 地狱（DLL Hell）指的是在微软的 Windows系统中，因为动态链接库的版本或兼容性的问题而造成程序无法正常运行的情况。

静态链接库：函数和数据被编译进一个二进制文件（通常扩展名为.lib）。静态链接库的代码在编译过程中已经被载入可执行程序，因此，它的体积较大。在使用静态链接库的情况下，编译链接可执行文

件时，链接器从库中复制这些函数和数据并把它们和应用程序的其他模块组合起来创建最终的可执行文件（.exe 文件）。静态链接库作为代码的一部分，在编译时被链接。

静态链接库的优点有以下两点：①代码的装载速度快，因为编译时它只会把需要的那部分内容链接进去，所以，其执行速度比动态链接库略快；②只需保证在开发者的计算机中有正确的.lib 文件即可，在以二进制形式发布程序时不需考虑在用户的计算机上.lib 文件是否存在及版本问题，可避免 DLL 地狱等问题。

当然，静态链接库的缺点也是很明显的：如果一个静态链接库被多个应用程序使用，则会被装载多次，浪费内存。

【真题 492】 在退出 Unix 系统账户之后还需要继续运行某个进程，那么可用（　　）。

A．awk　　B．sed　　C．crontab　　D．nohup

答案：D。

对于选项 A，awk 是一个文本分析工具，它把文件逐行地读入，以空格为默认分隔符将每行切片，切开的部分再进行各种分析处理。相对于 grep（Global Regular Expression Print，全局正则表达式输出，它是一种强大的文本搜索工具）的查找、sed 的编辑，awk 在对数据分析并生成报告时，显得尤为强大。所以，选项 A 错误。

对于选项 B，sed 是 Stream Editor（流式编辑器）的缩写，它能够基于模式匹配过滤（指的是在文件中找到符合某些条件的行）修改文本（对找到的符合条件的内容进行一些修改操作）。所以，选项 B 错误。

对于选项 C，crontab 用于设置周期性被执行的指令。该命令从标准输入设备读取指令，并将其存放于“crontab”文件中，以供以后读取和执行。所以，选项 C 错误。

对于选项 D，nohup 是 Linux 操作系统下不挂断的运行命令，其功能是让执行的命令在后台执行，不会因为客户端 session 断掉而停止执行。所以，选项 D 正确。

【真题 493】 以下关于链接的描述中，错误的是（　　）。

A．一个静态库中不能包含两个同名全局函数的定义

B．一个动态库中不能包含两个同名全局函数的定义

C．如果两个静态库都包含一个同名全局函数，它们不能同时被链接

D．如果两个动态库都包含一个同名全局函数，它们不能同时被链接

答案：D。

为了提高编程效率，通常会把一些公用函数制作成函数库，供其他程序使用。函数库分为静态库和动态库两种。静态库在程序编译时会被链接到目标代码中，程序运行时将不再需要该静态库。动态库在程序编译时并不会被链接到目标代码中，而是在程序运行时才被载入，因此，在程序运行时还需要动态库存在。

具体而言，静态库与动态库的区别如下：静态库在程序的链接阶段被复制到程序中，和程序运行的时候没有关系；动态库在链接阶段没有被复制到程序中，而是在程序运行时由系统动态加载到内存中供程序调用。使用动态库的优点是系统只需载入一次动态库，不同的程序可以得到内存中相同的动态库的副本，因此，节省了很多内存资源。

通常，函数可以定义在 3 个地方：①程序自身；②静态库；③动态库。由于静态库需要通过链接进入程序，所以，函数定义在程序和静态库可以看成是一样的同名函数出现在程序和静态库中，一旦二者同时定义，会在链接时报重定义的错误。而当同名函数出现在动态库中时，尽管编译链接可以通过，但是调用时会出现函数的覆盖问题。

那么，定义在以上 3 个地方的同名函数，会调用哪个函数呢？

1）程序和静态库定义了同名函数，链接时会报重定义错误。

2）程序和动态库定义了同名函数，会覆盖动态库中定义的函数。

3）动态库中定义的同名函数，先链接覆盖后链接的函数。

通过上面的分析可知，如果两个静态库都包含一个同名全局函数，它们不能同时被链接，而如果两

个动态库都包含一个同名全局函数，则会出现函数的覆盖问题。所以，选项 A、选项 B、选项 C 都是正确的，只有选项 D 是错误的。

【真题 494】 操作系统的一些特别端口要为特定的服务做预留，以下关于必须要 root 权限才能打开的端口的描述中，正确的是（　　）。

A. 端口号在 64512～65535 之间的端口

B. 所有小于 1024 的每个端口

C. RFC 标准文档中已经声明特定服务的相关端口，例如 HTTP 服务的 80 端口、8080 端口等

D. 所有端口都可以不受权限限制打开

答案：B。

端口是计算机与外界通信交流的出口。其中硬件领域的端口又称接口，例如，USB 端口、串行端口等。软件领域的端口一般指网络中面向连接服务和无连接服务的通信协议端口，是一种抽象的软件结构，包括一些数据结构和 I/O（基本输入/输出）缓冲区。

具体而言，操作系统一共有 65535 个端口可用。一般用到的是 1～65535，其中，0 不使用，1～1023 为系统端口，也叫保留端口，这些端口只有系统特许的进程才能使用，被分配给一些常见的重要服务（例如 HTTP、FTP 和 SSH 等）。1024～65535 为用户端口，又分为临时端口（1024～5000）和服务器（非特权）端口（5001～65535），其中，一般的应用程序使用 1024～4999 来进行通信。服务器（非特权）端口，用来给用户自定义端口。大于 1024 的端口作为随机分配之用。

根据以上描述可知，系统端口为小于 1024 的端口。所以，选项 B 正确。

【真题 495】 实时操作系统的基本特性是什么？

答案：实时操作系统（Real-Time Operating System，RTOS）是指当外界事件或数据产生时，能够接受并以足够快地速度予以处理，其处理的结果又能在规定的时间之内来控制生产过程或对处理系统做出快速响应，调度一切可利用的资源完成实时任务，并控制所有实时任务协调一致运行的操作系统。

通过上述定义可知，实时操作系统具有以下基本特性：响应及时，处理事务的能力较强、速度较快，可靠性高。

【真题 496】 若干个等待访问磁盘者依次要访问的磁道为 19，43，40，4，79，11，76，当前磁头位于 40 号柱面，若用最短寻道时间优先磁盘调度算法，则访问序列为（　　）。

A. 19，43，40，4，79，11，76　　B. 40，43，19，11，4，76，79

C. 40，43，76，79，19，11，4　　D. 40，19，11，4，79，76，43

答案：B。

磁盘调度：在多道程序设计的计算机系统中，各个进程可能会不断提出不同的对磁盘进行读/写操作的请求。由于有时候这些进程的发送请求的速度比磁盘响应的还要快，因此，有必要为每个磁盘设备建立一个等待队列。常用的磁盘调度算法有以下四种：先来先服务算法（FCFS）、最短寻道时间优先算法（SSTF）、扫描算法（SCAN）和循环扫描算法（CSCAN）。

最短寻道时间优先算法（Shortest Seek Time First，SSTF）要求访问的磁道与当前磁头所在的磁道距离最近，以使每次的寻道时间最短，该算法可以得到比较好的吞吐量，但不能保证平均寻道时间最短。其缺点是对用户的服务请求的响应机会不是均等的，因而导致响应时间的变化幅度很大。在服务请求很多的情况下，对内外边缘磁道的请求将会无限期地被延迟，有些请求的响应时间将不可预期。

本题中，当采用最短寻道时间优先磁盘调度算法时，每次访问的磁道都应该是上一次访问的磁道最近的，所以，只有选项 B 满足要求。因此，选项 B 正确。

【真题 497】 Linux 系统可执行文件属于 root 并且有 setid，当一个普通用户 mike 运行这个程序时，产生的有效用户和实际用户分别是（　　）。

A. root mike　　B. root root　　C. mike root　　D. mike mike

E. deamon mike　　F. mike deamon

答案：A。

在 Linux 进程中涉及多个用户 ID 和用户组 ID，包括如下：

1）实际用户 ID 和实际用户组 ID：标识我是谁。也就是登录用户的 uid 和 gid，假如 Linux 系统以 hehe 登录，在 Linux 系统中运行的所有命令的实际用户 ID 都是 hehe 的 uid，实际用户组 ID 都是 hehe 的 gid（可以用 id 命令查看）。

2）有效用户 ID 和有效用户组 ID：用来决定当前进程对文件的访问权限，即实际该进程是以哪个用户运行的。一般情况下，有效用户 ID 等于实际用户 ID，有效用户组 ID 等于实际用户组 ID。但是当可执行程序文件的文件模式中设置了“设置-用户-ID（set-user-id）位”时，进程的有效用户 ID 等于该可执行文件的拥有者 ID；同样，如果可执行文件的文件模式中设置了“设置-用户组-ID（set-group-id）位”时，则进程的有效用户组 ID 等于该可执行文件的拥有组 ID。

所以，本题的答案为 A。

【真题 498】 有 4 个进程 A、B、C、D，设它们依次进入就绪队列，因相差时间很短可视为同时到达。4 个进程按轮转法分别运行 11、7、2、4 个时间单位，设时间片为 1，则四个进程的平均周转时间为（　　）。

A．15.25　　B．16.25　　C．16.75　　D．17.25　　E．17.75　　F．18.25

答案：B。

平均周转时间就是用周转总时间除以作业个数：所有作业的周转时间/作业总数，周转时间为作业完成时刻的时间减去作业到达时刻的时间。

本题中，A、B、C、D 四个进程同时到达指的是它们的到达时间为 0，由于四个进程按轮转法分别运行 11、7、2、4 个时间单位，时间片为 1，所以，执行过程如下：时间 1 执行 A；时间 2 执行 B；时间 3 执行 C；时间 4 执行 D；时间 5 执行 A；时间 6 执行 B；时间 7 执行 C，C 完成；时间 8 执行 D，……最后进程 A、B、C、D 的完成时间分别是 24、20、7、14，减去它们自己的到达时间就是周转时间，故平均周转时间=(24+20+7+14)/4=65/4=16.25。所以，选项 B 正确。

【真题 499】 为了使虚存系统有效地发挥其预期的作用，所运行的程序应具有的特性是（　　）。

A．该程序不应含有过多的 I/O 操作　　B．该程序大小不应超过实际的内存容量

C．该程序的指令相关不应过多　　D．该程序应当具有较好的局部性

答案：D。

对于选项 A，程序不应含有过多的 I/O 操作，是原因，但不是主要原因。所以，选项 A 错误。

对于选项 B，显然，该描述正好和虚存的目的相悖。所以，选项 B 错误。

对于选项 C，该程序的指令相关不应过多，是原因，但不是主要原因。所以，选项 C 正确。

对于选项 D，程序应当具有较好的局部性，可以使虚存系统有效地发挥其预期的作用，描述正确，所以，选项 D 正确。

【真题 500】 主进程调用 fork 产生子进程，以下子进程无法继承的资源是（　　）。

A．锁　　B．打开的文件　　C．进程组 ID　　D．控制终端

答案：A。

fork 产生的子进程继承了父进程大部分的资源，主要包括：①父进程的运行环境；②堆栈和内存；③控制终端；④打开文件的描述符和文件方式创建屏蔽字；⑤执行时关闭标志；⑥进程组号；⑦当前工作目录和根目录等。

由此可见，选项 B、选项 C 和选项 D 的描述是正确的，而锁是与每个进程相关的资源，无法共享。如果可以共享会导致两个进程同时进入临界区访问，进而导致程序运行错误。所以，选项 A 错误。

【真题 501】 在 Linux 操作系统下，非超级用户要运行某个文件夹下的可执行脚本，对该文件夹至少要拥有（　　）权限；如果要用 1s 命令查看该文件夹下有哪些文件，对该文件夹至少要拥有（　　）权限。

A．前者是执行权限，后者是执行和读取权限

B. 前者是执行和读取权限，后者是执行和读取权限

C. 前者是执行权限，后者是读取权限

D. 前者是执行和读取权限、后者是读取权限

答案：A。

Linux 操作系统中的每个文件和目录都有存取许可权限，存取权限规定了三种访问文件或目录的方式：读（r）、写（w）、可执行或查找（x）。

对于文件的存取权限而言，读权限（r）表示只允许指定用户读取相应文件的内容，而禁止对它做任何的更改操作，将所访问的文件的内容作为输入的命令都需要有读的权限，例如 cat（连接并显示指定的一个或者多个文件的有关信息）、more（类似 cat，不过会一页页地显示，方便使用者一页页阅读）等。写权限（w）表示允许指定用户打开并修改文件，例如命令 vi、cp 等。执行权限（x）表示允许指定用户将该文件作为一个程序执行。

对于目录的存取权限而言，在 ls 命令后加上-d 选项，可以了解目录文件的使用权限。其中，读权限（r）表示可以列出存储在该目录下的文件，即读目录内容列表，这一权限允许 Shell 使用文件扩展名列出相匹配的文件名。写权限（w）表示允许用户从目录中删除或添加新的文件，通常只有系统管理员才具有写权限。执行权限（x）表示允许用户在目录中查找，并能用 cd 命令将工作目录改到该目录。

本题中，要想进入目录，都需要具有 x 权限（执行权限），而查看目录下的文件需要 r 权限（读权限）和 x 权限，因为相当于进入了目录。执行目录下某个可执行文件，需要进入目录的 x 权限。所以，选项 A 正确。

【真题 502】 下面函数调用必须进入内核才能完成的是（　　）。

A. fopen　　B. exit　　C. memcpy　　D. strlen

答案：A、B。

对于选项 A，fopen 是打开文件的函数，文件也可以看成是一个设备，打开一个设备将导致给设备所属的驱动程序发送一个 IRP（I/O Request Packet，输入/输出请求包），而与真实硬件相关的驱动程序都运行于内核。所以，选项 A 正确。

对于选项 B，exit 函数是结束进程的函数，结束进程需要访问 PCB（Process Control Block，进程控制块）和 TCB（Thread Control Block，线程控制块）等一些数据结构，而这些数据都存在于内核中。所以，选项 B 正确。

对于选项 C，memcpy 是 C/C++语言中的内存复制函数，功能是从源 src 所指的内存地址的起始位置开始复制 n 个字节到目标 dest 所指的内存地址的起始位置中。它不必进入内核就可以完成。所以，选项 C 错误。

对于选项 D，strlen 函数的功能是求字符串的实际长度，即从内存的某个位置（可以是字符串开头、中间某个位置，甚至是某个不确定的内存区域）开始扫描，直到遇到第一个字符串结束符“\0”为止，然后返回计数器值（长度不包含“\0”）。它不必进入内核就可以完成。所以，选项 D 错误。

所以，本题的答案为 A、B。

【真题 503】 下列中断属于强迫性中断的是（　　）。

A. 掉电　　B. 设备出错　　C. 时间片到时　　D. 执行 print 语句

答案：A、B、D。

中断源一般可分为两类：强迫性中断和自愿性中断。强迫性中断由随机事件引起而非程序员事先安排，包括输入/输出中断、硬件故障中断、时钟中断、控制台中断和程序性中断。设备出错、执行 print 语句属于其中的输入/输出中断；断电属于硬件故障中断。时间片到时属于自愿性中断。

所以，选项 A、选项 B、选项 D 正确。

【真题 504】“死锁”是针对（　　）的。

A. 某个进程申请资源数超过了系统拥有的最大资源数

B. 某个进程申请系统中不存在的资源

C. 硬件故障

D. 多个并发进程竞争独占型资源

答案：D。

所谓死锁是指两个或两个以上的进程在执行过程中，由于竞争资源或者由于彼此通信而造成的一种阻塞的现象，若无外力作用，它们都将无法推进下去。此时称系统处于死锁状态或系统产生了死锁，这些永远在互相等待的进程称为死锁进程。举一个简单的例子：在吃饭的时候，只有拿到一双筷子后才能开始吃饭，如果有两个人，每个人都只拿了一根筷子，而等待另一根筷子可用，此时，两个人都已经占用了部分资源（一根筷子），而等待另一个资源（另一根筷子），两个人永远都在等待对方释放资源，因此，发生了死锁。可以通过外力作用把一个人的筷子强制释放掉给另外一个人而解决死锁。很显然，选项 D 的描述符合死锁的定义。

【真题 505】 某系统中有 11 台打印机，N 个进程共享打印机资源，每个进程要求 3 台，当 N 的取值不超过（　　）时，系统不会发生死锁。

A. 3　　B. 5　　C. 8　　D. 7

答案：B。

本题中，不发生死锁的条件是至少能保证 1 个进程能获得 3 台打印机资源。最坏的情况是 1 个进程获取了 3 台打印机资源，另外 N−1 个进程获取到 2 台打印机，等待获取第 3 台。

本题可以构建如下等式关系：3+(N−1)*2=11，解算结果为 N=5。所以，选项 B 正确。

5.2 进程与线程

【真题 506】 有一个变量 int a=0，两个线程同时对其进行+1 操作，每个线程加 100 次，不加锁，最后变量 a 的值是（　　）。

A. 200　　B. <=200　　C. >=200　　D. 都有可能

答案：B。

多线程（Multithreading）技术指的是从软件或者硬件上实现多个线程并发执行的技术，本题中，+1 操作的执行过程如下：取出变量 a，对变量 a 执行+1 操作，把计算结果放回去。如果两个线程中+1 操作都没有被中断，所有的+1 操作都生效了，那么此时相应地对 a 执行了 200 次+1 操作，在这种情况下，a 的值变为 200。由于这两个线程在对 a 执行+1 操作的时候，并没有加锁，因此，有可能会导致部分+1 操作丢失，如下所示：

1）线程 1 读取变量 a 的值（读取到寄存器中）为 0。

2）线程 2 读取变量 a 的值，此时读取到的值也为 0。

3）线程 1 对 a 执行+1 操作并放回去，此时 a 的值为 1。

4）线程 2 也对 a 执行+1 操作并放回去，由于此时线程 2 中寄存器中 a 的值为 0，执行+1 操作后变为 1 并放回去，此时 a 的值还为 1。

在这种情况下，线程 1 对 a 执行+1 的操作就会丢失。因此，执行结束后，a 的最大值为 200。所以，选项 B 正确。

【真题 507】 某系统中有 3 个并发进程，都需要同类资源 4 个，试问该系统不会发生死锁的最少资源数是（　　）。

A. 9　　B. 10　　C. 11　　D. 12

答案：B。

系统不会发生死锁的最少资源数=每个进程拥有（4-1=3）个资源+多出 1 个资源=3*3+1=10。所以，选项 B 正确。

【真题 508】 以下关于计算机的描述中，不正确的是（　　）。

A. 进程调度有“可抢占”和“非抢占”两种方式，后者引起系统的开销更大

B．每个进程都有自己的文件描述符表，所有进程共享同一打开文件表和 v-node 表

C．基本的存储技术包括 RAM、ROM、磁盘以及 SSD，其中访问速度最慢的是磁盘，CPU 的高速缓存一般是由 RAM 组成的

D．多个进程竞争资源出现了循环等待可能造成系统死锁

答案：A。

对于选项 A，可抢占式调度会导致系统的开销更大。可抢占式（Preemptive）调度严格保证在任何时刻具有最高优先级的进程占有处理机运行，因此，该方式增加了处理机调度的时间，同时需要为退出的进程保留现场，为获取到处理机的进程恢复现场等时间（和空间），因此，开销比较大。非抢占式（Nonpreemptive）调度是一种让进程运行直到结束或阻塞的调度方式（容易实现，适合专用系统，不适合通用系统）。所以，选项 A 不正确。

对于选项 B，在内核中，对于每个进程都有一个文件描述符表，表示这个进程打开的所有文件。文件描述符表中每一项都是一个指针，指向一个用于描述打开的文件的数据块——file 对象，file 对象中描述了文件的打开模式、读写位置等重要信息，当进程打开一个文件时，内核就会创建一个新的 file 对象。需要注意的是，file 对象不是专属于某个进程的，不同进程的文件描述符表中的指针可以指向相同的 file 对象，从而共享这个打开的文件。file 对象有引用计数，记录了引用这个对象的文件描述符个数，只有当引用计数为 0 时，内核才销毁 file 对象，因此，某个进程关闭文件，不会影响与之共享同一个 file 对象的进程。所以，选项 B 正确。

对于选项 C，ROM（Read Only Memory，只读存储器）和 RAM（Random Access Memory，随机存取存储器）指的都是半导体存储器，ROM 在系统停止供电的时候仍然可以保持数据，而 RAM 通常都是在掉电之后就丢失数据，典型的 RAM 就是计算机的内存。磁盘是一种类似磁带的计算机的外部存储器，它将圆形的磁性盘片装在一个方的密封盒子里。SSD（Solid State Drives，固态硬盘，简称固盘）是用固态电子存储芯片阵列而制成的硬盘，由控制单元和存储单元（FLASH 芯片、DRAM 芯片）组成。ROM、RAM、磁盘和 SSD 都是存储设备，其中，访问速度最快的是 RAM，访问速度最慢的是磁盘，CPU 的高速缓存一般是由 RAM 组成的。所以，选项 C 正确。

对于选项 D，如果系统中存在多个进程，它们中的每一个进程都占用了某种资源而又都在等待其中另一个进程所占用的资源，那么这种等待永远都不能结束，就称系统出现了“死锁”。所以，选项 D 正确。

所以，本题的答案为 A。

【真题 509】 某进程在运行过程中需要等待从磁盘上读入数据，此时进程的状态将（　　）。

A．从就绪变为运行　　B．从运行变为就绪　　C．从运行变为阻塞　　D．从阻塞变为就绪

答案：C。

在操作系统中，进程的基本状态有就绪状态、运行状态和阻塞状态三种。以下将分别对这三种状态进行分析。

（1）就绪（Ready）状态

进程已经具备运行条件，但是 CPU 还没有得到分配。也就是说，当进程已分配到除 CPU 以外的所有必要资源后，只要再获得 CPU，便可立即执行，此时进程的状态称为就绪状态。在一个系统中，处于就绪状态的进程可能有多个，通常将这些处于就绪状态的进程排成一个队列，称为就绪队列。

（2）运行状态

进程已获得 CPU，其程序正在执行。在单处理机系统中，只有一个进程处于运行状态，在多处理机系统中，则有多个进程处于运行状态。

（3）阻塞状态

当正在运行的进程由于发生某事件而暂时无法继续执行时，便放弃处理机而处于暂停状态，亦即程序的执行受到阻塞，把这种暂停状态称为阻塞状态，有时也称为等待状态或封锁状态。

三种进程之间的转换图如图 5-3 所示。

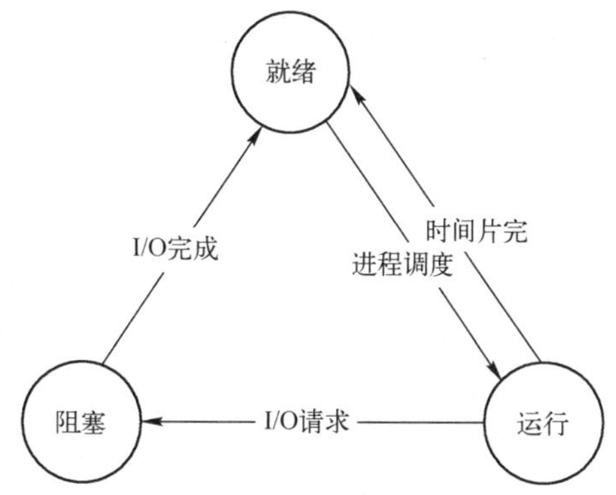

图 5-3　三种进程之间的转换图

以下将针对这个状态转换图的条件进行讨论与分析：

（1）就绪→运行

对于就绪状态的进程，当进程调度程序按一种选定的策略从中选中一个就绪进程，并为之分配了处理机后，该进程便由就绪状态变为运行状态。

（2）运行→阻塞

如果正在运行的进程因发生某等待事件而无法执行，则进程由执行状态变为阻塞状态，例如进程提出输入/输出请求而变成等待外部设备传输信息的状态，进程申请资源（主存空间或外部设备）得不到满足时变成等待资源状态，进程运行中出现了故障（程序出错或主存储器读写错等）变成等待干预状态等。

（3）阻塞→就绪

处于阻塞状态的进程，当其等待的事件已经发生，例如输入/输出完成，资源得到满足或错误处理完毕时，处于阻塞状态的进程并不会马上转入运行状态，而是先转入就绪状态，然后再由系统进程调度程序在适当的时候将该进程转为运行状态。

（4）运行→就绪

正在运行的进程，因为时间片用完而被暂停执行，或在采用抢先式优先级调度算法的系统中，当有更高优先级的进程要运行而被迫让出处理机时，该进程便由运行状态转变为就绪状态。

以上 4 种情况可以相互正常转换，那么为什么阻塞状态无法直接转换为运行状态呢？为什么就绪状态无法直接转换为阻塞状态呢？其实，即使给阻塞进程分配 CPU，也无法执行，因为操作系统在进行调度时，不会在阻塞队列中进行挑选，其调度的选择对象为就绪队列，而就绪状态根本就没有执行，是进入不了阻塞状态的。

本题中，进程在运行过程中，进入 I/O 操作，则处理阻塞。所以，此时进程的状态将从运行变为阻塞。所以，选项 C 正确。

【真题 510】 Linux 系统下的进程有以下（　　）三种状态。

A．精确态、模糊态和随机态　　B．运行态、就绪态和等待态

C．准备态、执行态和退出态　　D．手动态、自动态和自由态

答案：B。

进程的状态有两种划分方式：三态模型与五态模型。

1）三态模型：运行态、就绪态和阻塞（等待）态。

2）五态模型：新建态、就绪态、运行态、阻塞态和终止态。

所以，本题的答案为 B。

【真题 511】 下列的进程状态变化中，不可能发生的是（　　）。

A．运行→就绪　　B．运行→等待　　C．等待→运行　　D．等待→就绪

答案：C。

状态不能直接从等待状态（也称为阻塞状态）跳转到运行状态，只能跳转到就绪状态。所以，选项

C 正确。

【真题 512】 进程进入等待状态的方式有（　　）。

A．CPU 调度给优先级更高的线程　　B．阻塞的线程获得资源或者信号

C．在时间片轮转的情况下，如果时间片到了　　D．获得 spinlock（自旋锁）未果

答案：D。

等待状态通常是我们说的阻塞态，因为一般阻塞态是在等待某一触发事件的发生，才能进入就绪状态。

对于选项 A，进程是从运行状态进入就绪状态。所以，选项 A 错误。

对于选项 B，进程是从阻塞状态进入就绪状态。所以，选项 B 错误。

对于选项 C，进程是从运行状态进入就绪状态。所以，选项 C 错误。

对于选项 D，获取锁失败后进入阻塞状态。所以，选项 D 正确。

【真题 513】 在竞态条件（Race Condition）的情况下，两个线程执行如下代码段，其中 count 为共享变量，线程 1 执行代码段 A，线程 2 指向代码段 B，那么变量 count 的值可能为（　　）。

```
int count = 10;
代码段 A:
Thread_1()
{
    //do something
    count++;
}
代码段 B:
Thread_2()
{
    //do something
    count--;
}
```

A．9　　B．10　　C．11　　D．12

答案：A、B、C。

如果两个或两个以上的线程同时访问相同的对象，或者访问不同步的共享状态，就会出现竞态条件。竞态条件是一个在设备或者系统试图同时执行两个操作的时候出现的不希望的状况，但是由于设备和系统的自然特性，为了正确地执行，操作必须按照合适顺序进行。

本题中，线程 Thread_1 读取 count（10），进行递增操作，还未写回新值 1（11）时，线程 Thread_2 读取 count 旧值（10），进行递减操作得到新值 2（9），当写回时，若新值 1 覆盖新值 2，则得到 count=11，若新值 2 覆盖新值 1，则得到 count=9。若 count++和 count--顺序执行，则得到正常值 10。

需要注意的是，竞态条件的出错概率非常小，只有非常快速或者非常运气不好时才会出现，在几百万次运行中也很少遇到一次，所以，很难调试出来。

所以，本题的答案为 A、B、C。

【真题 514】 以下关于 Linux 下的进程的描述中，不正确的是（　　）。

A．僵尸进程会被 init 进程接管，而僵尸进程不会造成资源浪费

B．孤儿进程的父进程在它之前退出，会被 init 进程接管，它不会造成资源浪费

C．进程是资源管理的最小单位，而线程是程序执行的最小单位。Linux 下的线程本质上用进程实现

D．子进程如果对资源只是进行读操作，那么完全和父进程共享物理地址空间

答案：A。

对于选项 A，僵尸进程不会被 init 进程接管，会一直占用资源。所以，选项 A 错误。

对于选项 B，孤儿进程在产生的时候就会被 init 进程所接管，会直接回收资源，也就不会占用资源。

所以，选项B正确。

对于选项C与选项D，描述正确。

所以，本题的答案为A。

【真题515】 下列关于进程的描述中，不正确的是（　　）。

A．进程在退出时会自动关闭自己打开的所有文件

B．进程在退出时会自动关闭自己打开的网络链接

C．进程在退出时会自动销毁自己创建的所有线程

D．进程在退出时会自动销毁自己打开的共享内存

答案：D。

进程是一个具有一定独立功能的程序关于某个数据集合的一次运行活动。它是操作系统动态执行的基本单元，在传统的操作系统中，进程既是基本的分配单元，也是基本的执行单元。进程开启的线程都仅仅属于本进程，所以，进程在退出时，会自动关闭进程打开的文件、自己打开的网络，同时销毁自己创建的所有线程。但是，由于共享内存是公用的，一旦被销毁了，会对其他正在使用这段内存的进程造成破坏，所以，进程在退出时不会自动销毁自己打开的共享内存。所以，选项D错误，而选项A、选项B、选项C都是正确的。

【真题516】 一种既有利于短作业又兼顾长作业的调度方式是（　　）。

A．先来先服务　　B．均衡调度　　C．最短作业优先　　D．最高响应比优先

答案：D。

本题中，选项A、选项B和选项C的调度方法都不满足题目要求，所以，选项A、选项B和选项C错误。

对于选项D，最高响应比优先法（Highest Response_ratio Next，HRN）是对FCFS（First Come First Served，先来先服务）方式和SJF（Shortest Job First，最短作业优先）方式的一种综合平衡。FCFS方式只考虑每个作业的请求时间而未考虑执行时间的长短，而SJF方式只考虑执行时间而未考虑等待时间的长短。因此，这两种调度算法在某些极端情况下会带来不便。HRN调度策略同时考虑每个作业的等待时间长短和估计需要的执行时间长短，从中选出响应比最高的作业投入执行。响应比 R 定义如下：$R=(W+T)/T=1+W/T$，其中，T为该作业估计需要的执行时间，W为作业在后备状态队列中的等待时间。每当要进行作业调度时，系统计算每个作业的响应比，选择其中R最大者投入执行。这样，即使是长作业，随着它等待时间的增加，W/T也就随着增加，也就有机会获得调度执行。这种算法是介于FCFS和SJF之间的一种折中算法。由于长作业也有机会投入运行，在同一时间内处理的作业数显然要少于SJF法，当采用HRN方式时，其吞吐量将小于采用SJF法时的吞吐量。另外，由于每次调度前要计算响应比，系统开销也要相应增加。等待时间一定，要求服务的时间越短，先运行；要求服务的时间一定，等待时间越长，先运行。所以，最高响应比优先调度是一种既有利于短作业又兼顾长作业的调度方式。所以，选项D正确。

【真题517】 轮询任务调度和可抢占式调度有什么区别？

答案：在多任务系统中，在同一时刻通常会有多个任务处于活动状态，操作系统此时就需要对资源进行管理，在任务间实现资源（CPU、内存等）的共享。任务调度是指基于给定时间点、给定时间间隔或者给定执行次数自动执行任务。轮询任务调度与抢占式任务调度的区别在于抢占式调度中优先级高的任务可以抢占CPU，而轮询的不能。

具体而言，轮询调度的原理是每一次把来自用户的请求轮流分配给内部服务器，从1开始，直到N（内部服务器个数），然后重新开始循环。只有在当前任务主动放弃 CPU 控制权的情况下（比如任务挂起），才允许其他任务（包括高优先级的任务）控制 CPU。其优点是简洁性，它无须记录当前所有连接的状态，所以，它是一种无状态调度，但缺点是不利于后面的请求及时得到响应。抢占式调度允许高优先级的任务打断当前执行的任务，抢占CPU的控制权。这有利于后面的高优先级的任务也能及时得到响应。但实现相对较复杂，并且可能出现低优先级的任务长期得不到调度。

【真题518】 进程调度是从（　　）选择一个进程投入运行。

A. 就绪队列　　　　B. 作业后备队列　　　　C. 等待队列　　　　D. 提交队列

答案：A。

进程的基本调度状态有运行、就绪和阻塞。进程调度程序从处于就绪状态的进程中选择一个投入运行。运行进程因等待某一事件而进入阻塞状态，因时间片到达而回到就绪状态。处于阻塞状态的进程当所等待的事件发生时，便进入就绪状态。

本题中，就绪队列是等待 CPU 时间的队列，其中存放着等待执行的任务。进程调度是从就绪队列中选择一个进程投入运行。所以，选项 A 正确。

【真题 519】 在进程调度算法中，下面算法中，适用于运行时间可以预知的批处理调度算法是（　　）。

A. 最短作业优先　　　　B. 先来先服务　　　　C. 优先级调度　　　　D. 时间片轮转调度

答案：A。

对于选项 A，最短作业优先（Shortest Job First，SJF）是对 FCFS 算法的改进，其目标是减少平均周转时间。其优点是相比 FCFS（First Come First Served，先来先服务）改善了平均周转时间和平均带权周转时间，缩短了作业的等待时间，同时，提高了系统的吞吐量。但缺点就是对长作业非常不利，可能长时间得不到执行；未能依据作业的紧迫程度来划分执行的优先级；难以准确估计作业（进程）的执行时间，从而影响调度性能。最短作业优先是一种适用于运行时间可以预知的非抢占式的批处理调度算法。所以，选项 A 正确。

对于选项 B，先来先服务（First Come First Served，FCFS）是最简单的调度算法，按先后顺序进行调度；适用于长作业，而不利于短作业；有利于 CPU 繁忙的作业，而不利于 I/O 繁忙的作业。所以，选项 B 错误。

对于选项 C，优先级算法（Priority Scheduling）是多级队列算法的改进，平衡了各进程对响应时间的要求。适用于作业调度和进程调度，可分成抢先式和非抢先式。所以，选项 C 错误。

对于选项 D，轮转法（Round Robin）是让每个进程在就绪队列中的等待时间与享受服务的时间成正比例。所以，选项 D 错误。

所以，本题的答案为 A。

【真题 520】 选择排队作业中等待时间最长的作业优先调度，该调度算法可能不是（　　）。

A. 先来先服务调度算法　　　　B. 高响应比优先调度算法

C. 优先权调度算法　　　　D. 短作业优先调度算法

答案：A、D。

【真题 521】 在 Unix 操作系统中，可以用于进程间通信的是（　　）。

A. Socket　　　　B. 共享内存　　　　C. 消息队列　　　　D. 信号量

答案：A、B、C、D。

进程间的通信方式主要有如下几种：管道、信号、消息队列、共享内存、内存映射、信号量和套接字（Socket）。所以，本题的答案为 A、B、C、D。

【真题 522】 在 MMO 游戏中，服务器采用 Linux 操作系统，网络通信与游戏逻辑处理进程一般是分离的。例如，GameSvr 进程处理游戏逻辑，TCPSvr 进程处理网络通信。Linux 操作系统提供了很多机制可以实现 GameSvr 和 TCPSvr 进程之间的数据通信。请列出两种你认为最好的机制，并为主（最好）次（次佳）描述它们实现的框架、优缺点对比和应用中的注意事项。

答案：系统进程之间通信的主要方法有信号、信号量、管道、消息和共享内存。信号量和信号主要用于触发，而不是用于传递数据。所以，数据通信的主要方法是管道、消息和共享内存，以下将分别对这些方式进行具体分析。

（1）管道

管道是由内核管理的一个环形缓冲区，类似于放入内存中的一个纸条，它允许两个进程以生产者/消费者的模型进行通信。如图 5-4 所示，当两个进程利用管道文件进行通信时，一个进程为写进程，另一个进程为读进程，写进程通过写端（发送端）往管道文件中写入信息，读进程通过读端（接收端）从管道文件中读取信息，两个进程协调不断地进行写、读，便会构成双方通过管道传递信息的流水线。当管道中没有信息时，从管道中读取的进程会等待，直到另一端的进程放入信息。当管道被放满信息时，尝试放入信息的进程会等待，直到另一端的进程取出信息。当两个进程都终结的时候，管道也自动消失。

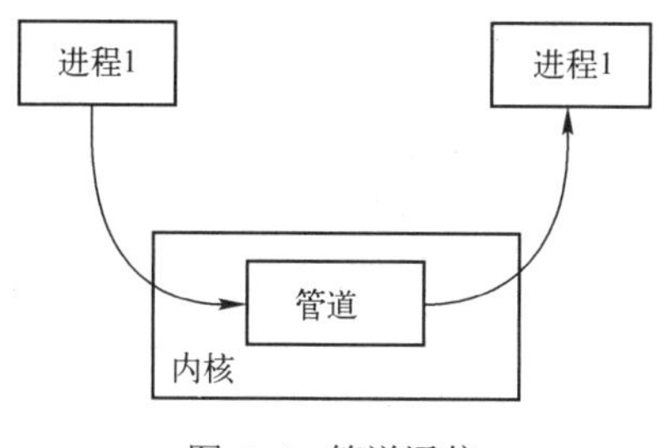

图 5-4 管道通信

管道的优点是不需要加锁，缺点是默认缓冲区太小，只有 4K 大小，而且它只适合父子进程间通信。由于一个管道只适合单向通信，如果要双向通信，就需要建立两个管道，所以，它不适合多个子进程。除此以外，数据本身没有边界，需要应用程序自己解释，而一般消息大多是一个固定长的消息头，和一个变长的消息体，一个子进程从管道 read 到消息头后，消息体可能被其他子进程接收到。

（2）消息

消息是有类型的一段文本。为参与消息传递的进程提供 msgsnd（用来向消息队列发送消息）和 msgrcv（用来从消息队列中读取消息）系统调用。每个进程都有一个与之相关联的消息队列，其功能类似于信箱。消息发送者指定发送的每个消息的类型，类型可以被接收者用作选择的依据。接收者可以按先进先出的顺序接收信息，或者按类型接收。当进程试图给一个满队列发送信息时，它将被阻塞；当进程试图从一个空队列读取时也会被阻塞；如果一个进程试图读取某一特定类型的消息，但由于现在还没有这种类型的消息而失败时，则该进程不会阻塞。

消息队列能适合大部分场景，缺点是默认缓冲比较小，不过这个缓冲区可以调整，前提是具有管理员权限。

（3）共享内存

共享内存是分配一块能被其他进程访问的内存，实现是通过将内存映射到共享它的进程的地址空间，使这些进程间的数据传送不再涉及内核，即进程间通信不需要通过进入内核的系统调用来实现。进程读写共享内存所使用的机器指令与读写虚拟内存空间的其他部分所使用的指令相同。每个进程有一个只读或读写的权限。互斥约束不属于共享内存机制的一部分，但必须由使用共享内存的进程提供。共享内存几乎可以认为没有上限；它也是不局限于父子进程，采用与消息队列类似的定位方式；因为内存是共享的，不存在任何单向的限制；最大的问题就是需要应用程序自己实现互斥。

相比其他的进程间通信方式，共享内存的最大优点是：数据的赋值只有两次，一次是从输入文件到共享内存区，一次是从共享内存区到输出文件，而其他的则需要复制 4 次：服务器将输入文件读入自己的进程空间，再从自己的进程空间写入管道/消息队列等；客户进程从管道/消息队列中读出数据到自己的进程空间，最后输出到客户指定的文件中。因此，相比管道和消息队列，共享内存是最快的进程间的通信方式，因为它不涉及与内存的交互，所以，其效率更高。

【真题 523】 下面描述中，属于 Linux 系统进程间通信机制的有（　　）。

A．管道　　B．信号量　　C．信号　　D．套接字

答案：A、B、C、D。

【真题 524】 在进程间通信的方式中，访问速度最快的是（　　）。

A．管道　　B．消息队列　　C．共享内存　　D．套接字

答案：C。

共享内存就是映射一段能被其他进程所访问的内存，这段内存由一个进程创建，但多个进程都可以

访问。共享内存是最快的进程间通信的方式，它是针对其他进程间通信方式运行效率低而专门设计的。所以，选项 C 正确。

【真题 525】 进程内的线程可以共享以下哪些资源（　　）。

A. stack　　B. data section　　C. register set　　D. file fd

答案：B、D。

线程是指程序在执行过程中，能够执行程序代码的一个执行单元。

进程是指一段正在执行的程序。而线程有时候也被称为轻量级进程，是程序执行的最小单元，一个进程可以拥有多个线程，各个线程之间共享程序的内存空间（代码段、数据段和堆空间）及一些进程级的资源（例如打开的文件），但是各个线程拥有自己的栈空间，进程与线程的关系如图 5-5 所示。

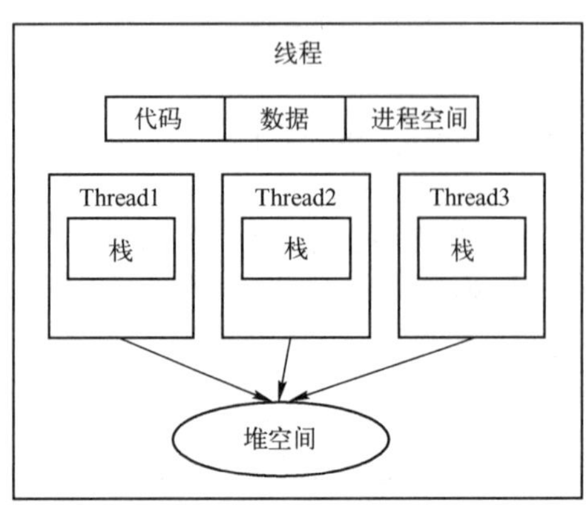

图 5-5　进程与线程的关系

具体而言，线程共享的内容包括代码段、数据段、堆空间、进程打开的文件描述符、进程的当前目录以及进程的用户 ID 和组 ID。

线程独占的资源包括栈、线程 ID、寄存器的值、错误返回码以及线程的信号屏蔽码。具体内容如下：

（1）线程 ID

每个线程都有自己的线程 ID，这个 ID 在本进程中是唯一的。进程用此来标识线程。

（2）线程的栈

栈是保证线程独立运行所必需的。线程函数可以调用函数，而被调用函数中又是可以层层嵌套的，所以，线程必须拥有自己的函数栈，使得函数调用可以正常执行，不受其他线程的影响。

（3）错误返回码

不同的线程应该拥有自己的错误返回码变量。

（4）线程的信号屏蔽码

由于每个线程所感兴趣的信号不同，所以，线程的信号屏蔽码应该由线程自己管理，但所有的线程都共享同样的信号处理器。

（5）线程的优先级

由于线程需要像进程那样能够被调度，那么就必须要有可供调度使用的参数，这个参数就是线程。

所以，选项 B 与选项 D 正确，选项 A 与选项 C 错误。

【真题 526】 同一进程下的多个线程可以共享的资源是（　　）。

A. 栈　　B. 数据区　　C. 寄存器　　D. 线程 ID

答案：B。

【真题 527】 系统中的“颠簸”是由（　　）引起的。

A. 内存容量不足　　B. 缺页率高　　C. 交换信息量大　　D. 缺页率反馈模型不正确

答案：B。

如果分配给进程的存储块数量小于进程所需要的最小值，进程的运行将很频繁地产生缺页中断，这种频率非常高的页面置换现象称为抖动，也称为“颠簸”。在请求分页存储管理中，可能出现这种情况，即对刚被替换出去的页，立即又要被访问。需要将它调入，因为没有空闲内存又要替换另一页，而后者又是即将被访问的页，于是造成了系统需花费大量的时间忙于进行这种频繁的页面交换，致使系统的实际效率很低，严重导致系统瘫痪。

通过上面的分析可知，“颠簸”是由缺页率高引起的。所以，选项 B 正确。

【真题 528】两个线程运行在双核机器上，每个线程主线程如下，线程 1：x=1;r1=y;，线程 2：y=1;r2=x;，x 和 y 是全局变量，初始都为 0。r1 和 r2 的可能值是（　　）。

A．r1=1，r2=1　　B．r1=1，r2=0　　C．r1=0，r2=0　　D．r1=0，r2=1

答案：A、B、D。

本题中，两个线程运行在双核机器上，没有设置临界区，所以，无法保证执行的正确性，而线程 1 与线程 2 在执行的过程中，先后顺序是不可控的，可能存在着以下三种情况：

1）首先执行 x=1，然后执行 y=1，接着执行 r1=y，即 r1=1，最后执行 r2=x，即 r2=1。所以，r1=1，r2=1。因此，选项 A 正确。

2）首先执行 y=1，然后执行 r2=x，此时 x 的值为初始值 0，所以，r2=0，接着执行 x=1，最后执行 r1=y，而 y 的值为 1，所以，r1=1。因此，选项 B 正确。

3）首先执行 x=1，然后执行 r1=y，此时 y 的值为初始值 0，所以，r1=0，接着执行 y=1，最后执行 r2=x，而 x 的值为 1，所以，r2=1。因此，选项 D 正确。

所以，本题的答案为 A、B、D。

【真题 529】线程与进程的区别和联系分别是什么？线程是否具有相同的堆栈？DLL 是否具有独立的堆栈？

答案：进程是死的，只是一些资源的集合，真正的程序执行都是线程来完成的，程序启动的时候操作系统创建了一个主线程，每个线程有自己的堆栈。DLL（Dynamic Link Library，动态链接库）中是否具有独立的堆栈，这个问题不好回答，或者说这个问题本身就有问题。因为 DLL 中的代码是被某些线程所执行，只有线程拥有堆栈，如果 DLL 中的代码是由 EXE 中的线程所调用，那么这个时候是不是说这个 DLL 没有自己独立的堆栈呢？如果 DLL 中的代码是由 DLL 自己创建的线程所执行，那么是不是说 DLL 有独立的堆栈呢？以上讲的是堆栈，如果对于堆来说，每个 DLL 有自己的堆，所以，如果是从 DLL 中动态分配的内存，最好是从 DLL 中删除；如果是从 DLL 中分配内存，然后在 EXE 中，或者另外一个 DLL 中删除，很有可能导致程序崩溃。

【真题 530】程序什么时候应该使用线程？

答案：程序在以下几种情况下使用线程：

1）耗时的操作使用线程，提高应用程序响应效率。

2）并行操作时使用线程，例如基于 C/S 架构的服务器端并发线程响应用户的请求。

3）在多 CPU 系统中，使用线程提高 CPU 利用率。

4）改善程序结构。一个既长又复杂的进程可以考虑分为多个线程，成为几个独立或半独立的运行部分，这样的程序会利于理解和修改。

【真题 531】请回答以下关于进程、线程以及程序的有关问题。

1）进程和线程的区别是什么？

2）多线程程序有什么优点与缺点？

3）多进程程序有什么优点与缺点？与多线程相比，有什么区别？

答案：

1）进程和线程的关系如下：

① 一个线程只能属于一个进程，而一个进程可以有多个线程，但至少有一个线程。

② 资源分配给进程，同一进程的所有线程共享该进程的资源。

③ 处理机分给线程，即真正在处理机上运行的是线程。

④ 线程在执行过程中，需要协作同步。不同进程的线程间要利用消息通信的办法实现同步。线程指的是进程内的一个执行单元，也是进程内的可调度实体。

进程和线程的相同点如下：

① 二者都具有 ID、一组寄存器、状态、优先级以及所要遵循的调度策略。

② 每个进程都有一个进程控制块，线程也拥有一个线程控制块。

③ 线程和子进程共享父进程中的资源；线程和子进程独立于它们的父进程，竞争使用处理器资源；线程和子进程的创建者可以在线程和子进程上实行某些控制，例如创建者可以取消、挂起、继续和修改线程和子进程的优先级；线程和子进程可以改变其属性并创建新的资源。

进程和线程的不同点如下：

① 线程是进程的一部分，一个没有线程的进程是可以被看作单线程的，如果一个进程内拥有多个线程，进程的执行过程不是一条线（线程）的，而是多条线（线程）共同完成的。

② 启动一个线程所花费的空间远远小于启动一个进程所花费的空间，而且，线程间彼此切换所需的时间也远远小于进程间切换所需要的时间。

③ 系统在运行的时候会为每个进程分配不同的内存区域，但是不会为线程分配内存（线程所使用的资源是它所属的进程的资源），同一个进程内的线程可以共享进程的资源。对不同进程来说，它们具有独立的数据空间，要进行数据的传递只能通过通信的方式进行，这种方式不仅费时，而且很不方便。而一个线程的数据可以直接为其他线程所用，这不仅快捷，而且方便。

④ 与进程的控制表 PCB 相似，线程也有自己的控制表 TCB，但是 TCB 中所保存的线程状态比 PCB 表中少多了。

⑤ 进程是系统所有资源分配时候的一个基本单位，拥有一个完整的虚拟空间地址，并不依赖线程而独立存在。

2）多线程的优点如下：

无须跨进程边界；程序逻辑和控制方式简单；所有线程可以直接共享内存和变量等；线程方式消耗的总资源比进程方式少。

多线程的缺点如下：

每个线程与主程序共用地址空间，受限于 2GB 地址空间；线程之间的同步和加锁控制比较麻烦；一个线程的崩溃可能影响到整个程序的稳定性；到达一定的线程数程度后，即使再增加 CPU 也无法提高性能，例如 Windows Server 2003，大约 1500 个线程数就快到极限了（线程堆栈设定为 1M），如果设定线程堆栈为 2M，还达不到 1500 个线程总数；线程能够提高的总性能有限，而且线程多了之后，线程本身的调度也很烦琐，需要消耗较多的 CPU。

3）多进程的优点如下：

每个进程互相独立，不影响主程序的稳定性，子进程崩溃也没关系；通过增加 CPU，就可以容易扩充性能；可以尽量减少线程加锁/解锁的影响，即使线程运行的模块算法效率低，也可极大提高性能；每个子进程都有 2GB 地址空间和相关资源，总体能够达到的性能上限非常大。

多线程的缺点如下：

逻辑控制复杂，需要和主程序交互；需要跨进程边界，如果有大数据量传送，就不太适用，适合于小数据量传送、密集运算、多进程调度开销比较大；最好是多进程和多线程结合，即根据实际的需要，每个 CPU 开启一个子进程，这个子进程开启多线程可以为若干同类型的数据进行处理。当然，也可以利用多线程+多 CPU+轮询方式来解决问题。

方法和手段是多样的，关键是自己看起来实现方便又能够满足要求，代价也合适。

【真题 532】 下面不是进程和程序的区别的是（　　）。

A．程序是一组有序的静态指令，进程是一次程序的执行过程

B．程序只能在前台运行，而进程可以在前台或后台运行

C．程序可以长期保存，进程是暂时的

D．程序没有状态，而进程是有状态的

答案：B。

表 5-1 是程序、进程、线程的定义与关联关系。

表 5-1　程序、进程、线程的定义与关联关系

术语	定义与描述
程序	一组指令的有序结合，是一个静态没状态的文本
进程	具有一定独立功能的程序关于某个数据集合上的一次运行活动，是系统进行资源分配和调度的一个独立单元
线程	进程的一个实体，是 CPU 调度和分派的基本单元，是比进程更小的能独立运行的基本单元。本身基本上不拥有系统资源，只拥有一点在运行中必不可少的资源（例如程序计数器、一组寄存器和栈），一个线程可以创建和撤销另一个线程，同一个进程中的多个线程之间可以并发执行

所以，本题的答案为 B。

【真题 533】 程序和进程的本质区别是（　　）。

A．独占使用和分时使用计算机资源　　B．非顺序和顺序执行机器指令

C．在外存和内存存储　　D．静态和动态特征

答案：D。

5.3 内存管理

【真题 534】 文件长度是一个大于 0 的整数，用变量 unsigned file_length 来表示，把文件分成块，每块的长度也是一个大于 0 的整数，用变量 unsigned block_length 来表示，则文件被分成的块数为（　　）。

A．file_length/block_length　　B．file_length/block_length+1

C．(file_length+block_length−1)/block_length　　D．((file_length−1)/block_length+1

答案：D。

本题可以采用排除法解答。

假设 file_length=5，block_length=2，则可以分成 3 块，排除选项 A。

假设 file_length=6，block_length=2，也可以分成 3 块，排除选项 B。

对于选项 C，两个 unsigned 类型的值相加可能会溢出，所以，可以排除选项 C。

对于选项 D，对于上述两种情况都能得到正确的结果。因此，选项 D 正确。

【真题 535】 X86 体系结构在保护模式下中有三种地址，以下对于这三种地址的描述中，正确的是（　　）。

A．虚拟地址先经过分段机制映射到线性地址，然后线性地址通过分页机制映射到物理地址

B．线性地址先经过分段机制映射到虚拟地址，然后虚拟地址通过分页机制映射到物理地址

C．虚拟地址先经过分页机制映射到线性地址，然后线性地址通过分段机制映射到物理地址

D．线性地址先经过分页机制映射到虚拟地址，然后线性地址通过分段机制映射到物理地址

答案：A。

要想弄明白各类地址的映射，首先需要弄懂各地址的概念。

虚拟地址指的是由程序产生的由段选择符和段内偏移地址两个部分组成的地址。这两部分组成的地址并没有直接访问物理内存，而是要通过分段地址的变换机构处理或映射后才会对应到相应的物理内存地址。

逻辑地址指的是用户程序经编译之后的每个目标模块都以 0 为基地址顺序编址，在程序中使用的地址都是逻辑地址。

线性地址指的是虚拟地址到物理地址变换之间的中间层，是处理器可寻址的内存空间（称为线性地址空间）中的地址。程序代码会产生逻辑地址，或者说是段中的偏移地址，加上相应段的基地址就生成了一个线性地址。如果启用了分页机制，那么线性地址可以再经过变换产生物理地址。如果没有采用分

页机制，那么线性地址就是物理地址。

物理地址指的是现在 CPU 外部地址总线上的寻址物理内存的地址信号，是地址变换的最终结果，是实际数据存放的地址。

虚拟地址到物理地址的转化方法是与体系结构相关的。一般来说，有分段和分页两种方式。以 X86 CPU 为例，分段、分页两种方式都是支持的。Memory Management Unit（内存管理单元，简称为 MMU）负责从虚拟地址到物理地址的转化。逻辑地址是段标识+段内偏移量的形式，MMU 通过查询段表，可以把逻辑地址转化为线性地址。如果 CPU 没有开启分页功能，那么线性地址就是物理地址；如果 CPU 开启了分页功能，MMU 还需要查询页表来将线性地址转化为物理地址：逻辑地址 -（段表）→线性地址-（页表）→物理地址。

不同的逻辑地址可以映射到同一个线性地址上；不同的线性地址也可以映射到同一个物理地址上；所以，这是一种多对一的关系。另外，同一个线性地址，在发生换页以后，也可能被重新装载到另外一个物理地址上。所以，这种多对一的映射关系也会随时间发生变化。

分段机制就是把虚拟地址空间中的虚拟内存组织成一些长度可变的称为段的内存块单元。分页机制把线性地址空间和物理地址空间分别划分为大小相同的块，这样的块称为页。通过在线性地址空间的页与物理地址空间的页之间建立的映射，分页机制实现线性地址到物理地址的转换。

通过以上的分析可知，选项 A 是正确的。

【真题 536】 在段页式存储管理系统中其虚拟地址空间是（　　）的。

A. 一维　　B. 二维　　C. 三维　　D. 四维

答案：C。

【真题 537】 在虚拟存储系统中，若进程在内存中占 3 块（开始时为空），采用先进先出页面淘汰算法，当执行访问页号序列为 1、2、3、4、1、2、5、1、2、3、4、5、6 时，将产生缺页中断的次数是（　　）。

A. 10　　B. 9　　C. 8　　D. 7

答案：A。

在地址映射过程中，如果在页面中发现所要访问的页面不在内存中，则产生缺页中断。当发生缺页中断时，操作系统必须在内存中选择一个页面将其移出内存，以便为即将调入的页面让出空间。而用来选择淘汰哪一页的规则叫作页面置换算法，也称为页面淘汰算法。

先进先出页面淘汰算法简称 FIFO（First In First Out）算法，该算法实现时，置换出最早进入内存的页面，即在内存中驻留时间最久的页面。该算法实现简单，只需把调入内存的页面根据先后次序链接成队列，设置一个指针总指向最早的页面。

本题中，置换过程如下：

1）访问 1，缺页，调入 1，内存中为 1。

2）访问 2，缺页，调入 2，内存中为 1，2。

3）访问 3，缺页，调入 3，内存中为 1，2，3。

4）访问 4，缺页，调入 4，淘汰 1，内存中为 2，3，4。

5）访问 1，缺页，调入 1，淘汰 2，内存中为 3，4，1。

6）访问 2，缺页，调入 2，淘汰 3，内存中为 4，1，2。

7）访问 5，缺页，调入 5，淘汰 4，内存中为 1，2，5。

8）访问 1，不缺页，内存中为 1，2，5。

9）访问 2，不缺页，内存中为 1，2，5。

10）访问 3，缺页，调入 3，淘汰 1，内存中为 2，5，3。

11）访问 4，缺页，调入 4，淘汰 2，内存中为 5，3，4。

12）访问 5，不缺页，内存中为 5，3，4。

13）访问 6，缺页，调入 6，淘汰 3，内存中为 3，4，6。

所以，一共产生了 10 次缺页。因此，选项 A 正确。

【真题 538】 函数的局部变量所需存储空间是在（　　）分配的。

A. 进程的数据段　　B. 进程的栈上　　C. 进程的堆上　　D. 以上都可以

答案：B。

一个 C/C++编译的程序所占用的系统内存一般分为代码段、数据段、BBS 段、堆和栈。

1）代码段（Code Segment/Text Segment）：代码段有时候也叫文本段，通常是指用来存放程序执行代码（包括类成员函数和全局函数以及其他函数代码）的一块内存区域，这部分区域的大小在程序运行前就已经确定，并且内存区域通常是只读，某些架构也允许代码段为可写，即允许修改程序。在代码段中，也有可能包含一些只读的常数变量，例如字符串常量。这个段一般是可以被共享的，比如在 Linux 操作系统中打开了 2 个 Vi 来编辑文本，那么一般来说，这两个 Vi 是共享一个代码段的。

2）数据段（Data Segment）：数据段通常是指用来存放程序中已初始化的全局变量的一块内存区域。数据段也属于静态内存分配。因此，BBS 段与数据段都属于静态区（全局区）。

3）符号起始的区块（Block Started by Symbol，BSS）段：BSS 段通常是指用来存放程序中未初始化的全局数据和静态数据的一块内存区域。BSS 段属于静态内存分配，程序结束后静态变量资源由系统自动释放。

4）堆（Heap）：堆是用于存放进程运行中被动态分配的内存段，它的大小并不固定，可动态扩张或缩减。当进程调用 malloc 或 new 等函数分配内存时，新分配的内存就被动态添加到堆上（堆被扩张），当利用 free 或 delete 等函数释放内存时，被释放的内存从堆中被删除（堆被缩减）。堆一般由程序员分配释放，如果程序员自己不释放，在程序结束时，该块内存空间可能会由操作系统回收。需要注意的是，它与数据结构中的堆是两回事，分配方式类似于链表。

5）栈（Stack）：栈上存放的是用户临时创建的局部变量，一般包括函数括弧“{}”中定义的变量（但不包括 static 声明的变量，static 意味着在数据段中存放变量）。除此之外，在函数被调用时，其参数也会被压入发起调用的进程栈中，并且等到调用结束后，函数的返回值也会被存放回栈中。栈由编译器自动分配释放，存放函数的参数值、局部变量的值等。其操作方式类似于数据结构中的栈。栈内存分配运算内置于处理器的指令集中，一般使用寄存器来存取，效率很高，但是分配的内存容量有限。

通过上述描述可知，选项 B 正确。

【真题 539】 静态局部变量存储在进程的（　　）。

A. 栈区　　B. 寄存器区　　C. 代码区　　D. 全局区

答案：D。

【真题 540】 程序代码、常量、局部变量和全局变量分别存储在内存中的什么位置？

答案：程序代码存储在代码段，常量分为字符串常量和其他常量，字符串常量存储于字符串常量区，对于整数类型，如果出现在表达式语句中，通常会成为“立即数”，被包含在生成的代码中。局部变量存储于栈上，全局变量（包括静态变量）存储于全局数据区。

【真题 541】 程序的局部变量存在于（　　）中，全局变量存在于（　　）中，动态申请数据存在于（　　）中。

答案：栈，静态区，堆。

【真题 542】 当在 CPU 内存之间进行地址转换时，（　　）将地址从虚拟（逻辑）地址空间映射到物理地址空间。

A. TCB　　B. MMU　　C. CACHE　　D. DMA

答案：B。

本题中，对于选项 A，TCB 是 Trusted Computing Base 的简称，指的是计算机内保护装置的总体，包括硬件、固件、软件和负责执行安全策略的组合体。它建立了一个基本的保护环境并提供一个可信计算机系统所要求的附加用户服务。所以，选项 A 错误。

对于选项 B，MMU 是 Memory Management Unit 的缩写，即内存管理单元，它用来管理虚拟存储器、物理存储器的控制线路，同时也负责虚拟地址映射为物理地址，以及提供硬件机制的内存访问授权。所以，选项 B 正确。

对于选项 C，CACHE 是指介于中央处理器和主存储器之间的高速小容量存储器。所以，选项 C 错误。

对于选项 D，DMA（Direct Memory Access，直接内存存取）指的是一种高速的数据传输操作，允许在外部设备和存储器之间直接读写数据，既不通过 CPU，也不需要 CPU 干预。所以，选项 D 错误。

通过上面的分析可知，MMU 可以将地址从虚拟（逻辑）地址空间映射到物理地址空间。所以，选项 B 正确。

【真题 543】 以下不是内核对象的是（ ）。

A．进程　　B．线程　　C．互斥器　　D．临界区

答案：D。

一个内核对象就是在系统堆中占据一块空间的结构体。不同种类的内核对象用来管理操作系统中不同的资源，例如进程、线程和文件等。所有内核对象都会保存该对象的引用计数，进程对象会保存进程 ID，文件对象会保存当前字节偏移量、共享模式和打开模式等。操作系统中所有内核对象都是保存在一块内存空间中的，系统上所有的进程都共享这一块内存空间。

每个进程中访问临界资源的那段程序称为临界区（临界资源是一次仅允许一个进程使用的共享资源）。每次只允许一个进程进入临界区，进入后不允许其他进程进入。

互斥对象是一种最简单的内核对象，用它可以方便地实现对某一资源的互斥访问。而临界区并不是内核对象，而是系统提供的一种数据结构，程序中可以声明一个该类型变量，之后用它来实现对资源的互斥访问。当希望访问某一临界资源时，先将该临界区加锁（如果临界区不空闲，则等待），用完该资源后，将临界区释放。

【真题 544】 以下关于减少换页的方法描述中，错误的有（ ）。

A．进程倾向于占用 CPU

B．访问局部性（Locality of Reference）满足进程要求

C．进程倾向于占用 I/O

D．使用基于最短剩余时间（Shortest Remaining Time）的调度机制

答案：A、C。

换页错误又叫作缺页中断。在操作系统上的每个进程都有一段自己的独立虚拟内存空间，但这些虚拟内存并不是完全映射到物理内存上的。当一个程序试图访问没有映射到物理内存的地方时，就会出现缺页中断，这时操作系统要做的是将这段虚拟内存映射到物理内存上，使其真正“可用”。

减少换页错误的方法，即降低缺页中断率，通常可以在以下几个方面做工作：

1）页面大小。页面划分的越大，中断率就会越低。

2）内存页框数。增加作业可用的内存块数可以减少换页。

3）替换算法的好坏也会影响缺页中断的次数。

4）程序局部性，有良好局部性的程序也会有较少的换页次数。

本题中，强调的是减少换页错误，而非消除换页错误，所以，选项 A 与选项 C 的描述不正确，选项 B 的描述正确。

对于选项 D，由于剩余时间短的任务执行时间短，需要换页的概率也低，所以选项 D 的描述正确。

所以，本题的答案为 A、C。

【真题 545】 请简要介绍 Windows 内存管理的机制。

答案：内存管理是指软件运行时对计算机内存资源的分配和使用的技术。其最主要目的是如何高效、快速地分配，并且在适当的时候释放和回收内存资源。

在讲解 Windows 内存管理前，首先介绍几个基本的概念，它们是物理内存、虚拟内存。

物理内存：即插在主板上的内存条。它是固定的，内存条的容量多大，物理内存就有多大（集成显卡系统除外），但是需要注意的是，如果运行很多程序或者程序本身很大，就会导致占用大量的物理内存，甚至导致物理内存被消耗殆尽。

虚拟内存：考虑到代码必须在物理内存中才能被运行，由于现在的操作系统中运行着非常多的应用程序，而内存中不一定能够完全放下，所以，引出了虚拟内存的概念。虚拟内存指在硬盘上划分一块页面文件，充当内存使用，而这块内存却不是实实在在存在的。当程序在运行时，有一部分资源还没有用上或者同时打开几个程序却只操作其中一个程序时，系统没必要将程序所有的资源都塞在物理内存中，于是，系统将这些暂时不用的资源放在虚拟内存上，等到需要时再调出来使用；把那些不常用的程序片断就放入虚拟内存，当需要用到它的时候再载入物理内存中。

除了以上提及的这些内容是内存管理所需要做的事情以外，内存管理还有另外一件事需要做：计算程序片段在主存中的物理位置，以便 CPU 调度。对于 Windows 系统而言，其内存管理主要包括页式存储管理、段式存储管理和段页式存储管理等。以下将分别对其进行讲述。

页式存储管理：用户程序的地址空间被划分成若干固定大小的区域，称为“页”，相应地，内存空间分成若干个物理块，页和块的大小相等。可将用户程序的任一页放在内存的任一块中，实现了离散分配。进程空间也被静态地划分为若干个等长的区域，每个区域称为一个逻辑页面，其长度与页框的长度相等。当进程运行时，需要将它的各个逻辑页面保存到存储空间的物理页框中，即需要确定逻辑页面与页框的对应关系，进程的逻辑页面是连续的，但是页框页面却不一定是连续的。允许一个进程占用内存空间中多个连续的区域，而这些区域的长度相等，因而采用静态等长存储分配的方法，不会产生碎片。

段式存储管理：将用户程序地址空间分成若干个大小不等的段，每段可以定义一组相对完整的逻辑信息。存储分配时，以段为单位，段与段在内存中可以不相邻接，也实现了离散分配。

段页式存储管理：分页系统能有效地提高内存的利用率，而分段系统能反映程序的逻辑结构，便于段的共享与保护，将分页与分段两种存储方式结合起来，就形成了段页式存储管理方式。在段页式存储管理系统中，作业的地址空间首先被分成若干个逻辑分段，每段都有自己的段号，然后再将每段分成若干个大小相等的页。对于主存空间也分成大小相等的页，主存的分配以页为单位。段页式系统中，作业的地址结构包含三部分的内容：

段号　页号　页内位移量

程序员按照分段系统的地址结构将地址分为段号与段内位移量，地址变换机构将段内位移量分解为页号和页内位移量。

为实现段页式存储管理，系统应为每个进程设置一个段表，包括每段的段号、该段的页表始址和页表长度。每个段有自己的页表，记录段中每一页的页号和存放在主存中的物理块号。

【真题 546】 段页式虚拟存储管理方案的特点是什么？

答案：页式存储分配是把到来的作业分成相等大小的页，段式存储管理是把一个程序分成若干个段（Segment）进行存储，每个段都是一个逻辑实体（Logical Entity），段页式虚拟存储管理是基本分段存储管理方式和基本分页存储管理方式原理的结合，兼有段式和页式管理的优点，即先将用户程序分成若干个段，再把每个段分成若干个页，并为每一个段赋予一个段名，页间不要求连续（能动态连接），用分段方法分配管理作业，用分页方法分配管理内存。它的特点是空间浪费小、存储共享容易、存储保护容易及能动态连接。

段页式管理采用二维地址空间，例如段号（S）、页号（P）和页内单元号（D）。系统建两张表格，每一作业一张段表，每一段建立一张页表，段表指出该段的页表在内存中的位置，地址变换机构类似页式机制，只是前面增加一项段号。所以，存储共享容易、存储保护容易。

【真题 547】 以下关于 Linux 操作系统内存的描述中，正确的有（　　）。

A．32 位机器，单个进程能使用的最大用户态地址空间理论上不大于 3GB

B．若一台机器的物理内存为 2GB，则在该机器上同时运行的进程 A 和进程 B 所占物理内存之和有可能大于 2GB

C．进程 A 是在 Linux 系统运行的一个用 C 语言编写的程序，如果在 A 中用 malloc 函数成功申请了 1GB 内存，则此时该进程必定至少占用了 1GB 的物理内存

D．32 位机器，Linux 操作系统内存管理以“页”为基本单位，每页的大小固定为 4KB

答案：A、B、D。

对于选项 A，在 32 位机器上，32 位意味着 4GB 的寻址空间（备注：计算机的地址总线是 32 位，可以支持的内存地址代码是 2^32=4*2^10*2^10*2^10B=4GB），Linux 操作系统把它分为两部分：最高的 1GB（虚拟地址从 0xC0000000 到 0xffffffff）用作内核本身，称为“系统空间”，而较低的 3GB 字节（从 0x00000000 到 0xbfffffff）用作各进程的“用户空间”。这样，理论上每个进程可以使用的用户空间都是 3GB。当然，实际的空间大小受物理存储器大小的限制。虽然各个进程拥有其自己的 3GB 用户空间，系统空间却由所有的进程共享。从具体进程的角度看，每个进程都拥有 4GB 的虚拟空间，较低的 3GB 为自己的用户空间，最高的 1GB 为所有进程以及内核共享的系统空间。因此，选项 A 正确。

对于选项 B，进程 A 和 B 都有自己的虚拟地址，程序在运行的一个特定的时候并不会把所有需要的数据都加载到内存中，当前不使用的数据会被置换到硬盘上，只有在使用的时候才会被置换到内存中。因此，两个进程所占的物理存储之和完全有可能大于 2GB。例如当进程 A 和 B 同时运行的时候，都只有部分数据被加载到内存中，假设在某一时刻 A 和 B 进程占用内存之和为 2GB，如果此时 A 所需的数据不在内存中，此时系统采用特定的算法把进程 A 与 B 当前可能不使用的数据置换到硬盘上。因此，选项 B 正确。

对于选项 C，malloc 申请的只是虚拟的内存空间，实际对应的数据有可能已经被加载到内存中，也有可能被置换到硬盘上了。因此，选项 C 错误。

对于选项 D，Linux 操作系统采用页作为内存管理的基本单位，其采用的标准的页面大小为 4KB。为什么是 4KB 呢？因为 4KB 是大多数磁盘块大小的倍数，传输效率高，管理方便，无须考虑 PAE（物理地址扩展）。因此，选项 D 正确。

所以，本题的答案为 A、B、D。

【真题 548】 在一个请求页式存储管理中，一个程序的页面走向为 3、4、2、1、4、5、3、4、5、1、2，并采用 LRU 算法。设分配给该程序的存储块数 S 分别为（ ）和（ ），在该访问中发生的缺页次数 F 是（ ）。

A．S=3,F=6;S=4,F=5　　B．S=3,F=7;S=4,F=6

C．S=3,F=8;S=4,F=5　　D．S=3,F=8;S=4,F=7

答案：D。

LRU 计算的缺页情况见表 5-2 和表 5-3。

表 5-2　LRU 计算的缺页情况 1

3	3	3	4	2	1	4	5	3	4	5
	4	4	2	1	4	5	3	4	5	1
		2	1	4	5	3	4	5	1	2
缺页	缺页	缺页	缺页		缺页	缺页			缺页	缺页

缺页次数 8 次。

表 5-3　LRU 计算的缺页情况 2

3	3	3	3	3	2	1	1	1	3	4
	4	4	4	2	1	4	5	3	4	5
		2	2	1	4	5	3	4	5	1
			1	4	5	3	4	5	1	2
缺页	缺页	缺页	缺页		缺页	缺页				缺页

缺页次数 7 次。所以，选项 D 正确。

【真题 549】 操作系统采用分页式存储管理中，要求（　　）。

A．每个进程拥有一张页表，且进程的页表驻留在内存中

B．每个进程拥有一张页表，但只要执行进程的页表驻留在内存中，其他进程的页表不必驻留在内存中

C．所有进程共享一张页表，以节约有限的内存空间，但页表必须驻留在内存中

D．所有进程共享一张页表，只有页表中当前使用的页面必须驻留在内存中，以最大限度地节约有限的内存空间

答案：A。

页式存储管理的特征是等分内存，它解决了外碎片（大量信息由于先后写入、置换、删除而形成的空间碎片）问题。段式存储管理的特征是逻辑分段，便于实现共享和保护。为了保持页式和段式上的优点，结合两种存储管理方案，形成了段页式存储管理。本题中，在分页系统中，为每个进程都配置一张页表，进程逻辑地址空间中的每一页在页表中都有一个页表项。所以，选项 A 正确。

【真题 550】 在虚拟分页存储管理系统中，若进程访问的页面不在主存，且主存中没有可用的空闲块时，系统正确的处理顺序是（　　）。

A．决定淘汰页—>页面调出—>缺页中断—>页面调入

B．决定淘汰页—>页面调入—>缺页中断—>页面调出

C．缺页中断—>决定淘汰页—>页面调出—>页面调入

D．缺页中断—>决定淘汰页—>页面调入—>页面调出

答案：C。

虚拟分页存储管理的步骤如下：

1）首先，在程序运行中发现所需要的页不在物理内存时，此时会发出缺页中断，并根据算法决定淘汰哪些页。

2）然后，把物理内存中的淘汰页存储到外存，此过程被称为页面调出。

3）最后，把需要的内容从外存调入物理内存指定页，此过程被称为页面调入。

其实，操作系统就像一辆公交车，只有旧乘客先下来，新乘客才能上去，所以，页面调出为先，页面调入在后。而在页面调出前，必须要存在着缺页中断，而且已经决定了哪些页面需要调出才行。

所以，完整的过程应该是缺页中断—>决定淘汰页—>页面调出—>页面调入，选项 C 正确。

【真题 551】 在主存和 CPU 之间增加 Cache 的目的是（　　）。

A．增加内存容量　　　　B．为程序员编程提供方便

C．解决 CPU 与内存间的速度匹配问题　　　　D．提高内存工作的可靠性

答案：C。

计算机的存储系统由主存、外存和 Cache（缓存）组成。Cache 存取速度快、容量小，它存储的内容是主存中经常被访问的程序和数据的副本。通过 Cache 可以提高计算机的运行速度，解决 CPU 与内存之间的速度匹配问题。所以，选项 C 正确。

对于选项 A、选项 B 和选项 D，其描述内容均不是 Cache 的目的。所以，选项 A、选项 B 和选项 D 错误。

【真题 552】 在多级存储体系中，“Cache-主存”结构的作用是解决（　　）。

A．主存容量不足　　　　B．辅存与 CPU 速度不匹配

C．主存与辅存速度不匹配　　　　D．主存与 CPU 速度不匹配

答案：D。

第 6 章　数据结构与算法

6.1　数组与线性表

【真题 553】对于顺序存储的线性数组，访问结点和增加结点、删除结点的时间复杂度分别为（　　）。

A．O(n)，O(n)　　B．O(n)，O(1)　　C．O(1)，O(n)　　D．O(n)，O(n)

答案：C。

对于线性数组，它支持随机访问，因此，访问结点的时间复杂度为 O(1)，增加结点、删除结点的时候需要移动新增结点或待删除结点后面的元素，因此，时间复杂度为 O(n)。所以，选项 C 正确。

【真题 554】 在有 n 个结点的顺序表中，算法的时间复杂度是 O(1)的操作是（　　）。

A．访问第 i 个结点（1<=i<=n）和求第 i 个结点的直接前驱（2<=i<=n）

B．在第 i 个结点后插入一个新结点（1<=i<=n）

C．删除第 i 个结点（1<=i<=n）

D．将 n 个结点从小到大排序

答案：A。

线性表也叫顺序表，在线性表中的数据元素，其关系是一一对应的，即除了第一个数据元素和最后一个数据元素之外，其他数据元素都是首尾相接的。

本题中，对于选项 A，线性表是随机存取结构，当对其执行插入和删除操作时，只要不是针对最后一个元素，此时都需要进行元素的搬家，最坏情况下的时间复杂度是 O(n)。因此，访问第 i 个结点（1<=i<=n）和求第 i 个结点的直接前驱（2<=i<=n），其时间复杂度都为 O(1)。所以，选项 A 正确。

对于选项 B 和选项 C，由于插入和删除操作都需要移动元素，此时算法的时间复杂度为 O(n)，它与题目要求的 O(1)的时间复杂度不相符。所以，选项 B 与选项 C 错误。

对于选项 D，将 n 个结点从小到大排序的时间复杂度通常介于 O(n)与 O(n^2)之间，它与题目要求的 O(1)的时间复杂度不相符。所以，选项 D 错误。

【真题 555】 以下操作中，数组比线性表速度更快的是（　　）。

A．原地逆序　　B．头部插入　　C．返回中间结点

D．返回头部结点　　E．选择随机结点

答案：A、C、E。

线性结构的基本特征为：

1）集合中必然存在唯一的一个“第一元素”。

2）集合中必然存在唯一的一个“最后元素”。

3）除最后一个元素外，均有唯一的后继。

4）除第一个元素外，均有唯一的前驱。

数组是随机存取的，线性表是逻辑上连续但物理上分开存放的，因此，查询、修改操作数组更快，但插入、删除等操作线性表更快。所以，选项 B 与选项 D 错误，选项 E 正确。

对于选项 A，当需要进行原地逆序时，数组比线性表速度更快。对于数组的逆序，具体做法如下：定义两个下标，一个下标 i 表示数组首元素，一个下标 j 表示数组尾元素，交换 i 与 j 两个位置的元素值，同时执行++i，--j 操作，一共需要经过 n/2 次交换（n 表示数组的长度）。而链表的逆序需要修改指针的指向，需要更多的操作。所以，选项 A 正确。

对于选项 C，数组可以通过 array[length/2]访问中间结点，链表需要依次查找到中间结点，所以，数组比线性表更快。所以，选项 C 正确。

所以，本题的答案为 A、C、E。

【真题 556】 二叉树是非线性数据结构，以下关于其存储结构的描述中，正确的是（　　）。

A．它不能用链式存储结构存储

B．它不能用顺序存储结构存储

C．顺序存储结构和链式存储结构都不能使用

D．顺序存储结构和链式存储结构都能存储

答案：D。

二叉树是非线性数据结构，即每个数据结点至多只有一个前驱，但可以有多个后继，可以使用顺序存储和链式存储两种结构来存储。以下将分别对这两种存储结构进行介绍。

（1）顺序存储结构

二叉树的顺序存储指的是用元素在数组中的下标表示一个结点与其孩子和父结点的关系。这种结构特别适用于近似满二叉树。这种方法的缺点是可能会有大量空间的浪费，在最坏的情况下，一个深度为 k 且只有 k 个结点的右单支树需要 2^k-1 个结点存储空间。图 6-1 和图 6-2 分别给出完全二叉树和非完全二叉树的存储示意图。

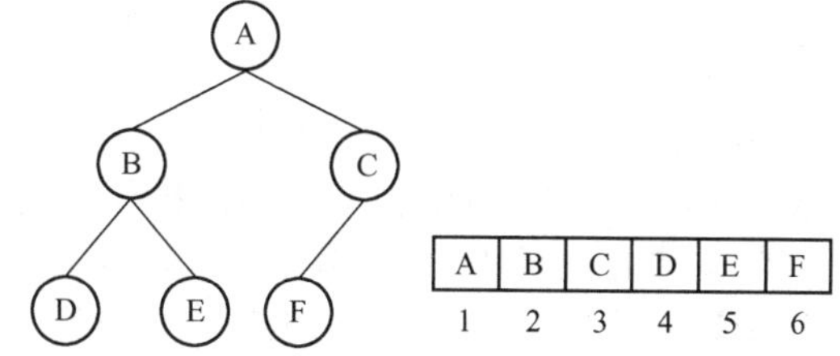

图 6-1　完全二叉树的存储方式

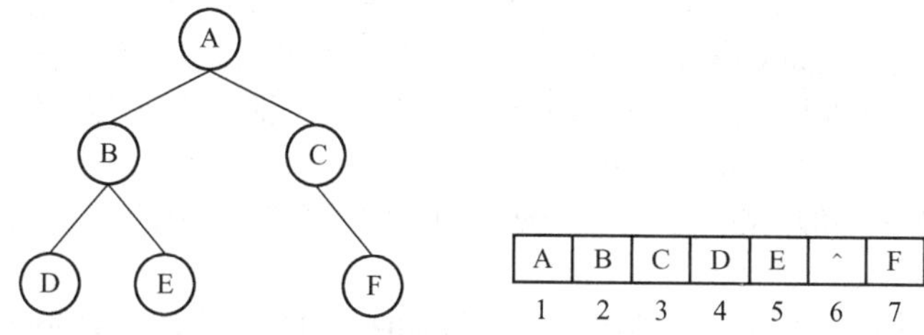

图 6-2　非完全二叉树的存储方式

（2）链式存储结构

二叉树的链式存储结构是指用链表来表示一棵二叉树。

每个结点有一个数据域，两个指针域分别指向左孩子和右孩子。其结点结构为：

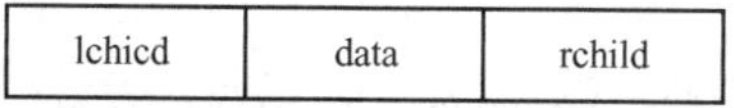

图 6-3 给出了一个二叉树的链表存储方式。

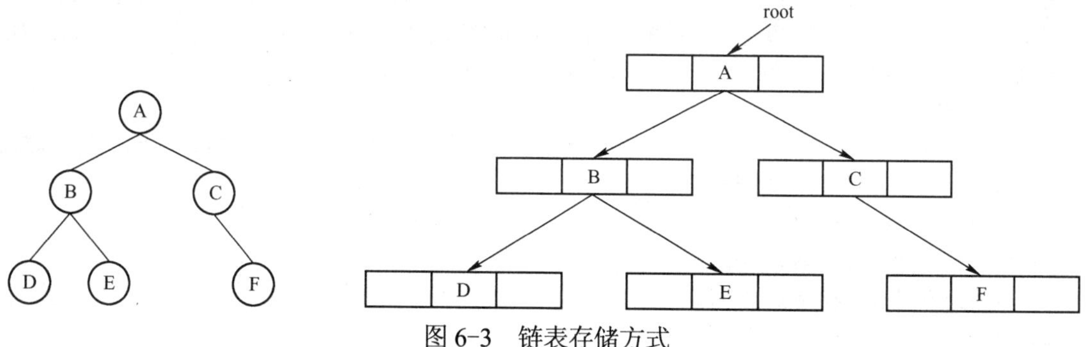

图 6-3　链表存储方式

通过上面的分析可知，选项 D 正确。

【真题 557】 下列数据结构中，同时具有较高的查找和删除性能的是（　　）。

A．有序数组　　B．有序链表　　C．AVL 树　　D．Hash 表

答案：C、D。

首先介绍常见的数据结构的操作性能：

1）有序数组：查找的时候可以采用二分查找法，因此，查找的时间复杂度为 O(logn)，其中，n 表示数组序列的长度。由于数组中的元素在内存中是顺序存放的，因此，删除数组中的一个元素后，数组中后面的元素就需要向前移动。在最坏的情况下，如果删除数组中的第一个元素，那么数组中后面的 n−1 个元素都需要向前移动，移动操作的次数为 n−1，因此，此时的时间复杂度为 O(n)。插入操作与删除操作类似，都需要数组中元素的移动，因此，其时间复杂度也为 O(n)。

2）有序链表：链表（以单链表为例）的存储特点为：每个结点的地址存储在它的前驱结点的指针域中，对链表的遍历只能从链表的首结点开始遍历，因此，此时查找的时间复杂度为 O(n)，其中，n 表示链表的长度。对于删除和插入操作，虽然删除和插入操作的时间复杂度都为 O(1)（因为不需要结点的移动操作），但是在删除前首先需要找到待删除结点的地址，这个操作的时间复杂度为 O(n)，在插入结点前首先也要找到结点应该被插入的地方，这个操作的时间复杂度也为 O(n)，因此，插入与删除的时间复杂度都为 O(n)。

3）AVL 树（平衡二叉树）：AVL 树是一棵空树或它的左右两个子树的高度差的绝对值不超过 1，并且左右两个子树都是一棵平衡二叉树。由于树的高度为 logn，其中，n 表示树中结点的个数，因此，查找的时间复杂度为 O(logn)，显然，删除与插入的时间复杂度也为 O(logn)。

4）Hash 表：Hash 表通过 Hash 值就可以定位到元素的位置，因此，查找、插入与删除的时间复杂度都为 O(1)。

5）普通数组：查找的时候只能顺序地遍历数组，在最坏的情况下需要对数组中所有的元素遍历一遍，因此，此时的时间复杂度为 O(n)，其中，n 表示数组序列的长度。插入的时候只需要把元素插入到数组的最后一个元素的后面即可，因此，时间复杂度为 O(1)，删除操作也需要移动这个元素后面的所有的元素，因此，此时的时间复杂度也为 O(n)。

6）普通二叉树：在最坏的情况下，有 n 个结点的树的高度为 n，因此，查找、插入与删除的时间复杂度都为 O(n)。

从上面的分析可以发现，平衡二叉树的查找和删除的时间复杂度都是 O(logn)，Hash 表的查找、插入的时间复杂度都是 O(1)。因此，这两个数据结构有较好的查找和删除的性能。所以，选项 C、选项 D 正确。

【真题 558】 线性表如果要频繁地执行插入和删除操作，该线性表采取的存储结构应该是（　　）。

A．散列　　B．顺序　　C．链式　　D．索引

答案：C。

线性表的顺序存储是指用一组地址连续的存储单元依次存储线性表的数据元素。

链式存储结构又叫链接存储结构，在计算机中用一组任意的存储单元存储线性表的数据元素（这组存储单元可以是连续的，也可以是不连续的）。它不要求逻辑上相邻的元素在物理位置上也相邻。因此，它没有顺序存储结构所具有的弱点，但也同时失去了顺序表可随机存取的优点。

链式存储结构有以下 5 个特点：

1）比顺序存储结构的存储密度小（每个结点都由数据域和指针域组成，所以，相同空间内假设全存满，则链式存储比顺序存储所能存储的数据少）。

2）逻辑上相邻的结点物理上不必相邻。

3）插入、删除灵活（不必移动结点，只要改变结点中的指针）。

4）查找结点时链式存储要比顺序存储慢。

5）每个结点由数据域和指针域组成。

链式结构的插入和删除操作只需要修改插入和删除结点以及其前驱结点的指针域即可，而顺序存储结构在插入和删除操作的时候需要执行大量数据的移动操作。由此可以看出，顺序表适合随机访问，不适合插入和删除操作，而链式表适合插入和删除操作，不适合随机访问操作。散列表适合查找运算，索引表在插入和删除的时候还需要修改索引表，由此链式表最适合插入和删除操作。所以，选项 C 正确。

【真题 559】 寻找一条从左上角（arr[0][0]）到右下角（arr[m-1][n-1]）的路线，使得沿途经过的数组中的整数和最小。

答案：对于这道题，可以从右下角开始倒着来分析：最后一步到达 arr[m-1][n-1]只有两条路，即通过 arr[m-2][n-1]到达或通过 arr[m-1][n-2]到达，假设从 arr[0][0]到 arr[m-2][n-1]沿途数组最小值为 f(m-2,n-1)，到 arr[m-1][n-2] 沿途数组最小值为 f(m-1,n-2)。因此，最后一步选择的路线为 min{ f(m-2,n-1), f(m-1,n-2)}。同理，选择到 arr[m-2][n-1]或 arr[m-1][n-2]的路径可以采用同样的方式来确定。

由此可以推广到一般的情况。假设到 arr[i-1][j]与 arr[i][j-1]的最短路径的和为 f(i-1,j)和 f(i,j-1)，那么到达 arr[i][j]的路径上所有数字和的最小值为 f(i,j)=min{ f(i-1,j), f(i,j-1)} + arr[i][j]。

方法 1：递归法

根据这个递归公式可知，可以采用递归的方法来实现，递归的结束条件为遍历到 arr[0][0]。在求解的过程中，还需要考虑另外一种特殊情况：遍历到 arr[i][j]（当 i=0 或 j=0）的时候，只能沿着一条固定的路径倒着往回走直到 arr[0][0]。

但是递归算法效率太低，主要因为里面有大量的重复计算过程，比如在计算 (i-1,j)与 f(j-1,i)的过程中都会去计算 f(i-1,j-1)。如果把第一次计算得到的 f(i-1,j-1)缓存起来就不需要额外的计算，而这也是典型的动态规划的思路，下面重点介绍动态规划方法。

方法 2：动态规划法

动态规划其实也是一种空间换时间的算法，通过缓存计算的中间值，从而减少重复计算的次数，从而提高算法的效率。方法 1 从 arr[m-1][n-1]开始逆向通过递归来求解，采用动态规划要求正向求解，以便利用前面计算出来的结果。

对于本题而言，显然，f(i,0)=arr[0][0]+⋯+arr[i][0]，f[0,j]=arr[0][0]+⋯+arr[0][j]。根据递推公式：f(i,j)=min{ f(i-1,j), f(i,j-1)} + arr[i][j]。从 i=1、j=1 开始顺序遍历二维数组，可以在遍历的过程中求出所有的 f(i,j)的值，同时，把求出的值保存到另外一个二维数组中以供后续使用。当然，在遍历的过程中可以确定这个最小值对应的路线，在这个算法中，除了求出最小值外顺便还打印出了最小值的路线，实现代码如下：

```
public class Test
{
    public static int getMinPath(int[][] arr) {
        if(arr == null || arr.length==0)
            return 0;
        int row = arr.length;
        int col = arr[0].length;
        //用来保存计算的中间值
        int[][] cache = new int[row][col];
        cache[0][0] = arr[0][0];
        for(int i=1; i<col; i++){
            cache[0][i] = cache[0][i-1] + arr[0][i];
        }
        for(int j=1; j<row; j++){
            cache[j][0] = cache[j-1][0] + arr[j][0];
        }
        //在遍历二维数组的过程中不断把计算结果保存到 cache 中
        for(int i=1; i<row; i++){
```

```
            for(int j=1; j<col; j++) {
            //可以确定选择的路线为 arr[i][j-1]
                if(cache[i-1][j] > cache[i][j-1]) {
                    cache[i][j] = cache[i][j-1] + arr[i][j];
                    System.out.print("["+i+","+(j-1)+"]    ");
                }
                //可以确定选择的路线为 arr[i-1][j]
                else {
                    cache[i][j] = cache[i-1][j] + arr[i][j];
                    System.out.print("["+(i-1)+","+j+"]    ");
                }
            }
        }
        System.out.println("["+(row-1)+","+(col-1)+"]");
        return cache[row-1][col-1];
    }

    public static void main(String[] args){
        int[][] arr ={{ 1, 4, 3},{ 8, 7, 5},{ 2, 1, 5} };
        System.out.print("路径：");
        System.out.println("最小值为："+getMinPath(arr));
    }
}
```

程序的运行结果为：

```
路径：[0,1]   [0,2]   [2,0]   [2,1]   [2,2]
最小值为：17
```

这个方法对二维数组进行了一次遍历，因此，其时间复杂度为 O(m*n)。此外由于这个算法同样申请了一个二维数组来保存中间结果，因此，其空间复杂度也为 O(m*n)。

【真题 560】 实现对一组无序的字母进行从小到大排序（区分大小写），当两个字母相同时，小写字母放在大写字母前。要求时间复杂度为 O(n)。

答案：如果没有时间复杂度的要求，本题可以采用传统的插入排序或快速排序等方法进行排序，但是传统的排序方法在最好的情况下的时间复杂度都为 O(nlogn)，显然，不满足题目要求的 O(n)时间复杂度。对于对时间复杂度有很高要求的问题，一般可以考虑用空间换时间的方法。鉴于此，对于本题而言，可以采用如下思路：

通常，字母为 26 个，当区分大小写后，变为 26*2=52 个，所以，首先申请一个长度为 52 的 int 型数组，按照 aAbBcC...zZ（小写字母保存在下标为偶数的位置，大写字母保存在下标为奇数的位置）的顺序依次记录各个字母出现的次数，当记录完成以后，就可以遍历这个数组按照各个字母出现的次数来重组排序后的数组，实现代码如下：

```
public class Test {
    public static void main(String[] args)      {
        char[] src = { 'R', 'B', 'B', 'b', 'W', 'W', 'B', 'R', 'B', 'w' };
        sort(src);
        for (int i=0;i<src.length;i++)  {      System.out.print(src[i] + " "); }
    }
    private static void sort(char[] src)    {
        if(src == null)             {
```

```
                System.out.println("参数不合法");
                return;
            }
            //用于保存 52 个字符出现的次数，小写字母保存在下标为偶数的位置，大写字母保存在奇
//数的位置
            //采用这种保存方法，可以保证在这个数组中小写字母出现在大写字母前面，小的字符出现
//在大的字符前面
            int[] charCount = new int[54];
            for (int i = 0; i<src.length; i++)          {
                //对小写字母出现的次数就行计数
                if (src[i] >'a'&&src[i] <'z') {   charCount[(src[i] - 'a') * 2]++;}
                //对大写字母出现的次数就行计数
                else if (src[i] <'Z'&&src[i] >'A')      { charCount[(src[i] - 'A') * 2 + 1]++;}
            }
            //根据各个字符出现的次数按顺序生成排序后的字符数组
            int index = 0;
            for (int i = 0; i<charCount.length; i++)       {
                //这个字符在原始字符数组中存在
                if (charCount[i] != 0){
                    //小写字母
                    if (i % 2 == 0)      {
                        for (int j = 0; j <charCount[i]; j++)   {
                            src[index++] = (char) (i / 2 + 'a');
                        }
                    }
                    //大写字母
                    else{
                        for (int j = 0; j <charCount[i]; j++) {
                            src[index++] = (char) ((i - 1) / 2 + 'A');
                        }
                    }
                }
            }
        }
    }
```

程序的运行结果为：

```
    b B B B B R R w W W
```

【真题 561】 有 N 个磁盘，每个磁盘大小为 D[i]（i=0，…，N−1），现在要在这 N 个磁盘上“顺序分配”M 个分区，每个分区大小为 P[j]（j=0，…，M−1），顺序分配的意思是：分配一个分区 P[j]时，如果当前磁盘剩余空间足够，则在当前磁盘分配；如果不够，则尝试下一个磁盘，直到找到一个磁盘 D[i+k]可以容纳该分区，分配下一个分区 P[j+1]时，则从当前磁盘 D[i+k]的剩余空间开始分配，不再使用 D[i+k]之前磁盘未分配的空间，如果这 M 个分区不能在这 N 个磁盘完全分配，则认为分配失败。请实现函数 is_allocable 判断给定 N 个磁盘（数组 D）和 M 个分区（数组 P），是否会出现分配失败的情况？举例：磁盘为[120,120,120]，分区为[60,60,80,20,80]可分配，如果为[60,80,80,20,80]，则分配失败。

答案：本题的主要思路如下：对所有的分区进行遍历，同时用一个变量 dIndex 记录上次分配磁盘的下标，初始化为 0；对于每个分区，从上次分配的磁盘开始继续分配，如果没有足够的空间，则顺序找其他的磁盘，直到找到合适的磁盘为止，进行分配；如果找不到合适的磁盘，则分配失败，实现代码如下：

```
public class Test{
    public static void main(String[] args) {
        int[] d = { 120, 120, 120 };// 磁盘
        int[] p = { 60, 60, 80, 20, 80 };// 分区
        if (is_allocable(d, p)) {
            System.out.println("分配成功");
        } else{
            System.out.println("分配失败");
        }
    }
    private static boolean is_allocable(int[] d, int[] p)     {
        int dIndex=0; //磁盘分区下标
        for(int i=0;i<p.length;i++){
            //找到符合条件的磁盘
            while(dIndex<d.length&& p[i]> d[dIndex])
                dIndex++;
            //没有可用的磁盘
            if(dIndex>=d.length)
                return false;
            //给分区分配磁盘
            d[dIndex]-=p[i];
        }
        return true;
    }
}
```

程序的运行结果为：

```
分配成功
```

【真题 562】 假设有一个中央调度机，有 n 个相同的任务需要调度到 m 台服务器上执行，由于每台服务器的配置不一样，因此，服务器执行一个任务所花费的时间也不同。现在假设第 i 个服务器执行一个任务需要的时间为 t[i]。例如，有 2 个执行机 a 与 b，执行一个任务分别需要 7min 和 10min，有 6 个任务待调度。如果平分这 6 个任务，即 a 与 b 各 3 个任务，则最短需要 30min 执行完所有。如果 a 分 4 个任务，b 分 2 个任务，则最短 28min 执行完。请设计调度算法，使得所有任务完成所需要的时间最短。输入 m 台服务器，每台机器处理一个任务的时间为 t[i]，完成 n 个任务，输出 n 个任务在 m 台服务器的分布。int estimate_process_time(int[] t,intm,int n)。

答案：本题可以采用贪心法来解决，具体实现思路如下：

申请一个数组来记录每台机器的执行时间，初始化为 0。在调度任务的时候，对于每个任务，在选取机器的时候采用如下的贪心策略：对于每台机器，计算机器已经分配任务的执行时间+这个任务需要的时间，选用最短时间的机器进行处理。实现代码如下：

```
public class Test
{
    public static void main(String[] args)
    {
        int t[] = {7,10};
        int n = 6;
        int proTime[]   = calculate_process_time(t , n);
        if(proTime==null)
        {
```

```
                System.out.println("分配失败");
                return;
            }
            int totalTime=proTime[0];
            for (int i = 0; i < proTime.length; i++)
            {
                System.out.println("第" + (i + 1) + "台服务器有" + proTime[i] / t[i]       + "个任务,执行总
时间为：" + proTime[i]);
                if(proTime[i]>totalTime)
                    totalTime=proTime[i];
            }
            System.out.println("执行完所有任务所需的时间为" + totalTime);
        }
        /**
         * @param t             每个服务器处理的时间
         * @param n             任务的个数
         * @return 各个服务器执行完任务所需的时间
         */
        private static int[] calculate_process_time(int[] t, int n)
        {
            if(t==null || n<=0)
                return null;
            int m=t.length;
            int minIndex;
            int minTime;
            int[] proTime=new int[m];
            for (int i = 0; i < n; i++)
            {
                minTime = proTime[0] + t[0]; //把任务给第 j 个机器上后这个机器的执行时间
                minIndex = 0;                       //把任务给第 minIndex 个机器上
                for (int j = 1; j < m; j++)
                {
                    //分配到第 j 台机器上后执行时间更短
                    if (minTime > proTime[j] + t[j])
                    {
                        minTime = proTime[j] + t[j];
                        minIndex = j;
                    }
                }
                proTime[minIndex] += t[minIndex];
            }
            return proTime;
        }
    }
```

程序的运行结果为：

```
第 1 台服务器有 4 个任务,执行总时间为：28
第 2 台服务器有 2 个任务,执行总时间为：20
执行完所有任务所需的时间为 28
```

【真题 563】 n(1,2,3,⋯，n)个元素有 N!个不同的排列，将这 n!个数按字典序排列，并编号 0,1,⋯，n!−1，每个排号为其字典序的值，如 n=3 时，字典排序为 123,132,213,231,312,321，这 6 个数的字典序分

别为 0,1,2,3,4,5，现给定 n，请输出字典序为 k 的排列(0<=k<n!)。

答案：算法的主要思路为：从当前字符串出发找出下一个排列（下一个排列为大于当前字符串的最小字符串）。

通过引入一个例子来介绍非递归算法的基本思想：假设要对字符串“12345”进行排序。第一个排列一定是“12345”，依此获取下一个排列：“12345”->“12354”->“12435”->“12453”->“12534”->“12543”->“13245”->…。从“12543”->“13245”可以看出找下一个排列的主要思路如下：

1）从右到左找到两个相邻递增的字符，在本例中，“12543”中从右到左找出第一个相邻递增的子串为“25”，记录这个小的字符的下标为 pmin。

2）找出 pmin 后面的比它大的最小的字符进行交换，在本例中，字符“2”后面的子串中比它大的最小的字符为“3”，因此，交换字符“2”和字符“3”可以得到字符串“13542”。

3）为了保证下一个排列为大于当前字符串的最小字符串，在第 2）步完成交换后，需要对 pmin 后的子串重新组合，使其值最小，只需对 pmin 后面的字符进行逆序即可（因为此时 pmin 后面的子串中的字符必定是按照降序排列，逆序后字符就按照升序排列了），逆序后就能保证当前的组合是新的最小的字符串；在这个例子中，上一步得到的字符串为“13542”，pmin 指向字符“3”，对其后面的子串“542”逆序后得到字符串“13245”。

4）依次类推，直到获取到字典序为 k 的排列为止。

有兴趣的读者可以根据上述思路，自行实现代码。

【真题 564】 定义有数组 int a[200] = { 1,2, 2, 3,…}，数组元素都为正整数，且 a[i+1] >= a[i]，请快速输出 a[i] = i 的数。

答案：本题中，最简单的方法是对数组进行顺序遍历，判断遍历到的数是否满足条件，这种方法的效率显然是最低的。下面介绍另外一种方法，主要思路如下：如果 a[i]>i，则接下来的 a[i]−i−1 个数一定不可能满足 a[i]=i，此时可以直接遍历下标为 i+(arr[i]−i)的元素，从而减少了遍历的次数，实现代码如下：

```
import java.util.ArrayList;;
public class Test
{
    public static ArrayList<Integer> find(int[] arr)
    {
        ArrayList<Integer> result=new ArrayList<Integer>();
        for(int i=0,j=arr.length-1; i<=j;)
        {
            //找到满足条件的数，添加到结果中，继续遍历下一个数
            if(arr[i]==i)
                result.add(i++);
            //当 arr[i]>i 时，则接下来的 a[i]-i-1 个数肯定不满足 a[i]=i
            else if(arr[i]>i)
                i=i+(arr[i]-i);
            //遍历下一个数
            else
                i++;
        }
        return result;
    }
}
```

【真题 565】 定义数组 int[n] a={1,2,3,3,4,3,2,…}，数组 a 中的数均为正整数，当满足 a[i]+a[t]=a[x] 时，其中，i，t，x 均为正数，且小于等于 n，求最大的 a[x]。

答案：本题的主要思路如下：首先对数组进行排序，然后从后往前遍历数组，对于每遍历到的一个

数组元素 a[i]，判断从 0 到 a[i-1]个元素中，是否有满足 a[j]+a[k]=a[i]（j,k<=i-1）的值。在判断的时候，可以采用如下思路：从前往后遍历子数组 a[0…i-1]，对于遍历到的元素 a[j]，判断在子数组 a[j+1…i-1]中是否存在 a[i]-a[j]，如果存在，则说明存在值 j 和 k，使得 a[j]+a[k]=a[i]，此时的 a[i]就是满足条件的最大值。

有兴趣的读者可以根据上述思路，自行实现代码。

6.2 链表

【真题 566】 数组和链表有什么区别？

答案：数组是按照数据顺序存储的，其大小固定。而链表中的数据可以随机存储，大小可动态改变。

【真题 567】 链表要求元素的存储地址（　　）。

A．必须连续　　B．部分连续　　C．必须不连续　　D．连续与否均可

答案：D。

链表是一种物理存储单元上非连续、非顺序的存储结构，数据元素的逻辑顺序是通过链表中的指针链接次序实现的。链表由一系列结点（链表中每一个元素称为结点）组成，结点可以在运行时动态生成。每个结点包括两个部分：一个是存储数据元素的数据域，另一个是存储下一个结点地址的指针域。由此可见，可以通过结点的指针域找到下一个结点，存储地址是否连续并不重要。所以，选项 A、选项 B 和选项 C 错误，选项 D 正确。

需要注意的是，数组与链表不同，对数组的访问是通过数组的下标来实现的，所以，对于数组而言，存储地址必须是连续的。

所以，本题的答案为 D。

【真题 568】 以链接方式存储的线性表（X1、X2、...、Xn），访问第 i 个元素的时间复杂度为（　　）。

A．O(1)　　B．O (n)　　C．O (logn)　　D．O (n^2)

答案：B。

单链表查找的时候从头结点开始一直找下一个结点，如果要查找的元素在最后，就相当于找了 n 次，所以，时间复杂度为 O(n)。所以，选项 B 正确。

【真题 569】 从表中任意一个结点出发可以依次访问到表中其他所有结点的结构是（　　）。

A．线性单链表　　B．双向链表　　C．循环链表　　D．线性链表

答案：C。

对于选项 A，单链表是一种链式存取的数据结构，用一组地址任意的存储单元存放线性表中的数据元素。链表中的数据是以结点来表示的，每个结点的构成：元素（数据元素的映象）+ 指针（指示后继元素存储位置），元素就是存储数据的存储单元，指针就是连接每个结点的地址数据。根据定义可知，单链表中中间部分出发只能访问结点的后续结点。因此，选项 A 错误。

对于选项 B，双向链表也叫双链表，是链表的一种，它的每个数据结点中都有两个指针，分别指向直接后继和直接前驱。所以，从双向链表中的任意一个结点开始，都可以很方便地访问它的前驱结点和后继结点。但是从中间结点出发只能访问所有的后继结点，或者只能访问所有的前驱结点。因此，选项 B 错误。

对于选项 C，循环链表是另一种形式的链式存储结构（链表最后一个结点的指针域指向链表的首结点）。它的特点是可以从任意结点出发依次访问所有结点。因此，选项 C 正确。

对于选项 D，线性链表是一个更大的概念，单链表、双向链表都可以看作是一种线性表。因此，选项 D 错误。

所以，本题的答案为 C。

【真题 570】 以下关于链式存储结构的描述中，错误的是（　　）。

A．查找结点时链式存储比顺序存储快　　B．每个结点由数据域和指针域组成

C．比顺序存储结构的存储密度小　　　　D．逻辑上不相邻的结点物理上可能相邻

答案：A。

链式存储结构又叫链接存储结构，指的是在计算机中用一组任意的存储单元存储线性表的数据元素（这组存储单元可以是连续的，也可以是不连续的）。它不要求逻辑上相邻的元素在物理位置上也相邻，因此，它没有顺序存储结构所具有的缺点，但同时它也失去了顺序表可随机存取的优点。

具体而言，链式存储结构具有以下几个特点：

1）每个结点都是由数据域和指针域组成的。

2）它比顺序存储结构的存储密度小。由于链式存储结构的每个结点都是由数据域和指针域组成，所以，在相同空间内，顺序存储结构比链式存储结构存储的元素更多。

3）逻辑上相邻的结点物理上不必相邻。

4）插入结点、删除结点灵活，原因在于此时它不必移动结点，只要改变结点中的指针即可。

5）当查找结点时，链式存储要比顺序存储慢。

通过上面的分析可知，选项 B 与选项 C 正确，选项 A 错误。

对于选项 D，因为对于链式存储结构，数据的逻辑关系与物理关系没有直接关系，逻辑上相邻的结点在物理上可能相邻也可能不相邻，而逻辑上不相邻的结点在物理上也是有可能相邻也有可能不相邻。所以，选项 D 正确。

所以，本题的答案为 A。

【真题 571】 如何寻找单链表的中间结点？

答案：要寻找到单链表的中间结点，最容易想到的方法是首先求解单链表的长度，记为 length，然后遍历 length/2 的距离即可，但是此种方法需要遍历两次链表，即第一次遍历求解单链表的长度，第二次遍历根据索引获取中间结点。

如果是双向链表，可以首尾并行进行寻找，利用两个指针，一个从头到尾遍历，另一个从尾到头遍历，当两个指针相遇的时候，就找到了中间结点。以此思想为基础，如果是单链表，也可以采用双指针的方式来实现中间结点的快速查找。

具体而言，第一步，定义两个指针，二者同时从链表头开始遍历。第二步，两个指针每次走的步数不一样，其中，快指针一次走 2 步，慢指针一次走 1 步。第三步，由于快慢指针每次所走的步数不一样，所以，快指针会先到达链表尾部，而慢指针则恰好到达链表中部。（快指针走到链表尾部时，当链表长度为奇数时，慢指针指向的即是链表中间指针，当链表长度为偶数时，慢指针指向的结点和慢指针指向结点的下一个结点都是链表的中间结点。）

6.3 字符串

【真题 572】 编写一个截取字符串的函数，输入为一个字符串和字节数，输出为按字节截取的字符串。但是要保证汉字不被截半个，例如“人 ABC”4，应该截为“人 AB”，输入“人 ABC 们 DEF”，6，应该输出为“人 ABC”而不是“人 ABC+们的半个”。

答案：在 Java 语言中，默认使用的 Unicode 编码方式，即每个字符占用两个字节，因此，可以用来存储中文。虽然 String 是由 char 所组成的，但是它采用了一种更加灵活的方式来存储，即英文占用一个字符，中文占用两个字符。采用这种存储方式的一个重要作用就是可以减少所需的存储空间，提高存储效率。根据这个特点，可以采用如下代码来完成题目的要求：

```
public class Test
{	//判断字符 c 是否是中文字符，如果是返回 true
	public static boolean isChinese(char c)
	{
		String sb = String.valueOf(c);
```

```
            return sb.getBytes().length > 1 ? true : false;
        }
        public String truncateStr(String str, int len)
        {
            if (str == null || str.equals("") || len == 0)
                return "";
            char[] chrArr = str.toCharArray();
            StringBuilder sb = new StringBuilder("");
            int count = 0; //用来记录当前截取字符的长度
            for (char cc : chrArr)
            {
                if (count < len)
                {
                    if (isChinese(cc))
                    {
                        //如果要求截取子串的长度只差一个字符，但是接下来的字符是中文，
                        //则截取结果子串中不保存这个中文字符
                        if (count + 1 == len)
                            return sb.toString();
                        count = count + 2;
                        sb = sb.append(cc);
                    }
                    else
                    {
                        count = count + 1;
                        sb = sb.append(cc);
                    }
                }
                else
                {
                    break;
                }
            }
            return sb.toString();
        }
        public static void main(String[] args)
        {
            Test splitStr = new Test();
            String sb = "人 ABC 们 DEF";
            System.out.println(splitStr.truncateStr(sb, 6));
        }
    }
```

程序的运行结果为：

```
人 ABC
```

【真题 573】 如何不使用 Java 类库中的方法实现对字符串的反转？

答案：如果可以使用类库中的方法，可以直接调用 StringBuffer 的 reverse 方法对字符串进行反转。由于题目明确要求不可以使用 Java 类库中的方法，此时就需要采取其他方法了。

本题的解法通常有如下几种：

方法一：数组反转法

在 C/C++语言中，字符串其实就是字符数组，可以对数组中的元素反转即可，但是在 Java 语言中，String 是一个对象，而不是字符数组，应该如何转换呢？当然，可以先把字符串转换为字符数组，然后对数组进行反转，反转后再转换为字符串。有兴趣的读者可以自己实现代码。

方法二：逆序遍历法

当把字符串转换为字符数组后，可以逆向遍历数组，把遍历到的字符串拼接起来就得到了字符串的逆序序列，实现代码如下：

```
public String reverse2(String str) {
    StringBuilder sb = new StringBuilder();
    char[] ch = str.toCharArray();
    for (int i = ch.length - 1; i >= 0; i--) {
        sb.append(ch[i]);
    }
    return sb.toString();
}
```

方法三：递归法

对于这种类型的题目，面试官更希望看到求职者使用递归的方法来解决，因为递归法能够考查到面试者的知识功底，所以，有一定的难度。

递归法的主要思路如下：递归地把字符串中第一个字符移动到字符串的最后一个位置。实现代码如下：

```
public String reverseRecursively(String str) {
    if (str.length() <= 1) {
        return str;
    }
    return reverseRecursively(str.substring(1)) + str.charAt(0);
}
```

以上这个方法虽然代码看起来简单，但是实现起来却不容易，因此，非常考验求职者的能力。当然，这个方法也有很大的缺点，由于在执行的过程中创建出大量的字符串对象，因此，效率比较低。

6.4 栈、队列

【真题 574】 如果用数组 S[0…n]作为两个栈 S1 和 S2 的存储结构，对任何一个栈，只有当 S 全满时才不能做入栈操作，那么为 S1、S2 这两个栈分配空间的最佳方案是（　　）。

A．S1 的栈底位置为 0，S2 的栈底位置为 n+1　　B．S1 的栈底位置为 1，S2 的栈底位置为 n/2

C．S1 的栈底位置为 0，S2 的栈底位置为 n/2　　D．S1 的栈底位置为 1，S2 的栈底位置为 n+1

答案：A。

栈是一个后进先出、先进后出的数据结构，当采用选项 A 的方案时，两个栈的栈底位置分别设在了存储空间的两端，栈顶各自向中间延伸，两个栈的空间就可以相互调节，充分共享所有的存储空间，互补余缺，只有在整个存储空间被占满时，才会发生上溢，这样产生上溢的概率要小得多。所以，选项 A 正确。

如果采用选项 B 或者选项 C 的方案，相当于把数组平均分配给两个栈，各自有独立的存储空间，即使当栈 s2 为空的时候，栈 s1 最多能存放的元素个数为 n/2。所以，选项 B、选项 C 错误。

对于选项 D，s1 的栈底位置设置不正确，所以，选项 D 错误。

所以，本题的答案为 A。

【真题 575】 一个栈的入栈序列是 ABCDE，则该栈的出栈序列不可能是（　　）。

A. EDCBA　　B. DECBA　　C. DCEAB　　D. ABCDE

答案：C。

栈是一个后进先出的数据结构，可以根据这个特点进行分析。

对于选项 A，可以把字符 A、B、C、D、E 按顺序入栈，然后出栈，此时就可以得到选项 A 中的序列。所以，选项 A 正确。

对于选项 B，由于序列第一个元素为字符 D，那么肯定需要先把字符 A、B、C、D 入栈，然后，字符 D 出栈得到第一个元素字符 D，由于序列的下一个元素为字符 E，所以，下一步需要把字符 E 入栈再出栈，此时就可以得到字符 E，接下来栈中的元素依次出栈得到序列 CBA。所以，选项 B 正确。

对于选项 C，序列第一个元素为字符 D，那么肯定需要先把字符 A、B、C、D 入栈，然后字符 D 出栈得到第一个元素字符 D，由于第二个元素为字符 C，那么下一步字符 C 出栈得到序列 DC，接下来序列为 E，那么需要把字符 E 入栈再出栈得到字符 E，此时栈中字符 A 在栈底，字符 B 在栈顶，只能得到出栈序列 BA，而无法得到序列 AB。因此，不可能得到输出序列 DCEAB 。所以，选项 C 错误。

对于选项 D，字符 A、B、C、D、E 五个元素每个元素入栈后就马上出栈，此时就可以得到这个序列。所以，选项 D 正确。

所以，本题的答案为 C。

【真题 576】 一个栈的入栈序列为 ABCDE，则不可能的出栈序列为（　　）。

A. ECDBA　　B. DCEAB　　C. DECBA　　D. ABCDE　　E. EDCBA

答案：A、B。

【真题 577】 如果让元素 a、b、c 依次进栈，那么出栈次序不可能是（　　）。

A. c，a，b　　B. b，a，c　　C. c，b，a　　D. a，c，b

答案：A。

【真题 578】 往一个栈中顺序 push 下列元素：ABCDE，其 pop 可能的序列中，不可能存在的情况是（　　）。

A. BACDE　　B. ACDBE　　C. AEBCD　　D. AEDCB

答案：C。

【真题 579】 如果入栈序列是 a1，a3，a5，a2，a4，a6，出栈序列是 a5，a4，a2，a6，a3，a1，那么栈的容量最小是（　　）。

A. 2　　B. 3　　C. 4　　D. 5

答案：C。

本题解题的关键是了解栈的后进先出的性质。

通过入栈序列与出栈序列可以模拟一下其具体的出栈与入栈过程，过程如下：

第一步：a1 进栈，此时栈中元素为 1。

第二步：a3 进栈，此时栈中元素为 2。

第三步：a5 进栈，此时栈中元素为 3。

第四步：根据进栈出栈顺序，a5 出栈，a2 进栈，此时栈中元素为 3。

第五步：a4 进栈，此时栈中元素为 4。

第六步：根据进栈出栈顺序，a4 出栈，此时栈中元素为 3。

第七步：根据进栈出栈顺序，a2 出栈，此时栈中元素为 2。

第八步：a6 进栈，此时栈中元素为 3。

第九步：根据进栈出栈顺序，a6 出栈，此时栈中元素为 2。

第十步：根据进栈出栈顺序，a3 出栈，此时栈中元素为 1。

第十一步：根据进栈出栈顺序，a1 出栈，此时栈中元素为 0。

由以上分析可知，栈中元素最多的时候为 4 个，所以，栈容量至少为 4，选项 C 正确。

【真题 580】 采用顺序存储的栈，执行入栈运算，栈顶指针的变化是（　　）。

A．top++　　B．top--　　C．不变　　D．(top++)++

答案：A。

栈是一种特殊的线性表，在实现的时候可以把顺序表的头看作栈底。栈顶索引 top 指向栈顶的下一个位置，初始化 top=0，每次压栈操作：首先，向索引为 top 的位置放入入栈的元素，然后，top+1，由此可见，入栈操作栈指针的变化为 top++；而对于出栈操作，首先要判断栈是否为空（top=0 时栈为空），如果不为空，则首先执行 top-1 操作，然后再取出 top 所在位置的元素，此时指针的变化为--top。所以，选项 A 正确。

【真题 581】 在循环队列中，用数组 A[0,m−1]存放队列元素，其队头和队尾指针分别为 front 和 rear，则当前队列中的元素个数是（　　）。

A．(front–rear +1)% m　　B．(rear– front+1)%m

C．(front–rear+m)% m　　D．(rear–front+m)%m

答案：D。

队列是一种线性表，它只允许在表的前端（front）进行删除操作，而在表的后端（rear）进行插入操作，进行插入操作的端称为队尾，进行删除操作的端称为队头。

在循环队列中，队头指向的是队首元素的前一个位置，队尾指向队尾元素所在位置。循环队列的 front 和 rear 必有一个不指向实质元素，否则，无法判断队列满或空。而且队列头的下标有可能会小于队列尾的下标。所以，当前队列中的元素个数是(rear−froot+m)%m。所以，选项 D 正确。

【真题 582】 下列情况中，不能使用栈（stack）来解决问题的是（　　）。

A．将数学表达式转换为后辍形式　　B．实现递归算法

C．高级编程语言的过程调用　　D．操作系统分配资源（例如 CPU）

答案：D。

栈的性质是先进先出。

对于选项 A，后缀表达式指的是不包含括号，运算符放在两个运算对象的后面，所有的计算按运算符出现的顺序，严格从左向右进行（不再考虑运算符的优先规则），例如，对于表达式(2+1)*3，其后缀表达式为 21+3*，通过定义可知，可以通过栈来实现。所以，选项 A 正确。

对于选项 B，根据递归算法的性质可知，可以通过栈来实现。所以，选项 B 正确。

对于选项 C，根据过程调用的性质可知，可以通过栈来实现。所以，选项 C 正确。

对于选项 D，操作系统资源分配有多种分配策略，例如先到先执行，此时就可以使用队列来完成。所以，选项 D 不正确。

所以，本题的答案为 D。

【真题 583】 队列和栈有什么区别？

答案：队列的特点是先进先出，栈的特点是后进先出。

【真题 584】 请用两个队列实现栈的先进后出的操作，希望该栈的 push/pop 时间复杂度尽量小。请写出 push/pop 的代码。

答案：假设使用队列 q1 与队列 q2 模拟栈 S，q1 为入队列，q2 为出队列。

实现思路如下：可以认为队列 q1 提供压栈的功能，队列 q2 提供弹栈的功能。

当要压栈时，入队列 q1 即可，而当要弹栈时，出队列则需要分为以下两种情况考虑：

1）如果队列 q1 中只有一个元素，那么让队列 q1 中的元素出队列并输出即可。

2）如果队列 q1 中有多于一个元素，那么让队列 q1 中所有元素出队列，入队列 q2，最后一个元素不入队列 q2，输出该元素，然后将队列 q2 所有元素入队列 q1。

实现代码如下：

```
import java.util.Queue;
import java.util.concurrent.LinkedBlockingQueue;
```

```
public class MyStack<T>
{
    private Queue<T>q1= new LinkedBlockingQueue<T>();;
    private Queue<T>q2= new LinkedBlockingQueue<T>();
    public void push(T value)
    {
        q1.add(value);
    }
    public boolean empty()
    {
        if(q1.isEmpty())
            return true;
        else
            return false;
    }
    public T pop()
    {
        if(q1.size()==0)
            return null;
        else if(q1.size()==1)
            return q1.poll();
        else
        {
            while(q1.size()>1)
                q2.add(q1.poll());
            T result=q1.poll();
            while(!q2.isEmpty())
                q1.add(q2.poll());
            return result;
        }
    }
    public static void main(String[] args)
    {
        MyStack<Integer> stack = new MyStack<Integer>();
        stack.push(1);
        stack.push(2);
        stack.push(3);
        System.out.println(stack.pop());
        stack.push(4);
        System.out.println(stack.pop());
    }
}
```

程序的运行结果为：

```
3
4
```

6.5 排序

【真题 585】 以下关于排序算法的描述中，正确的是（　　）。

A．快速排序的平均时间复杂度为 O(nlogn)，最坏时间复杂度为 O(nlogn)

B．堆排序的平均时间复杂度为 O(nlogn)，最坏时间复杂度为 O(n^2)

C．冒泡排序的平均时间复杂度为 O(n^2)，最坏时间复杂度为 O(n^2)

D．归并排序的平均时间复杂度为 O(nlogn)，最坏时间复杂度为 O(n^2)

答案：C。

各种算法的性能见表 6-1。

表 6-1　各种排序算法的性能

排序方法	最好时间复杂度	平均时间复杂度	最坏时间复杂度	辅助存储	稳定性	备注
简单选择排序	O(n^2)	O(n^2)	O(n^2)	O(1)	不稳定	n 小时较好
直接插入排序	O(n)	O(n^2)	O(n^2)	O(1)	稳定	大部分已有序时较好
冒泡排序	O(n)	O(n^2)	O(n^2)	O(1)	稳定	n 小时较好
希尔排序	O(n)	O(nlogn)	O(ns) 1<s<2	O(1)	不稳定	s 是所选分组
快速排序	O(nlogn)	O(nlogn)	O(n^2)	O(logn)	不稳定	n 大时较好
堆排序	O(nlogn)	O(nlogn)	O(nlogn)	O(1)	不稳定	n 大时较好
归并排序	O(nlogn)	O(nlogn)	O(nlogn)	O(n)	稳定	n 大时较好

所以，本题的答案为 C。

【真题 586】 下列排序方法中，属于稳定排序的是（　　）。

A．选择排序　　B．希尔排序　　C．堆排序　　D．归并排序

答案：D。

所谓稳定排序，指的是一个序列中的相同的元素在排序完毕之后，它们的顺序仍然不会改变。反之，排序算法则是不稳定的。

对于选项 A，选择排序是给每个位置选择当前元素最小的，比如给第一个位置选择最小的，在剩余元素里面给第二个元素选择第二小的，依次类推，直到第 n-1 个元素，第 n 个元素不用选择了，因为只剩下它一个最大的元素了。例如，序列 3 7 3 2 9，第一遍选择第 1 个元素 3 会和第 4 个元素 2 交换，那么原序列中两个 3 的相对前后顺序就被破坏了，所以，选择排序不是一个稳定的排序算法，选项 A 错误。

对于选项 B，希尔排序是按照不同步长对元素进行插入排序，当刚开始元素很无序的时候，步长最大，所以，插入排序的元素个数很少，速度很快；当元素基本有序了，步长很小，插入排序对于有序的序列效率很高。所以，希尔排序的时间复杂度会比 O(n^2)好一些。由于涉及多次插入排序，而一次插入排序是稳定的，不会改变相同元素的相对顺序，但在不同的插入排序过程中，相同的元素可能在各自的插入排序中移动，最后其稳定性就会被打乱，所以，希尔排序是不稳定的，选项 B 错误。

对于选项 C，堆的结构是结点 i 的孩子为 2 * i 和 2 * i + 1 结点，大顶堆要求父结点大于等于其 2 个子结点，小顶堆要求父结点小于等于其 2 个子结点。对于一个长为 n 的序列，堆排序的过程是从第 n / 2 开始和其子结点共 3 个值选择最大（大顶堆）或者最小（小顶堆），这 3 个元素之间的选择当然不会破坏稳定性。但当为 n / 2-1，n / 2-2，…，1 这些父结点选择元素时，就会破坏稳定性。有可能第 n / 2 个结点的父结点与它的孩子结点（假设这个结点的值为 X）进行了交换，而第 n/2-1 个结点如果也有一个孩子结点的值为 X，但是这个父结点没有与孩子结点进行交换，那么这 2 个相同的元素之间的稳定性就被破坏了。所以，堆排序不是稳定的排序算法，选项 C 错误。

对于选项 D，归并排序是把序列递归地分成短序列，递归出口是短序列只有 1 个元素（认为直接有序）或者 2 个序列（1 次比较和交换），然后把各个有序的段序列合并成一个有序的长序列，不断合并直到原序列全部排好序。可以发现，在 1 个或 2 个元素时，1 个元素不会交换，2 个元素如果大小相等也不会交换，这不会破坏稳定性。那么，在短的有序序列合并的过程中，稳定是否受到破坏？没有，合并过程中，可以保证如果两个当前元素相等，则把处在前面的序列的元素保存在结果序列的前面，这样就保证了稳定性。所以，归并排序是稳定的排序算法，选项 D 正确。

所以，本题的答案为 D。

【真题 587】 排序算法的稳定是指关键码相同的记录排序前后相对位置不发生改变，下面排序算法中，（　　）是不稳定的。

A．插入排序　　B．冒泡排序　　C．快速排序　　D．归并排序

答案：C。

【真题 588】 有字符序列（Q，H，C，Y，P，A，M，S，R，D，F，X），那么新序列（F，H，C，D，P，A，M，Q，R，S，Y，X）是下列（　　）算法一趟扫描结果。

A．堆排序　　B．快速排序　　C．希尔排序　　D．冒泡排序

答案：B。

对于选项 A，堆排序的思想是对于给定的 n 个记录，初始时把这些记录看作一棵顺序存储的二叉树，然后将其调整为一个大顶堆，然后将堆的最后一个元素与堆顶元素（即二叉树的根结点）进行交换后，堆的最后一个元素即为最大记录；接着将前 n-1 个元素（即不包括最大记录）重新调整为一个大顶堆，再将堆顶元素与当前堆的最后一个元素进行交换后得到次大的记录，重复该过程，直到调整的堆中只剩一个元素时为止，该元素即为最小记录，此时可得到一个有序序列。

对于选项 B，快速排序的原理如下：对于一组给定的记录，首先，通过一趟排序后，将原序列分为两部分，其中前半部分的所有记录均比后半部分的所有记录小，然后再依次对前后两部分的记录进行快速排序，递归该过程，直到序列中的所有记录均有序为止。

对于选项 C，希尔排序的实质是分组插入排序，该方法又称缩小增量排序，基本思想如下：先将整个待排元素序列分割成若干个子序列（由相隔某个“增量”的元素组成），分别进行直接插入排序，然后依次缩减增量再进行排序，待整个序列中的元素基本有序（增量足够小）时，再对全体元素进行一次直接插入排序。因此，直接插入排序在元素基本有序的情况下（接近最好情况），效率是很高的。

对于选项 D，冒泡排序的原理是临近的数字两两进行比较，按照从小到大或者从大到小的顺序进行交换，这样一趟排序后，最大或最小的数字被交换到了最后一位，针对所有的元素重复以上的步骤，每次对越来越少的元素重复上面的步骤，直到没有任何一对数字需要比较。

所以，本题的答案为 B。

【真题 589】 快速排序算法在序列已经有序的情况下的复杂度为（　　）。

A．O(nlogn)　　B．(n^2)　　C．O(n)　　D．O(n^2logn)

答案：B。

快速排序是目前被认为最好的一种内部排序方法。快速排序算法处理的最好情况指每次都是将待排序列划分为均匀的两部分，通常认为快速排序在平均情况下的时间复杂度为 O(nlogn)。但是，如果初始记录序列按关键字有序或基本有序，那么此时快速排序将蜕化为冒泡排序，其时间复杂度为 O(n^2)。

那么对于其他排序算法，当序列已经有序时，又是哪种情况呢？无论原始序列中的元素如何排列，归并排序和堆排序算法的时间复杂度都是 O(nlogn)。插入排序是将一个新元素插入已经排列好的序列中。如果在数据已经是升序的情况下，新元素只需插入到序列尾部，这就是插入排序的最好情况，此时，时间复杂度为 O(n)。所以，选项 B 正确。

【真题 590】 下列排序算法中，对一个 list 排序的最快方法是（　　）。

A．快速排序　　B．冒泡排序　　C．二分插入排序　　D．线性排序

答案：A。

对于选项 A，需要注意的是，在 C++语言中，list 采用的是双向列表来存储的，因此，它比较适合用快速排序（快速排序不需要随机的访问元素）。此时的时间复杂度为 O(nlogn)。所以，选项 A 正确。

对于选项 B，冒泡排序也是对数据顺序遍历，不需要随机访问，因此，它也适合对 list 进行排序，但由于算法的时间复杂度为 O(n^2)，没有快速排序效率高。所以，选项 B 不正确。

对于选项 C，首先需要弄清楚二分插入排序的基本思想。二分插入排序的基本思想如下：假设列表[0...n]被分成两部分，其中一部分[0...i]为有序序列，另一部分[i+1...n]为无序序列，排序的过程为从无序

序列中取一个数 d，利用二分查找算法找到 d 在有序序列中的插入位置并插入。不断重复上述步骤，直到无序序列中的元素全部插入有序序列，就完成了排序。由此可以看出，二分插入排序需要对列表中的元素进行随机访问，因此，它不适合对 list 进行排序。所以，选项 C 不正确。

对于选项 D，只有当被排序的元素满足某种特定的条件的时候，线性排序算法才能有较好的性能。由于 list 有非常好的通用性，对任意的数据类型都能排序，因此，线性排序算法不适用对 list 进行排序。所以，选项 D 不正确。

所以，本题的答案为 A。

【真题 591】 用某种排序方法对关键字序列（25，84，21，47，15，27，68，35，20）进行排序，序列的变化情况如下所示：

（1）20，15，21，25，47，27，68，35，84

（2）15，20，21，25，35，27，47，68，84

（3）15，20，21，25，27，35，47，68，84

则采用的排序方法是（　　）。

A．选择排序　　B．快速排序　　C．希尔排序　　D．归并排序

答案：B。

读者要想解答出本题，必须对各种排序算法的原理有着较为深刻的认识。以下将分别对这几种排序算法进行介绍与分析。

对于选项 A，选择排序是一种简单直观的排序算法，它的基本原理如下：对于给定的一组记录，经过第一轮比较后得到最小的记录，然后将该记录与第一个位置的记录进行交换；接着对不包括第一个记录以外的其他记录进行第二轮比较，得到最小的记录并与第二个记录进行位置交换；重复该过程，直到进行比较的记录只有一个时为止。

对于选项 B，快速排序是一种非常高效的排序算法，它采用“分而治之”的思想，把大的拆分为小的，小的再拆分为更小的。其原理为：对于一组给定的记录，通过一趟排序后，将原序列分为两部分，其中前部分的所有记录均比后部分的所有记录小，然后再依次对前后两部分的记录进行快速排序，递归该过程，直到序列中的所有记录均有序为止。

对于选项 C，希尔排序也称为“缩小增量排序”，它的基本原理如下：首先，将待排序的元素分成多个子序列，使得每个子序列的元素个数相对较少，对各个子序列分别进行直接插入排序，待整个待排序序列“基本有序后”，再对所有元素进行一次直接插入排序。希尔排序也是形成部分有序的序列。

对于选项 D，归并排序是利用递归与分治技术将数据序列划分成越来越小的子序列（子序列指的是在原来序列中找出一部分组成的序列），再对子序列排序，最后再用递归步骤将排好序的子序列合并成为越来越大的有序序列。归并排序会在第一趟结束后，形成若干个部分有序的子序列，并且长度递增，直到最后的一个有序的完整序列。

本题中，很容易发现，第一个序列前 4 个数都小于等于 25，而后 5 个数都大于 25，很显然满足快速排序的方法，而且根据以上对各种排序算法的分析可知，选项 B 正确。

【真题 592】 有字符序列 {Q，H，C，Y，P，A，M，S，R，D，F，X}，则新序列{F，H，C，D，P，A，M，Q，R，S，Y，X}是下列（　　）算法一趟扫描的结果。

A．二路归并排序　　B．快速排序　　C．步长为 4 的希尔排序　　D．冒泡排序

答案：B。

【真题 593】 下列排序算法中，时间复杂度不会超过 O(nlogn)的是（　　）。

A．快速排序　　B．堆排序　　C．归并排序　　D．冒泡排序

答案：B、C。

【真题 594】 初始序列为{1，8，6，2，5，4，7，3}的一组数，采用堆排序的方法进行排序，当建堆（小根堆）完毕时，堆所对应的二叉树的中序遍历序列为（　　）。

A．8，3，2，5，1，6，4，7　　B．3，2，8，5，1，4，6，7

C. 3，8，2，5，1，6，7，4　　　　　　　D. 8，2，3，5，1，4，7，6

答案：A。

堆是一种特殊的树形数据结构，其每个结点都有一个值，通常提到的堆都是指一棵完全二叉树。

堆排序是树形选择排序，在排序过程中，将 R[1…N]看成是一棵完全二叉树的顺序存储结构，利用完全二叉树中双亲结点和孩子结点之间的内在关系来选择最小的元素。

堆一般分为大顶堆和小顶堆两种不同的类型。对于给定 n 个记录的序列(r(1)，r(2),⋯,r(n))，当且仅当满足条件(r(i)>=r(2i)且 r(i)>=r(2i+1))时称为大顶堆，此时，堆顶元素为最大值。对于给定 n 个记录的序列(r(1),r(2),⋯,r(n))，当且仅当满足条件(r(i)<=r(2i)且 r(i)<=r(2i+1))时称为小顶堆，此时，堆顶元素必为最小值。

以小顶堆为例：堆排序的思想是对于给定的 n 个记录，初始时把这些记录看作一棵顺序存储的二叉树，然后将其调整为一个小顶堆，将堆的最后一个元素与堆顶元素（即二叉树的根结点）进行交换后，堆的最后一个元素即为最小记录；接着将前(n−1)个元素（即不包括最小记录）重新调整为一个小顶堆，再将堆顶元素与当前堆的最后一个元素进行交换后得到次小的记录，重复该过程直到调整的堆中只剩一个元素时为止，该元素即为最大记录，此时可得到一个有序序列。

堆排序主要包括两个过程：一是构建堆；二是交换堆顶元素与最后一个元素的位置。

建立小顶堆的方法为：从最后一个非叶子结点开始，找出这个结点、左孩子、右孩子的最小值与这个结点的值交换，由于交换可能会引起孩子结点不满足小顶堆的性质，所以，每次交换之后需要重新对被交换的孩子结点进行调整。对于题目所给的数组构建小顶堆的过程如图 6-4 所示。

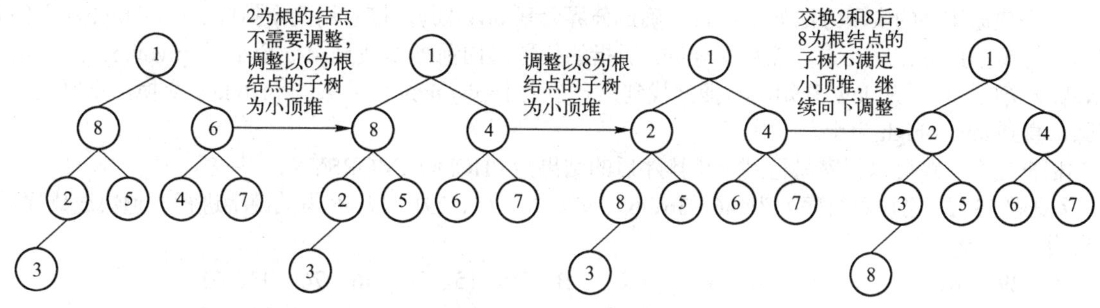

图 6-4　构建小顶堆过程

由此可以得出，树的中序遍历序列为 8 3 2 5 1 6 4 7。所以，选项 A 正确。

【真题 595】 设有字母序列{Q，D，F，X，A，P，N，B，Y，M，C，W}，按二路归并方法对该序列进行一趟扫描后的结果为（　　）。

答案：DQFXAPBNMYCW。

归并排序是利用递归与分治技术将数据序列划分成越来越小的子序列，再对子序列进行排序，最后再用递归法将排好序的子序列合并成越来越大的有序序列。其中，“归”代表的是递归的意思，即递归地将数组折半分离为单个数组，例如数组[2, 6, 1, 0]，会先折半，分为[2, 6]和[1, 0]两个子数组，然后再折半将数组分离，分为[2]、[6]和[1]、[0]。“并”就是将分开的数据按照从小到大或者从大到小的顺序再放到一个数组中。例如上面的[2]、[6]合并到一个数组中是[2, 6]，[1]、[0]合并到一个数组中是[0, 1]，然后再将[2, 6]和[0, 1]合并到一个数组中，即为[0, 1, 2, 6]。

具体而言，归并排序算法的原理如下：对于给定的一组记录（假设共有 n 个记录），首先将数组中的元素两两分组，得到 n/2（向上取整）个长度为 2 或 1 的有序子序列，对每个分组中的元素进行排序，再将其两两归并，反复执行此过程，直到得到一个有序序列为止。

对于本题而言，一趟扫描后的结果为：

初始关键字：[Q]　[D]　[F]　[X]　[A]　[P]　[N]　[B]　[Y]　[M]　[C]　[W]

一趟归并后：[D]　[Q]　[F]　[X]　[A]　[P]　[B]　[N]　[M]　[Y]　[C]　[W]

【真题 596】 设有关键码序列(Q，H，C，Y，Q，A，M，S，R，D，F，X)，按照关键码值递增的次序进行排序，若采用初始步长为 4 的 Shell 的排序法，则一趟扫描的结果是（ ）；若采用以第一个元素为分界元素的快速排序法，则扫描一趟的结果是（ ）。

答案：QACSQDFXRHMY、FHCDQAMQRSYX。

希尔排序也称为“缩小增量排序”，它的基本原理如下：首先将待排序的元素分成多个子序列，使得每个子序列的元素个数相对较少，对各个子序列分别进行直接插入排序，待整个待排序序列“基本有序”后，再对所有元素进行一次直接插入排序。当步长为 4 时，一趟扫描排序的过程如图 6-5 所示。

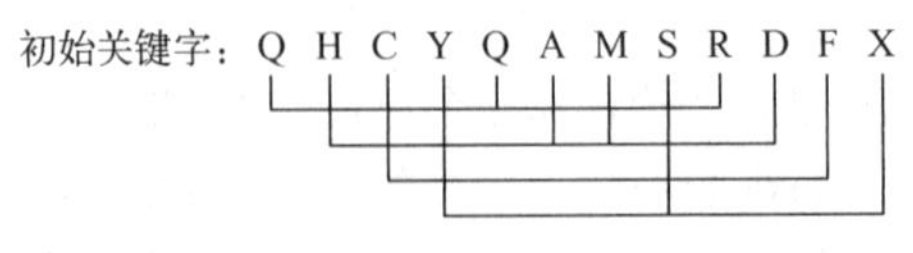

图 6-5 一趟扫描排序过程

快速排序是一种非常高效的排序算法，它采用“分而治之”的思想，把大的拆分为小的，小的再拆分为更小的。其原理如下：对于一组给定的记录，先选取一个分界的元素，然后通过一趟排序后，将原序列分为三部分：数组前半部分、分界元素和数组后半部分。其中数组前半部分的所有记录均比分界元素小，数组后半部分元素均比分界元素大。递归该过程，直到序列中的所有记录均有序为止。

一趟快速排序的实现方法如下：首先确定分界元素 pivotkey，接着用两个指针 low 和 high，它们分别指向待排序数组首尾元素。然后从 high 所指的位置起向前搜索找到第一个小于 pivotkey 的元素与 pivotkey 交换，然后从 low 开始向右搜索找到第一个大于 pivotkey 的元素与 pivotkey 交换，重复这两个步骤，直到 low==high 为止。

根据这个思路可以很容易得到一趟排序后的结果为 FHCDQAMQRSYX。

【真题 597】 已知数组序列为{46、36、65、97、76、15、29}，以 46 为关键字进行一趟快速排序后，结果为（ ）。

A．29、36、15、46、76、97、65　　B．29、15、36、46、76、97、65

C．29、36、15、46、97、76、65　　D．15、29、36、46、97、76、65

答案：A。

第一趟排序过程如下：

初始化关键字{46、36、65、97、76、15、29}。

第一次交换后：{29、36、65、97、76、15、46}（从右向左找到小于 46 的值并交换）。

第二次交换后：{29、36、 46、 97、76、15、65}（从左向右找到大于 46 的值并交换）。

第三次交换后：{29、36、15、97、76、 46、 65}（从右向左找到小于 46 的值并交换）。

第四次交换后：{29、36、15、 46、 76、97、65}（从左向右找到大于 46 的值并交换）。

所以，选项 A 正确。

【真题 598】 以下排序算法中，需要开辟额外的存储空间的是（ ）。

A．选择排序　　B．归并排序　　C．快速排序　　D．堆排序

答案：B。

【真题 599】 下列排序方法中，辅助空间为 O(n)的是（ ）。

A．归并排序　　B．堆排序　　C．选择排序　　D．希尔排序

答案：A。

【真题 600】 下列描述错误的是（ ）。

A．插入排序算法在某些情况下时间复杂度为 O(n)

B．排序二叉树元素查找的时间复杂度可能为 O(n)

C．对于有序列表的排序最快的是快速排序

D．在有序列表中通过二分查找的时间复杂度一定是O(nlogn)

答案：C、D。

本题中，对于选项A，当数据完全有序时，插入排序的时间复杂度就是O(n)。所以，选项A正确。

对于选项 B，当二叉树退化成线性表（只有一叉）出现时，排序二叉树元素查找的复杂度可能为O(n)。所以，选项B正确。

对于选项C，快速排序只对无序、随机序列有优势，针对有序序列，其排序反而没有了优势，在这种情况下，快速排序的效率最低，时间复杂度为O(n^2)。所以，选项C错误。

对于选项D，在有序列表中通过二分查找的复杂度是O(logn)，而不是O(nlogn)。所以，选项D错误。

所以，本题的答案为C、D。

【真题601】 若输入序列已经是排好序的，下列排序算法中，速度最快的是（ ）。

A．插入排序　　B．Shell排序　　C．归并排序　　D．快速排序

答案：A。

对于选项A，插入排序一遍扫描即可。

对于选项B，Shell排序虽不需要交换数据，但也要进行几次插入排序。

对于选项C，归并排序虽不需要交换数据，但也要进行logn次合并。

对于选项D，快速排序在数列有序的情况下效率是最低的。

通过上面的分析可知，如果序列已经排好序，那么，此时插入排序算法速度最快。所以，选项A正确。

【真题602】 现有个数约为50K的数列需要进行从小到大排序，数列特征是基本逆序（多数数字从大到小，个别乱序），以下排序算法中，在事先不了解数列特征的情况下性能大概率最优（不考虑空间限制）的是（ ）。

A．冒泡排序　　B．堆排序　　C．选择排序　　D．快速排序

答案：B。

由于排序元素个数为50K，数据量大，所以，冒泡、选择、插入等排序算法基本不适用，所以，选项A与选项C错误。由于数列特性基本逆序，而快速排序的最差情况就是基本逆序或者基本有序的情况，所以，选项D错误。根据排除法可知，堆排序是最为合理的排序方法，所以，选项B正确。

所以，本题的答案为B。

【真题603】 下面排序算法中，初始数据集的排列顺序对算法的性能无影响的是（ ）。

A．堆排序　　B．插入排序　　C．冒泡排序　　D．快速排序

答案：A。

对于选项A，堆排序的过程如下：构造最大堆，从而得到最大的元素，将最大的元素与最后一个元素交换（即取出最大的元素），然后对以根结点为首的、除最后一个元素之外的 n−1 个元素进行一次构造堆操作，由堆的性质可知，经过该次操作后得到的堆仍为最大堆，所以，可以继续将根结点与第 n−1 个结点交换，取出第二大元素……重复上述操作，直到依次取出第n−1大元素即完成了排序。所以，堆排序的时间复杂度一直都是O(nlogn)，它是一种不稳定的排序算法。所以，初始数据集的排列顺序对算法的性能无影响。因此，选项A正确。

对于选项 B，插入排序的平均时间复杂度为 O(n^2)，在序列初始有序的情况下，其时间复杂度为O(n)，它是一种稳定的排序算法。因此，选项B错误。

对于选项C，冒泡排序的平均时间复杂度为O(n^2)，在序列初始有序的情况下，增加交换标志flag可将时间复杂度降到O(n)，它是一种稳定的排序算法。因此，选项C错误。

对于选项D，快速排序与主元的选择有关，如果选择子序列左侧第一个元素比较，那么第一个元素最好是大小居中的，以使得分成的两个子数组长度大致相等，性能才能最佳，否则，在序列初始有序的情况下，时间复杂度可能会退化到O(n^2)，它是一种不稳定的排序算法。因此，选项D错误。

所以，本题的答案为 A。

【真题 604】 假设某文件经内排序后得到 100 个初始归并段（初始顺串），若使用多路归并排序算法，且要求三趟归并完成排序，问归并路数最少为（　　）。

A. 8　　B. 7　　C. 6　　D. 5

答案：D。

本题首先要弄懂归并排序的思路。m 个元素 k 路归并的归并次数 s=logk(m)，当 m=100，s=3 时，代入公式，logk(100)<=3，即 k^3>=100，所以，k 值最小为 5，选项 D 正确。

【真题 605】 快速排序在已经有序的情况下效率最差，此时其时间复杂度为（　　）。

A. O(nlogn)　　B. O(n^2)　　C. O(n^1.5)　　D. O(n^2logn)

答案：B。

【真题 606】 在排序方法中，从未排序序列中挑选元素，并将其依次插入已排序序列（初始时为空）的一端的方法，称为（　　）。

A. 归并排序　　B. 希尔排序　　C. 插入排序　　D. 选择排序

答案：C。

【真题 607】 排序都有哪几种方法？用 Java 语言实现一个插入排序。

答案：常见的排序方法有选择排序、插入排序、冒泡排序、归并排序、快速排序、希尔排序和堆排序等。

下面重点介绍插入排序。对于给定的一组记录，初始时假设第一个记录自成一个有序序列，其余的记录为无序序列。接着从第二个记录开始，按照记录的大小依次将当前处理的记录插入到其之前的有序序列中，直至最后一个记录插入到有序序列中为止。以数组{38, 65, 97, 76, 13, 27, 49}为例，直接插入排序具体步骤如下：

第一步插入 38 以后，序列为[38] 65 97 76 13 27 49。

第二步插入 65 以后，序列为[38 65] 97 76 13 27 49。

第三步插入 97 以后，序列为[38 65 97] 76 13 27 49。

第四步插入 76 以后，序列为[38 65 76 97] 13 27 49。

第五步插入 13 以后，序列为[13 38 65 76 97] 27 49。

第六步插入 27 以后，序列为[13 27 38 65 76 97] 49。

第七步插入 49 以后，序列为[13 27 38 49 65 76 97]。

程序示例如下：

```
public class TestSort {
    public static void insertSort(int[] a) {
        if(a==null || a.length==0)
            return;
        for (int i = 1; i < a.length; i++)
        {
            //把 a[i]插入到 a[0～i-1]的有序子列表中
            int temp = a[i], j = i;
            if (a[j - 1] > temp) {
                while (j >= 1 && a[j - 1] > temp)    {
                    a[j] = a[j - 1];
                    j--;
                }
            }
            a[j] = temp;
        }
```

```
        }
        public static void main(String[] args) {
            int[] array = { 7, 3, 19, 40, 4, 7, 1 };
            insertSort(array);
            for (int i = 0; i < array.length; i++)
                System.out.print(array[i] + " ");
        }
    }
```

程序的运行结果为：

```
    1 3 4 7 7 19 40
```

6.6 查找

【真题 608】 对一个已经排好序的数组进行查找，时间复杂度为（　　）。

A．O(n)　　B．O(logn)　　C．O(nlogn)　　D．O(1)

答案：B。

通常，对一个有序数组进行查找的最好方法为二分查找法。

二分查找的过程如下（假设表中元素是按升序排列）：首先，将表中间位置记录的关键字与查找关键字比较，如果两者值相等，则查找成功；否则，利用中间位置记录将表分成前、后两个子表，如果中间位置记录的关键字的值大于查找关键字的值，则进一步查找前一子表，否则，进一步查找后一子表。重复以上过程，直到找到满足条件的记录，查找成功，或直到子表不存在为止，此时查找不成功。

例如，对于数组{1，2，3，4，5，6，7，8，9}，当需要查找元素 6 时，如果用二分查找的算法执行，其顺序如下：

1）第一步查找中间元素，即 5，由于 5<6，所以，6 必然在 5 之后的数组元素中，那么就在{6，7，8，9}中查找。

2）寻找{6，7，8，9}的中位数，为 7，7>6，所以，6 应该在 7 左边的数组元素中，那么只剩下 6，即找到了。

本题中，数组序列共 11 个数据元素，第一次比较下标为 10/2=5 的元素 32。第二次比较下标为 4/2=2 的元素 15，得到要查找的数。

通过以上的分析可知，二分查找的时间复杂度为 O(logn)。所以，选项 B 正确。

【真题 609】 对有序数组{2、11、15、19、30、32、61、72、88、90、96}进行二分查找，则成功找到数值 15 需要比较（　　）次。

A．2　　B．3　　C．4　　D．5

答案：A。

【真题 610】 一个文件包含了 200 个记录，若采用分块查找法，每块长度为 4，则平均查找长度为（　　）。

A．30　　B．28　　C．29　　D．32

答案：B。

分块查找是折半查找和顺序查找的一种改进方法，分块查找由于只要求索引表是有序的，对块内结点没有排序要求，因此，它特别适合于结点动态变化的情况。

对于分块查找的平均查找长度，通常由两部分组成，一个是对索引表进行查找的平均查找长度，一个是对块内结点进行查找的平均查找长度。假设线性表中共有 n 个结点，分成大小相等的 b 块，每块有

s=n/b 个结点。假定查找索引表采用顺序查找，只考虑查找成功的情况，并假定对每个结点的查找概率是相等的，则其平均查找长度 ASL=(b+1)/2+(s+1)/2；假设索引表中采用折半查找，则其平均查找长度 ASL=(s+1)/2+log2(b+1)−1。

本题中，s=200/4=50，b=4，所以，其平均查找长度 ASL=(200/4+4)/2+1=28，选项 B 正确。

所以，本题答案为 B。

引申：有一个 2000 项的表，采用等分区间顺序查找的分块查找法，问：

1）每块的理想长度是多少？

2）分成多少块最为理想？

3）平均查找长度是多少？

4）若每块是 20，ASL 是多少？求详解。

分块查找的平均查找长度包括索引表和分块内的两部分之和，即索引表+块中。

假设线性表长 n，均匀分成 m 块，每块中记录个数 s，则 m $=\lfloor n/s \rfloor$（其中$\lfloor\ \rfloor$符号表示上取整），在等概率查找的前提下，如果约定在索引表中确定关键字所在的分块也是顺序查找，因为顺序查找的平均查找长度为(L+1)/2，则 ASL = (n/s + s)/2 + 1。当 s =sqrt(n)时，该和值有极小值：sqrt(n) + 1。

因此，如果索引表内也是顺序查找，则每块的理想元素个数是 sqrt(2000)，约为 44.7，近似为 45，同样分块数量也是 45，因此，ASL=2*(45+1)/2= 46。

如果每块长 20，则分块为 2000/20=100 块，按照上面的结果，则 ASL = (100+1)/2 + (20+1)/2 = 61。

6.7 二叉树

【真题 611】 设某棵二叉树中有 360 个结点，则该二叉树的最小高度是（　　）。

A. 7　　B. 9　　C. 10　　D. 8

答案：B。

本题中的二叉树并没有说明到底是一棵什么类型的二叉树（完全二叉树、满二叉树、普通二叉树还是其他二叉树），所以，其高度存在不确定性。

定义二叉树中的结点总数为 n，当每个结点只有一棵子树的时候，其高度值最大，为 n。当该二叉树为完全二叉树时，其高度值最小，为$\lceil \log_2 n \rceil+1$（其中$\lceil\ \rceil$符号表示取下整），其他情况的二叉树的高度都是介于这两个值之间，即$[\lceil \log_2 n \rceil+1, n]$，不大于最大值也不小于最小值。

本题中要想求二叉树的最小高度，那么此时该二叉树为完全二叉树，其对应的高度为$\lceil \log_2 360 \rceil+1=9$。所以，选项 B 正确。

【真题 612】 一棵有 12 个结点的完全二叉树，其深度为（　　）。

A. 4　　B. 5　　C. 3　　D. 6

答案：A。

【真题 613】 将一棵有 100 个结点的完全二叉树从根这一层开始，进行广度遍历编号，那么编号最小的叶子结点的编号是（　　）。

A. 49　　B. 50　　C. 51　　D. 52

答案：C。

在解答本题前，首先需要弄懂一个概念，什么是完全二叉树？所谓完全二叉树是指除树的最后一层外，每一层上的结点数均达到最大值，且在最后一层上只缺少右边的若干结点的二叉树。

通过完全二叉树的定义，可以引出以下两种性质：①对于深度为 K 的，有 n 个结点的二叉树，当且仅当其每一个结点都与深度为 K 的满二叉树中编号从 1 至 n 的结点一一对应时称为完全二叉树；②一棵二叉树至多只有最下面两层上的结点的度数可以小于 2，并且最下层上的结点都集中在该层最左边的若干位置上，则此二叉树为完全二叉树。

假设n0是度为0的结点总数（即叶子结点数），n1是度为1的结点总数，n2是度为2的结点总数，由二叉树的性质可知：n0=n2+1，n=n0+n1+n2（其中n为完全二叉树的结点总数），由上述公式把n2消去得n=2n0+n1−1，由于完全二叉树中度为1的结点数只有两种可能：0或1，由此得到n0=(n+1)/2或n0=n/2，即n0=$\lfloor n/2 \rfloor$。可根据完全二叉树的结点总数计算出叶子结点数。

本题中，n的值为100，根据上面的分析可知，n0=50。所以，度为0的结点有50个，度为1的结点有1个，度为2的结点有49个，二叉树前k层最多有2^k−1个结点。所以，100个结点二叉树高度为7，按照广度优先遍历编号，有50个非叶子结点，所以，最小的叶子结点编号为51。

下面给出另外一种求解方法：

100个结点时，二叉树高度为7。

7层包含数据个数为100−(2^6−1)=37。

6层包含数据的编号为32～63，6层中前19个数据包含子树（37/2=18.5），故最小的叶结点应该为32+19＝51。所以，选项C正确。

【真题614】 已知一棵二叉树，如果先序遍历的结点顺序为ADCEFGHB，中序遍历的结点顺序为CDFEGHAB，则后序遍历的结点顺序为（　　）。

A．CFHGEBDA　　B．CDFEGHBA　　C．FGHCDEBA　　D．CFHGEDBA

答案：D。

要解答出本题，首先需要对各种遍历方式有一个清晰的认识。可以通过图6-6来介绍二叉树的三种遍历方式的区别。

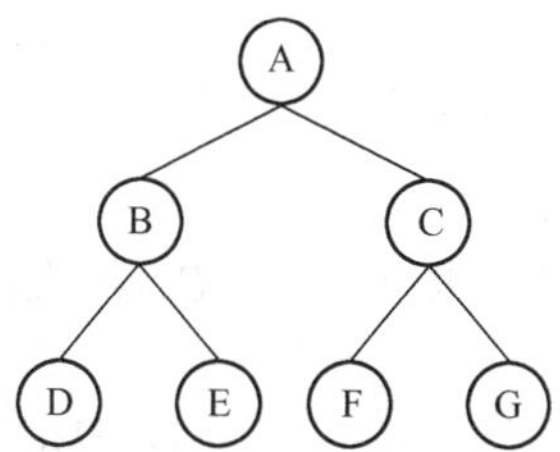

图6-6　二叉树的遍历方式

1）先序遍历：先遍历根结点，再遍历左子树，最后遍历右子树。所以，图6-6的先序遍历序列是ABDECFG。

2）中序遍历：先遍历左子树，再遍历根结点，最后遍历右子树。所以，图6-6的中序遍历序列是DBEAFCG。

3）后序遍历：先遍历左子树，再遍历右子树，最后遍历根结点。所以，图6-6的后序遍历序列是DEBFGCA。

从上面的介绍可以看出，先序遍历序列的第一个结点一定是根结点，因此，本题中可以确定这个二叉树的根结点为A。由中序遍历的特点可以把树分为三部分：根结点A、A的左子树和A的右子树。在中序遍历的序列中，在A结点前面的序列一定是在A的左子树上，在结点A后面的序列一定在A的右子树上。由此可以确定：A的左子树包含的结点为CDFEGH，右子树包含的结点为B（见图6-7a）。接下来对A的左子树上的结点采用同样的方法进行分析：对于序列CDFEGH，先序遍历的时候先遍历到结点D，因此，结点D是这个子树的根结点；通过对中序遍历进行分析可以把CDFEGH分为三部分：根结点D、D的左子树包含的结点为C、D的右子树上包含的结点为FEGH（见图6-7b）。然后对FEGH用同样的方法进行分析：在先序遍历的序列中先遍历到的结点为E，因此，根结点为E，通过分析中序遍历的序列，可以把这个序列分成三部分：根结点E、E的左子树上的结点F和E的右子树上的结点GH（见图6-7c）。最后分析结点GH，在先序遍历序列中先遍历到G，则说明G为根结点，在中序遍历序列中先遍历到结点G，说明H是G右子树上的结点（见图6-7d）。由此可以发现，通过先序遍历和中序遍历完全确定了二叉树的结构，可以非常容易地得出树的后续遍历序列为 CFHGEDBA。

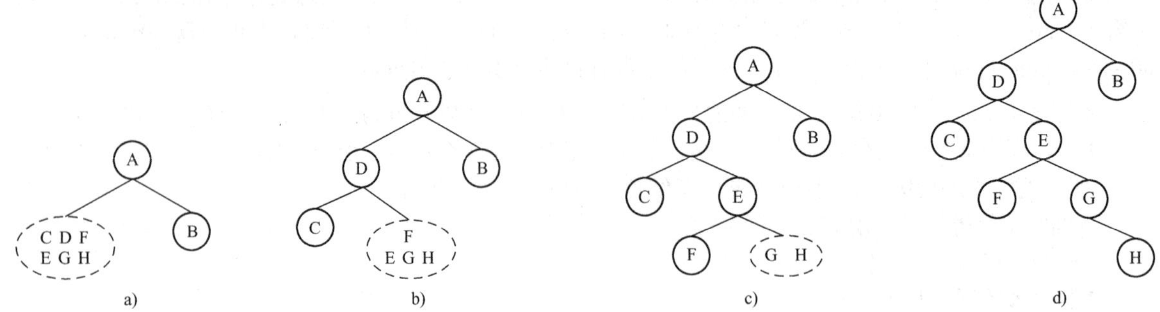

图 6-7　二叉树的遍历

所以，本题的答案为 D。

【真题 615】 有以下二叉树：

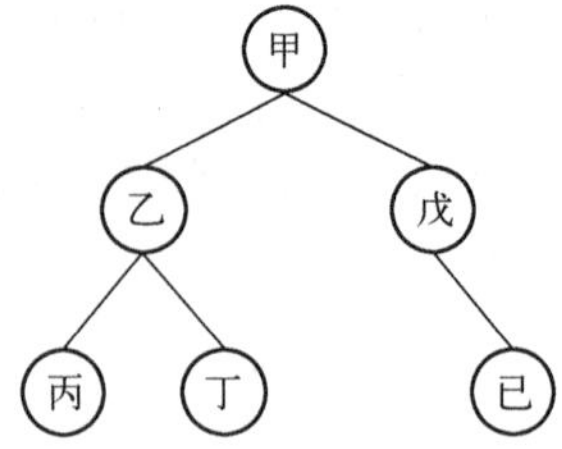

对其进行后序遍历的结果是（　　）。

A．丙乙丁甲戊己　　B．甲乙丙丁戊己　　C．丙丁乙己戊甲　　D．丙丁己乙戊甲

答案：C。

【真题 616】 已知一棵二叉树的前序遍历结果是 ACDEFHGB，中序遍历结果是 DECAHFBG，那么该二叉树的后序遍历的结果为（　　）。

A．HGFEDCBA　　B．EDCHBGFA　　C．BGFHEDCA　　D．EDCBGHFA

答案：B。

【真题 617】 某二叉树按中序遍历的序列为 SYZ，则该二叉树可能存在（　　）种情况。

A．2　　B．3　　C．4　　D．5

答案：D。

由于二叉树的中序遍历序列为 SYZ，所以，可以分别以字符 S、Y、Z 为根构建二叉树。

（1）S 为根

此时可以构建 2 种不同的二叉树。

二叉树结构如图 6-8 所示。

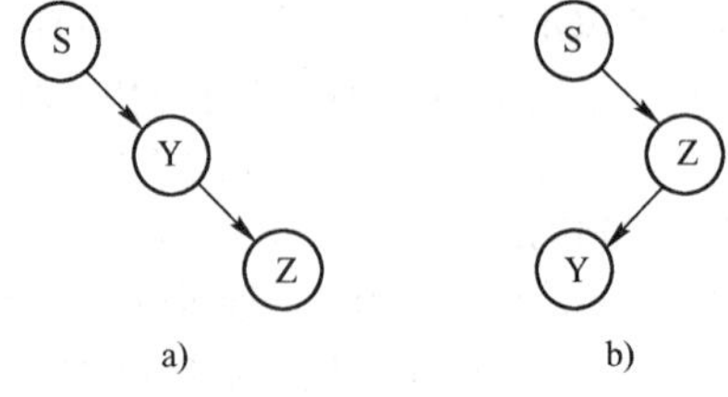

图 6-8　S 为根的二叉树

（2）Y 为根

此时可以构建 1 种二叉树。

二叉树结构如图 6-9 所示。

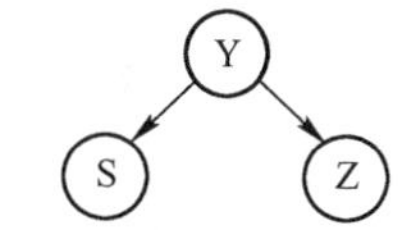

图 6-9　Y 为根的二叉树

（3）Z 为根

此时可以构建 2 种不同的二叉树。

二叉树结构如图 6-10 所示。

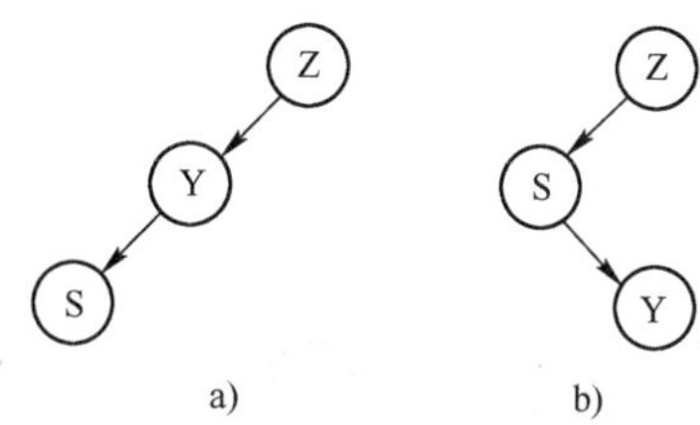

图 6-10　Z 为根的二叉树

所以，一共可以构建 2+1+2=5 种不同的二叉树。所以，选项 D 正确。

【真题 618】 某棵完全二叉树上有 699 个结点，则该二叉树的叶子结点数为（　　）。

A．349　　B．350　　C．188　　D．187

答案：B。

二叉树有如下性质：对于一棵非空的二叉树，度为 0 的结点（即叶子结点）总是比度为 2 的结点多一个，即如果叶子结点（度为 0 的结点）数为 n0，度数为 2 的结点数为 n2，则有 n0=n2＋1。

对于本题而言，假设度为 i 的结点的个数为 ni，则 n0=n2+1，所以，n0+n1+n2=n0+n1+n0−1=699，可以得到 n0=(700−n1)/2，显然，n1 只能是偶数。由于在完全二叉树中，度为 1 的结点只有 0 个或 1 个两种情况，因此，n1=0，n0=350。所以，叶子结点个数为 350，选项 B 正确。

【真题 619】 根据访问根结点的次序，二叉树的遍历可以分为三种：前序遍历、（　　）和后序遍历。

答案：中序遍历。

【真题 620】 对于一棵排序二叉树，可以得到有序序列的遍历方式是（　　）遍历。

A．前序　　B．中序　　C．后序　　D．都可以

答案：B。

排序二叉树的特点为：对于一个结点而言，所有左子树结点元素的值都小于这个结点元素的值，所有右子树结点的元素的值都大于这个结点元素的值，且左右子树都是排序二叉树。由于中序遍历的顺序为左子树、根、右子树，显然，中序遍历得到的序列是有序的。所以，选项 B 正确。

【真题 621】 最佳二叉搜索树是（　　）。

A．关键码个数最少的二叉搜索树

B．搜索时平均比较次数最少的二叉搜索树

C．所有结点的左子树都为空的二叉搜索树

D．所有结点的右子树都为空的二叉搜索树

答案：B。

二叉查找树（Binary Search Tree）又称为二叉搜索树、二叉排序树，它或者是一棵空树，或者

是具有下列性质的二叉树：若它的左子树不空，则左子树上所有结点的值均小于它的根结点的值；若它的右子树不空，则右子树上所有结点的值均大于它的根结点的值；它的左、右子树也分别为二叉查找树。

二叉搜索树的优点是：树中的元素是有序的，对二叉搜索树的查找类似于二分查找，显然，查找过程中比较的次数越少，效率就越高。显然，选项 B 正确。

对于选项 A，二叉搜索树的好坏与关键码的个数没有直接关系。所以，选项 A 错误。

对于选项 C 与选项 D，如果所有结点的左孩子（右孩子）都为空，那么查找效率与线性查找相同，都为 O(n)。所以，选项 C 与选项 D 错误。

【真题 622】 一个具有 3 个结点的二叉树可以有（　　）种形态。

答案：5。

这 5 种形态如图 6-11 所示。

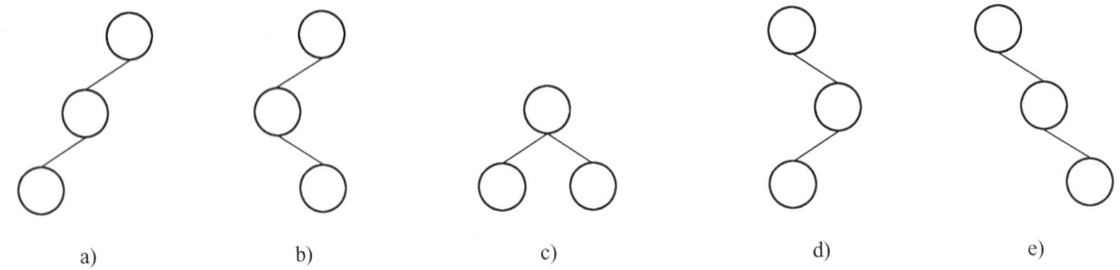

图 6-11　3 个结点的二叉树形态

【真题 623】 把 4000 个结点组成一棵二叉树，最小高度是（　　）。

答案：12。

要使得二叉树的高度最低，那么就需要把二叉树每一层都排满，即排成一个完全二叉树，高度为 k 的完全二叉树最多有 2^k-1 个结点。当 k=11 时，2^k – 1=2047<4000，当 k=12 时，2^k– 1=4095>4000。因此，树的最低高度为 12，且最后一层结点的个数为 4000−2017=1983。

【真题 624】 表达式((A+B)*C−(D−E)*(F+G))的前缀表达式是（　　）。

答案：−*+ABC*−DE+FG。

前缀表达式，也称为“波兰式”，指的是不含括号的算术表达式，而且它是将运算符写在前面，操作数写在后面的表达式，例如，前缀表达式−1+2 3，它等价于算术表达式 1−(2+3)。

根据以上分析可知，本题的表达式前缀表达式为−*+ABC*−DE+FG。

【真题 625】 若一棵二叉树的前序遍历序列为 aebdc，后序遍历序列为 bcdea，则根结点的孩子结点（　　）。

A．只有 e　　　　B．有 e，b　　　　C．有 e，c　　　　D．不确定

答案：A。

二叉树是每个结点最多有两个子树的树结构，通常子树被称作“左子树”（Left Subtree）和“右子树”（Right Subtree）。所谓遍历（Traversal），是指沿着某条搜索路线，依次对树中每个结点均做一次且仅做一次访问。而通常情况下，如果中序遍历未知，则是无法还原出二叉树的。但本题只要求判断根结点的孩子结点，因此，是可以实现的。

二叉树中的前序遍历也叫作先根遍历、先序遍历，遵循的原则为“根左右”，即首先遍历根结点，再遍历根结点的左子树结点，最后遍历根结点的右子树结点。从前序遍历序列可知，结点 e 紧跟着结点 a，可得结论：①结点 a 为根结点；②当结点 e 为结点 a 的右孩子时，结点 a 有且仅有结点 e 一个孩子。

二叉树中的后序遍历也叫作后根遍历，遵循的原则为“左右根”，即首先遍历左子树结点，再遍历右子树结点，最后遍历根结点。从后序遍历序列可知，结点 e 之后紧跟结点 a，可得结论：③当结

点 e 为结点 a 的左孩子时，结点 a 有且仅有结点 e 一个孩子。从结论①②③可知根结点的孩子有且仅有 e。

通过前序遍历序列和后序遍历序列不能够唯一确定一棵二叉树，本例子存在如图 6-12 所示的两种情况。

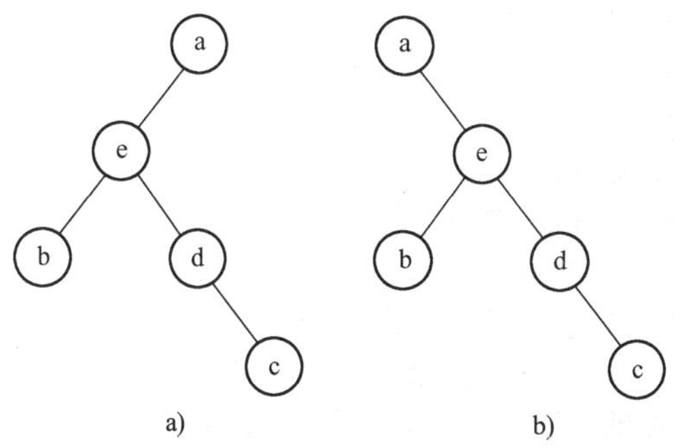

图 6-12　题 625 的两种情况

但无论是以上哪一种情况，都可以看出根结点的孩子结点只有 e。

通过以上分析可知，选项 A 是正确的。

【真题 626】 现有一个包含 m 个结点的三叉树，即每个结点都有三个指向孩子结点的指针，请问：在这 3m 个指针中，空指针的个数是（　　）。

A．2m　　B．2m−1　　C．2m+1　　D．3m

答案：C。

根据题目意思可知，m 个结点共有 3m 个指针，而除了根结点外，每个结点都有父结点（即需要占用一个父结点的指针），所以，空指针数为 3m−(m−1) = 2m+1，选项 C 正确。

【真题 627】 一个具有 20 个叶子结点的二叉树，它有（　　）个度为 2 的结点。

A．16　　B．21　　C．17　　D．19

答案：D。

度的含义是一个结点所拥有的孩子个数。结点的度为 0 表示该结点没有孩子结点，也就是说，该结点为叶子结点。结点的度为 2 表示该结点有两个孩子结点。

在二叉树中，存在这样一个结论：对于任何的一棵二叉树，度为 0 的结点（就是叶子结点）数总是比度为 2 的结点数多一个。即假定度为 0 的结点（就是叶子结点）个数为 n0，度为 2 的结点的个数为 n2，那么数值上满足如下计算公式：n0=n2+1。证明过程如下：

假设 n1 为二叉树 T 中度为 1 的结点数，因为二叉树中所有结点的度都小于或等于 2，所以，其结点总数为

$$n=n0+n1+n2 \tag{1}$$

而二叉树中的分支数，除了根结点外，其余结点都有一个分支进入，设 B 为分支总数，则 n=B+1。由于这些分支是由度为 1 或 2 的结点射出的，所以，B=n1+2n2，于是得出如下结论：

$$n=n1+2n2+1 \tag{2}$$

由表达式（1）和（2）可得：n0=n2+1。

本题中，由于已知叶子结点数为 20，即 n0 的值为 20，所以，n2 的值就为 19，选项 D 正确。

【真题 628】 一个完全二叉树总共有 289 个结点，则该二叉树中的叶子结点数为（　　）。

A．145　　B．128　　C．146　　D．156

答案：A。

对于任何的一棵二叉树，度为 0 的结点（就是叶子结点）数总是比度为 2 的结点数多一个。即假定度为 0 的结点（就是叶子结点）个数为 n0，度为 2 的结点的个数为 n2，那么数值上满足如下计算公式：n0=n2+1。

而在一个完全二叉树中，其左右子树的深度之差不大于 1，所以，要么只有一个度为 1 的结点，要么没有。定义二叉树中所有结点个数为 n，度为 1 的结点数为 n1，那么 n0+n1+n2=n，而 n0=n2+1，所以叶子结点的个数 n0=（n+1−n1）/2，其中 n1 要么为 0，要么为 1，n=289，只有当 n1=0 的时候，n+1−n1 才能整除 2，因此，n1=0，此时 n0=(289+1)/2=145。所以，选项 A 正确。

【真题 629】 一棵二叉树有 1000 个结点，则该二叉树的最小高度是（　　）。

A. 9　　B. 10　　C. 11　　D. 12

答案：B。

【真题 630】 什么是平衡二叉树？

答案：平衡二叉树（Balanced Binary Tree）又被称为 AVL 树，它是一棵空树或它的左右两个子树的高度差的绝对值不超过 1，并且左右两个子树都是一棵平衡二叉树。

【真题 631】 二叉排序树的定义是：①若它的左子树不为空，则左子树所有结点均小于它的根结点的值；②若它的右子树不为空，则右子树所有结点的值均大于根结点的值；③它的左右子树也分别为二叉排序树。下列遍历方式中，能够得到一个递增有序序列的是（　　）。

A. 前序遍历　　B. 中序遍历　　C. 后序遍历　　D. 广度遍历

答案：B。

如果需要得到的序列为递增序列，按照二叉排序树的定义，应该先访问左子树，再访问根结点，最后访问右子树，根据定义可知，能够得到一个递增有序序列的遍历方式是为中序遍历。所以，选项 B 正确。

【真题 632】 二叉树是一种树形结构，每个结点至多有两棵子树，下列一定是二叉树的是（　　）。

A. 红黑树　　B. B 树　　C. AVL 树　　D. B+树

答案：A、C。

对于选项 A，红黑树是每个结点都带有颜色属性的二叉查找树，颜色或红色或黑色。除了具有二叉查找树的一般性质以外，对于任何有效的红黑树，还有如下的额外要求：

1）结点是红色或黑色。

2）根结点是黑色。

3）每个叶子结点（空结点）是黑色的。

4）每个红色结点的两个子结点都是黑色（从每个叶子到根的所有路径上不能有两个连续的红色结点）。

5）从任一结点到其每个叶子的所有路径都包含相同数目的黑色结点。

所以，红黑树是二叉树。所以，选项 A 正确。

对于选项 B，B 树是一种平衡的多叉树。所以，选项 B 不正确。

对于选项 C，AVL 树是平衡二叉树。所以，选项 C 正确。

对于选项 D，B+树是一种树数据结构，是一个 n 叉树，每个结点通常有多个孩子，一棵 B+树包含根结点、内部结点和叶子结点。根结点可能是一个叶子结点，也可能是一个包含两个或两个以上孩子结点的结点。所以，选项 D 不正确。

所以，本题的答案为 A、C。

【真题 633】 递归式地先序遍历一个有 n 个结点、深度为 d 的二叉树，则需要栈空间的大小为（　　）。

A. O(n)　　B. O(d)　　C. O(logn)　　D. (nlogn)

答案：B。

本题中，由于没有明确交代二叉树的类型或性质，所以，本题中的二叉树是无法确定类型的，自然而然也就并不一定是平衡的了，也就是说，深度 d 的值并不一定等于 logn，很有可能 d 的值比 logn 的值大，而栈空间的大小通常为二叉树的深度，所以，栈的大小应该是 O(d)，而不是 O(logn)。因此，本题的答案为 B。

【真题 634】 用关键字序列 10、20、30、40、50 构造的二叉排序树（二叉查找树）为（　　）。

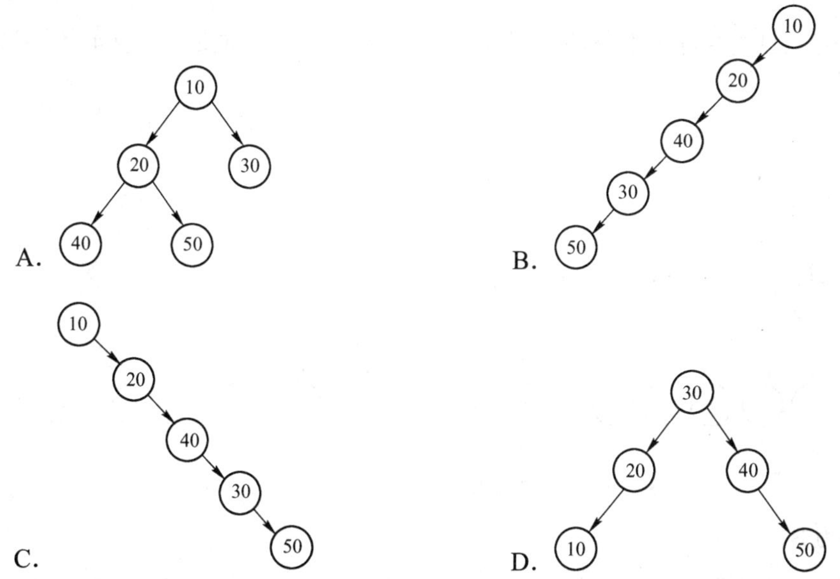

答案：D。

对于二叉排序树而言，右结点元素的值总是比根结点元素的值大，左结点元素的值总是比根结点元素的值小。本题中，给出的序列是递增的。通过逐一对比可知，只有选项 D 正确。

【真题 635】 堆的形状是一棵（　　）。

A．完全二叉树　　B．平衡二叉树　　C．二叉排序树　　D．满二叉树

答案：A、B。

堆是一种特殊的树形结构，有大顶堆和小顶堆两种。大顶堆（小顶堆）的特点是根结点的值最大（最小），且根结点的子树也为一个大顶堆（小顶堆）。

对于选项 A，完全二叉树是指除最后一层外，每一层上的结点数均达到最大值；在使用的时候堆是采用数组来存储的，因此，它满足完全二叉树的特点。所以，选项 A 正确。

对于选项 B，平衡二叉树（Balanced Binary Tree）又称为 AVL 树（有别于 AVL 算法），具有以下性质：它是一棵空树或它的左右两个子树的高度差的绝对值不超过 1，并且左右两棵子树都是一棵平衡二叉树。由于完全二叉树一定满足平衡二叉树的性质。所以，选项 B 正确。

对于选项 C，排序二叉树有如下性质：

1）若左子树不为空，则左子树上所有结点的值均小于它的根结点的值。

2）若右子树不为空，则右子树上所有结点的值均大于或等于它的根结点的值。

3）左、右子树也分别为二叉排序树。

4）没有键值相等的结点。

显然，堆不满足这个性质。所以，选项 C 不正确。

对于选项 D，满二叉树是指树中除最后一层无任何子结点外，每一层上的所有结点都有两个子结点的二叉树。满二叉树中结点的个数为 1，3，7 等特殊的数字，而堆中的结点可以是任意的，因此，不能保证堆是个满二叉树。所以，选项 D 不正确。

所以，本题的答案为 A、B。

【真题 636】 2-3 树是一种特殊的树，它满足以下两个条件：

1）每个内部结点有两个或三个子结点。

2）所有的叶子结点到根的路径长度相同。

如果一棵 2-3 树有 9 个叶子结点，则它可能有的非叶结点个数为（　　）。

A．8　　B．7　　C．6　　D．5　　E．4

答案：B、E。

根据条件 2），叶子结点只能在同一层，根据条件 1），上一层的父结点只能是 3 个或 4 个，只能是图 6-13 所示的两种结果。

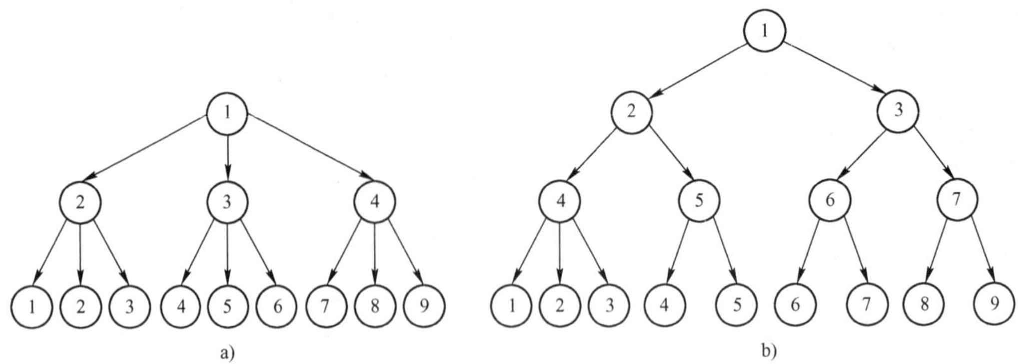

图 6-13　题 636 的两种结构

所以，本题的答案为 B、E。

6.8 图

6.8.1 有向图

【真题 637】 具有 n 个顶点的有向图，所有顶点的出度之和为 m，则所有顶点的入度之和为（　　）。

A．m　　B．m+1　　C．n+1　　D．2m+1

答案：A。

度指的是与该顶点相关联的边数。在有向图中，度又分为入度（In-degree）和出度（Out-degree）。以某顶点为弧头，终止于该顶点的弧的数目称为该顶点的入度。以某顶点为弧尾，起始于该顶点的弧的数目称为该顶点的出度。在某顶点的入度和出度的和称为该顶点的度。

在有向图的邻接表中，从一个顶点出发的弧链接在同一链表中，邻接表中结点的个数恰为图中弧的数目，所以，顶点入度之和为弧数和的一倍。如果为无向图，同一条边有两个结点，分别出现在和它相关的两个顶点的链表中，因此，无向图的邻接表中结点个数为边数的 2 倍。本题中顶点的出度之和为 m，所以，所有顶点的入度之和也为 m（一条弧对应一个入度与一个出度），通过以上分析可知，选项 A 正确。

【真题 638】 具有 n 个顶点的有向图最多有（　　）条边。

A．n　　B．n(n−1)　　C．n(n+1)　　D．n^2

答案：B。

如果图中的每条边都是有方向的，则称为有向图。在一个有向图中，边是由两个顶点组成的有序对，有序对通常用尖括号表示，例如<vi,vj>表示一条有向边，其中 vi 是边的始点，vj 是边的终点。在有向图中，<vi,vj>和<vj,vi>代表两条不同的有向边。

在有向图中，任意两个结点之间都可以形成一对有向边，因此，对于具有 n 个顶点的有向图，其边的条数为 n(n−1)。所以，选项 B 正确。

【真题 639】 n 个顶点的强连通图至少有（　　）条边。

A．n　　B．n−1　　C．n+1　　D．n(n−1)

答案：A。

n 个顶点的强连通图至少有 n 条边，最多有 n(n−1)/2 条边。所以，选项 A 正确。

【真题 640】 在一个具有 n 个顶点的有向图中，若所有顶点的出度之和为 s，则所有顶点的入度之和为（　　）。

A．s　　B．s-1　　C．s+1　　D．n

答案：A。

在有向图中，所有顶点的入度之和等于出度之和。本题中，所有顶点的出度之和为 s，则所有顶点的入度之和也为 s。所以，选项 A 正确。

【真题 641】 对于一个有向图，若一个顶点的入度为 k1、出度为 k2，则对应邻接表中该顶点的单链表中的结点数为（　　）。

A．k1　　B．k2　　C．k1-k2　　D．k1+k2

答案：A。

在有向图的邻接表中，某顶点链表的结点个数是发出去的弧的数量，也就是出度，反过来说，逆邻接表的某顶点链表的结点个数是进入的弧的数量，也就是入度，所以，选项 A 正确。

【真题 642】 在有向图 G 的拓扑序列中，若顶点 vi 在顶点 vj 之前，则下列情况下不可能出现的是（　　）。

A．G 中有弧<vi,vj>　　B．G 中有一条从 vi 到 vj 的路径

C．G 中没有弧<vi,vj>　　D．G 中有一条从 vj 到 vi 的路径

答案：D。

【真题 643】 判断有向图是否存在回路，最好的方法是（　　）。

A．拓扑排序　　B．求最短路径　　C．求关键路径　　D．广度优先遍历

答案：A。

针对有向图是否存在回路的问题，最好的方法就是对有向图构造其顶点的拓扑有序序列，如果有向图的所有顶点可以排出拓扑序列，则该有向图无环路。具体步骤如下：

在求拓扑算法的过程中，最重要的是要维护一个入度为 0 的顶点的集合，每次从这个集合中取出一个顶点，放入保存拓扑结构结果的列表中，然后从图中删除从这个顶点引出的所有边，在删除这些边后，这个边的另外一个结点，如果入度变成 0，则加入到存放入度为 0 的结点的集合中。依次类推，直到把所有顶点都遍历完成，就求出了拓扑结构。如果在求解的过程中，存放入度为 0 的集合为空，但是此时图中还有没有遍历的边，则说明图中至少存在一个回路。所以，选项 A 正确。

6.8.2 无向图

【真题 644】 无向图 G=（V，E），其中 V={a，b，c，d，e，f}，E={<a，b>，<a，e>，<a，c>，<b，e>，<e，f>，<f，d>，<e，d>}，对该图进行深度优先排序，得到的顶点序列正确的是（　　）。

A．a，b，e，c，d，f　　B．a，c，f，e，b，d

C．a，e，b，c，f，d　　D．a，e，d，f，c，b

答案：D。

图的深度优先遍历类似于树的前序遍历。假设给定无向图 G 的初态是所有顶点均未曾被访问过，深度优先遍历过程是这样的：在无向图 G 中任选一个顶点 v 为初始出发点（源点），首先访问源点 v，并将其标记为已访问过，然后，依次从源点 v 出发，搜索源点 v 的每个相邻结点 w。如果结点 w 未曾被访问过，那么以结点 w 为新的出发点继续进行深度优先遍历，直至图中所有和源点 v 有路径相通的顶点（亦称为从源点可达的顶点）均已被访问为止。如果此时图中仍有未访问的顶点，则另选一个尚未访问的顶点作为新的源点重复上述过程，直至图中所有顶点均已被访问为止。

本题中，按照上述方法可知，选项 D 正确。

【真题 645】 已知一个无向图（边为正数）中顶点 A、B 的一条最短路径 P，如果把各个边的权重（即相邻两个顶点的距离）变为原来的 2 倍，那么在新图中，P 仍然是 A、B 之间的最短路径。以上说法（　　）。

A．不确定　　B．正确　　C．错误

答案：B。

如果从图中某一顶点（源点）到达另一顶点（终点）的路径可能不止一条，有这样一条路径，沿此路径上各边的权值总和（称为路径长度）最小，该路径称为最短路径。

本题中，如果将各条边的权值按从小到大排序，则权值乘以 2 之后的排序不变，也就是权重的相对关系不变，p 仍是最短路径。所以，选项 B 正确。

【真题 646】 一个具有 8 个顶点的连通无向图，最多有（　　）条边。

A．28　　B．7　　C．26　　D．8

答案：A。

所谓连通无向图，指的是对图中任意顶点 u、v，都存在路径使 u、v 连通，即任何两个点都有边相连。本题中，8 个点中任选择两个，都可以有一条边，所以，最多有 8 * 7 / 2 = 28 条边，选项 A 正确。

所以，本题的答案为 A。

结论 1：一个有 n 个顶点的有向强连通图最多有 n(n−1)条边，最少有 n 条边。

强连通图必须从任何一点出发都可以回到原处，每个结点至少要一条出路（单结点除外），至少有 n 条边，正好可以组成一个环。

结论 2：一个有 n 个顶点的无向连通图最多有 n(n−1) /2 条边，最少有 n−1 条边。

可以通过数学归纳法进行证明。有兴趣的读者可以自行验证。

引申：若一个非连通的无向图最多有 28 条边，则该无向图至少有多少个顶点？

答案：9 个。假设有 8 个顶点，则 8 个顶点的无向图最多有 28 条边且该图为连通图。连通无向图构成条件：边=顶点数*(顶点数−1)/2。顶点数>=1，所以，该函数存在单调递增的单值反函数，边与顶点为增函数关系。故 28 条边的连通无向图顶点数最少为 8 个。

因此，28 条边的非连通无向图为 9 个（加入一个孤立点）。

【真题 647】 对于一个具有 n 个顶点的无向图，若采用邻接表数据结构表示，则存放表头结点的数组大小为（　　）。

A．n　　B．n+1　　C．n−1　　D．n+边数

答案：A。

无向图指的是边没有方向的图。采用邻接表表示的无向图，存放表头结点的数组的大小为图的顶点个数。本题中，无向图的顶点个数为 n，所以，存放表头结点的数组大小为 n，选项 A 正确。

【真题 648】 在一个具有 n 个顶点的无向图中，要连通全部顶点至少需要（　　）条边。

A．n　　B．n+1　　C．n−1　　D．n/2

答案：C。

【真题 649】 一个有 n 个顶点的无向连通图，它所包含的连通分量个数为（　　）。

A．0　　B．1　　C．n　　D．n+1

答案：B。

【真题 650】 在一个无向图中，若两个顶点之间的路径长度为 k，则该路径上的顶点数为（　　）。

A．k　　B．k+1　　C．k+2　　D．2k

答案：B。

6.8.3 遍历

【真题 651】 图的广度优先搜索算法需使用的辅助数据结构为（　　）。

A．三元组　　B．队列　　C．二叉树　　D．栈

答案：B。

图的广度优先搜索算法需使用的辅助数据结构为队列，图的深度优先搜索算法需使用的辅助数据结构为栈。

什么是广度优先搜索呢？当一个结点被加入队列时，要标记为已遍历，遍历过程中，对于队列第一个元素，遍历其所有能够一步达到的结点；如果是标记未遍历的，将其加入队列，从第一个元素出发所

有能一步直接达到的结点遍历结束后将这个元素出列。广度优先则需要保证先访问顶点的未访问邻接点先访问，恰好就是先进先出。整个过程也可以看作一个倒立的树形：

1）把根结点放到队列的末尾。

2）每次从队列的头部取出一个元素，查看这个元素所有的一级元素，把它们放到队列的末尾。并把这个元素记为它下一级元素的前驱。

3）找到所要找的元素时结束程序。

4）如果遍历整棵树还没有找到，结束程序。

什么是图的深度优先搜索呢？当遍历到某个结点A时，如果是标记未遍历，将其入栈，遍历它能够一步直接达到的结点；如果是标记未遍历，将其入栈且标记为已遍历，然后对其进行类似A的操作，否则，找能够一步直接达到的结点进行类似操作，直到所有能够一步直接达到的结点都已遍历，将A出栈。

整个过程可以想象成一个倒立的树形：

1）把根结点压入栈中。

2）每次从栈中弹出一个元素，搜索所有在它下一级的元素，把这些元素压入栈中。并把这个元素记为它下一级元素的前驱。

3）找到所要找的元素时结束程序。

4）如果遍历整棵树还没有找到，结束程序。

所以，本题的答案为B。

【真题652】 用深度优先遍历方法遍历一个有向无环图，并在深度优先遍历算法中按退栈次序打印出相应的顶点，则输出的顶点序列是（　　）。

A．逆拓扑有序　　B．无序　　C．拓扑有序　　D．深度优先遍历序列

答案：A。

对于树（无环图相当于树）的深度优先遍历，其实就是拓扑排序，而本题中要求“按退栈次序打印出相应的顶点”，其实就是逆拓扑排序。所以，选项A正确。

【真题653】 下列有关图的遍历的描述中，不正确的是（　　）。

A．有向图和无向图都可以进行遍历操作

B．基本遍历算法两种：深度优先遍历和广度优先遍历

C．图的遍历必须用递归实现

D．图的遍历算法可以执行在有回路的图中

答案：C。

图的遍历指的是从图中的任意一个顶点出发，对图中的所有顶点访问一次且仅访问一次。图的遍历操作和树的遍历操作功能相似。图的遍历是图的一种基本操作，图的许多其他操作都是建立在遍历操作的基础之上。

由于图的复杂性，图的遍历操作也比较复杂，主要表现在以下几个方面：

1）在图中，没有一个固定的首结点，因为任意一个顶点都可作为第一个被访问的结点。

2）在非连通图中，从一个顶点出发，只能够访问它所在的连通分量上的所有顶点，因此，还需考虑如何选取下一个出发点以访问图中其余的连通分量。

3）在图中，如果有回路存在，那么一个顶点被访问之后，有可能沿回路又回到该顶点。

4）在图中，一个顶点可以和其他多个顶点相连，当这样的顶点访问过后，存在如何选取下一个要访问的顶点的问题。

鉴于图的遍历比较复杂，通常情况下，图的遍历有两种方式：深度优先遍历（Depth First Search，DFS）和广度优先遍历（Breadth First Search，BFS）。由于图存在回路，所以，在遍历过程中，为了区别一个顶点是否已经被访问过和避免一个顶点被多次访问，应记下每个访问过的顶点，即每个顶点对应有一个标志位，该标志位初始值为False（表示未访问），一旦该顶点被访问，就将其置为True（表示已访问），以后在遍历图的过程中，如果又碰到该顶点，视其标志位的状态，而决定是否对其访问。

通常情况下，除了使用递归法可以实现图的遍历以外，还可以使用栈的方法实现，具体方法如下：①如果栈为空，则退出程序，否则，访问栈顶结点，但不弹出栈顶结点；②如果栈顶结点的所有直接邻接点都已访问过，则弹出栈顶结点，否则，将该栈顶结点的未访问的其中一个邻接点压入栈中，同时，标记该邻接点为已访问，继续执行①。所以，选项 C 错误。选项 A、选项 B、选项 D 正确。

6.9 大数据

【真题 654】 一个有 10 亿条记录的文本文件，已按照关键字排好序存储，请设计一个算法，可以快速地从文件中查找指定关键字的记录。

答案：10 亿条记录对应的数据量在 GB 量级，对于普通的计算机来讲，没有这么大的内存空间供使用，无法一次把这些数据信息全部都读到内存中进行处理。因此，需要对问题就行分解，例如把数据分成 100 份，每一份就是 10MB 量级，基本上放入内存无压力了。

把这 10 亿记录，均分为 100 份，把每份的第一条记录关键字和此记录对应的文件偏移量先扫入内存（类似索引），这里需要磁盘随机 I/O 100 次。

这样可以马上定位出指定关键字所在的记录块，把相应的记录块拿到内存，二分查找即可。

【真题 655】 给定 a、b 两个文件，各存放 50 亿个 url，每个 url 各占 64 个字节，内存限制是 4GB，请找出文件 a 与文件 b 中共同的 url。

答案：如果没有内存的限制，可以首先把文件 a 中的 url 全部读入内存，放到 HashSet 中，接着从文件 b 中读取 url，每读取一个 url，就判断这个 url 在 HashSet 中是否存在，如果存在，那么这个 url 就是这两个文件的共同的 url，否则，不是。

由于题目要求内存大小只有 4GB，而每个文件的大小为 50 亿* 64B=5*64GB=320GB，远远超出了内存限制，因此，无法一次把所有 url 读取到内存中，此时可以采取分批读取的方法。下面介绍两种常用的方法：

方法一：Hash 法

通过对 url 求 Hash 值，把 Hash 值相同的 url 放到一个单独的文件里，这样就可以把 50 亿个 url 分解成数量较小的 url，可以一次读入内存进行处理，具体实现思路如下：

首先遍历文件 a，对每个 url 求 Hash 值并散列到 1000 个文件中，求解方法为 h=hash(url)%1000，然后根据 Hash 的结果把这些 url 存放到文件 fa 中，通过散列，所有的 url 将会分布在（fa0，fa2，fa3，…，fa999）这 1000 个文件中。每个文件的大小大约为 300MB。同理，把文件 b 中的 url 也以同样的计算方式散列到文件 fb 中，所有的 url 将会分布在（fb0，fb1，fb2，…，fb999）这 1000 个文件中。显然，与 fa0 中相同的 url 只可能存在于 fb0 中，因此，只需要分别找出文件 fai 与 fbi(0<=i<=999)中相同的 url 即可。

此外，如果经过 Hash 法处理后，还有小文件占的内存大小超过 4GB，此时可以采用相同的方法把文件分割为更小的文件进行处理。

方法二：Bloom Filter 法

对于本题而言，4GB 内存可以表示 340 亿 bit，把文件 a 中的 url 采用 Bloom Filter 方法映射到这 340 亿 bit 上，然后遍历文件 b，判断是否存在。但是采用这种方法会有一定的错误率，只有当允许有一定的错误率的时候才可以使用这种方法。

6.10 其他

【真题 656】 下列叙述中，错误的是（　　）。

A．数据的存储结构与数据处理的效率密切相关

B．数据的存储结构与数据处理的效率无关

C．数据的存储结构在计算机中所占的空间不一定是连续的

D．一种数据的逻辑结构可以有多种存储结构

答案：B。

【真题 657】 下面关于序列{16, 14, 10, 8, 9, 3, 2, 4, 1}的描述中，正确的是（　　）。

A．大顶堆　　B．小顶堆　　C．不是堆　　D．二叉排序树

答案：A。

大顶堆要求结点的关键字既大于或等于左孩子的关键字值，又大于或等于右孩子的关键字值，且要求是完全二叉树。大顶堆具有如下性质：k(i)>=k(2i)且 k(i)>=k(2i+1)。很显然，本题中的序列正好满足这一要求。所以，选项 A 正确。

【真题 658】 表达式“X=A+B*(C-D)/E+F”的后缀表示形式可以为（　　）。

答案：XABCD-*E/+F+=。

【真题 659】 当分析 XML 时，需要校验结点是否闭合，如必须有与之对应，用（　　）数据结构实现比较好。

A．链表　　B．树　　C．队列　　D．栈

答案：D。

XML（Extensible Markup Language，可扩展标记语言）是一种用于标记电子文件，使其具有结构性的标记语言。在 XML 中，任何的起始标签都必须有一个结束标签，也就是题目中所提到的结点闭合。由此，可以类比到数据结构课本中讲过的括号匹配的检验，因为括号都是成对出现，一个左括号必然对应一个右括号，而括号匹配采用的主要思路如下：每当读到一个括号时，如果是右括号，则或者与栈顶的左括号匹配，或者不合法；若是左括号，则把左括号压栈。本题可以采用同样的方式来判断结点是否闭合。所以，栈可以成为检验 XML 结点是否闭合的数据结构，选项 D 正确。

【真题 660】 假设要存储一个数据集，数据维持有序，对其只有插入、删除和顺序遍历操作，综合存储效率和运行速度考虑，下列数据结构中最适合的是（　　）。

A．数组　　B．链表　　C．散列表　　D．队列

答案：B。

本题中，数组和链表顺序遍历的时间复杂度都为 O (n)。具体而言，有序链表顺序遍历的时间复杂度为 O(n)，对于删除和插入操作，虽然删除和插入操作的时间复杂度都为 O(1)（因为不需要结点的移动操作），但是在删除前首先要找到待删除结点的地址，这个操作的时间复杂度为 O(n)；在插入结点前，首先也要找到结点应该被插入的地方，这个操作的时间复杂度也为 O(n)，因此，插入与删除的时间复杂度都为 O(n)。

对于有序数组而言，顺序遍历的时间复杂度也为 O(n)。插入的时候只需要找到待插入的位置，然后把其余的元素依次向后移动一个位置；同理，当删除一个元素的时候，需要把这个元素后面的所有元素依次向前移动一个位置。

通过以上分析可知，与数组相比，链表在删除与插入操作的时候，没有额外的元素移动的操作，因此，具有更高的效率。所以，选项 A 错误，选项 B 正确。

对于选项 C，散列表是通过计算待添加元素的 Hash 值来决定存储位置的，因此，也无法维持数据的有序，选项 C 错误。

对于选项 D，由于队列是先进先出的数据结构，且只能在队列尾添加元素，因此，队列无法维持数据有序，选项 D 错误。

所以，本题的答案为 B。

【真题 661】 当需要对文件进行随机存取时，下列文件中，物理结构不适用于上述应用场景的是（　　）。

A．顺序文件　　B．索引文件　　C．链接文件　　D．Hash 文件

答案：A。

本题中，对于选项 A，顺序文件由一系列记录按照某种顺序排列形成。在顺序文件中，记录按其在文件中的逻辑顺序依次进入存储介质而建立，即顺序文件中物理记录的顺序和逻辑记录的顺序是一致的。它是最常用的文件组织形式。记录通常是定长的，因而能用较快的速度查找文件中的记录。在顺序文件

中，如果次序相继的两个物理记录在存储介质上的存储位置是相邻的，那么它们又称为连续文件。顺序文件组织是唯一可以很容易地存储在磁盘和磁带上的文件组织。顺序文件中的记录是一个接着一个的顺序存放，只知道第一个记录的存储位置，其他记录的位置无从知道。例如，当建立顺序文件时，数据是一个接着一个的顺序写到文件中的，在读取或查找文件中的某一数据时，也是从文件头开始，一个记录一个记录地顺序读取或查找，直到找到要读取或查找的记录为止。由于顺序文件不能直接读取某条记录的信息，因此，在对文件的随机访问中，性能不太理想。所以，选项 A 正确。

对于选项 B，在文件中随机存取记录，需要知道记录的地址。例如，一个客户想要查询银行账户，客户和出纳员都不知道客户记录的地址，此时客户只能向出纳员提供自己的个人帐号。这里，索引文件可以把帐号和记录地址关联起来。索引文件由数据文件组成，它是带索引的顺序文件。索引本身非常小，只占两个字段，分别为顺序文件的键和在磁盘上相应记录的地址。存取文件中的记录需按以下步骤：

1）整个索引文件都载入到内存中（文件很小，只占用很小的内存空间）。

2）搜索项目，用高效的算法（例如折半查询法）查找目标键。

3）检索记录的地址。

4）按照地址，检索数据记录并返回给用户。

索引文件由索引表和主文件两部分构成。其中，索引表是一张指示逻辑记录和物理记录之间对应关系的表。索引表中的内容称作索引项。索引项是按键（或逻辑记录号）进行顺序排列的。若文件本身也是按关键字顺序排列，则称为索引顺序文件；否则，称为索引非顺序文件。很显然，索引文件适合随机存储。所以，选项 B 错误。

对于选项 C，链接文件是对系统中已有的某个文件指定另外一个可用于访问它的名称，链接文件能否随机访问取决于它指向的文件能否适用于随机的访问。因此，链接文件有可能适用于随机访问。所以，选项 C 错误。

对于选项 D，Hash 文件也称为散列文件，是利用散列存储方式组织的文件，亦称为直接存取文件。它类似于散列表，即根据文件中关键字的特点，设计一个散列函数和处理冲突的方法，将记录散列到存储设备上。在散列文件中，是使用一个函数（算法）来完成一种将关键字映射到存储器地址的映射，根据用户给出的关键字，经函数计算得到目标地址，再进行目标的检索。通过上面分析可知，选项 D 错误。

所以，本题的答案为 A。

【真题 662】 某段文本中各个字母出现的频率分别是{a:4，b:3，o:12，h:7，i:10}，使用哈夫曼编码，则可能的编码是（　　）。

A．a(000) b(001) h(01) i(10) o(11)　　　　B．a(0000) b(0001) h(001) o(01) i(1)

C．a(000) b(001) h(01) i(10) o(00)　　　　D．a(0000) b(0001) h(001) o(000) i(1)

答案：A。

哈夫曼编码（Huffman Coding）使用到一种叫作“前缀编码”的技术，即任意一个数据的编码都不是另一个数据编码的前缀。而最优二叉树即哈夫曼树（带权路径长度最小的二叉树）就是一种实现哈夫曼编码的方式。哈夫曼编码的过程就是构造哈夫曼树的过程，构造哈夫曼树的相应算法如下：

1）有一组需要编码且带有权值的字母，例如 a(4)，b(8)，c(1)，d(2)，e(11)。括号内分别为各字母相对应的权值。

2）选取字母中权值较小的两个 c(1)、d(2)组成一个新二叉树，其父亲结点的权值为这两个字母权值之和，记为 f(3)，然后将该结点加入到原字母序列中去（不包括已经选择的权值最小的两个字母），则剩下的字母为 a(4)，b(8)，e(11)，f(3)。此时得到的树如图 6-14 所示。

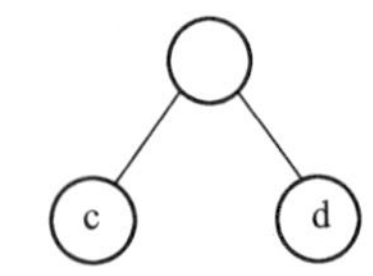

6-14　构造哈夫曼树 1

3）重复进行步骤 2)，直到所有字母都加入到二叉树中为止，最后得到的二叉树如图 6-15 所示。

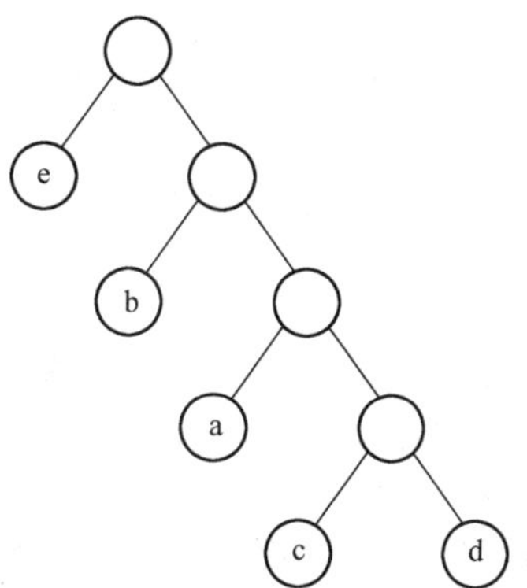

图 6-15　构造哈夫曼树 2

如果用 0 表示左分支，1 表示右分支，则得到的编码为 a(110)，b(10)，c(1110)，d(1111)，e(0)。

由于哈夫曼编码不是唯一的，对于本题而言，主要的思路为：对于每个选项而言，可以首先画出二叉树结构图，然后判断其是否满足哈夫曼编码的条件。

选项 A 对应的二叉树结构如图 6-16 所示。

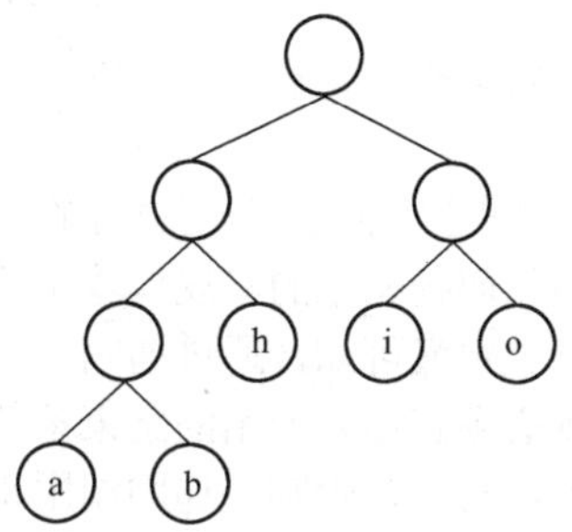

图 6-16　选项 A 对应的二叉树

显然，满足哈夫曼编码的条件。

选项 B 对应的二叉树结构如图 6-17 所示。

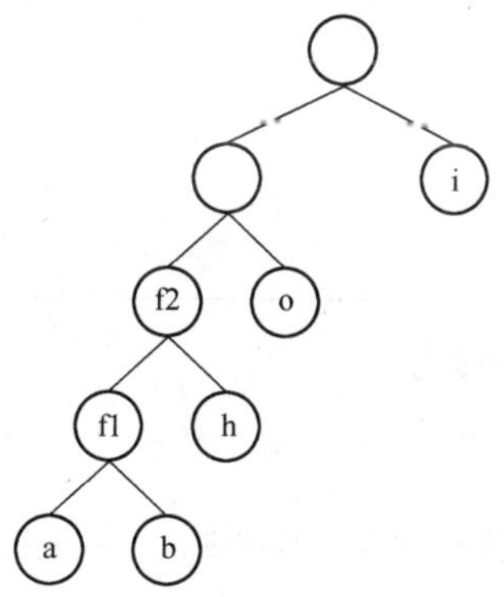

图 6-17　选项 B 对应的二叉树

对于这个二叉树而言，第一步选出权值小的两个结点 a:4 和 b:3，其父亲结点的权值为 f1:7，然后从列表里删除结点 a 和结点 b，增加结点 f1：{ o:12，h:7，i:10，f1:7}，接着选出权值较小的两个结点 h 和 f1，构造它们的父结点 f2:14。然后从列表里删除结点 h 与 f1，增加新结点 f2：{ o:12，i:10，f2:14}，接下来应该选权值较小的两个结点 o 与 i，因此，结点 o 与 i 肯定是兄弟结点，这个二叉树不满足条件，选项 B 错误。

同理，对于选项 C 和选项 D 可以采用同样的方法进行分析。

所以，本题的答案为 A。

【真题 663】 一棵哈夫曼树有 4 个叶子，则它的结点总数为（　　）。

A. 5　　B. 6　　C. 7　　D. 8

答案：C。

给定 n 个权值为 n 的叶子结点，构造一棵二叉树，若带权路径长度达到最小，则称这样的二叉树为最优二叉树，也称为哈夫曼树（Huffman Tree）。

通过定义可知，哈夫曼树是带权路径长度最短的树，权值较大的结点离根较近。所以，哈夫曼树中没有度为 1 的结点，假设度为 0 的结点个数为 x，度为 2 的结点个数为 y，则存在一个等式 x+y=2*y+1，即 x=y+1，x+y 是树的总结点个数。所以，如果度为 0 的结点个数为 n，那么度为 2 的结点个数为 n−1，结点总数为 2*n−1。

也可以这样理解，用 n 个权值（对应 n 个叶子结点）构造哈夫曼树，共需要 n−1 次合并，即哈夫曼树中非叶子结点的总数为 n−1，总结点个数为 2*n−1。

本题中的结点总数为 4*2−1 = 7。所以，选项 C 正确。

【真题 664】 递归函数最终会结束，那么这个函数一定（　　）。

A. 使用了局部变量　　B. 有一个分支不调用自身

C. 使用了全局变量或者使用了一个或多个参数　　D. 没有循环调用

答案：B。

所谓递归（Recursion），指的是程序直接或间接调用自身的一种方法，它通常把一个大型的、复杂的问题不直接解决，而是转化为一个与原问题相似的、规模较小的问题来解决。简单地说，递归就是把问题层层分解，直到程序的出口处。通过定义可知，通过递归，可以极大地减少代码量，提高程序的可读性。需要注意的是，任何递归调用都必须有递归调用的结束条件，否则，将会陷入无限递归而无法结束，而这个结束条件满足时一定不会调用自身，否则，递归调用将无法结束。从上面分析可知，选项 B 的描述是正确的。所以，本题的答案为 B。

【真题 665】 有如下代码：

```
x = m;
y = 1;
while （x - y > e）
{
    x = (x + y) / 2;
    y = m / x;
}
print(x);
```

其中 m>1，e>0，程序的时间复杂度为（　　）。

A. logm　　B. m 的 2 次方　　C. m 的 1/2 方　　D. m 的 1/3 方

答案：A。

时间复杂度通常考查的是代码的执行次数。本题中，可以采用一种简单方法进行求解，取 m= 4、8、16、32，e=1，对应的执行次数分别为 1、2、3、4，正好满足 logm 的规则。所以，选项 A 正确。

【真题 666】 把数据结构从逻辑上分为（　　）两大类

A. 顺序结构、链式结构　　B. 静态结构、动态结构

C. 初等结构、构造型结构　　D. 线性结构、非线性结构

答案：D。

数据的逻辑结构指的是反映数据元素之间的逻辑关系的数据结构，其中的逻辑关系是指数据元素之间的前后关系，而与它们在计算机中的存储位置无关。通常情况下，数据的逻辑结构分以下两大类：线性结构和非线性结构。线性结构是指该结构中的结点之间存在一对一的关系，其特点是开始结点和终端结点都是唯一的，除了开始结点和终端结点外，其余结点都有且仅有一个直接前驱，有且仅有一个直接后继，此类型的存储结构有顺序表（数组）、链表、栈结构和队列结构等。非线性结构又包括集合、树形结构、图形结构或网状结构，特点是数据元素之间存在一个对多个或多个对多个的关系，其中集合是一种关系极为松散的结构。

数据的存储方法有四种：顺序存储方法、链接存储方法、索引存储方法和散列存储方法。以下将分别对它们进行介绍。

1）顺序存储方法：它是把逻辑上相邻的结点存储在物理位置相邻的存储单元里，结点间的逻辑关系由存储单元的邻接关系来体现。由此得到的存储表示称为顺序存储结构，通常借助程序语言的数组描述。

2）链接存储方法：它不要求逻辑上相邻的结点在物理位置上亦相邻，结点间的逻辑关系是由附加的指针字段表示。由此得到的存储表示称为链式存储结构，通常借助于程序语言的指针类型描述。

3）索引存储方法：除建立存储结点信息外，还建立附加的索引表来标识结点的地址。组成索引表的索引项由结点的关键字和地址组成。如果每个结点在索引表中都有一个索引项，则该索引表称为稠密索引（Dense Index）。如果一组结点在索引表中只对应一个索引项，则该索引表称为稀疏索引。

4）散列存储方法：就是根据结点的关键字直接计算出该结点的存储地址。

通过以上分析可知，选项 D 正确。

【真题 667】 以下对顺序文件的描述中，错误的是（　　）。

A．插入新的记录时只能加在文件末尾

B．存取第 i 个记录，必须先搜索在它之前的 i-1 个记录

C．如要更新文件中的记录，必须将整个文件复制

D．顺序文件中物理记录的顺序和逻辑记录的顺序不一致

答案：D。

顺序文件是指按记录进入文件的先后顺序存放，其逻辑顺序和物理顺序一致的文件。一切存储在顺序存取存储器（如磁带）上的文件，都只能是顺序文件。

对于选项 A，插入新纪录时不能插入到已经有顺序的文件的中间，只能在末尾。所以，选项 A 正确。

对于选项 B，如果查找第 i 个记录，必须从头开始找起，符合顺序表的性质。所以，选项 B 正确。

对于选项 C，如果要更新，必须复制整个文件，更新，然后再放到另外一块顺序存储器上。所以，选项 C 正确。

对于选项 D，顺序记录的顺序和逻辑记录的顺序是一致的。所以，选项 D 错误。

所以，本题的答案为 D。

【真题 668】 下列数据结构中，不是多型数据类型的是（　　）。

A．堆　　B．栈　　C．字符串　　D．有向图

答案：C。

要想选出正确答案，就需要弄明白什么是多型数据类型？一种抽象数据类型的操作可用于多种具体数据类型的操作，这就是多型数据类型。简单地说，多型有点类似于面向对象的模板，就是数据元素的类型不确定，本题中，堆、栈、有向图中的数据元素的类型是不确定的，所以，选项 A、选项 B 和选项 D 正确，而字符串的每个元素始终都是字符（char），而不会是其他类型。所以，字符串不是多型数据类型，选项 C 错误。

【真题 669】 以下关于各种数据结构的描述中，错误的是（　　）。

A．红黑树插入操作的平均时间复杂度为 O(logn)，最坏时间复杂度为 O(logn)

B．B+树插入操作的平均时间复杂度为 O(logn)，最坏时间复杂度为 O(logn)

C．Hash 插入操作的平均时间复杂度为 O(logn)，最坏时间复杂度为 O(n)

D．排序链表插入操作的平均时间复杂度为 O(n)，最坏时间复杂度为 O(n)

答案：C。

对于选项 A 与选项 B，红黑树和 B+树插入操作的平均时间复杂度都为 O(logn)，最坏时间复杂度为 O(logn)。所以，选项 A 与选项 B 正确。

对于选项 C，散列表存储的是键-值对，其查找的时间复杂度与元素数量多少无关，散列表在查找元素时是通过计算散列值来定位元素的位置从而直接访问元素的，因此，散列表的插入、删除、查找等操作的时间复杂度都是 O(1)。所以，选项 C 错误。

对于选项 D，排序链表的插入操作较为复杂，需要先查找位置，再执行插入，所以，其插入的时间复杂度不是 O(1)，而是 O(n)，而且，其平均时间复杂度为 O(n)，最坏时间复杂度为 O(n)。所以，选项 D 正确。

所以，本题的答案为 C。

【真题 670】 某产品团队由美术组、产品组、client 程序组和 server 程序组 4 个小组构成，每次构建一套完整的版本时，需要各个小组发布如下资源：美术组向 client 组提供图像资源（需要 10min），产品组向 client 组和 server 组提供文字内容资源（同时进行，10min），server 组和 client 组的源代码放置在不同工作站上，其完整编译时间均为 10min，且编译过程不依赖于任何资源，client 组的程序（不包含任何资源）在编译完毕后还需要完成对程序的统一加密过程（10min）。请问，要完成一次版本构建（client 与 server 的版本代码与资源齐备），至少需要（　　）。

A．60min　　B．40min　　C．30min　　D．20min

答案：D。

只要找出了题目的关键路径，问题就迎刃而解了。

根据题目意思，可以将构建一套完整版本的各个步骤进行如下编号归类：

1）美术组向 client 组提供图像资源：10min。

2）产品组向 client 组提供文字内容资源：10min。

3）产品组向 server 组提供文字内容资源：10min。

4）server 组的源代码进行编译：10min。

5）client 组的源代码进行编译：10min。

6）client 组的程序在编译完毕后进行统一加密：10min。

除了活动 6）以外，剩下的事情都可以在第一个 10min 内并发完成。所以，至少需要 20min 的耗时，选项 D 正确。

【真题 671】 一个优化的程序可以生成一个有 n 个元素的集合的所有子集，那么该程序的时间复杂度是（　　）。

A．O(n!)　　B．O(2^n)　　C．O(n^2)　　D．O(nlogn)

答案：B。

对于 n 个元素而言，每个元素都有两种入选子集和不入选子集的可能性，根据乘法原理，一共有 2^n 种可能性，而每一种可能和一个子集是一一对应的。所以，子集也是 2^n 个，故程序的时间复杂度是 O(2^n)，选项 B 正确。

所以，本题的答案为 B。

【真题 672】 算法的空间复杂度是指（　　）。

A．算法程序的长度　　B．算法程序中的指令条数

C．算法程序所占的存储空间　　D．算法执行过程中所需要的存储空间

答案：D。

空间复杂度是对一个算法在运行过程中临时占用存储空间大小的量度。算法在运行时占用的临时空间与算法的长度、程序的指令条数以及程序所占用的存储空间都没有直接关系。显然，与此符合的描述只有选项 D。所以，选项 D 正确。

【真题 673】 假设某算法的时间复杂度符合递推关系式 T(n)=2T(n/2)+n，那么该算法的时间复杂度相当于（　　）。

A．O(n^2)　　B．O(logn)　　C．O(nlogn)　　D．O(n)

答案：C。

T(n)=2*T(n/2)+n=4*T(n/4)+n+n=8*T(n/8)+n+n+n=…=n*T(1)+log(n)*n=O(nlogn)。所以，选项 C 正确。

【真题 674】 XML 有哪些解析技术？它们有什么不同点？

答案：目前，对 XML 的解析最主要的方式有两种：DOM（Document Object Model，文档对象模型）和 SAX（Simple API for XML，XML 简单 API）。其中，DOM 方式会根据给定的 XML 文件在内存中创建一个树形结构，因此，这种处理方法会占用较多的内存，在处理大文件的时候，效率会急剧下降。而且，DOM 必须在解析文件之前就把整个文档装入内存，所以，该方式主要适用于对 XML 的随机访问与频繁地对 XML 中的内容进行修改的场合。而 SAX 是事件驱动型的 XML 解析方式，它不会在内存中存储 XML 文件的内容，只是把每次对数据的请求看成是一个事件，通过遍历文件来获取用户所需的数据。当遇到像文件开头、文档结束或者标签开头与标签结束时，它会触发一个事件，用户通过在其回调事件中写入处理代码来处理 XML 文件。所以，它的使用场合一般为对 XML 的顺序访问、XML 文件太大以至于在内存中放不下等情况。

【真题 675】 有两个有序的集合，集合中的每个元素都是一段范围，求其交集，例如集合{[4，8]，[9，13]}和{[6，12]}的交集为{[6，8]，[9，12]}。

答案：最简单的方法就是遍历两个集合，针对集合中的每个元素判断是否有交集，如果有，则求出它们的交集。显然，以上这个算法的时间复杂度为 O(n^2)。

上述这种方法显然没有用到集合有序的特点，因此，它不是最佳的方法。假设两个集合为 s1、s2。当前比较的集合为 s1[i]和 s2[j]，其中，i 与 j 分别表示的是集合 s1 与 s2 的下标。可以分为如下几种情况：

1）

```
s1[i]  ________
s2[j]             ________
```

在这种情况下，s1[i]和 s2[j]显然没有交集，那么接下来只有 s1[i+1]与 s2[j]才有可能会有交集。

2）

```
s1[i]  ________
s2[j]       ________
```

在这种情况下，s1[i]和 s2[j]有交集（s2[j]的下界和 s1[i]的上界），那么接下来只有 s1[i+1]与 s2[j]才有可能会有交集。

3）

```
s1[i]  ________________
s2[j]       ________
```

在这种情况下，s1[i]和 s2[j]有交集（交集为 s2[j]），那么接下来只有 s1[i]与 s2[j+1]才有可能会有交集。

4）

```
s1[i]         ________
s2[j]    ________________
```

在这种情况下，s1[i]和 s2[j]有交集（交集为 s1[i]），那么接下来只有 s1[i+1]与 s2[j]才有可能会有交集。

5）

```
s1[i]         ________________
s2[j]    ________________
```

在这种情况下，s1[i]和 s2[j]有交集（交集为 s1[i]的下界和 s2[j]的上界），那么接下来只有 s1[i]与 s2[j+1]才有可能会有交集。

6）

s1[i]　　　　　　　　　　　______

s2[j]　　______

在这种情况下，s1[i]和 s2[j]显然没有交集，那么接下来只有 s1[i]与 s2[j+1]才有可能会有交集。

根据以上分析给出实现代码如下：

```
import java.util.*;
class MySet{
        private int min;
        private int max;
        public MySet(int min, int max)
        {
                this.min=min;
                this.max=max;
        }
        public int getMin() {     return min;}
        public void setMin(int min) { this.min = min;}
        public int getMax() {return max;}
        public void setMax(int max)   {this.max = max;}
}
public class Test{
        public static ArrayList<MySet> getIntersection(ArrayList<MySet> l1,ArrayList<MySet> l2){
                ArrayList<MySet> result=new ArrayList<MySet>();
                int i=0;
                int j=0;
                while(i<l1.size() && j<l2.size())
                {
                        MySet s1=l1.get(i);
                        MySet s2=l2.get(j);

                        if(s1.getMin()<s2.getMin())
                        {
                                if(s1.getMax()<s2.getMin())   {i++;}
                                elseif(s1.getMax()<=s2.getMax())   {
                                        result.add( new MySet(s2.getMin(),s1.getMax()));
                                        i++;
                                }
                                else{
                                        result.add(new MySet(s2.getMin(),s2.getMax()));
                                        j++;
                                }
                        }

                        elseif(s1.getMin()<=s2.getMax())    {
                                if( s1.getMax()<=s2.getMax()){
                                        result.add( new MySet(s1.getMin(),s1.getMax()));
                                        i++;
                                }
                                else{
                                        result.add( new MySet(s1.getMin(),s2.getMax()));
                                        j++;
```

```
                    }
                }
                else{
                    j++;
                }
            }
            return result;
        }

        public static void main(String[] args){
            ArrayList<MySet> l1=new ArrayList<MySet>();
            ArrayList<MySet> l2= new ArrayList<MySet>();
            l1.add(new MySet(4,8));
            l1.add(new MySet(9,13));

            l2.add(new MySet(6,12));
            ArrayList<MySet> result=getIntersection(l1,l2);
            for(int i=0;i<result.size();i++)
                System.out.println("["+result.get(i).getMin()+","+result.get(i).getMax() + "] ");
        }
    }
```

这个算法的时间复杂度为 O(n1+n2)，其中 n1、n2 分别为两个集合的大小。

第7章 编译原理

【真题 676】 下图是一个非确定有限自动机（NFA）的状态转换图，其等价的正规式为（　　）。

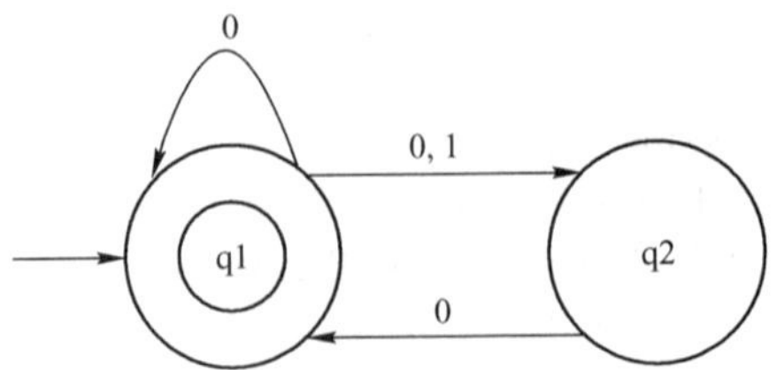

A．0*|(0|1)0　　B．(0|10)*　　C．0*(10)*　　D．0*((0|1)0)*

答案：B。

从上面的自动机的状态转换图可以看出，这个自动机可以识别如下几种表达式：

1）0 个或多个 0。

2）0 个或多个如下的表达式：先识别 0 或 1，接着识别一个 0；也就是说，识别 00 串或 10 串，对于 00 串而言，与 1）是相同的。

3）1）和 2）组合的表达式。

综上所述，这个自动机可以识别 0 个或多个 10 串，或 0 个或多个 0 的组合。

由此可见，选项 B 满足条件，所以，选项 B 正确。上图中的自动机可以识别 100 串，而选项 A、选项 C 和选项 D 都无法识别。所以，选项 A、选项 C 与选项 D 都错误。

所以，本题的答案为 B。

【真题 677】 可以完成编写一个 C 语言编译器的语言是（　　）。

A．汇编　　B．C 语言　　C．VB　　D．以上全可以

答案：D。

编译器的目的就是把编程语言编译成汇编语言或者机器语言，主要是词法分析、语法分析和语义分析等。从理论上讲，用任何程序设计语言都可以编写一个 C 语言编译器。所以，选项 D 正确。

所以，本题的答案为 D。

【真题 678】 程序开发中，编译器的主要作用是（　　）。

A．代码编辑功能　　B．检查代码规范性

C．分析代码中问题　　D．完成源语言与目标语言的转换

答案：D。

编译器的主要功能就是把源代码翻译成能在机器上执行的目标代码。

对于选项 A 和选项 B，对代码的编辑和规范检查都是由编辑器来负责的，而不是编译器。所以，选项 A 与选项 B 错误。

对于选项 C，分析代码中的问题是由调试器来完成的。所以，选项 C 错误。

对于选项 D，编译器的作用就是把源语言转换成目标语言。所以，选项 D 正确。

【真题 679】 下面关于编译器与解释器的描述中，错误的是（　　）。

A．解释器不产生目标程序，它直接执行源程序或者源程序的内部形式

B．解释程序和编译程序的主要区别在于是否产生目标程序

C．编译器对高级语言程序的处理过程划分成词法分析、语法分析、语义分析、中间代码生成、代码优化、目标代码生成几个阶段

D. 解释器参与运行控制，程序执行的速度快

答案：D。

【真题 680】 有如下规约：

```
digit->0|1|…|9
digits->digit digit*
optionalFraction ->.digits|ε
optionalExponent ->(E(+|-|ε)digits)|ε
number -> digits optionalFraction optionlExponent
```

下面的无符号数中，不符合上面给出的正则规约要求的是（　　）。

A. 5280　　B. 1　　C. 2.0　　D. 336E

答案：D。

正则表达式又称正规表示法、常规表示法（Regular Expression，在代码中常简写为 regex、regexp 或 RE），它是计算机科学的一个概念。正则表达式使用单个字符串来描述、匹配一系列符合某个句法规则的字符串。*表示匹配前面的子表达式零次或多次（大于等于 0 次）。例如，zo*能匹配“z”“zo”以及“zoo”。*等价于{0,}。

对于选项 A 和选项 B，在正则表达式 number -> digits optionalFraction optionlExponent 中，只匹配 digits 就可以了，optionalFraction 和 optionlExponent 都匹配ε即可。所以，选项 A 与选项 B 都是正确的。

对于选项 C，在正则表达式 number -> digits optionalFraction optionlExponent 中，只匹配 digits 和 optionalFraction，digits 匹配为 2；optionalFraction ->.digits|ε匹配.digits，这个 digits 匹配为 0。所以，选项 C 正确。

对于选项 D，字符 E 后面必须要跟一个 digits 才可以，即 E 不可能为结束字符。所以，选项 D 不正确。

【真题 681】 下列正则表达式中，不可以匹配字符串“www.alibaba-inc.com”的是（　　）。

A. ^\w+\.\w+\-\w+\.\w+$　　B. [w]{0,3}.[a-z\-]*.[a-z]+

C. [c-w.]{3,10}[.][c-w.][.][a]　　D. [w][w][w][alibaba-inc]+[com]+

答案：C、D。

本题中，对于选项 A 与选项 B，都可以匹配字符串“www.alibaba-inc.com”。所以，选项 A 与选项 B 正确。

对于选项 C，无法匹配字符串“.com”。所以，选项 C 错误。

对于选项 D，由于没有与中间的字符‘.’匹配的表达式，所以，不符合题意。改为 [w][w][w].[alibaba\\-inc]+.[com]+就正确了，同时，对于字符‘.’要用转义符。所以，选项 D 错误。

【真题 682】 词法分析器用来识别（　　）。

A. 句子　　B. 句型　　C. 单词　　D. 生产式

答案：C。

词法分析器使用状态转换图来识别单词符号。所以，选项 C 正确。

【真题 683】 编译过程中，语法分析器的任务是（　　）。

A. 分析单词是怎样构成的　　B. 分析单词串是如何构成语言和说明的

C. 分析语句和说明是如何构成程序的　　D. 分析程序的结构

答案：B。

编译器的工作可以划分为以下几个阶段：

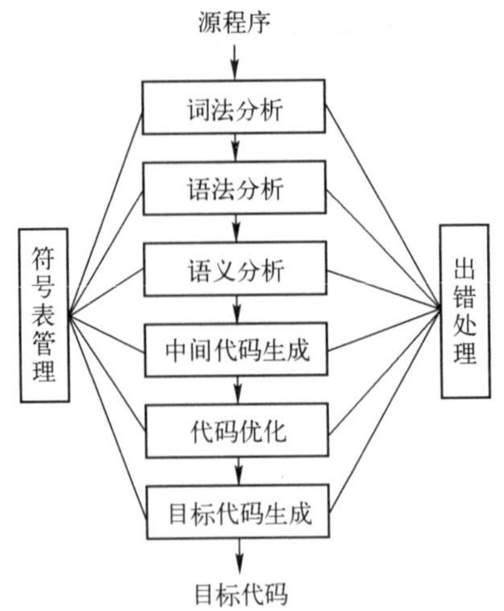

1）词法分析：主要用来识别单词。

2）语法分析：在词法分析的基础上将单词序列组合成各类语法短语，得到语言结构并以树的形式表示。

3）语义分析：检查语法正确的句子语义是否正确。

4）中间代码生成（可选）：生成一种既接近目标语言，又与具体机器无关的表示，便于优化与代码生成。

5）中间代码优化（可选）：优化实际上是一个等价变换，变换前后的指令序列完成同样的功能，但在占用的空间上和程序执行的时间上都更省、更有效。

6）目标代码生成：把中间代码变换成特定机器上的绝对指令代码或可重定位的指令代码或汇编指令代码。

7）符号表管理：合理组织符号，便于各阶段查找、填写等。

8）出错处理：错误的种类，即词法错误、语法错误、静态语义错误和动态语义错误等。

【真题 684】 语法分析器可以用于（　　）。

A．识别语法错误　　B．识别语法和语义错误

C．识别语义错误　　D．识别并修正语法、语义错误

答案：A。

【真题 685】 正则表达式 A*B 可以匹配的字符串是（　　）。

A．A　　B．ACB　　C．AB　　D．AAB

答案：C、D。

【真题 686】 现代语言（例如 Java 语言）的编译器的词法分析主要依靠（　　）。

A．有限状态自动机　　B．确定下推自动机

C．非确定下推自动机　　D．图灵机

答案：A。

有限状态自动机（Finite State Automation，FSA）是为研究有限内存的计算过程和某些语言类而抽象出的一种计算模型。有限状态自动机拥有有限数量的状态，每个状态可以迁移到零个或多个状态，输入字串决定执行哪个状态的迁移。有限状态自动机可以表示为一个有向图。有限状态自动机是自动机理论的研究对象。所以，选项 A 正确。

下推自动机（Push Down Automation，PDA）是自动机理论中定义的一种抽象的计算模型。下推自动机比有限状态自动机复杂：除了有限状态组成部分外，还包括一个长度不受限制的栈；下推自动机的状态迁移不但要参考有限状态部分，也要参照栈当前的状态；状态迁移不但包括有限状态的变迁，还包

括一个栈的出栈或入栈过程。术语“下推”来自原型机械自动机物理上接触穿孔卡片来阅读其内容的下推动作。术语“确定下推自动机”（Deterministic Push Down Automation，DPDA）指的是识别确定上下文无关语言的抽象计算设备。

图灵机，又称图灵计算、图灵计算机，是由数学家阿兰·麦席森·图灵（1912～1954）提出的一种抽象计算模型，它有一条无限长的纸带，纸带分成了一个一个的小方格，每个方格有不同的颜色。有一个机器头在纸带上移来移去，机器头有一组内部状态，还有一些固定的程序。在每个时刻，机器头都要从当前纸带上读入一个方格信息，然后结合自己的内部状态查找程序表，根据程序输出信息到纸带方格上，并转换自己的内部状态，然后进行移动。

词法分析（Lexical Analysis）是计算机科学中将字符序列转换为单词（Token）序列的过程，是编译过程的第一个阶段。完成词法分析任务的程序称为词法分析程序或词法分析器或扫描器。从左至右地对源程序进行扫描，按照语言的词法规则识别各类单词，并产生相应单词的属性字。词法分析器一般以函数的形式存在，供语法分析器调用。

通过上述分析可知，词法分析主要依靠有限状态自动机进行。所以，选项 A 正确。

【真题 687】 代码生成阶段的主要任务是（　　）。

A．把高级语言翻译成汇编语言　　B．把高级语言翻译成机器语言

C．把中间代码变换成依赖具体机器的目标代码　　D．把汇编语言翻译成机器语言

答案：C。

代码生成阶段的主要任务是把中间代码（或经优化处理之后）变换成特定机器上的低级语言代码，它的工作有赖于硬件系统结构和机器指令含义。很显然，选项 C 正确。

第8章 系统设计

【真题 688】 微博中的 url 往往很长，发送前要转化为 tinyurl。

1）url 如何转为 tinyurl 编码？

2）如果用户输入一个已经转换过的 url，如何快速定位到已经生成了的 tinyurl？

3）如果数据为 10 亿条，需要 10 个 tinyurl 服务器，如何设计？

答案：在解答本题前，首先需要弄明白什么是 tinyurl？根据百度百科的解释，tinyurl 是第一个专门提供缩略网址服务的网站，它提供一个短网址并转向指定的长网址，网站最初是由 Kevin Gilbertson 所开发，并于 2002 年 1 月开始提供服务。

弄懂了这个意思，那么题目的问题自然就容易理解了。

1）对于第一个问题，需要将 url 转为 tinyurl 编码，可以采用以下思路：首先，将 url 转换成 int 值，然后，采用字母与数字的组合进行编码，由于 a～z（26 个不同字符）、A～Z（26 个不同字符）、0～9（10 个不同字符）一共有 62 个字符，因此，可以通过把 int 值再转换为 62 进制的编码。如果用 n 位字符进行编码，可以表示的 url 数为 62^n。假如采用 6 位字符编码，可以表示的 url 数为 62^6=56800235584。在实际使用的时候，可以根据实际 url 的数量选用合适的 n。把 int 值转换为 62 进制的编码是比较容易的，因此，本题的难点是怎样把 url 转换为 int 值，可以采用 Hash 函数（必须要处理 Hash 冲突的情况）。比较简单的方法是采用数据库主键自增的原理，每有 url 需要被转换的时候，通过数据库主键自增的方式产生 url 对应的主键（自增主键为整型变量），每个整型变量对应这一个 62 进制的 tinyurl。数据库表中其中一列是主键（自增主键），另外一列存储 url。

2）对于第二个问题，当用户输入一个已经转换过的 url 时，如何快速定位到已经生成了的 tinyurl？方法也很简单，这个转换过的 url 一定是 62 进制的字符串，首先，把这个 62 进制的字符串转换成对应的整数值，这个值就对应数据库里的一个主键，然后通过这个主键就可以很容易地在数据库表中找到对应的 url，当然，在这个过程中，也可以使用 Redis（Redis 是一个开源的使用 ANSI C 语言编写、支持网络、可基于内存亦可持久化的日志型、Key-Value 数据库）、Leveldb（Leveldb 是一个 Google 实现的非常高效的 Key-Value 数据库）等 Key-Value 数据库进一步加快查询过程。

3）对于第三个问题，如果数据为 10 亿条，需要 10 个 tinyurl 服务器，怎么设计呢？方法也不难，如果输入一个转换过的 url，则采用主键的方式，主键是自增的，也是均匀分布的，因此，可以通过轮询的方式把请求均匀地分布在 10 个服务器上（把主键为 n 的 url 分配到主机编号为 n%10 的服务器上去执行），在 10 个服务器之前加上负载均衡，根据进制压缩的结果将请求转发到相应的服务器，每个服务器中有独立 cache，后端公用数据库。

【真题 689】 如何设计一个类，使其创建对象的个数不能超过 3 个？

答案：设计模式中有个单例模式，通过把构造方法设计为 private，另外提供了一个方法来控制这个类只能有一个实例化对象。对于本题，完全可以参考单例模式的实现方法，在类中加一个计数器来记录实例化对象的个数，从而可以有效地控制实例化对象的个数，实现代码如下：

```
class Car
{
    private static Car object;
    public static int objCount = 0;
    private Car()
    {
        objCount++;
```

```
        }
        public static Car getInstance() {
                if (objCount < 3)
                {
                        object = new Car();
                }
                else
                {
                        System.out.println("对象创建超过 3 个了，使用上一次创建出的对象");
                }
                return object;
        }
}
public class Test {
        public static void main(String args[]) {
                Car obj1 = Car.getInstance();
                Car obj2 = Car.getInstance();
                Car obj3 = Car.getInstance();
                Car obj4 = Car.getInstance();
                System.out.println(obj1.hashCode());
                System.out.println(obj2.hashCode());
                System.out.println(obj3.hashCode());
                System.out.println(obj4.hashCode());
        }
}
```

【真题 690】 用 Java 代码给出一个生产者/消费者模型的实现代码。

答案：生产者/消费者问题也称有限缓冲问题，它是一个多线程同步问题的经典案例。该问题描述了两个共享固定大小缓冲区的线程——“生产者”和“消费者”——在实际运行时会发生的问题。生产者的主要作用是生成一定量的数据放到缓冲区中，然后重复此过程。与此同时，消费者也在缓冲区消耗这些数据。该问题的关键就是要保证生产者不会在缓冲区满时加入数据，消费者也不会在缓冲区空时消耗数据。

其实，生产者/消费者模式是并发编程中一个非常典型的模式，下面给出一个应用例子，该例子使用 Java 语言中 wait 与 notity 实现生产者/消费者模式：

```
import java.util.Vector;
public class Test
{
        public static void main(String args[])
        {
                Vector<Integer> shareQueue = new Vector<Integer>();
                int size = 2;
                Thread producer = new Thread(new Producer(shareQueue, size));
                Thread consumer = new Thread(new Consumer(shareQueue));
                producer.start();
                consumer.start();
        }
}

class Producer implements Runnable
```

```
    {
        private final Vector<Integer> shareQueue;
        private final int size;

        public Producer(Vector<Integer> shareQueue, int size)
        {
            this.shareQueue = shareQueue;
            this.size = size;
        }

        @Override
        public void run()
        {
            for (int i = 0; i < 5; i++)
            {
                System.out.println("生产的数字: " + i);
                try
                {
                    produce(i);
                } catch (InterruptedException ex)
                {
                    ex.printStackTrace();
                }
            }
            try
            {
                // -1 用来通知消费者生产结束
                produce(-1);
                System.out.println("生产结束");
            } catch (InterruptedException e) {
                e.printStackTrace();
            }
        }

        public void produce(int i) throws InterruptedException
        {
            // 如果队列满了，就等待
            while (shareQueue.size() == size)
            {
                synchronized (shareQueue)
                {
                    System.out.println("队列满了，等待消费者消费数字");
                    shareQueue.wait();
                }
            }
            // 生产一个数字，并通知消费者
            synchronized (shareQueue)
            {
                shareQueue.add(i);
                shareQueue.notifyAll();
            }
```

```
        }
    }

    class Consumer implements Runnable
    {
        private final Vector<Integer> shareQueue;
        public Consumer(Vector<Integer> shareQueue)
        {
            this.shareQueue = shareQueue;
        }

        @Override
        public void run()
        {
            while (true)
            {
                try
                {
                    while (shareQueue.isEmpty())
                    {
                        synchronized (shareQueue)
                        {
                            System.out.println("队列空了，等待生产者生产数字");
                            shareQueue.wait();
                        }
                    }
                    // 消费了一个数字，通知生产者
                    synchronized (shareQueue)
                    {
                        shareQueue.notifyAll();
                        int i = shareQueue.remove(0);
                        if (i == -1) {
                            System.out.println("消费者退出");
                            return;
                        }
                        System.out.println("消费的数字: " + i);
                    }
                    Thread.sleep(20);
                } catch (InterruptedException ex)
                {
                    ex.printStackTrace();
                }
            }
        }
    }
```

当然，如果能使用 BlockingQueue，程序的实现将会更加简单，有兴趣的读者可以自己尝试去实现。

【真题 691】 扫描指定文件夹下面所有以.txt 或 .log 结尾的文件，并将其绝对路径输出。

答案：本题的主要思路如下：首先，找到指定路径下的所有文件；然后，判断这些文件是否以.txt 或.log 作为后缀，如果是，则为要找的文件，此时输出其绝对路径，否则，继续查找，直到遍历完所有文件为止。

第9章 智 力 题

9.1 逻辑推理

【真题 692】 有 A、B、C 三个学生，他们中一个出生在西安，一个出生在武汉，一个出生在深圳。一个学化学专业，一个学英语专业，一个学计算机。其中①学生 A 不是学化学的，学生 B 不是学计算机的；②学化学的不出生在武汉；③学计算机的出生在西安；④学生 B 不出生在深圳。根据上述条件可知，学生 A 的专业是（　　）。

A. 计算机　　B. 英语　　C. 化学　　D. 3 种专业都可能

答案：A。

根据题目中的各类条件，分别对其进行编号："学生 B 不是学计算机的"（1）、"学计算机的出生在西安"（2）、"学生 B 不出生在深圳"（3）、"学化学的不出生在武汉"（4）、"学生 A 不是学化学的"（5）、"学计算机的出生在西安"（6）。

根据以上 6 个条件可以进行如下推理：

根据（1）和（2）可以推断：学生 B 出生在武汉或深圳。（a）

通过（a）和（3）可以推断：学生 B 出生在武汉。（b）

根据（1）、（4）和（b）可以推断：学生 B 学的是英语。（c）

根据（c）和（5）可以推断：学生 A 学的是计算机。（d）

根据（d）和（6）可以推断：学生 A 出生在西安。（e）

剩下的就是学生 C 出生在深圳，学的是化学。

因此，最后的结论为：学生 A 出生在西安，学的是计算机；学生 B 出生在武汉，学的是英语；学生 C 出生在深圳，学的是化学。可以将最后的结论代到题目中进行验证。所以，选项 A 正确。

【真题 693】 下列描述中，唯一错误的是（　　）。

A. 本题有五个选项是正确的　　B. B 正确　　C. D 正确　　D. DEF 都正确

E. ABC 中有一个错误　　F. 如果 ABCDE 都正确，那么 F 也正确

答案：B。

本题要求选项中只有唯一错误，而其他选项都是正确的，所以，假设选项 A 中描述不正确，那么本题的正确选项个数肯定不为 5，只能为 0、1、2、3、4、6 种可能，而题目要求 6 个选项中只有唯一错误，那么其他 5 个选项都是正确的，所以得出的结论是正确选项的个数为 5，与假设矛盾，所以，假设不成立。所以，选项 A 正确。

采用同样的方法，可以推导其他选项的正确性。有兴趣的读者可以自己尝试。限于篇幅关系，此处不再赘述。

【真题 694】 某团队负责人接到一个紧急项目，他要考虑在代号为 ABCDEF 这 6 个团队成员中的部分人员参加项目开发工作。人选必须满足以下几点：

（1）AB 两人中至少一个人参加　　（2）AD 不能都去　　（3）AEF 三人中要派两人

（4）BC 两人都去或都不去　　（5）CD 两人中有一人参加

（6）若 D 不参加，E 也不参加

那么最后参加紧急项目开发的人是（　　）。

A. BCEF　　B. BCF　　C. ABCF　　D. BCDEF

答案：C。

本题可以从答案一个个分析，看看每个答案是否能够完全符合 6 个条件。通过分析可知，选项 C 正确。

【真题 695】 甲、乙两个人在玩猜数字游戏，甲随机写了一个数字，在[1,100]区间之内，将这个数字写在了一张纸上，然后让乙来猜。

如果乙猜的数字偏小，甲会提示：“数字偏小”。

一旦乙猜的数字偏大，甲以后就再也不会提示了，只会回答“猜对或猜错”。

问：乙至少猜多少次才可以准确猜出这个数字，在这种策略下，乙猜的第一个数字是（　　）。

答案：乙至少猜 14 次才可以准确猜出这个数字，在这种策略下，乙猜的第一个数字是 14。

数字所在区间为[1,100]，乙在猜测数字时，存在以下三种可能性：

1）直接猜中。

2）猜测数字大于真实值。

3）猜测数字小于真实值。

以下将分别针对这三种不同的情况进行分析。第 1）种直接猜中的情况概率很低，只有百分之一，不具有代表意义。第 2）种情况，乙猜测的数字的值比真实值大，此时没有提示，假设待猜测的数字的值为 N2，乙猜测的数字的值为 N1，很显然，在本情况下，N1>N2，此时，为了找到 N2，只能逐一在[1,N1−1]之间进行猜测，即 1<=N2<=N1−1。只有第 3）种情况，会存在提示，假设待猜测的数字的值为 N2，乙猜测的数字的值为 N1，很显然，在本情况下，N1<N2，根据提示可知，可以继续在[N1+1,100]中选择另外的数 N2，即 N1+1<=N2<=100。

所以，对于第 2）种情况，一共需要猜测的次数为 N1−1+1=N1 次（其中，N1−1 表示需要在[1,N1−1]之间逐一取值，1 表示进行第一次测试）。对于第 3）种情况，如果第一次猜的数字小于真实值，但第二次猜的数字大于真实值，此时需要尝试的总次数是[N1+1,N2−1]的元素个数加 2（加 2 是 N2 和 N1 本身猜用掉一次），即为 N2−N1+1 次，根据思想“每次猜错后，尝试猜测的总次数相等”，有 N1=N2−N1+1，可知 N2=2N1−1，增量为 N1−1。类似地，前两次猜得偏小，但第三次猜大，尝试总次数为[N2+1,N3−1]的元素个数加 3，即 N3−N2+2，那么有 N3−N2+2=N1，N3=N2+N1−2，增量为 N1−2……依次类推，增量是随着猜测次数的增加而逐 1 地减少。设最后一次猜测为 k，则 Nk=N1+(N1−1)+(N1−2)+…+1，Nk 是等于或大于 100 的第一个数，根据等差数列求和公式可以算出 N1=14，N2=27，N3=39，…(14，27，39，50，60，69，77，84，90，95，99)。

所以，序列是 14、27、39、50、60、69、77、84、90、95、99。

因为无论第几次猜大了，最终的总次数总是 14。

【真题 696】 有 8 瓶酒，其中有一瓶有毒，用人测试，每次测试结果 8 小时后才会得出，如果只有 8 个小时的时间，那么最少需要（　　）个人进行测试。

A．2　　B．3　　C．4　　D．6

答案：B。

用 3 位 2 进制代表 8 瓶酒，见表 9-1。

表 9-1　题 696 表

瓶序号	二进制表示	中毒情况
第一瓶	000	全没中毒
第二瓶	001	只有第一个人中毒
第三瓶	010	只有第二个人中毒
第四瓶	011	第一个人、第三个人同时中毒
第五瓶	100	只有第三个人中毒
第六瓶	101	第一个人、第三个人同时中毒
第七瓶	110	第二个人、第三个人同时中毒
第八瓶	111	三个人同时中毒

其中，第一个人喝下最低位为 1 对应的酒，第二个人喝下中间位为 1 对应的酒，第三个人喝下最高位为 1 对应的酒。所以，选项 B 正确。

【真题 697】 把校园中同一区域的两张不同比例尺的地图叠放在一起，并且使其中较小尺寸的地图完全在较大尺寸的地图的覆盖之下。每张地图上都有经纬度坐标，显然，这两个坐标系并不相同，把恰好重叠在一起的两个相同的坐标称为重合点。下面关于重合点的说法中，正确的是（　　）。

A．可能不存在重合点　　B．必然有且只有一个重合点

C．可能有无穷多个重合点　　D．重合点构成了一条直线

E．重合点可能在小地图之外　　F．重合点是一小片连续的区域

答案：B。

如图 9-1 所示，假设最外围的矩形 1 为大地图，第二大的矩形 2 为小地图，它们是成比例放大的。大地图中的小矩形 3，必然也存在于小矩形 2 中。小矩形 4 也必然存在于矩形 3 中。按照此思想，两地图重合的区域越来越小，最后会趋近于一个点。

其实，任意两个点之间的距离，经过放大或缩小后，距离肯定也变了，相对位置也变了，不可能在大地图和小地图上还能重合。所以，选项 B 正确。

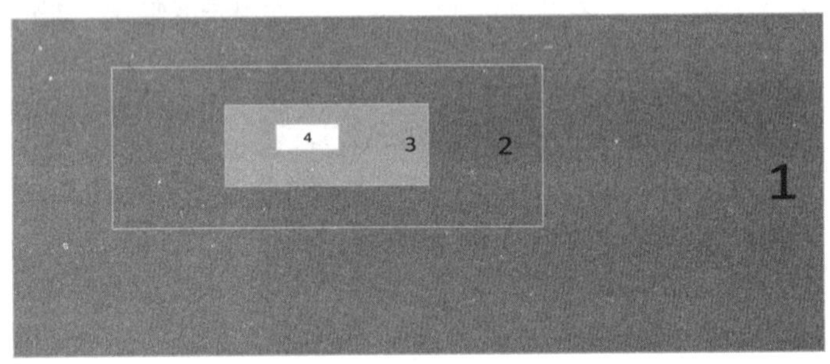

图 9-1　题 697 图

【真题 698】 有 5 对夫妇，分别为甲、乙、丙、丁、戊，他们一起聚会，见面时互相握手问候，每个人都可以和其他人握手，但夫妇之间不能握手，聚会结束后，甲先生问其他人这样一个问题：各握了几次手，而得到的答案是 0，1，2，3，4，5，6，7，8。通过以上条件可知，甲太太握手次数是（　　）。

A．3　　B．4　　C．5　　D．6

答案：B。

根据常识可知，每个人都不会和自己握手，也不会和自己的配偶握手，而且，任意两人之间的握手次数不等于 2，也可能为 0，即由于各种原因造成可握手的人并不一定都握手。因此，5 对夫妇，一共 10 个人，握手次数最多的人的握手次数也不能大于 8（排除自己与自己家人）。

甲先生问其他人这样一个问题：各握了几次手，而得到的答案是 0，1，2，3，4，5，6，7，8。通过这个条件可以得出以下结论：握手次数为 8 的人和握手次数为 0 的人必定是一对夫妻。之所以能够得出这样的结论，是因为握手次数为 8 的人，他必定和除了自己太太以外的四对夫妇中的每个人都握了手，而通过这条推理出的结论又可以推理出另外一条结论，即剩下的四对夫妇中的每个人握手的次数都不能是零，那么，握手次数为零的人只能是这个握手次数为 8 的人的太太了。这样，就有一对夫妇的握手次数确定了。

既然握手次数之和为 8 的必定是一对夫妻，九人中又没有两个人握手的次数相同，所以，只有甲先生和甲太太握手次数同为 4 次，选项 B 正确。

9.2 数学计算

【真题 699】 麦秋时节，庄园主雇佣了一个力大无穷的农民来帮他收割麦田里的麦子。因为劳动

很大，所以，农民必须在七天之内割完麦田里的麦子。庄园主答应每天给他一块金条作为工钱，但是这七块相等的金子是连在一起的，然而工钱是必须每天都结清的。农民不愿意庄园主欠账，而庄园主也不肯预付一天工钱，那么，庄园主最少掰断（　　）次能做到按要求给雇工报酬。

A. 2　　B. 3　　C. 4　　D. 7

答案：B。

本题中，最简单的方法是将金条平均分为 7 份，每份占 1/7，但很显然，这种方法分得太多了，不满足题目要求，那么，是否有更好的方法呢？答案是肯定的。

考虑到现实情况，庄园主最少把金块分成 1/7、2/7、4/7 三份即可实现目标。所以，选项 B 正确。

有兴趣的读者可以自己思考其中的奥妙。

【真题 700】 有十二个鸡蛋，其中一个是坏的（重量与其余鸡蛋不同），用天平最少称（　　）次，才能称出哪个鸡蛋是坏的。

A. 1　　B. 2　　C. 3　　D. 4

答案：C。

假设这 12 个鸡蛋分别为 1，2，3，…，12。把这 12 个鸡蛋分成 3 组（1，2，3，4），（5，6，7，8），（9，10，11，12）。首先称（1，2，3，4）和（5，6，7，8），称的结果有如下几种可能：

第一种可能：（1，2，3，4）=（5，6，7，8）——第一次称重

说明 1～8 的鸡蛋都是好鸡蛋。此时，再接着称（6，7，8）和（9，10，11）——第二次称重

此时会存在以下三种可能性：

1）如果（6，7，8）=（9，10，11），说明坏鸡蛋是 12。在这种情况下，只需要称 2 次就能找出坏鸡蛋。

2）如果（6，7，8）>（9，10，11），说明坏鸡蛋在（9，10，11）中，同时可以说明坏鸡蛋一定比好鸡蛋轻。

接着称 9 和 10。如果 9=10，则说明 11 为坏鸡蛋；否则，轻的为坏鸡蛋——第三次称重

3）如果（6，7，8）<（9，10，11），与 2）使用相同的方法称 3 次就可以得到坏鸡蛋——第三次称重

第二种可能：（1，2，3，4）≠（5，6，7，8）——第一次称重

在这种情况下，说明坏鸡蛋一定在（1，2，3，4，5，6，7，8）中。

对于（1，2，3，4）>（5，6，7，8）和（1，2，3，4）<（5，6，7，8）两种情况，分析方法是类似的。

在这里以（1，2，3，4）>（5，6，7，8）为例进行分析：

此时接着称重（1，2，5）和（3，4，6）——第二次称重

1）如果（1，2，5）=（3，4，6），说明坏鸡蛋一定在（7，8）中，而且坏鸡蛋一定比好鸡蛋轻。

接着称重（7，8），轻的就是坏鸡蛋——第三次称重

2）如果（1，2，5）>（3，4，6），坏鸡蛋一定在（1，2，3，4，5，6）中，再继续称（2，3，5）和（1，4，7）——第三次称重

① 如果（2，3，5）=（1，4，7），说明 6 是坏鸡蛋。

② 如果（2，3，5）>（1，4，7），则

假如坏鸡蛋重，此时坏鸡蛋为（1，2，3，4）∩（1，2，5）∩（2，3，5）=2。

假如坏鸡蛋轻，此时坏鸡蛋为（5，6，7，8）∩（1，4，7）∩（3，4，6）=空集。说明坏鸡蛋一定更重，且坏鸡蛋为 2。

③ 如果（2，3，5）<（1，4，7），与（2，3，5）>（1，4，7）分析方法类似。

3）如果（1，2，5）<（3，4，6），分析方法与（1，2，5）>（3，4，6）的情况类似。

由此可见，用天平称 3 次就可以找出坏鸡蛋。

所以，选项 C 正确。